Text Mining:
Wissensrohstoff Text

IT lernen

die Grundlagen | für die Praxis | Schritt für Schritt

Helmut Balzert

HTML, XHTML & CSS für Einsteiger

Statische Websites systematisch erstellen

Helmut Balzert

JSP für Einsteiger

Dynamische Websites mit JavaServer Pages erstellen

Heide Balzert

Webdesign & Web-Ergonomie

Websites professionell gestalten

Peter Ziesche

Nebenläufige & verteilte Programmierung

Konzepte, UML 2-Modellierung, Realisierung mit Java 1.4 & Java 5

Matthias Weßendorf

Struts 2. Auflage

Websites mit Struts 1.2 & 1.3 und Ajax effizient erstellen

Heide Balzert

UML 2 in 5 Tagen

Der schnelle Einstieg in die Objektorientierung

Ergänzend zu vielen dieser Bände gibt es »Quick Reference Maps« zum Nachschlagen und Wiederholen:
HTML & XHTML, CSS, JSP, SQL, UML 2

Zu allen diesen Bänden gibt es »e-learning-Zertifikatskurse« unter www.W3L.de.

Gerhard Heyer
Uwe Quasthoff
Thomas Wittig

Text Mining: Wissensrohstoff Text

Konzepte, Algorithmen, Ergebnisse

W3L-Verlag | Herdecke | Bochum

Autoren:
Prof. Dr. Gerhard Heyer
E-Mail: heyer@informatik.uni-leipzig.de
Prof. Dr. Uwe Quasthoff
E-Mail: quasthoff@informatik.uni-leipzig.de
Thomas Wittig
E-Mail: wittig@uni-leipzig.de
URL: www.informatik.uni-leipzig.de/

Bibliografische Information Der Deutschen Bibliothek:
Die Deutsche Bibliothek verzeichnet diese Publikation in der Deutschen Nationalbibliografie. Detaillierte bibliografische Daten sind im Internet über `http://dnb.ddb.de/` abrufbar.

Titelbild: Teile des Titelbilds wurden – mit freundlicher Genehmigung – erzeugt mit dem Programm BDD Designer, © copyright Büro Destruct Bern, `www.burodestruct.net`.

Gesamtgestaltung: Prof. Dr. Heide Balzert, Herdecke

Lektor: Prof. Dr. Helmut Balzert, Herdecke

Herstellung: M. Sc. Kerstin Kohl, Bochum; M. A. Andrea Krengel, Bochum

Satz: Das Buch wurde aus der e-learning-Plattform W3L automatisch generiert. Der Satz erfolgte aus der Lucida, Lucida sans und Lucida casual.

Druck und Verarbeitung: buch bücher dd ag, Birkach

Vorwort

Wissen ist einer der wesentlichen Faktoren wirtschaftlicher Wertschöpfungsketten. Von der Forschung und Entwicklung bis hin zum Vertrieb und dem Management spielt das Wissen der Prozessbeteiligten eine entscheidende Rolle. Mit Hilfe neuer Methoden und Verfahren der Informatik kann das in einer Organisation angesammelte Wissen effizient und nutzorientiert strukturiert und in neuen Anwendungen wie e-Commerce und e-Learning nachhaltig wieder verwendet werden.

Wissen

Unter dem Stichwort »Wissensmanagement« wird das Ziel verfolgt, die verfügbaren Wissensressourcen in einem Unternehmen oder einer Organisation besser zu nutzen.

Wissensmanagement

Das Medium, in dem Wissen in unserem Kulturkreis seit alters her festgehalten, bearbeitet und weitergegeben wird, ist die geschriebene Sprache. Text aber ist im Zeitalter digitaler Information in großen, wenn nicht gar sehr großen, Mengen verfügbar.

geschriebene Sprache

Tatsächlich ist der größte Teil der gespeicherten Information im Internet oder in Intranets textuelle Information. Diese Unmenge von Text, die Dank des Internets heute in den meisten natürlichen Sprachen der Welt vorhanden ist, stellt einen bedeutsamen und bisher kaum genutzten Wissensrohstoff dar. Wie dieser Wissensrohstoff Text aufbereitet, verarbeitet und genutzt werden kann, ist der Gegenstand dieses Buches.

Wissensrohstoff

In der ersten Gruppierung bzw. im ersten Kapitel dieses Buches (Wissensbaustein »Wissen und Text« (S. 1)) werden zunächst die Begriffe Wissen und Wissensverarbeitung sowie der Begriff des *Text Mining* erläutert. In den letzten zwei Jahrzehnten sind unter dem Einfluss der Automatischen Sprachverarbeitung, dem *Information Retrieval* und der Künstlichen Intelligenz eine Reihe von Verfahren für eine weitgehend automatische *inhaltliche* Erschließung von Texten entstanden.

Aufbau des Buchs

Die Grundlagen der Bedeutungsanalyse werden in der zweiten Gruppierung (Wissensbaustein »Grundlagen der Bedeutungsanalyse« (S. 19)) behandelt. Voraussetzung für die Analyse von Texten ist der Aufbau von Textdatenbanken, der in der dritten Gruppierung (Wissensbaustein »Textdatenbanken« (S. 51)) beschrieben wird. Ausführlich werden in den Gruppierungen vier (Wissensbaustein »Sprachstatistik« (S. 85)) bis sieben (Wissensbaustein »Hybride Verfahren« (S. 247)) die wesentlichen Verfahren des *Text Mining* präsentiert: Sprachstatistik, *Clustering* und musterbasierte Verfahren.

Schwerpunkte

Bei dem Ansatz, der in den letzten Jahren an der Abteilung für Automatische Sprachverarbeitung am Institut für Informatik der Universität Leipzig verfolgt worden ist, stehen dabei die vergleichende Analyse von fachspezifischen Texten (Differenzanalyse), die Berechnung und Visualisierung semantischer Zusammenhänge auf der Grundlage des gemeinsamen Auftretens von Wortformen (signifikante Kookkurrenzen) und die musterbasierte Suche in großen Textsammlungen im Vordergrund. Anhand von zahlreichen Beispielen werden die beschriebenen Verfahren erläutert und erklärt. Die Erfahrung zeigt, dass diese Verfahren eine Vielzahl von Anwendungen ermöglichen.

Anwendungen

Ausgewählte Beispielanwendungen in der achten Gruppierung (Wissensbaustein »Beispielanwendungen« (S. 267)) verdeutlichen die dadurch entstehenden Möglichkeiten der Wissensakquisition und Wissensstrukturierung.

Informationsmüll?

Die durch das Internet beschleunigte Informationsflut bedeutet in der Praxis oft eine Vermüllung der Informationsquellen und -kanäle. Analog zu anderen Verfahren des Rohstoff-Recyclings zeigen die vorliegenden Arbeiten jedoch, dass auch vermeintlicher Informationsmüll als Wissensrohstoff nachhaltig wiederverwendet werden kann. Durch die Wiederverwendung von Text als Wissensrohstoff mit Hilfe der Automatischen Sprachverarbeitung werden für die Wissensakquisition neuartige und kostengünstigere Verfahren erschlossen.

Zielgruppen

Dieses Buch richtet sich gleichermaßen an Studierende und Praktiker mit einem fachlichen Schwerpunkt in der Informatik, Wirtschaftsinformatik und/oder Linguistik, die sich über die Grundlagen, Verfahren und Anwendungen des *Text Minings* informieren möchten und Anregungen für die Implementierung eigener Anwendungen suchen. Es basiert auf Arbeiten, die während der letzten Jahre an der Abteilung Automatische Sprachverarbeitung am Institut für Informatik der Universität Leipzig entstanden sind.

Die Autoren vermuten beim Leser einen fachlichen Schwerpunkt entweder im Bereich Informatik/Wirtschaftsinformatik oder im Bereich Linguistik. Um diesen Lesern mit sehr unterschiedlichen fachlichen Hintergründen das Verständnis zu erleichtern, wurde an einigen Stellen auf die eigentlich nötige Strenge verzichtet. Statt einer theoretischen Herleitung erfolgen Begriffsbeschreibungen gelegentlich über Beispiele oder in Relation zu anderen Begriffen. Die Autoren hoffen, dadurch das Verständnis speziell im Nicht-Schwerpunktbereich des Lesers zu erleichtern.

URLs

Umfangreiche Textressourcen – nicht nur fürs Deutsche – finden sich unter der URL `http://wortschatz.uni-leipzig.de`, weiterführende Beschreibungen von Verfahren und Anwendungen der Automatischen Sprachverarbeitung unter der URL `http://www.asv.informatik.uni-leipzig.de`. Die Abteilung bietet zahlreiche *Web Services* an, die über die genannten URLs kontaktiert werden können.

Autoren

Um den vielfältigen Aspekten des *Text Mining* und der Dynamik seiner Entwicklung gerecht zu werden, haben die drei Autoren untereinander fachliche Schwerpunkte abgesprochen. An der Erstellung einzelner Wissensbausteine haben sich darüber hinaus Chris Biemann, Stefan Bordag und Hans Friedrich Witschel sowie Thomas Böhme (TU Ilmenau) beteiligt. Die Tab. 1 gibt eine Übersicht darüber, wer an der Erstellung welcher Wissensbausteine mitgewirkt hat.

Gerhard Heyer zeichnet verantwortlich für die Konzeption und den Aufbau des Buches. Christian Biemann und Sabine Gründer haben sämtliche Wissensbausteine mehrmals gelesen und durch ihre kontinuierliche und konstruktive Kritik wesentlich zur Vereinheitlichung des Stoffes und seiner Darstellung beigetragen.

Autor	Wissensbaustein
Gerhard Heyer	1.1-1.3, 2.1-2.5, 3.1, 4.12, 6.3, 7.1, 8.1-8.4, Anhang A- E, I
Uwe Quasthoff	3.2, 3.3, 3.5, 4.7-4.10, 5.4, 6.2, 7.2, Anhang F, H
Thomas Wittig	3.4, 4.1-4.4, 5.1-5.3, Anhang G
Chris Biemann	4.5, 4.6, 4.11, 7.3
Thomas Böhme	4.13
Stefan Bordag	4.13-4.15, 6.1
Hans Friedrich Witschel	4.13, 6.3, 8.1- 8.4

Tab. 1: Am Buch beteiligte Autoren.

Dank Besonderer Dank gebührt Frau Regine Gabler für die redaktionelle Mitarbeit in Leipzig, insbesondere für die medienneutrale Erfassung der Wissensbausteine.

Für die Autoren

Prof. Dr. Gerhard Heyer

Hinweise des Verlags

neue Didaktik

Um Ihnen als Leser das Lernen zu erleichtern, wurde für die Bücher der Buchreihe »IT lernen« eine neue Didaktik entwickelt. Der Buchaufbau und die didaktischen Elemente sind auf der vorderen Buchinnenseite beschrieben.

kostenloser e-learning-Kurs

Ergänzend zu diesem Buch gibt es den kostenlosen e-learning-Kurs »Schnelleinstieg: Sprachstatistik«. Sie finden den Kurs auf der e-learning-Plattform `www.W3L.de`. Bitte klicken Sie auf den Reiter `Online-Kurse` und gehen bei `Erst-Kunde?` auf den Link `Zur W3L-Registrierung`. Gehen Sie nach der Registrierung auf `TAN einlösen` und geben Sie folgende Transaktionsnummer (TAN) ein: `1204399131`.

kostenpflichtiger e-learning-Kurs

Zusätzlich gibt es zu diesem Buch einen umfassenden Online-Kurs mit Mentor-/Tutorunterstützung und zahlreichen Tests und Aufgaben, der mit qualifizierten Zertifikaten abschließt. Sie finden ihn ebenfalls auf `www.W3L.de`.

Viel Spaß bei der Lektüre

wünscht Ihnen Ihr

Ihr W3L-Verlag

Inhaltsverzeichnis

1 Wissen und Text *

Text ist ein bedeutender **Wissensrohstoff**, der im Zeitalter des Internet in großen Mengen in digitaler Form zur Verfügung steht. Mit Hilfe von ***Text Mining*** kann das in Texten enthaltene Wissen strukturiert und teilweise automatisch extrahiert werden. Zunächst werden der Begriff des *Text Mining* präzisiert und seine Anwendungen skizziert:

- Wissensbaustein »Text Mining« (S. 1)

Für das *Text Mining* wichtige Grundbegriffe sind **Text**, **Information** und **Wissen**. Diese Begriffe werden näher erläutert:

- Wissensbaustein »Aufbau & Struktur von Text« (S. 7)

Text Mining ist eine wichtige Form der **Wissensakquisition**. Die Bezüge des *Text Mining* zum semantischen Web und der Tradition der Wissensakquisition in der **Künstlichen Intelligenz** werden skizziert:

- Wissensbaustein »Wissensverarbeitung gestern & heute« (S. 12)

1.1 *Text Mining* *

Text repräsentiert Wissen. Im Unterschied zu den strukturierten Daten einer Datenbank stellen Texte *unstrukturierte* Daten dar. Mit Hilfe von *Text Mining*-Werkzeugen können aus digital vorliegenden Texten neue und relevante sachliche und inhaltliche Zusammenhänge extrahiert werden. *Text Mining* basiert auf statistischen und musterbasierten Verfahren und erlaubt innovative Anwendungen im Wissensmanagement.

Wissensmanagement und *Text Mining*

Auf allen Ebenen der Wertschöpfungsketten spielt der gezielte Umgang mit Wissen eine zunehmend wichtige Rolle für die Effektivität und Effizienz von insbesondere mittleren und großen Unternehmen.

Wissen

Der Terminus **Wissen** bezeichnet dabei die meist auf Erfahrung beruhende und objektiv nachprüfbare Kenntnis von Fakten und Zusammenhängen eines Weltausschnitts, die Personen zur Lösung von Problemen einsetzen.

Wissensmanagement

Aufgabe des **Wissensmanagements** ist es, das Wissen der in einem Unternehmen beschäftigten Personen, das für einen Erfolg des Unternehmens relevant ist, zu erfassen, zu strukturieren und zum Nutzen des Unternehmens einzusetzen.

Zu den **konkreten Aufgaben des Wissensmanagements** gehören dabei (vgl. /Krogh, Venzin 95/)

- Erschließen von Wissen (Erfahrungen, *Best Practices*) für alle, die dieses Wissen im Rahmen ihrer organisatorischen Rolle benötigen,
- Verfügbarmachen von Wissen am Ort und zur Zeit der Entscheidung,
- Erleichtern des effektiven und effizienten Entwickelns von neuem Wissen,
- Sicherstellen, dass jeder in der Organisation weiß, wo Wissen verfügbar ist, und
- Umsetzen dieser Kompetenzen in neue Produkte und Dienstleistungen.

Beispiele

In der Praxis findet sich kritisches Wissen besonders in den Bereichen:

- Herstellung von Produkten,
- frühzeitige Erkennung von Technologietrends,
- Angebot von Dienstleistungen,
- effektive Qualitätskontrolle,
- Ausfindigmachen der günstigsten und zuverlässigsten Zulieferer,
- Analyse des Marktes und der Vertriebswege,
- Optimierung von Betriebsabläufen.

Eine Lösung dieser Aufgaben erfordert einerseits den Einsatz innovativer Methoden des Managements, wobei organisatorische Aspekte im Vordergrund stehen (vgl. /Bullinger et al. 00, S. 73-90/). Sie kann – und sollte – andererseits aber auch den Einsatz innovativer Techniken involvieren /Bodendorf 03/. Von besonderem Interesse sind hierbei Techniken, mit deren Hilfe der Wissensrohstoff **Text** für das Wissensmanagement besonderes effizient genutzt werden kann.

Texte als Informationsquelle

Sofern das für die erfolgreiche Durchführung eines Arbeitsschritts verfügbare Wissen dokumentiert ist, findet es sich meist in Form von **Texten**. Dabei gewinnen digital vorliegende Texte als Informationsquelle stetig an Bedeutung. Im Internet veranschlagt man einen Zuwachs von ca. 1 Million neuer Dokumente pro Tag!

Vergleich zu Daten

Im Unterschied zu **Daten** in einer Datenbank, die einem vorgegebenen Schema entsprechend strukturiert sind (für dessen Entwicklung meist ein großer Aufwand erforderlich ist), sind jedoch Texte inhaltlich nicht strukturiert: Im Text selber wird nicht hervorgehoben, welches die Schlüsselbegriffe oder Grundkonzepte der Anwendung sind, welche inhaltlichen Beziehungen zwischen diesen bestehen und wie bestimmte Textabschnitte in Bezug auf die Schlüsselbegriffe einzuordnen sind.

Text Mining

Um nun das Wissen, das in einem Text enthalten ist, zu extrahieren, muss der Text zunächst in folgendem Sinne **strukturiert** werden:
Die für die Anwendung charakteristischen Grundkonzepte müssen

- identifiziert,
- in einen systematischen Zusammenhang gebracht und
- instantiiert werden.

Dies ist eine Verstehensleistung, die wir als Menschen gelernt haben, intuitiv zu erbringen.

Definition

Mit dem Terminus ***Text Mining*** werden computergestützte Verfahren für die semantische Analyse von Texten bezeichnet, welche die automatische bzw. semi-automatische **Strukturierung** von Texten, insbesondere sehr großen Mengen von Texten, unterstützen.

Der englische Begriff *Mining* bedeutet Bergbau. Wie beim Bergbau der Boden erkundet, erforscht, untersucht und sondiert wird, werden beim ***Data Mining*** Daten untersucht und beim *Text Mining* Texte exploriert.

Text Mining und *Text Mining*-Werkzeuge

Für den Begriff *Text Mining* hat sich in der Literatur noch keine einheitliche Definition durchgesetzt, vgl. /Berry 03/, /Mehler, Wolff 05/, /Doerre et al. 01/, /Franke et al. 03/, /Meier, Beckh 00/ und /Witten, Eibe 01/. Nach der oben gegebenen Definition umfasst *Text Mining* eine Gruppe methodischer Ansätze, um Texte zu strukturieren und damit neue und relevante Informationen zu extrahieren. Als Grundlage dienen vor allem statistische und musterbasierte Verfahren.

statistische Verfahren

Bei den statistischen Verfahren werden Texten unter Ausnutzung sprachstatistischer Gesetzmäßigkeiten nach verschiedenen Kriterien relevante Merkmale zugeordnet. Auf der Grundlage von sog. **Differenzanalysen** des verwendeten Vokabulars werden relevante fachspezifische Begriffe identifiziert (vgl. Wissensbaustein »Differenzanalyse« (S. 95)). Mit Hilfe von sog. **Kookkurrenzanalysen** und der Analyse statistisch signifikanter Merkmale in Texten, einschließlich **Cluster-Analysen**, lassen sich semantische Abhängigkeiten zwischen Begriffen berechnen.

Beispiel

Im Wissensbaustein »Beispielanalysen von zwei Textsammlungen« (S. 278) wird u.a. ein Fachtext aus der Finanzbuchhaltung mit *Text Mining*-Verfahren analysiert. Die Analyse zeigt, dass z.B. der Terminus »Auftrag« für diese Anwendung charakteristisch ist. Darüber hinaus bestehen in der Anwendungswelt der Finanzbuchhaltung semantische Abhängigkeiten zwischen dem Terminus »Auftrag« und den Termini »Lieferung«, »Ware«, »Kosten« und »Kostenstelle«.

musterbasierte Verfahren

Bei den **musterbasierten Verfahren** werden innerhalb vorgegebener Texte weitgehend allgemeingültige und relevante Muster herausgefunden und Texte bzw. Textpassagen anhand von vorher festgelegten Mustern identifiziert.

Beispiele

Personennamen, Produktnamen oder *Firmennamen* folgen meist bestimmten **Mustern**. So besteht der Name einer Person meist aus einer `<Anrede>`, einem optionalen `<Titel>`, einem `<Vornamen>` und einem `<Nachnamen>`. (Alle in spitzen Klammern stehenden Markierungen, so genannte *Tags*, können jeweils selbst weiter strukturiert sein).

Werkzeuge

Durch die Strukturierung von Text ermöglichen *Text Mining*-Werkzeuge Anfragen auf *unstrukturierten* Daten. Dabei kann im Unterschied zu einer Datenbankabfrage das Zugriffsergebnis *nicht* einfach geholt werden, sondern muss erst noch in einer geeigneten Weise interpretiert werden. Dies ist besonders dann der Fall, wenn durch den Einsatz von *Text Mining*-Werkzeugen in den untersuchten Texten sachliche und inhaltliche Zusammenhänge offen gelegt werden sollen.

Den Zusammenhang zwischen strukturierten und unstrukturierten Daten einerseits sowie der Art des Zugriffsergebnisses andererseits verdeutlicht die Tab. 1.1-1.

	Zugriffsergebnis zu holen	Zugriffsergebnis zu interpretieren
Strukturierte Daten	Datenabfrage *Datenbank-Systeme*	Datenanfrage *Data Mining-Werkzeuge*
Unstrukturierte Daten	Inhaltsabfrage *Suchmaschinen, Dokumentenmanagement-Systeme*	Inhaltsanfrage *Text Mining-Werkzeuge*

Tab. 1.1-1: Systematik des Data und Text Mining.

Was leistet *Text Mining*?

Die wesentlichen Komponenten des *Text Mining* lassen sich anhand eines am Lehrstuhl für Automatische Sprachverarbeitung der Universität Leipzig entwickelten Basisverfahrens für *Text Mining* verdeutlichen.

Aus einer Sammlung von vorgegebenen Texten, die auf einen Anwendungsbereich bezogen und inhaltlich zusammenhängend sein sollten, wird zunächst eine projektspezifische linguistische Datenbank erstellt.

Für die Speicherung von Texten unterschiedlichen Formats werden die Texte zunächst konvertiert sowie in Sätze und Wörter zerlegt. Danach werden unter Anwendung statistischer und musterbasierter Verfahren, bei denen nach Bedarf linguistisches Wissen zur Anwendung kommt, inhaltliche Zusammenhänge zwischen den Konzepten der Texte berechnet. Das Ergebnis der Analysen ist eine relationale Datenbank, die für weitergehende Auswertungsschritte zur Verfügung steht. Die Abb. 1.1-1 verdeutlicht das grundlegende Ablaufschema.

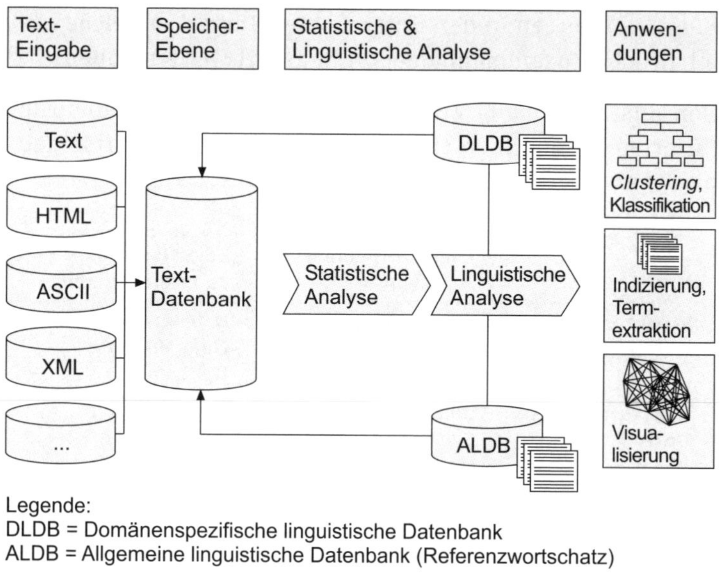

Abb. 1.1-1: Ablaufschema der Auswertungsschritte zum Aufbau der relationalen Datenbank.

Text Mining-
Anwendungen

Funktional eignet sich *Text Mining* hauptsächlich dazu,

- die für eine Anwendungsdomäne relevanten und spezifischen Fachausdrücke zu identifizieren,
- semantische Relationen zwischen einzelnen Ausdrücken zu berechnen und damit inhaltliche Strukturen in Texten offenzulegen,

- Ähnlichkeiten zwischen Begriffen zu finden,
- ähnliche Dokumente zu identifizieren,
- Definitionen, Erläuterungen und Referenzen in Texten aufzufinden.

Anwendungsmöglichkeiten von *Text Mining*

Text Mining ist ein zukunftsträchtiger Ansatz zur Bewältigung von wesentlichen Teilaufgaben des Wissensmanagements. Im Mittelpunkt steht dabei eine explorative Analyse von Texten, mit denen die Arbeitsproduktivität von Fachkräften in wissensintensiven Wertschöpfungsketten erhöht werden kann.

Seine praktische Relevanz für unterschiedliche Anwendungen im Unternehmen ist häufig in folgenden Anwendungsfeldern gegeben:

- effiziente und hochselektive Recherche in Textbeständen,
- automatische Filterung und Verteilung von Nachrichten (z.B. E-Mails oder andere Dokumente, klassifiziert nach Themengruppen oder Schlüsselbegriffen),
- automatischer Aufbau von firmen- oder fachspezifischen Glossaren und Thesauren (Synonymwörterbüchern),
- teilautomatische Erstellung von semantischen Netzen für das Wissensmanagement (Erstellung einer inhaltlichen Struktur des Unternehmens).

1.2 Aufbau und Struktur von Text **

Text repräsentiert Wissen und stellt insofern eine wesentliche Grundlage der Wissensverarbeitung dar. Ein Text besteht aus Wortformen, die ihrerseits aus den Buchstaben eines Alphabets bestehen. Die Wortformen und Sätze eines Textes stellen informationstheoretisch gesehen zunächst einfach nur Daten dar. Werden diese Daten interpretiert (mit Bezug auf ein vorher festgelegtes Interpretationsschema), dann werden die Daten zu Informationen. Werden Informationen mit anderen Informationen vernetzt und zur Lösung von Problemen eingesetzt, dann werden sie als Wis-

Basistext

sen bezeichnet. Die intendierte Nutzung eines Textes lässt sich oft anhand externer Merkmale dieses Textes erkennen.

Text repräsentiert Wissen

Seit den Anfängen der Schriftsprache in unserem Kulturkreis dient Text dazu, **Wissen** festzuhalten, zu bearbeiten und weiterzugeben. **Text** ist die Grundlage der Wissensverarbeitung.

Ein Text ist strukturiert und besteht aus Sätzen, die nach Art und Zweck des Textes zu größeren Einheiten zusammengefasst werden (Absätze, Abschnitte, Kapitel), vgl. /Lissmann 01/.

Textsorten

Die Vielfalt der Textsorten, die Wissen vermitteln, ist groß. Hierzu zählen u.a.

- wissenschaftliche Aufsätze,
- Fachbücher,
- enzyklopädische Nachschlagewerke und Lexika,
- technische Dokumentationen, Benutzerhandbücher und Produktbeschreibungen,
- Normen, Gesetze, Kommentare und Verträge,
- Organisationsanweisungen,
- Korrespondenzen.

Text als Wissensrohstoff geschriebenes Wort

Allen Texten für die Vermittlung von Wissen ist gemeinsam, dass durch die Verwendung einer geschriebenen Sprache Wissen repräsentiert wird. Im Folgenden wird Text als **Wissensrohstoff** betrachtet, aus dem mit Hilfe von Verfahren der »automatischen Sprachverarbeitung« das im Text enthaltene Wissen extrahiert und aufbereitet werden kann. Als Grundlage hierfür wird zunächst das Verhältnis von Text und Wissen im Allgemeinen beschrieben.

Zeichen, Nachricht, Information

Ein Text besteht aus **Wortformen** und Wortformen bestehen aus **Buchstaben** (einschließlich Leer- und Sonderzeichen sowie Ziffern). Letztlich ist ein Text eine Aneinanderreihung von **Zeichen**, also eine **Zeichenkette** (siehe dazu auch Wissensbaustein »Linguistische Ebenen« (S. 323)).

Jeder sinnvolle Text repräsentiert eine Menge von Aussagen, die intuitiv als Wissen bezeichnet werden. Allerdings erschließt sich dieses Wissen erst, wenn man den Text (in einem bestimmten Sinne) verstanden hat. Das aber setzt voraus, dass zunächst die Zeichenketten des Textes semantisch richtig verstanden worden sind.

Beispiel

Man betrachtet zur Verdeutlichung den folgenden Text, einen Auszug aus der Firmengeschichte des finnischen Mobilfunkherstellers Nokia (`http://www.nokia.fi/nokia/tietoayhtiosta/historia/historia\_lyhyesti.html`):

Keväällä 1992 Nokia vahvisti asemaansa kulutuselektroniikka-markkinoilla hankkimalla omistukseensa televisioita valmistavan Finluxin. Nokian tietoliikennekaapeliteollisuus vahvistui, kun yhtymään kuuluva hollantilainen NKF osti saksalaisen Philips Kommunikations Industrien kaapeliliiketoiminnan elokuussa 1993.

1990-luvun aikana Nokia on keskittynyt pääliiketoimintaansa tietoliikenteeseen luopumalla tietotekniikasta ja perusteollisuudesta. Vuonna 1995 Nokia myi osuutensa Nokia Kaapelista NKF:lle ja vuonna 1996 Turun televisiotuotannon ja Bochumin televisiotehtaan tuotantovälineet hongkongilaiselle Semi-Tech (Global) Company Limitedille.

Nykyään Nokiaan kuuluu kaksi toimialaryhmää: Nokia Networks ja Nokia Mobile Phones sekä erillinen Nokia Ventures Organization ja yhtymän tutkimusyksikkö Nokia Research Center.

Wenn Sie des Finnischen nicht mächtig sind, werden Sie sich schwer tun, den Text zu verstehen. Intuitiv sind einzelne Zeichenketten zu erkennen, von denen anzunehmen ist, dass sie im Deutschen eine ähnliche Bedeutung haben, z.B. »Nokia«, »1992«, »Bochumin« usw. Insgesamt aber ist nicht erkennbar, welche Aussagen der Text enthält, sofern Sie den Text nicht im engeren Sinne verstehen.

vom Text zum Wissen

Um Wissen aus einem Text extrahieren zu können, müssen zunächst semantische Relationen zwischen den Zeichenketten erkannt werden. Dies kann weitgehend automatisch erfolgen. Wesentliche Verfahren hierfür sind sprachstatistische Verfahren, *Clustering*-Verfahren (**Cluster-Analyse**) und musterbasierte Verfahren. Sie werden in folgenden Gruppierungen behandelt:

- Wissensbaustein »Sprachstatistik« (S. 85)
- Wissensbaustein »Clustering « (S. 195)
- Wissensbaustein »Musteranalyse« (S. 227)

Grundbegriffe

Im Folgenden werden die hierfür erforderlichen informationstheoretischen Grundbegriffe behandelt. Die theoretische Grundlage für die automatische Verarbeitung von Zeichen und **Informationen** ist die **Informationstheorie** (/Bauer, Goos 91/, /Shannon, Weaver 49/).

vom Zeichen zur Information

Zeichen sind Elemente eines endlichen, geordneten Zeichenvorrats, **Alphabet** genannt. Durch Ordnungsregeln (insbesondere eine Grammatik) lassen sich Zeichen zu Zeichenketten kombinieren. Eine nach vorher festgelegten Regeln zusammengestellte, endliche Folge von Zeichen und Zuständen, die eine Information vermittelt, bezeichnet man als **Nachricht**. Eine Nachricht zusammen mit ihrer Bedeutung für den Empfänger ist eine **Information**.

von Signalen zu Daten

Physikalisch werden Zeichen als **Signale** zwischen einem Sender und Empfänger ausgetauscht. Charakteristisch für die moderne Informatik ist dabei die Verwendung *digitaler* Signale, d.h. Signale, deren Signalhöhe nur eine begrenzte Anzahl von Werten, meist nur die zwei Werte »an« oder »aus«, annehmen kann. Die so ausgetauschten Nachrichten werden als **Daten** bezeichnet. Daten sind also noch *nicht* interpretierte Zeichen bzw. Zeichenfolgen, die erst durch die Herstellung eines Interpretationsbezugs zu Informationen werden.

Beispiel

Welche Information wird durch die binäre Zeichenfolge 01101101 ausgedrückt? Damit diese Zeichenfolge eine Information erhält, muss zunächst festgelegt werden, ob sie beispielsweise als Binärzahl, als **ASCII**-codiertes Zeichen oder als Assembleranweisung interpretiert werden soll. Die konkrete Bedeutung der Zeichenfolge erschließt sich erst, wenn der Interpretationsbezug festgelegt worden ist.

Information und Wissen

Als Nachricht, die für den Empfänger nach einem festgelegten **Informationsschlüssel** eine Bedeutung hat, besteht eine Information aus Daten, die in einem Bedeutungskontext stehen. Damit allerdings diese Information für den Empfänger auch wertvoll ist, muss sie in der Regel mit anderen aktuellen oder in der Vergangenheit gespeicherten Informationen vernetzt werden. Diese Vernetzung wird durch das Wissen einer Person oder Organisation geleistet.

Wissen

In Anlehnung an gängige Definitionen aus dem Forschungsbereich der Künstlichen Intelligenz wird unter **Wissen** die Gesamtheit der Kenntnisse, Fähigkeiten und Fertigkeiten verstanden, die Personen zur Lösung von Problemen einsetzen /Shapiro 87, S. 291/. Dies umfasst sowohl theoretische Erkenntnisse als auch praktische Alltagsregeln und Handlungsanweisungen.

Content

Wird dagegen der Inhalt von Informationen *nicht* ausgewertet, sondern werden die Informationen nur als sinnhaltige Datenobjekte behandelt, spricht man von ***Content***. Dieser *Content* wird heute meist mit Hilfe von »*Content Management*-Systemen« strukturiert erfasst, verwaltet und medienneutral verarbeitet. Als Wirtschaftsgut wird *Content* meist als ***Asset*** bezeichnet. Eine Übersicht über die skizzierten Zusammenhänge zeigt die Abb. 1.2-1.

Merkmale von Texten

Unabhängig von der inneren Struktur eines Textes und dem in ihm repräsentierten Wissen, sind für die weitere Verarbeitung von Texten auch die folgenden, meist externen, Merkmale relevant, da sie für die Einordnung und Nutzung eines Textes oft wichtige Hinweise geben:

Textarten

- In welchem Bereich ist der Text entstanden? (z.B. Wirtschaft, Behörden, Journalismus, Wissenschaft usw.)
- In welcher Sprache oder Subsprache ist der Text verfasst (Deutsch, Englisch bzw. Subsprache z.B. Deutsch (BRD), Deutsch (AT), Deutsch (CH) usw.)?
- Um welche Form der textuellen Mitteilung handelt es sich? (z.B. Buch, Zeitung, Zeitschrift, Bulletin, E-Mail usw.)

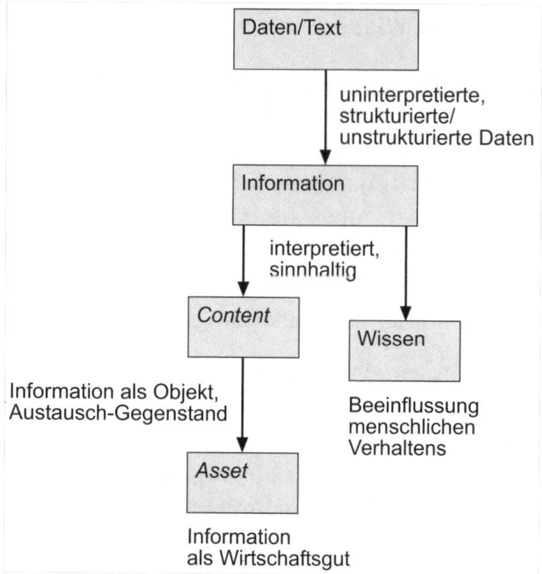

Abb. 1.2-1: Zusammenhang von Daten und Text, Information, Content und Wissen.

- Um welchen Typ von Textdokument handelt es sich? (z.B. Aufsatz, Dokumentation, FAQ, Katalog, Protokoll, Werbung, Webseite usw.)
- Von welchem Sachgebiet handelt der Text? (z.B. Wirtschaft, Politik, Naturwissenschaft, Kunst usw.)

1.3 Wissensverarbeitung gestern und heute *

Die ontologiebasierte Wissensverarbeitung im Sinne des semantischen Web steht in der Tradition der klassischen Künstlichen Intelligenz. Im Unterschied zur Repräsentation von Wissen in Form von Expertensystemen werden heute XML-basierte Repräsentationsschemata verwendet. Nach wie vor stellt die Wissensakquisition für eine nachhaltige und breite Anwendung dieses Ansatzes ein Schlüsselproblem dar. Insofern Texte Wissen repräsentieren, kann jedoch *Text Mining* zu ei-

Basistext

ner effizienteren und kostengünstigeren Akquisition von Wissen beitragen.

Ziele der Wissensverarbeitung

Die automatische Wissensverarbeitung verfolgt zwei Ziele:

- Zum einen soll das Wissen einzelner menschlicher Experten allgemein verfügbar gemacht und in Form von Softwareprogrammen verwendbar werden. Dieses Ziel stand vor allem bei der Entwicklung von sogenannten **Expertensystemen** in den 70er und 80er Jahren im Vordergrund. Der Schwerpunkt dieser Systeme lag in der Diagnose und Konfiguration.
- Zum anderen soll Wissen, das vor allem in Form von Texten vorliegt, für eine automatische inhaltliche Verarbeitung erschlossen werden. Die Inhalte des **Web** (*World Wide Web*) verfügbar und durch automatisierte Werkzeuge interpretierbar zu machen, ist insbesondere das Anliegen des sogenannten **semantischen Web** (vgl. /Berners-Lee et al. 01, S. 34-43/). Durch die Verwendung einer **Metasprache** (u.a. **HTML**) für die semantische Auszeichnung von Dokumentinhalten soll die inhaltliche Suche in Dokumenten unterstützt werden.

Eine Einführung in das ontologiebasierte Wissensmanagement findet sich in /Davies et al. 02/.

Kurzer Rückblick: Expertensysteme

KI = Künstliche Intelligenz

Die **Künstliche Intelligenz** ist der Teilbereich der Informatik, der sich mit der **Repräsentation und Verarbeitung von Wissen** befasst. In den 80er Jahren stand dabei die Entwicklung sogenannter Expertensysteme im Vordergrund.

Expertensysteme

Ein **Expertensystem** ist ein Computersystem, das auf einem speziellen Wissensgebiet die Kompetenz von menschlichen Experten besitzt und als Beratungs- und Problemlösungssystem eingesetzt werden kann.

Technisch werden Expertensysteme durch regelbasierte und deklarative Wissensrepräsentationen sowie entsprechende Inferenz- und Deduktionssysteme realisiert. Die Wissensakquisition erfolgt unterstützt durch eigens entwickelte Akquisitionswerkzeuge vor allem durch **Expertenbefragung**.

Beispiel

In dem Expertensystem **MYCIN** /Shortliffe 76/ zur medizinischen Diagnose von Infektionskrankheiten ist das Expertenwissen in Form von etwa 400 heuristischen Wenn-Dann-Regeln erfasst worden.

Umgangssprachlich lautet beispielsweise die Regel 009 (/Buchanan, Shortliffe 84/):

```
IF:
    (1) The gram stain of the organism is gramneg, and
    (2) The morphology of the organism is coccus
THEN:
    There is strongly suggestive evidence (0,8) that
    the identity of the organism is Neisseria
```

Nachteile

In der Vergangenheit hat sich allerdings gezeigt, dass dieser Ansatz zwar für die Repräsentation von Wissen in **abgeschlossenen Mikrowelten** mit geringer Modellierungskomplexität geeignet ist, darüber hinaus aber kaum skalierbar ist (vgl. /Dreyfus 79/).

Der klassische Ansatz der Expertensysteme erfordert einen hohen Aufwand bei der Wissensakquisition hinsichtlich der Granularität der Repräsentation, der hierfür erforderlichen Zeit und der dadurch entstehenden Kosten. Dem gegenüber steht oft ein geringer wirtschaftlicher Nutzen durch unzureichende Systemintegration und Nutzerakzeptanz.

Wissensverarbeitung heute

Einfügung von Steuerzeichen

Grundlage der aktuellen Wissensverarbeitung ist die Idee, durch die **Einfügung von Steuerzeichen** für die Auszeichnung von Textstrukturen, sog. ***Markups***, die semantische Interpretation textueller Informationen sowohl für die Nutzung durch einen menschlichen Nutzer als auch durch ein Programm festzulegen.

XML

Als Grundlage dient **XML** (*eXtensible Markup Language*), eine Notation für die hierarchische Strukturierung von Dokumenten in Form von Bäumen, deren Knoten mit Attributen versehen sein können (siehe auch: W3C (`http://www.W3C.com`)).

Beispiel 1a

Man betrachte den folgenden Auszug aus dem Bundesanzeiger:

HRB 662 K – 06. November 2001:
DV – Expect GmbH LABORSYSTEME in Herbolzheim (Belchenstr. 44).
Gesellschaft mit beschränkter Haftung.
Gesellschaftsvertrag vom 28. August 2001, geändert in § 1 (Firma) am 09. Oktober 2001.
Gegenstand des Unternehmens ist die Montage von medizinischen Geräten und Elektronikteilen und deren Vertrieb, auch im Lohnauftrag für Unternehmen der Gerätemedizin und der Bauindustrie, die Endmontage von Bauelementen, der Vertrieb von Ersatzteilen für Personen- und Güterbeförderungsunternehmen sowie der ambulante Handel und Vertrieb mit Fast-food Produkten.
Stammkapital: 25 000,-- EUR.
Die Gesellschaft hat einen oder mehrere Geschäftsführer. Ist nur ein Geschäftsführer bestellt, vertritt er die Gesellschaft allein ....
Bekanntmachungen der Gesellschaft erfolgen im Bundesanzeiger.

Offenbar handelt es sich um die ausführliche Beschreibung einer Firma mit Sitz in Herbolzheim. Entsprechend dem GmbH-Gesetz werden die folgenden Angaben präzisiert: Handelsregisternummer, Datum der Eintragung, Name der Firma, Adresse, Rechtsform, Gegenstand, Stammkapital, Angaben zur Geschäftsführung.

Diese Angaben können als sogenannte Elemente für eine sehr einfache inhaltliche Strukturierung dieses Textes in XML verwendet werden, wobei einzelne Elemente durch Subelemente weiter untergliedert sein können.

Beispiel 1b

```
<?xml version = "1.0"?>
....
....
<HANDELSREGISTEREINTRAG>
        <HREGISTERNR> HRB 662 K </HREGISTERNR>
        <DATUM> 06. November 2001 </DATUM>
```

```
        <FIRMENNAME>
                <KURZFORM> DV - Expect </KURZFORM>
                <RECHTSFORM> GmbH </RECHTSFORM>
                <ZUSATZ> LABORSYSTEME </ZUSATZ>
        </FIRMENNAME>
        <ADRESSE>
                <ORT> Herbolzheim </ORT>
                <STRASSE>...
                        <STRASSENNAME> ...</STRASSENNAME>
                        <HAUSNUMMER> ...</HAUSNUMMER>
                </STRASSE>
        </ADRESSE>
...
...
</HANDELSREGISTEREINTRAG>
```

Das Beispiel zeigt, dass durch die Verwendung von Elementen für einen konkreten Text eine inhaltliche Struktur definiert werden kann.

Markup-Probleme

Es ergeben sich jedoch zwei Probleme:

Problem 1

- Zum einen ist trotz der sprechenden Namen der Elemente keineswegs deren Semantik sichergestellt. Zwar versteht ein Mensch intuitiv, was beispielsweise unter einer <ADRESSE> gemeint sein könnte.
  In dem Element <ADRESSE> mit den Subelementen <ORT> und <STRASSE> fehlt aber z.B. die Angabe der Postleitzahl. Auch ist nicht sichergestellt, dass unter dem Element <HAUSNUMMER> tatsächlich nur numerische Daten eingegeben werden können.
  Was also unter einer Adresse im Sinne des Elements mit der Bezeichnung <ADRESSE> zu verstehen ist, müsste unter Bezug auf einen allgemein definierten und anerkannten Standard festgelegt werden.
  Dasselbe gilt erst recht für die anderen und teils viel komplizierteren Elemente wie <HREGISTERNR>, <FIRMENNAME> oder <HANDELSREGISTEREINTRAG>, die den Gegenstandsbereich der Eintragungen im Bundesanzeiger ja erst im engeren Sinne beschreiben.

Ontologie

Im Sinne des **semantischen Web** wird eine solche semantische Standardisierung als **Ontologie** bezeichnet. Darunter versteht man »*an explicit formalization of a shared understanding of a conceptualization*« (vgl. /Gruber 93/).

Für die Realisierung von Ontologien werden meist sogenannte Beschreibungslogiken verwendet, d.h. wohldefinierte Teilmengen der **Prädikatenlogik** erster Stufe, die möglichst ausdrucksstark und trotzdem entscheidbar sind. Im Mittelpunkt des Interesses steht derzeit die *Web Ontology Language* (OWL) (vgl. /Dean et al. 02/).

- Zum anderen ist für jeden Text die inhaltliche Struktur unter Bezug auf die Ontologie des Gegenstandsbereichs tatsächlich auch zu erstellen. Dies ist in der Praxis, und damit auch für die Umsetzung der Vision des semantischen Web, das größte Problem. Trotz der neuen Möglichkeiten findet sich hier also wieder das zentrale Problem der **Wissensakquisition**. Um die Möglichkeiten der semantischen Auszeichnung zu nutzen, muss ein Text semantisch markiert werden. Wie aber kommen die Auszeichnungen in den Text? Problem 2

Wissensakquisition durch *Text Mining*

Im Unterschied zu den klassischen Verfahren und Anwendungen der Wissensrepräsentation sind die ontologiebasierten Verfahren der Wissensverarbeitung skalierbar und führen auf Anwenderseite zu einer zunehmenden Systemintegration und Nutzerakzeptanz. Gemeinsam mit den klassischen Verfahren ist aber die Notwendigkeit geblieben, dass das Wissen, das in einer bestimmten formalen Weise repräsentiert und genutzt werden soll, überhaupt erst in geeigneter Form bereitgestellt werden muss. Dadurch ergibt sich nach wie vor ein sehr hoher Aufwand bei der Wissensakquisition (Granularität der Repräsentation, Zeit, Kosten).

Lösungsansatz

Ein Lösungsansatz, um aus den verfügbaren Datenquellen (Dokumente, Tabellen, Datenbanken usw.) das implizit bzw. explizit repräsentierte Wissen möglichst kostengünstig abzuleiten, ist ***Text Mining*** (vgl. Wissensbaustein »Text Mining« (S. 1)). Hierdurch werden inhaltliche Zusammenhänge in einem Text bzw. einer Sammlung von Texten weitgehend automatisch erkannt und repräsentiert. Die auf diese Weise abgeleiteten Konzepte und ihre Zusammenhänge können als Grundlage für die Erstellung einer Ontologie dienen (vgl. Wissensbaustein »Lexikalische Filter« (S. 248), Wissensbaustein »Kombination verschiedener Wissensquellen«

(S. 254) und Wissensbaustein »Bootstrapping« (S. 260)). Dies ist möglich, weil ein Text selber eine Form der Wissensrepräsentation darstellt. *Text Mining* unterstützt den klassischen Ansatz der Wissensakquisition durch Expertenbefragung und ermöglicht den kostengünstigen Aufbau eines ontologiebasierten Wissensmanagements.

Basistext

2 Grundlagen der Bedeutungsanalyse *

Text repräsentiert Wissen. Um das in einem **Text** repräsentierte Wissen mit Hilfe von **Text-Mining-Verfahren** automatisch bzw. semi-automatisch zu extrahieren, muss aus den im Text verwendeten Zeichen – den Buchstaben und daraus gebildeten **Wortformen** – der repräsentierte Inhalt abgeleitet werden.

Die Grundlage hierfür bilden allgemeine und elementare strukturelle Beziehungen zwischen den Zeichen eines Zeichensystems, die erstmals vom **Linguistischen Strukturalismus** untersucht worden sind.

Im Wissensbaustein »Syntagmatische Relationen« (S. 20) und im Wissensbaustein »Paradigmatische Relationen« (S. 25) werden diese Beziehungen ausführlich erläutert und formal präzisiert, so dass sie als Grundlage einer algorithmischen Textanalyse, und damit als theoretische Grundlage des *Text Mining*, dienen können.

Im Wissensbaustein »Semantische Relationen« (S. 30) wird unter Bezug auf die **syntagmatischen** und **paradigmatischen Relationen** der Begriff der **semantischen Relationen** eingeführt. Semantische Relationen werden für die sprachliche Repräsentation von Wissen verwendet. Allgemeine Struktureigenschaften von semantischen Relationen sind **logische Relationen**.

Diese werden im Wissensbaustein »Logische Relationen« (S. 39) behandelt. Wesentlich für die Entwicklung von *Text-Mining*-Verfahren ist auch die Unterscheidung zwischen **Fach**- und **Allgemeinsprachen**, die im abschließenden Wissensbaustein »Fach- & Allgemeinsprache« (S. 45) dieser Gruppierung erklärt wird.

2.1 Syntagmatische Relationen: Gemeinsames Auftreten *

Als Grundlage der Berechnung semantischer Relationen dienen Zusammenhänge, die in der Linguistik als syntagmatische und paradigmatische Relationen beschrieben werden. Zwei Wortformen stehen in »syntagmatischer Relation«, wenn sie gemeinsam auftreten. Zwei Wortformen stehen in »paradigmatischer Relation«, wenn sie in ähnlichen Kontexten auftreten. Statistisch auffällige syntagmatische Relationen erfassen typischerweise inhaltliche Zusammenhänge zwischen Wortformen in einem Satz (z.B. die Beziehung zwischen einem Nomen und einem dazu passenden Verb) oder zwischen Wortformen, die häufig in unmittelbarer Nachbarschaft gemeinsam auftreten (z.B. eine Funktionsbezeichnung und der Name einer Person).

Problemstellung: Berechnung semantischer Relationen

Warum können semantische Relationen unter alleiniger Verwendung von (sehr großen Mengen von) Text überhaupt automatisch berechnet werden? Ein Text ist ja zunächst nur eine Menge von Zeichenketten. Welche im Text inhärenten Strukturen können als Grundlage für die automatische Berechnung von semantischen Relationen dienen und wie können diese Relationen berechnet werden?

linguistischer Strukturalismus

Für eine Beantwortung dieser Fragen liefert der sogenannte **linguistische Strukturalismus** wichtige Hinweise. Ende des 19. Jahrhunderts haben Linguisten damit begonnen, Verfahren für die Beschreibung exotischer Sprachen zu entwickeln. Einige dieser Verfahren können als Grundlage für die automatische Analyse von Texten genommen werden.

Ein Programm, das automatisch aus einem Text wesentliche Inhaltsstrukturen ableiten soll, versteht von dem Text ja zunächst genau so wenig wie ein Linguist, der eine ihm unbekannte Sprache erlernen möchte.

Linguistische Ebenen

Während für einen Informatiker sich ein Text nur als eine Datenmenge vom Typ `String` darstellt, wird für die linguistische Analyse eines Textes eine Untergliederung in verschiedene hierarchische Ebenen, die sogenannten **linguistischen Ebenen** (unabhängig von dem verwendeten linguistischen Theorierahmen), vorgenommen (vgl. /Harris 68/). Eine Einführung in den Begriff der linguistischen Ebenen finden Sie im Anhang: Linguistische Grundlagen-Linguistische Ebenen. Diese linguistischen Ebenen lassen sich durch die Kombination von einfachen Elementen (wie z.B. Wortformen) zu komplexeren Elementen (Phrasen oder Sätze) darstellen.

Bildungsprinzipien

Hierbei werden die folgenden Bildungsprinzipien verwendet:

- **Konkatenation** (Aneinanderfügung) und
- **Abstraktion** (Bildung von Äquivalenzklassen)

Die Berücksichtigung der linguistischen Ebenen ist für die automatische Ermittlung von semantischen Zusammenhängen eine wesentliche Voraussetzung.

Strukturalismus

Als Grundrelationen sprachlicher Bedeutungszusammenhänge hat der bedeutende Schweizer Linguist **Ferdinand de Saussure** in seiner posthum erschienenen Vorlesungsreihe »Einführung in die allgemeine Sprachwissenschaft« /Saussure 66/ die sogenannten **syntagmatischen** und **paradigmatischen Relationen** beschrieben.

gemeinsames Auftreten

In einem System sprachlicher Zeichen (Laute, Morpheme, Wörter usw.) (vgl. Wissensbaustein »Aufbau & Struktur von Text« (S. 7) und Wissensbaustein »Morphemmuster« (S. 238)) stehen zwei Zeichen in **syntagmatischer Relation**, wenn sie *gemeinsam auftreten*. Zwei Zeichen stehen in **paradigmatischer Relation**, wenn sie in *ähnlichen Kontexten* auftreten. Hieraus ergeben sich für bedeutungstragende Zeichen grundlegende semantische Zusammenhänge.

Zwei Wortformen, die in den Sätzen einer Sprache meist gemeinsam auftreten, ergänzen sich funktional und inhaltlich, wie es z.B. bei dem **Nomen** »Sonne« in Verbindung mit dem **Verb** »scheinen« der Fall ist.

gemeinsamer Kontext

Zwei Wortformen, die meist in ähnlichen sprachlichen Kontexten auftreten, haben grammatikalisch und inhaltlich eine ähnliche Funktion, so z.B. das Nomen »Sonne« und das sinnverwandte Nomen »Kerze«.

Syntagmatische Relationen

Analog zu de Saussures Definitionen lassen sich im Sinne einer formalen Rekonstruktion des Strukturalismus folgende Definitionen angeben:

Wortformen

Es sei L=(W,S) eine Sprache, wobei W die Menge der **Wortformen** dieser Sprache ist, S ist die Menge der in dieser Sprache gültigen und sinnvollen Sätze. Im Folgenden bezeichnen Elemente w (evtl. mit Indices) Elemente der Menge W und s Elemente aus S.

Jeder Satz s aus L repräsentiert dann eine Menge von Wortformen,
$s = \{w_1,....,w_n\}$.
Dabei erscheint in dieser Menge jede Wortform nur einmal, unabhängig davon, wie oft sie in einem Satz tatsächlich vorkommt. Man beachte, dass die Menge der Wortformen eines Satzes ungeordnet ist.

Beispiel

Es sei L_1=(W,S) mit

W={die, dem, in, auf, Sonne, Kerzen, Tisch, Leipzig, scheint, leuchten} und

S={{die, Sonne, scheint}, {die, Sonne, scheint, in, Leipzig}, {die, Sonne, scheint, auf, Kerzen}, {die, Sonne, scheint, auf, Kerzen, in, Leipzig}, {Kerzen, leuchten}, {Kerzen, leuchten, auf, dem, Tisch}, {Kerzen, leuchten, in, Leipzig}, {Kerzen, leuchten, auf, dem, Tisch, in, Leipzig}, {die, Kerzen, leuchten}, {die, Kerzen, leuchten, auf, dem, Tisch}, {die, Kerzen, leuchten, in, Leipzig}, {die, Kerzen, leuchten, auf, dem, Tisch, in, Leipzig}}

Der **lokale Kontext** $K_s(w)$ einer Wortform w sei die Menge von Wortformen, mit denen w zusammen in einem Satz s auftritt, wobei $w \in s$:
$K_s(w)=s \setminus \{w\}$ für $w \in s$.

Definition 1: lokaler Kontext

Der **lokale Kontext** der Wortform »Sonne« in dem Satz »die Sonne scheint« ist die Menge der Wortformen »die« und »scheint«.

Beispiel

Falls eine Wortform genau n mal auftritt, gibt es höchstens n lokale Kontexte von w (eine Wortform kann auch zwei- oder mehrmals in einem Satz auftreten, wie z.B. die Wortform »die« in dem Satz »die Sonne scheint auf die Kerzen«.

Es ist möglich, dass nach dieser Definition zwei verschiedene Sätze den gleichen lokalen Kontext bilden, da sie sich lediglich in ihrer Wortstellung unterscheiden. (z.B. »die Sonne scheint in Leipzig« und »in Leipzig scheint die Sonne«).

Der Begriff des lokalen Kontexts einer Wortform baut auf dem Begriff des Satzes auf und wird damit auf die linguistische Ebene von Sätzen eingeschränkt.

linguistische Ebene = Sätze

Zwei Wortformen $w_i \in W$ und $w_j \in W$ stehen **dann und nur dann** in **syntagmatischer Relation** zueinander, wenn es mindestens einen lokalen Kontext gibt, der beide Wortformen enthält.

Definition 2: gemeinsames Auftreten

$SYN(w_i,w_j) \leftrightarrow \exists\ s: w_j \in K_s(w_i)$

Die Wortformen w_i=»Sonne« und w_j=»scheint« aus der Sprache L_1 stehen in syntagmatischer Relation, weil es in L_1 für w_i einen lokalen Kontext gibt, der w_j enthält, nämlich {die, scheint}.

Beispiel

Das gemeinsame Auftreten zweier Wortformen in einem lokalen Kontext wird auch als **Kookkurrenz** bezeichnet. Zwei Wortformen, die in einem lokalen Kontext gemeinsam auftreten, heißen **Kookkurrenten**. Wortformen, die in syntagmatischer Relation stehen, sind also stets Kookkurrenten.

Da in der natürlichen Sprache jede Wortform mit jeder beliebigen anderen Wortform zusammen in einem Satz auftreten kann, wird allerdings durch diese Definition möglicherweise eine syntagmatische Relation zwischen jedem Wortpaar definiert, was der ursprünglichen Intension, zwischen einzelnen Wortformen unterscheidbare semantische Zusammenhänge herzustellen, zuwiderläuft.

Wahrscheinlichkeitsrechnung

Unter Annahme der Unabhängigkeit ihres Auftretens, lässt sich für zwei Wortformen $w_i,w_j \in W$ mit Hilfe der Wahrscheinlichkeitsrechnung (vgl. im Anhang Wissensbaustein »Kurzeinführung Statistik« (S. 333)) die Anzahl von Kontexten schätzen, in denen sowohl w_i als auch w_j gemeinsam auftreten (vgl. /Curran 03/ und /Pedersen 05/). Weicht nun die tatsächliche Anzahl ihres gemeinsamen Auftretens signifikant davon ab, so kann auf einen funktionalen oder inhaltlichen Zusammenhang zwischen beiden Wortformen geschlossen werden. Dabei kann dieser Zusammenhang zwischen beiden Wortformen als der Grund der statistischen Abweichung angesehen werden. Die Relation einer Wortform w_i und einer anderen Wortform w_j, mit der w_i signifikant häufig gemeinsam auftritt, wird als statistisch-syntagmatische Relation bezeichnet.

Definition 3: gemeinsames Auftreten + statistisch signifikant

Zwei Wörter $w_i,w_j \in W$ stehen in **statistisch-syntagmatischer** Relation $SYNS(w_i,w_j)$, wenn sie in syntagmatischer Relation stehen und ihr gemeinsames Auftreten mit Bezug auf ein noch festzulegendes **Signifikanzmaß** nicht zufällig ist.

Durch diese Einschränkung kann nun das auffällig häufige gemeinsame Auftreten von Wortformen gegenüber einem »zufälligen« gemeinsamen Auftreten hervorgehoben werden. Zwei Wortformen, die in einer statistisch-syntagmatischen Relation stehen, werden auch als **signifikante Kookkurrenten** bezeichnet.

Bei einer genauen Betrachtung des auffällig häufigen gemeinsamen Auftretens von Wortformen (signifikante Kookkurrenten) treten eine Vielzahl linguistischer Funktionen und Eigenschaften hervor: **Dependenzen**, **Aufzählungen**, **feste Wendungen** u.v.m. Im Unterschied zu den bisher gegebenen Definitionen können diese auch mehr als zwei Wortformen umfassen.

- **Dependenzen**: *Sonne scheint, Hund bellt, Professor lehrt....*
- **Aufzählungen**: *Mathematik, Physik, Informatik,...*
- **feste Wendungen**: *mit freundlichen Grüßen, ...*

Beispiele

Weitere Beispiele für **signifikante Kookkurrenzen** finden sich im Wissensbaustein »Signifikante Kookkurrenzen« (S. 134).

Von besonderem Interesse sind neben den allgemeinen statistisch-syntagmatischen Relationen auf Satzebene (**Satzkookkurrenzen**) solche Fälle, in denen eine Wortform meist unmittelbar vor oder nach einer anderen Wortform auftritt (**Nachbarschaftskookkurrenz**).

linke und rechte Nachbarn

Linguistisch betrachtet handelt es sich dabei meist um **Mehrwortbegriffe**, ***Head-Modifier*-Relationen** sowie **Kategorie- und Funktionsangaben**.

- **Mehrwortbegriffe**: *Bürgerliches Gesetzbuch, Vorsitzender des Vorstandes, ,...*
- ***Head-Modifier*-Relationen**: *hochleistungsfähiger Computer, vorgezogenes Rentenalter,...*
- **Kategorie- und Funktionsangaben**: *Professor Balzert, Oberbürgermeister Tiefensee, Stadt Leipzig,...*

Beispiele

2.2 Paradigmatische Relationen: Auftreten in ähnlichen Kontexten *

Zwei Wortformen (oder ganz allgemein: Zeichen) stehen in »paradigmatischer Relation«, wenn sie in ähnlichen Kontexten auftreten. Paradigmatische Relationen erfassen typischerweise inhaltliche Zusammenhänge zwischen Wortformen, die sich in syntaktischer, semantischer oder logischer Hinsicht ähnlich sind. Hierfür können auf der Menge derjenigen Wortformen, die den globalen Kontext einer Wortform bilden, spezielle Filter definiert werden.

Basistext

Paradigmatische Relationen

Im Unterschied zum **lokalen Kontext** bei dem betrachtet wird, mit welchen anderen Wortformen eine bestimmte Wortform in einem Satz gemeinsam auftritt (vgl. Wissensbaustein »Syntagmatische Relationen« (S. 20)), sollen nun *alle* Sätze betrachtet werden, in denen eine Wortform $w_i \in W$ einer Sprache vorkommt. Die Menge aller Wortformen w zu denen w_i in statistisch-syntagmatischer Relation steht, d.h. die Menge aller signifikanten Kookkurrenten von w_i, ist eine Teilmenge aller Wortformen, die in allen Kontexten von w_i enthalten sind. Sie wird als **globaler Kontext** bezeichnet.

Definition 1: globaler Kontext

Der **globale Kontext** $K_G(w_i)$ einer Wortform $w_i \in W$ sei die Menge aller Wortformen $w \in W$, für welche $SYNS(w_i,w)$ gilt:

$$K_G(w_i) = \{w | SYNS(w_i,w)\}$$

Nach dieser Definition gibt es für eine Wortform w_i (abhängig vom zugrunde gelegten Textkorpus und dem gewählten Signifikanzmaß) genau einen globalen Kontext $K_G(w_i)$.

Die konkrete Berechnung des globalen Kontextes einer Wortform hängt also davon ab, welcher Signifikanzwert für das statistisch häufige gemeinsame Auftreten zweier Wortformen gewählt und welcher Schwellwert für das Vorliegen einer statistisch-syntagmatischen Relation zwischen zwei Wortformen festgelegt wurde.

Menge signifikanter Kookkurrenten

Der globale Kontext $K_G(w_i)$ einer Wortform w_i enthält alle Wortformen, die mit w_i statistisch signifikant häufig auftreten, d.h. die Menge aller signifikanten Kookkurrenten einer Wortform.

Ähnlichkeit globaler Kontexte

Die globalen Kontexte zweier Wortformen lassen sich mit Hilfe eines Vergleichsprädikats SIM_t auf ihre Ähnlichkeit hin vergleichen. Sind zwei globale Kontexte in Bezug auf einen Schwellwert t ähnlich, schreibt man

$$SIM_t(K_G(w_i),K_G(w_j)) .$$

Für die tatsächliche Berechnung der Ähnlichkeit zweier globaler Kontexte muss ein **Ähnlichkeitsmaß** – wie die **Tanimoto-Ähnlichkeit** oder das **Cosinus-Maß** – verwendet werden (vgl. Wissensbaustein »Dokumentenähnlichkeit«

(S. 201) und Wissensbaustein »Clustern von Wortformen« (S. 209)). Mit der **Tanimoto-Ähnlichkeit** wird im Verhältnis zur Gesamtzahl aller Wortformen beider Mengen der Anteil derjenigen Wortformen berechnet, die in beiden Mengen enthalten sind. Je größer dieser Anteil ist, desto ähnlicher sind sich die Mengen.

Je ähnlicher die globalen Kontexte zweier Wortformen sind, desto ähnlicher werden die Wortformen verwendet. Die Ähnlichkeit zweier Wortformen in Bezug auf ähnliche Kontexte wird als paradigmatische Relation bezeichnet.

Definition 2: paradigmatische Relation

Zwei Wortformen $w_i, w_j \in W$ einer Sprache stehen dann und nur dann in **paradigmatischer Relation** $PARA(w_i, w_j)$, wenn die globalen Kontexte der Wortformen in Bezug auf ein gegebenes Ähnlichkeitsmaß und einen vorher festgelegten Schwellwert zueinander ähnlich sind:

$$PARA(w_i, w_j) \leftrightarrow SIM_t(K_G(w_i), K_G(w_j))$$

Da der globale Kontext einer Wortform w die Menge aller Wortformen ist, die in statistisch-syntagmatischer Relation zu w stehen, verdeutlicht die Definition, dass sich paradigmatische Relationen zwischen Wortformen aus syntagmatischen Relationen ableiten.

Filter

Der globale Kontext einer Wortform kann durch **Filter** verändert werden.

Beispiel

Aus der Menge aller Wortformen, die den globalen Kontext des Nomens »Sonne« bilden, werden alle Wortformen, die keine Nomina sind, herausgefiltert. Der so gefilterte globale Kontext des Nomens »Sonne« enthält nur Nomina.

In Abhängigkeit von dem Filter, der bei der Bestimmung des globalen Kontextes einer Wortform verwendet wird, liefert die Berechnung der Ähnlichkeit zwischen den gefilterten globalen Kontexten zweier Wortformen paradigmatische Wortformenmengen verschiedener inhaltlicher Qualität (vgl. Wissensbaustein »Clustern von Wortformen« (S. 209) und Wissensbaustein »Lexikalische Filter« (S. 248)).

syntaktische Kategorie

Im einfachsten Fall werden nur gefilterte globale Kontexte verglichen, deren Elemente einer bestimmten **syntaktischen Kategorie CAT** angehören:

$PARA_{CAT}(w_i,w) \leftrightarrow PARA(w_i,w_j) \& CAT(w_i)=CAT(w)$

Im Ergebnis erhält man eine Menge aller Wortformen w, zu denen eine Wortform w_i in *syntaktischer* Hinsicht in paradigmatischer Relation steht.

$\{w \mid PARA_{CAT}(w_i,w)\}$

In der Literatur ist diese Menge von Wortformen auch als Ersetzungsklasse bekannt (vgl. /Harris 68/, /Lin 98/ und /Lin et al. 03/).

Wird in einem Satz eine bestimmte Position durch eine Variable ersetzt und verlangt, dass der Satz nach Ersetzung der Variablen durch Wortformen weiterhin syntaktisch wohlgeformt ist, dann erhält man eine Menge von Wortformen, die syntaktisch eine ähnliche Verteilung haben und sich von daher syntaktisch ähnlich verhalten.

Beispiel

In der Satzform »Die X scheint« sind mögliche Belegungen von X:

»Sonne«, »Blume«, »Straße«, »aufgehende Morgensonne«, »gesperrte Straße«, »wegen eines Wackelkontaktes gefährliche Schreibtischlampe,...«

semantische Kategorie

Unabhängig von der syntaktischen Filterung kann verlangt werden, dass die in paradigmatischer Relation stehenden Wortformen **semantisch ähnlich** sind, d.h. dass sie durch gemeinsame semantische Merkmale verbunden sind. (Meist bilden semantisch ähnliche Wortformen ein *Wortfeld*, vgl. /Trier 34/).

Es werden nur gefilterte globale Kontexte verglichen, deren Elemente einer bestimmten **semantischen Kategorie SEM** angehören:

$PARA_{SEM}(w_i,w) \leftrightarrow PARA\ (w_i,w) \& SEM(w)=SEM(w_i)$

Im Ergebnis erhält man eine Menge aller Wortformen w, zu denen eine Wortform w_i in *semantischer* Hinsicht in paradigmatischer Relation steht:

$\{w|PARA_{SEM}(w_i,w)\}$

Beispiel

In der Satzform »Die X scheint« werden nur Belegungen von X zugelassen, die meist mit dem Verb »scheinen« (in der Bedeutung von »Licht aussenden«) gemeinsam auftreten, d.h. das gemeinsame Merkmal »Lichtquelle« haben:

»Sonne«, »Lampe«, »Kerze«, »Laterne« , ...

Sofern zwei Wortformen durch eine dritte verbunden werden, zu denen sie jeweils in statistisch-syntagmatischer Relation stehen, handelt es sich um ein gemeinsames Attribut oder einen (möglicherweise mehrdeutigen) **gemeinsamen Begriff**:

$\{w|SYNS(w_i,w)\&SYNS(w_k,w)\}$, wobei $w_i \neq w_k$

Beispiel

Bezeichnung von Begriffen wie im Kreuzworträtsel:
Die Bezeichnung »Messestadt an der Pleiße« ergibt als gemeinsamen Begriff
»Leipzig« (*Messestadt & Pleiße = Leipzig)*

logische Bedingungen

Als stärkste Einschränkung kann schließlich verlangt werden, dass die in paradigmatischer Relation stehenden Wortformen bestimmte **logische Bedingungen**, wie die Oberbegriffs- und Unterbegriffsbeziehung (vgl. Wissensbaustein »Logische Relationen« (S. 39)) erfüllen. Es werden nur gefilterte globale Kontexte verglichen, deren Elemente diese logische Bedingung LOG erfüllen:

$PARA_{LOG}(w_i,w) \leftrightarrow PARA(w_i,w)\&LOG(w)=LOG(w_i)$

Im Ergebnis erhält man eine Menge aller Wortformen w, zu denen eine Wortform w_i in *logischer* Hinsicht in paradigmatischer Relation steht:

$\{w \mid PARA_{LOG}(w_i,w)\}$

Beispiel

In der Satzform »Die X scheint« sind nur Belegungen von X zugelassen, die ein **Oberbegriff** zum **Unterbegriff** »Sonne« sind (LOG = Hyponym):

Hyponym (»Sonne«, »astronomische Lichtquelle«).

Im Unterschied zu den beiden vorhergehenden Kategorien stellen die logischen Bedingungen die stärksten Anforderungen an die als ähnlich betrachteten Wortformen. Logische Relationen werden oft als besonders natürlich betrachtet. Tatsächlich aber sind sie das Ergebnis einer starken Strukturbildung und hohen Abstraktion, für deren automatische Ableitung eine Vielzahl von Wissensquellen benutzt werden müssen.

2.3 Semantische Relationen *

Semantische Relationen sind Mengen von Paaren von Wortformen einer Sprache. Zwischen zwei Wortformen einer Sprache besteht eine *semantische* Relation nur dann, wenn sie in einer paradigmatischen oder statistisch-syntagmatischen Relation stehen. Zu den semantischen Relationen benachbarter Wortformen gehören insbesondere die Kategorie- oder Funktionsangabe, die Maßeinheit oder Qualifizierung, die Modifizierung und die Veränderung. Für die Qualifizierungen nach Oberbegriff und Unterbegriff, Synonym, Teil-von-Beziehung, Instrument-für-Beziehung und Ursache-von-Beziehung finden sich im Deutschen typische Muster von Ausdrücken, die für eine Musteranalyse verwendet werden können.

Analyse semantischer Relationen

Semantische Relationen bilden die Grundlage einer textuellen Repräsentation von Wissen. Ganz allgemein gesprochen sind semantische Relationen Mengen von Paaren von **Wortformen** einer Sprache. Aber welche Arten von semantischen Relationen gibt es? Und wie können diese – möglichst automatisch – entdeckt werden?

Der theoretische Ansatz des **linguistischen Strukturalismus** setzt voraus, dass sich der Wert eines einzelnen Sprachelements (auf allen linguistischen Ebenen) nur aus dem gleichzeitigen Vorhandensein eines anderen Sprachelements (derselben Sprache) ergibt. Als grundsätzliche Beziehungen zwischen den einzelnen Sprachelementen werden dabei allein Gleichheiten und Verschiedenheiten betrachtet.

Verschiedenheiten aber finden ihren sprachlichen Ausdruck in der Gegenüberstellung von Sprachelementen in dem Zusammenhang der Sprachstruktur: »Nicht dass eines anders ist als das andere ist wesentlich, sondern dass es neben allen anderen und ihnen gegenüber steht. Und der ganze Mechanismus der Sprache ... beruht auf Gegenüberstellungen dieser Art ...« (/Saussure 66/).

Auf der Grundlage des linguistischen Strukturalismus wird im Folgenden eine Methode skizziert, wie aus einem Text semantische Relationen abgeleitet werden können. Dabei wird vorausgesetzt, dass in einer Sprache zwischen zwei Wortformen eine **semantische Relation** besteht, wenn sie in einer **paradigmatischen Relation** (PARA) oder statistisch-syntagmatischen Relation (SYNS) stehen (vgl. Wissensbaustein »Paradigmatische Relationen« (S. 25)). Wortformen, die in einer paradigmatischen Relation stehen, können nach verschiedenen Kriterien gefiltert werden.

Die daraus resultierende Menge von Wortformen bildet (im Sinne des Strukturalismus) eine Ersetzungsklasse. Die Elemente der Ersetzungsklasse stehen untereinander in Bezug auf die konstant gehaltene Wortform in Opposition.

Die skizzierte Methode orientiert sich an den Arbeiten von /Vendler 67/ und /Melcuk 88/. Ein ausgefeiltes System semantischer Relationen und Kategorien für das Deutsche findet sich in /Helbig 01/.

Semantische Relationen benachbarter Wortformen

Den Ausgangspunkt für eine Analyse semantischer Relationen bilden die **linken und rechten Nachbarn einer Wortform** (vgl. Wissensbaustein »Syntagmatische Relationen« (S. 20)). Die Menge der linken bzw. rechten Nachbarn einer Wortform bildet eine Menge von Wortformen, die in paradigmatischer Relation stehen. Diese Menge kann zunächst nach rein syntaktischen Kriterien gefiltert werden.

Beispiel

In der Satzform »Die Sonne <Verb>« sind die Wortformen »scheint«, »lacht« und »brennt« rechte Nachbarn der Wortform »Sonne«. Als solche bilden sie eine Ersetzungsklasse und stehen untereinander in Opposition.

syntaktische Muster

Von den zahlreichen Möglichkeiten im Deutschen, eine Wortform mit einem linken bzw. rechten Nachbarn zu kombinieren, sollen insbesondere die folgenden vier semantisch relevanten syntaktischen Muster betrachtet werden:

Muster 1: <Nomen> <Eigennamen>
Muster 2: <Nomen1> <Nomen2>
Muster 3: <Adjektiv> <Nomen>
Muster 4: <Nomen> <Verb>

Kategorie oder Funktion

<Nomen> <Eigennamen>

Bei dem **Muster 1** (<Nomem> <Eigenname>) ist das Nomen meist eine **Kategorie**- oder **Funktionsangabe**.

Die Ersetzungsklassen in diesem Muster werden einerseits von allen **Eigennamen** gebildet, die unter dieselbe vom Nomen bezeichnete Kategorie oder Funktion fallen, also **Instanzen** dieser Kategorie oder Funktion sind (Opposition von Eigennamen einer bestimmten Kategorie).

Andererseits können in diesem Muster zu einem Eigennamen alle **Kategorie**- und **Funktionsangaben** gesammelt werden, mit denen dieser Eigenname statistisch signifikant häufig gemeinsam auftritt (Opposition von Kategorie- und Funktionsangaben). Durch die Analyse der Ersetzungsklassen für dieses Muster lassen sich für einen Text spezifische Kategorien bzw. Funktionsangaben ausrechnen.

Beispiele

Ersetzungsklassen von <Eigennamen>:
Kategorieninstanzen:

Städte: Stadt *Leipzig*, Stadt *Frankfurt*, Stadt *Köln*, ...
Bundeskanzler: Bundeskanzler *Schröder*, Bundeskanzler *Kohl*, Bundeskanzler *Adenauer*, ...

Ersetzungsklassen von <Nomen>:
Kategorie- und Funktionsangaben:

Städtebezeichnungen: *Stadt* Rostock, *Hansestadt* Rostock, *Ostseestadt* Rostock, ...
Ämter: *Bundeskanzler* Schröder, *Parteivorsitzender* Schröder, *Ministerpräsident* Schröder, ...

Neben Orts- und Funktionsbezeichnungen als Nomina finden sich in diesem Muster insbesondere auch Titel, Berufsbezeichnungen, Bezüge zu Produkten und Herstellern sowie Bezüge zu Firmen, Organisationen und Institutionen.

Maßeinheit oder Qualifizierung

Bei dem **Muster 2** (<Nomen1> <Nomen2>) ist das erste Nomen meist eine **Maßeinheit** oder **Qualifizierung** für Stoffe, Inhalte, Strecken und Zeiten, wobei eine semantische Übereinstimmung zwischen beiden Nomina vorausgesetzt werden kann. Ist das erste Nomen eine Maßeinheit, dann finden sich in der Ersetzungsklasse für das zweite Nomen fast ausnahmslos nur Ausdrücke derjenigen Kategorie, die mit der Maßeinheit semantisch sinnvoll kombiniert werden können.

<Nomen1> <Nomen2>

Umgekehrt handelt es sich bei den Ersetzungsklassen für das erste Nomen meist um verschiedene Maße oder Qualifizierungen des nachfolgenden Nomens, was u. U. einen Hinweis auf mehrere Bedeutungen des nachfolgenden Nomens geben kann.

Beispiele

Ersetzungsklassen von <Nomen2>:
Messbare oder qualifizierbare Grundkategorien:

Flüssigkeiten: Hektoliter *Bier*, Hektoliter *Mineralwasser*, Hektoliter *Blutkonserven*, ...
Informationen: Gigabyte *Daten*, Gigabyte *Informationsmüll*, ...
Schwermetalle: Schwermetall *Blei*, Schwermetall *Kadmium*, ...

Ersetzungsklassen von <Nomen1>:
Maßeinheiten oder Qualifizierungen:

Maßeinheiten: *Hektoliter* Trinkwasser, *Kubikmeter* Trinkwasser, ...
Qualifizierungen: *Schwermetall* Blei, *Umweltgift* Blei, ...
Qualifizierungen: *Edelmetall* Gold, *Geldanlage* Gold, ...

Meist sind **Maßeinheiten** genormt. Im Unterschied dazu sind **Qualifizierungen** meist charakteristisch für bestimmte Fachgebiete und deren semantischer Modellierung.

Modifizierung

<Adjektiv> <Nomen>

Bei dem **Muster 3** (<Adjektiv> <Nomen>) bezeichnet das Nomen meist ein **Objekt**, einen **Zustand**, ein **Ereignis** oder einen **Sachverhalt**, welches durch ein Attribut *modifiziert* wird und dessen konkreter Wert durch das Adjektiv bezeichnet wird. Wieder kann die semantische Übereinstimmung zwischen dem Adjektiv und dem Nomen vorausgesetzt werden.

Als Ersetzungsklasse für das Adjektiv erhält man **Werte**, die das Attribut (in Bezug auf das folgende Nomen) überhaupt annehmen kann.

Als Ersetzungsklassen für das Nomen erhält man Objekte, Zustände, Ereignisse oder Sachverhalte, die als **Attributträger** bestimmte Attributwerte annehmen.

Beispiele

Ersetzungsklassen von <Adjektiv>:
Attributwerte:

Werte von Ampellichtfarbe: rotes Ampellicht, *grünes* Ampellicht, *gelbes* Ampellicht
Werte von Schalterzustand: *geöffneter* Schalter, *geschlossener* Schalter, *unbesetzter* Schalter
Werte von Wahrheitsmitteilung: *ungeschminkte* Wahrheit, *reine* Wahrheit, *unbequeme* Wahrheit, ...

Ersetzungsklassen von <Nomen>:
Attributträger:

Rotes: rotes *Ampellicht*, rotes *Tuch*, rotes *Schlusslicht*, ...
Unbequemes: unbequeme *Wahrheit*, unbequeme *Sessel*, unbequeme *Verbindung*, ...

Wie bei den Qualifizierungen sind die Attributwerte, die signifikant häufig in einem Text gefunden werden, meist charakteristisch für das Fachgebiet des Textes.

Veränderung

<Nomen><Verb>

Bei dem **Muster 4** (<Nomen><Verb>) ist zu unterscheiden, ob das Nomen als **Subjekt** oder als **Objekt** des Verbs fungiert.

Ist das Nomen Subjekt, dann bezeichnet es wie im Muster 3 meist ein Objekt, einen Zustand, ein Ereignis oder einen Sachverhalt, welcher eine **Veränderung** auslöst, deren konkreter Wert durch das Verb bezeichnet wird. Wird die Veränderung mit Absicht durchgeführt, bezeichnet das Verb eine *Handlung*. In diesem Fall wird vorausgesetzt, dass das mit dem Nomen bezeichnete Objekt Absichten haben und ausführen kann.

Ersetzungsklassen für das Nomen als Subjekt (<Nomen$_{Subj}$>) sind Objekte, Zustände, Ereignisse oder Sachverhalte als **Agenten** oder **Ursachen** einer durch das Verb bezeichneten Veränderung. Als Ersetzungsklassen für das Verb erhält man **Veränderungen**, die typischerweise durch das vorangestellte Nomen ausgelöst werden.

Beispiele

Ersetzungsklassen von <Nomen$_{Subj}$>:
Agenten und Ursachen:

Tötende: *Amokläufer* tötet, *Attentäter* tötet, *Militär* tötet, ...
Vernichtendes: *Feuer* vernichtet, *Großbrand* vernichtet, *Inflation* vernichtet, ...

Ersetzungsklassen von <Verb>:
Veränderungen:

Töten: Attentäter *tötet*, Attentäter *erschießt*, Attentäter *ermordet*, ...
Durch Feuer zugrunde gehen: Feuer *verbrennt*, Feuer *vernichtet*, Feuer *zerstört*, ...

Ist das Nomen im Muster 4 ein **Objekt** des Verbs, dann bezeichnet es meist ein Objekt, einen Zustand, ein Ereignis oder einen Sachverhalt als **Gegenstand** einer Aktion, deren konkreter Wert durch das Verb bezeichnet wird.

Als Ersetzungsklassen für das Nomen als Objekt (<Nomen$_{Obj}$>) erhält man diejenigen Objekte, Zustände, Ereignisse oder Sachverhalte, welche die durch das Verb bezeichnete Veränderung *betrifft*.

Umgekehrt erhält man als Ersetzungsklassen für das Verb **Veränderungen**, die das vorangestellte Nomen betreffen.

Beispiele

Ersetzungsklassen von <Nomen$_{Obj}$>:
betroffene Objekte, Zustände, ... :

Getränke: *Wein* trinken, *Bier* trinken, *Wasser* trinken, ...
Schlechtes: *Korruption* bekämpfen, *Arbeitslosigkeit* bekämpfen, *AIDS* bekämpfen, ...

Ersetzungsklassen von <Verb>:
Veränderungen:

Trinken: Bier *trinken*, Bier *saufen*, Bier *ausgeben*, ...
Bauen: Haus *bauen*, Haus *errichten*, Haus *finanzieren*, ...

Innerhalb jeder semantischen Relation finden sich zwischen den Ersetzungsklassen der Wortformen darüber hinaus meist **logische Relationen** wie **Kohyponyme**, **Gegensätze**, **Komplemente** oder **Konverse** (vgl. Wissensbaustein »Logische Relationen« (S. 39)).

Blei und *Kadmium* als Werte der Qualifizierung *Schwermetall* sind Kohyponyme. Beispiele

Wein, Bier und *Wasser* als Werte des Objekts *Getränke* sind Kohyponyme.

rotes, grünes und *gelbes* als Werte von *Ampellichtfarbe* sind Gegensätze.

geöffneter und *geschlossener* als Werte von *Schalterzustand* sind Komplemente.

töten und *sterben* als Werte von *Veränderung* sind Konverse.

Das Vorliegen einer logischen Relation erlaubt die Ableitung **logischer Folgerungen**, also die Ableitung von Zusammenhängen allein aus definitorischen Gründen und damit unabhängig von der Kenntnis oder einem Verständnis der empirischen Zusammenhänge.

Wenn *Blei* und *Kadmium* in Bezug auf die Qualifizierung *Schwermetall* Kohyponyme sind, dann ist *Schwermetall* ein Oberbegriff zu *Blei* und ein Oberbegriff zu *Kadmium*. Beispiele

Wenn *Blei* und *Kadmium* in Bezug auf die Qualifizierung *Schwermetall* Kohyponyme sind und alle *Schwermetalle* giftig sind, dann sind auch *Blei* und *Kadmium* potentiell giftig.

Besondere Formen der Qualifizierung

Als Grundlage für die Identifizierung semantischer Relationen wurden im vorangehenden Abschnitt allein die Menge von Wortformen betrachtet, die entsprechend einem syntaktischen Filter zu einer gegebenen Wortform statistisch signifikante **linke oder rechte Nachbarn** sind. Werden darüber hinaus alle Wortformen betrachtet, die zusammen mit einer gegebenen Wortform in den Sätzen einer Sprache gefunden werden, dann finden sich in diesem **globalen Kontext** dieser Wortform (vgl. Wissensbaustein »Paradigmatische Relationen« (S. 25)) meist Formulierungen, mit denen insbesondere die semantische Relation der **Qualifizierung** in allgemeiner Form weiter unterschieden werden kann.

Von besonderem Interesse sind im Deutschen dabei die Qualifizierungen nach Oberbegriff, Unterbegriff und Synonym (vgl. Wissensbaustein »Logische Relationen« (S. 39)), der Teil-von-Beziehung, der Instrument-für-Beziehung und der Ursache-von-Beziehung.

Für diese Qualifizierungen finden sich im Deutschen (und anderen Sprachen) typische **Muster** von Ausdrücken, die für eine genauere Bestimmung der Qualifizierung verwendet werden können. Die Tab. 2.3-1 zeigt typische Ausdrucksmuster für Qualifizierungen.

Qualifizierung	Typisches Ausdrucksmuster
Oberbegriff *B ist ein Oberbegriff von A*	»A ist ein B«, »A gehört zu B«, »ein A wird definiert als ein B«, »A ist B zugeordnet«, »Alle A sind B«, ...
Unterbegriff *A ist ein Unterbegriff von B*	»B sind A_1, A_2 und A_3«, »Zu B gehören A_1, A_2 und A_3«, »Ein Beispiel für B ist A«, »B wird exemplifiziert durch A«, »Alle A sind B«,...
Synonym *B ist ein Synonym von A*	»Ein A ist ein B«, »A bedeutet dasselbe wie B«, »A wird auch mit B bezeichnet«, »A ist eine Abkürzung für B«, ...
Teil-von-Beziehung *A ist ein Teil von B*	»A ist ein Teil von B«, »B enthält A«, »B zerfällt in A_1, A_2 und A_3«, »B besteht aus A_1, A_2 und A_3«, »B benötigt A«, »in B befindet sich A«, ...
Instrument-für-Beziehung *A ist ein Instrument für B*	»Für/Zum B benötigt man A«, »Für B ist A erforderlich«, »Durch A entsteht B«, ...
Ursache-von-Beziehung *A ist die Ursache von B*	»A ist die Ursache von B«, »A bewirkt B«, »A verursacht B«, »Ohne A kein B«, »Die Wirkung von A ist B, ...«

Tab. 2.3-1: Beispiele für Qualifizierungen.

2.4 Logische Relationen **

Logische Relationen sind semantische Relationen, die logische Folgerungen unterstützen. Hierzu zählen insbesondere die Oberbegriffs- und Unterbegriffsbeziehung, Synonyme, Gegensätze, Antonyme, Komplementärbegriffe und Konverse.

Sinnrelationen und logische Folgerung

Wortformen, die zueinander in einer **paradigmatischen Relation** stehen, sind sich syntaktisch oder semantisch ähnlich. Die semantische Ähnlichkeit lässt sich durch logische Relationen präzisieren (vgl. Wissensbaustein »Syntagmatische Relationen« (S. 20), Wissensbaustein »Paradigmatische Relationen« (S. 25) und Wissensbaustein »Semantische Relationen« (S. 30)).

Logische Relationen sind Sinnrelationen zwischen Wörtern, wie sie insbesondere in Bedeutungswörterbüchern oder Thesauren verwendet werden, also z.B. Synonymie (Bedeutungsgleichheit), Unterbegriffs- oder Oberbegriffsbeziehungen.

Logische Relationen erlauben die Ableitung **logischer Folgerungen**, wie sie in Form von Beschreibungslogiken formalisiert werden (vgl. /Baader et al. 03/).

Beispiel

Wenn Schlange ein Oberbegriff zu Python ist, dann sind alle Pythons Schlangen. Und wenn alle Schlangen Reptilien sind, dann sind auch alle Pythons Reptilien. Wenn alle Reptilien Eier legen, dann legen auch Pythons Eier.

Logische Folgerungen sind wahr und allgemeingültig unabhängig von der Interpretation des nicht-logischen Vokabulars (z.B. den Eigennamen und Prädikatsausdrücken). Im Umkehrschluss heißt dies, dass Folgerungen, bei denen eine bestimmte Interpretation des nicht-logischen Vokabulars erforderlich ist, in dem genannten Sinne *keine* logischen Folgerungen sind.

Der Begriff der logischen Relationen kann mengentheoretisch präzisiert werden. Dabei wird vorausgesetzt, dass die

Bedeutung eines Wortes durch die Menge der Objekte, Zustände oder Ereignisse angegeben werden kann, die das Wort bezeichnet. Diese Menge von Objekten, Zuständen oder Ereignissen wird **Extension** genannt. Es wird auch vorausgesetzt, dass eine Kenntnis der Extension eines Wortes zum Weltwissen der Sprecher einer Sprache gehört.

Beispiel

Die *Extension* eines Eigennamens ist der *Träger* des Namens, z.B. die Extension des Namens »Bill Gates« ist die Person Bill Gates.

Die Extension eines Artbegriffs ist die Menge der zu dieser Art gehörenden Objekte, z.B. die Extension des Begriffs »Mensch« ist die Menge der Menschen, die Extension des Begriffs »Computer« die Menge der Computer usw. Die Extension einer Eigenschaft ist die Menge der Objekte, auf die diese Eigenschaft zutrifft.

Unterbegriff

Ein Begriff A ist ein Unterbegriff eines Begriffs B, wenn die Extension von A eine echte Teilmenge der Extension von B ist.

Oberbegriff

Ein Begriff B ist ein Oberbegriff eines Begriffs A, wenn die Extension von A eine echte Teilmenge der Extension von B ist. Beispiele zu Oberbegriffen finden Sie in der Tab. 2.4-1.

Unterbegriff A	Oberbegriff B
Krypta	Grab
Datsche	Haus
Eisbär	Bär
Python	Schlange
Haschisch	Rauschgift
karminrot	rot
ultramarinblau	blau
bechern	trinken

Tab. 2.4-1: Beispiele für die Beziehung Unterbegriff – Oberbegriff.

Die Oberbegriffs- und Unterbegriffsbeziehung ist *nicht symmetrisch*. Wenn ein Begriff B zu einem Begriff A ein Oberbegriff ist, kann der Begriff A nicht gleichzeitig zu diesem Begriff B ein Oberbegriff sein. Der Begriff A kann aber zu einem weiteren Begriff C ein Oberbegriff sein. Beide Relationen sind *transitive* Relationen.

Der Oberbegriff eines Begriffs A ist stets auch ein Oberbegriff aller Unterbegriffe von A. Hat ein Begriff mehrere Unterbegriffe, werden diese auch als **Kohyponyme** bezeichnet, sofern sie zum selben Vaterknoten gehören.

Beispiel

Die Abb. 2.4-1 zeigt eine exemplarische und keineswegs allgemeingültige **Begriffshierarchie**. »Säugetiere« ist ein Oberbegriff zu »Haustiere« und »Raubtiere«. »Haustiere« wiederum ist **Oberbegriff** zu »Hund«, »Hauskatze« und »Meerschweinchen«. In Bezug auf den Oberbegriff »Säugetiere« sind die Begriffe »Haustiere« und »Raubtiere« Kohyponyme, in Bezug auf den Oberbegriff »Haustiere« sind die Begriffe »Hund«, »Hauskatze« und »Meerschweinchen« Kohyponyme.

Je nach dem, zu welchem **Oberbegriff** ein Begriff in Beziehung gesetzt wird, kann ein Begriff **verschiedene Kohyponyme** haben. Wenn als Oberbegriff der Begriff »Haustiere« gewählt wird, so hat der Begriff »Hauskatze« die Kohyponyme »Hund« und »Meerschweinchen«, wenn aber als Oberbegriff »Raubtiere« gewählt wird, hat »Hauskatze« die Kohyponyme »Luchs« und »Tiger«.

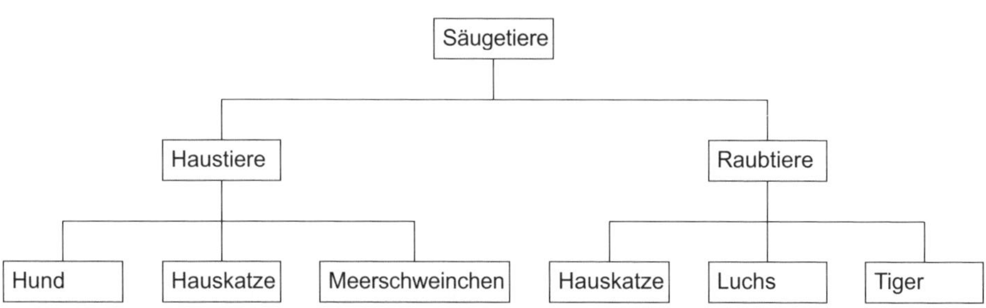

Abb. 2.4-1: Beispiel einer Begriffshierarchie.

Mit der Wahl des Oberbegriffs wird festgelegt, welche Merkmale der bezeichneten Dinge besonders hervorgehoben werden.

In bestimmten Gebieten der Wissenschaft und Technik werden für Begriffe im Zuge umfangreicher Normierungen Oberbegriffe definiert (wie z.B. in der Zoologie). Die Bezugnahme auf einen Oberbegriff hilft im Allgemeinen auch, für einen mehrdeutigen Begriff eine bestimmte semantische Lesart festzulegen.

Beispiel

Der Begriff »Verteidiger« ist mehrdeutig. Es kann mit Bezug auf den Oberbegriff »Sportler« ein Fußballspieler gemeint sein, oder mit Bezug auf den Oberbegriff »Jurist« ein Anwalt, der vor Gericht die Interessen eines Angeklagten vertritt.

Synonyme

Zwei Begriffe sind **synonym**, wenn sie dieselbe Extension haben. Beispiele zu Synonymen finden Sie in der Tab. 2.4-2.

Begriff	Synonym
Pilot	Flugzeugführer
Streichholz	Zündholz
TV-Gerät	Fernseher
Abendstern	Venus
Heidelbeere	Blaubeere
Ziegenpeter	Mumps
Auto	Kfz

Tab. 2.4-2: Beispiele für Synonyme.

Nach dieser Definition sind synonyme Begriffe Ausdrucksvarianten, mit denen ein und dieselbe Sache auf verschiedene Weise bezeichnet wird. Die Tatsache, dass es für eine Sache unterschiedliche Bezeichnungen gibt, hängt oft mit Dialekten (z.B. Streichholz/Zündholz, Heidelbeere/Blaubeere), unterschiedlicher Fachsprachlichkeit (z.B. Fernseher/TV-Gerät, Auto/Kfz) oder historischen Umständen (z.B. Astronaut für amerikanische, Kosmonaut für russische Raumfahrer) zusammen.

In der **Allgemeinsprache** erfüllen nur sehr wenige Begriffspaare das Kriterium, dass sie dieselbe Extension haben. Für die Umgangssprache sind daher nur sehr wenige Begriffspaare im strikten Sinne als Synonyme zu bezeichnen.

Soweit es sich jedoch um **Fachsprachen** handelt (vgl. Wissensbaustein »Fach- & Allgemeinsprache« (S. 45)), finden sich häufig synonyme Begriffe. Die Kennzeichnung der Synonyme eines Fachgebiets unterstützt dessen terminologische Normierung.

Die **Synonymie-Relation** ist *symmetrisch* und *transitiv*.

Zwei Begriffe A und B sind Gegensätze, wenn beide einen gemeinsamen Oberbegriff C haben und die Schnittmenge zwischen der Extension von A und der Extension von B leer ist. Beispiele zu Begriffsgegensätzen finden Sie in der Tab. 2.4-3. Gegensätze

Begriff	Gegensatz	Gemeinsamer Oberbegriff
Hund	Katze	Haustiere
Mann	Frau	Menschen
Hund	Computer	Freizeit-beschäftigungen
Vater	Kind	Familie
Vater	Mutter	Eltern

Tab. 2.4-3: Beispiele für Begriffsgegensätze und ihre Oberbegriffe.

Die meisten Begriffe überschneiden sich hinsichtlich ihrer Extension *nicht* wechselseitig. Von semantischem Interesse ist dies aber meist nur, wenn beide Begriffe in einer bestimmten Hinsicht einen gemeinsamen Oberbegriff haben bzw. wenn ein solcher unterstellt wird. So bilden Hund und Katze einen Gegensatz, wenn es um Haustiere geht. Steht dagegen der Gegenstand der Freizeitbeschäftigung im Vordergrund, kann der Gegensatz zum Hund auch ein Computer sein.

Nicht immer ist der gemeinsame Oberbegriff lexikalisiert.

Sind zwei Begriffe Gegensätze, lässt sich meist das **Merkmal** angeben, in dem sie sich unterscheiden. Dieses Merkmal variiert mit dem unterstellten Oberbegriff. So ist beim Gegensatz »Vater«-»Mutter« das unterscheidende Merkmal *männlich* oder *weiblich*, beim Gegensatz »Vater«-»Kind« aber *erwachsen* oder *nicht-erwachsen*.

Komplementärbegriffe und **Antonyme** sind Spezialfälle begrifflicher Gegensätze.

Komplementärbegriffe

Zwei Begriffe A und B sind Komplementärbegriffe, wenn sie Gegensätze sind und das Komplement von A äquivalent zur Extension von B ist. Beispiele zu Komplementärbegriffen finden Sie in der Tab. 2.4-4.

Begriff A	Extension von A	Komplementärbegriff B	Gemeinsamer Oberbegriff
lebendig	lebende Wesen	tot	Körperzustand
Mann	Männer	Frau	erwachsene Menschen
ledig	unverheiratete Menschen	verheiratet	Ehestand
betrunken	Menschen, die Alkohol getrunken haben	nüchtern	Trunkenheit

Tab. 2.4-4: Beispiele für Extensionen, Komplementärbegriffe und Oberbegriffe.

Antonyme

Antonyme sind Gegensätze, die nur in Bezug auf einen vorher definierten Begriff definiert sind. Antonyme werden in der Literatur auch als relative Gegensätze bezeichnet (vgl. /Lyons 77/). Beispiele zu Antonymen finden Sie in der Tab. 2.4-5.

Begriff	Antonym	Beispielhafter Bezug
groß	klein	Tiere
hell	dunkel	Licht
intelligent	dumm	Schachprogramm
schnell	langsam	Skiläufer

Tab. 2.4-5: Beispiele für Antonyme.

Eine große Fliege ist noch kein großes Tier und ein kleiner Elefant ist sicher größer als die größte Fliege. Auch ist ein intelligenter Roboter kein intelligentes Wesen. Im Unterschied zu Gegensätzen im Allgemeinen lassen sich bei Antonymen die unterscheidenden Merkmale nicht absolut angeben, sondern nur *relativ* in Bezug auf eine vorausgesetzte Extension.

Konverse

Oft lässt sich die inhaltliche Relation zwischen begrifflichen Gegensätzen in Form von **konversen Begriffspaaren** angeben. Beispiele zu konversen Begriffspaaren finden Sie in der Tab. 2.4-6.

Begriff	Konversbegriff	Inhaltliche Relation
kaufen	verkaufen	Eigentumswechsel
links	rechts	Lage
Mutter	Tochter	Mutter-von-Tochter

Tab. 2.4-6: Beispiele für Konversbegriffe und inhaltliche Relationen.

Anders als bei allgemeinen Gegensatzbegriffen wie z.B. »Hund – Katze« oder »gewinnen – verlieren« besteht bei konversen Begriffspaaren die inhaltliche Relation in einer bestimmten Rolle oder Funktion: Wer etwas kauft, dem muss etwas verkauft werden; was links liegt, kann (aus derselben Perspektive) nicht zugleich rechts liegen usw.

2.5 Fach- und Allgemeinsprache *

Text repräsentiert Wissen. Linguistisch betrachtet können Texte, die Wissen vermitteln, unterschieden werden nach ihrem Inhalt und ihrer Form. Je spezifischer der Inhalt eines Textes für ein bestimmtes Fachgebiet ist, desto mehr ist die verwendete Sprache eine Fachsprache. Fachsprachen unterscheiden sich von der Allgemeinsprache durch messbare linguistische Abweichungen im Hinblick auf das Lexikon, die Syntax und die Semantik. Die Form eines Textes unterliegt situativen Faktoren. Die Verwendung einer speziellen Sprachform ist charakteristisch für das verwendete Sprachregister. Das Fachsprachenkonzept und das Konzept der Sprachregister bilden die theoretische Grundlage für zahlreiche Verfahren und Anwendungen des *Text Mining*.

Fachsprachen

Texte, die Wissen vermitteln, können meist einer **Fachsprache** zugeordnet werden.

Fachsprache

Unter einer **Fachsprache** versteht man nach /Harris 68/ eine Untermenge der von einem Sprachsystem erzeugbaren Strukturen. Meist lässt sich eine Fachsprache einem bestimmten **Sachgebiet** zuordnen. Gegenüber einer Standardsprache – z.B. der Standardsprache Deutsch – zeichnet sich eine Fachsprache durch folgende Merkmale aus (vgl. /Sager et al. 80/):

- **Syntaktische und semantische Beschränkungen**:
  - ☐ Von der Standardsprache abweichende Grammatik.
  - ☐ Hohe Wahrscheinlichkeit bestimmter syntaktischer Konstruktionen.
- **Fachgebietsspezifische lexikalische Beschränkungen**:
  - ☐ Charakteristische Lesarten (z.B. in Wetterberichten oder juristischen Texten).
  - ☐ Fachterminologie (z.B. in medizinischen Texten oder technischen Anleitungen).
- **Fachgebietsspezifische Morphologie**:
  - ☐ Charakteristische Morpheme (z.B. in medizinischen Texten oder technischen Anleitungen).
  - ☐ Charakteristische Derivationen.

Beispiel: Wettervorhersage

Mit Tief »Fritz« über der Biskaya gelangt feuchte, aber allmählich mildere Luft nach Mitteleuropa. In Spanien und Frankreich bringt das Tief kräftige Regengüsse. Über dem Baltikum und in weiten Teilen von Skandinavien sorgt Hoch »Birgit« für trockenes, aber kaltes Winterwetter. Im östlichen Mittelmeerraum liegt ein weiteres Tiefdruckgebiet mit Regen.

Analyse des Beispiels

Schon bei einer oberflächlichen Analyse wird deutlich, dass durch die Schlüsselwörter »Tief« und »Hoch«, also einer für die deutsche **Allgemeinsprache** unüblichen nominalisierten Form der entsprechenden Adjektive, ein bestimmtes Sachgebiet gemeint ist, nämlich der Bereich der »Wettervorhersagen«. (Allerdings wäre allein aufgrund der Schlüsselwörter »Tief« und »Hoch« auch eine Zuordnung zum Sachgebiet »Börsenberichte« möglich).

Die **sachliche Zuordnung** des Textes zum Bereich der Wettervorhersagen wird gestützt durch die gehäufte Verwendung von **geographischen Eigennamen** wie *Biskaya, Mitteleuropa, Spanien, Frankreich* usw. In dieser Fachsprache ist es üblich, abweichend von der Standardsprache Deutsch Tiefs und Hochs durch Personennamen zu bezeichnen.

Syntaktisch auffällig ist die häufige Verwendung der **Konjunktion** »aber«. In der Fachsprache der Wetterberichte wird sie typischerweise für die Modifikation von Adjektiven verwendet: »feuchte, aber allmählich mildere Luft«, »trockenes, aber kaltes Winterwetter«.

Syntaktisch auffällig ist weiterhin die häufige Verwendung von **Ortsangaben** (Präpositionen im Zusammenhang mit Ortsangaben):
über (der Biskaya, dem Baltikum), *in* (Spanien und Frankreich, weiten Teilen von Skandinavien, dem östlichen Mittelmeerraum).

wissenschaftliche & technische Fachsprachen

In wissenschaftlich-technischen Fachsprachen finden sich statistisch signifikant häufig **Morpheme** wie *anti+*, *mega+*, *mikro+*, *multi+*, *radial+*, *semi+* usw. als **Präfixe** sowie *+grad*, *+heit*, *+tum*, *+ial*, *+ik*, *+tät* oder *+ator* als **Suffixe**.

domänenspezifische Morpheme

Darüber hinaus lassen sich **domänenspezifische Morpheme** aus zusammengesetzten Fachbegriffen identifizieren, wie z.B. **fahr**, **trieb**, **stoff**, **elektr**, **filt** oder **kanal** für den Bereich Automobilbau (vgl. /Heid 98/).

Fachsprache vs. Standardsprache

Das Verhältnis von Fachsprache zu Standardsprache verdeutlicht die Abb. 2.5-1.

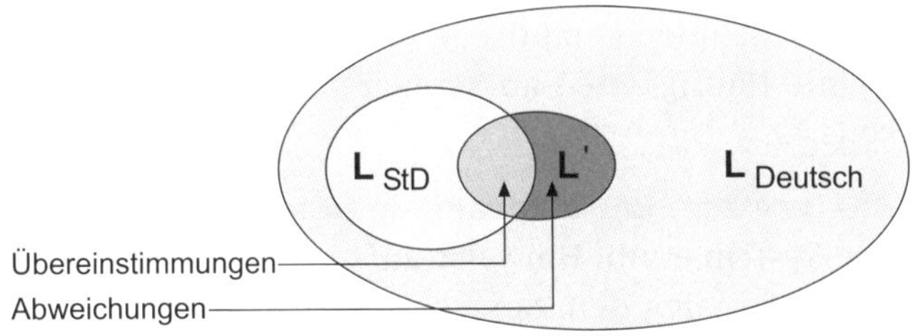

Abb. 2.5-1: Verdeutlichung des Verhältnisses von Fachsprache zur Allgemeinsprache.

$L_{Deutsch}$ bezeichnet die Menge der syntaktisch wohlgeformten Sätze im Deutschen. Die Menge der Sätze der deutschen Standardsprache L_{StD} (repräsentiert in der Praxis durch eine repräsentative Sammlung deutschsprachiger Texte) ist hiervon eine Teilmenge.

Die Fachsprachen des Deutschen, hier exemplarisch eine Fachsprache L', sind ebenfalls eine Teilmenge der idealen Sprache $L_{Deutsch}$. Der Umfang der Schnittmenge zwischen beiden Teilmengen variiert in Abhängigkeit davon, wie stark die Fachsprache von der Standardsprache abweicht.

Sprachregister

Die Form eines Textes wird bestimmt durch das sogenannte Sprachregister. Unter einem **Sprachregister** versteht man eine von der Standardsprache abweichende Sprachverwendung aufgrund von **situativen Faktoren**.

Zu diesen situativen Faktoren zählen vor allem

- Kanalfaktoren (z.B. Telefon, E-Mail, Internet, Telegramm),
- soziale Rollen (z.B. Höflichkeitsformulierungen im Deutschen),
- reglementierte Formulierungen (z.B. im juristischen Kontext, Lehrbücher).

Die Differenzierung der situativen Faktoren findet ihren Ausdruck in **sprachlichen Differenzierungen**.

Zu den sprachlichen Differenzierungen gehören insbesondere

- lexikalische und syntaktische Beschränkungen,
- lexikalische und syntaktische Anreicherungen,
- deviante Häufigkeiten im Bereich der Syntax und des Lexikons.

Die **Analyse von Benutzeranfragen** an ein Bibliotheksrecherche-System ergibt Hinweise auf ein Sprachregister *Computer-Talk* – analog dem Sprachregister *Baby Talk* oder *Foreigner Talk* (vgl. /Krause 91/).

Beispiele

Typische Benutzeranfragen an ein Bibliothekssystem sind:
»Bücher über Thomas Mann« (Beschränkung),
»Kurztitel« (Beschränkung),
»Suche über Politik, Autor ist amerikanischer Sprachwissenschaftler« (Beschränkung),

»Gibt es eine Möglichkeit, die Namen amerikanischer Sprachwissenschaftler, die auch politische Themen bearbeiten, zu erfragen?« (Anreicherung).

Im Ergebnis lassen sich mit nur etwa zehn Satzbauplänen in einer stark restringierten Mensch-Computer-Interaktion fast 99 Prozent der gestellten Anfragen analysieren.

Das Fachsprachenkonzept und das Konzept der Sprachregister bilden die theoretische Grundlage für zahlreiche Anwendungen im Bereich des *Text Mining* (z.B. Terminologieextraktion, *Clustering* und Sachgebietsklassifikation), der Texterstellung (Dokumentgrammatiken mit kontrollierter Sprache) und der Textverwendung (Dialogsysteme unter Berücksichtigung spezieller Sprachregister).

Basistext

3 Textdatenbanken *

Um aus einer **Sammlung von digitalen Texten** mit Hilfe von ***Text Mining*** Wissen zu extrahieren, müssen die Texte zunächst in einer geeigneten Form aufbereitet und gespeichert werden.

Zuerst Aufbereitung von Text

Für die Analyse speziell ausgewählter Texte mit statistischen und musterbasierten Verfahren sind darüber hinaus allgemeine Referenztexte erforderlich.

Die verschiedenen Arten und die Verfügbarkeit von Textressourcen werden im Wissensbaustein »Textressourcen« (S. 51) behandelt.

In dem Wissensbaustein »Aufbau von Textdatenbanken« (S. 56), dem Wissensbaustein »Segmentierung von Text« (S. 62) sowie dem Wissensbaustein »Datenstrukturen für Wörter« (S. 68) wird gezeigt, wie Text- und Wortdatenbanken aufgebaut werden können. Welche linguistischen, statistischen und strukturellen Informationen dann typischerweise aus einer Textdatenbank abgerufen werden können, wird im Wissensbaustein »Abfragemöglichkeiten in Textdatenbanken« (S. 77) behandelt.

3.1 Textressourcen *

Textressourcen sind Sammlungen von digitalen Texten. Für das *Text Mining* werden neben den speziellen Texten aus einer Anwendungswelt auch allgemeine Textressourcen als Referenztexte benötigt. Hierfür stehen in öffentlich zugänglichen Quellen Textressourcen in Form von unstrukturierten ASCII-Texten, annotierten Texten und maschinenlesbaren Wörterbüchern zur Verfügung.

Wofür benötigt man Textressourcen?

Mit Hilfe von ***Text Mining*** kann **Wissen**, das für einen definierten Zweck von Relevanz ist, aus einem Text bzw. einer zweckdienlichen Sammlung von Texten (z.B. das Intra-

Extraktion von Text

net einer Firma) extrahiert werden (vgl. Wissensbaustein »Text Mining« (S. 1)). Hierfür ist es erforderlich, in digitaler Form zum einen die Texte bereitzustellen, aus denen das fachspezifische Wissen extrahiert werden soll (vgl. auch /Biber et al. 98/ und /Wynne 05/). Für das *Text Mining* sind zum anderen aber auch **allgemeine Textressourcen** als Referenztexte erforderlich, die als Grundlage für die Analyse von speziellen Texten dienen.

Diese allgemeinen Textressourcen werden für die Standardsprache der wichtigsten natürlichen Sprachen in hinreichend großen Mengen benötigt (vgl. Wissensbaustein »Fach- & Allgemeinsprache« (S. 45)).

Formen von Textressourcen

Im Hinblick auf die einzelnen Verfahren des *Text Mining* sind die Textressourcen wie folgt zu unterscheiden:

- Unstrukturierter **ASCII**-Text wird als Grundlage für die statistischen und clusterbasierten Verfahren des *Text Mining* benötigt.
- **Annotierter Text** unter Verwendung einer standardisierten Menge von *Tags* ist für die Analyse syntaktischer Muster, die Klassifizierung von Wortformen nach syntaktischen Kategorien und für Sachgebietszuordnungen von Wortformen und Texten erforderlich.
- **Maschinenlesbare Wörterbücher, Lexika und terminologische Wörterbücher** bilden für lernende Verfahren (vgl. Wissensbaustein »Bootstrapping« (S. 260)) eine wichtige Grundlage.

Dank massiver Anstrengungen der einschlägigen Fachgremien in den 90er Jahren, insbesondere in der Europäischen Union, stehen heute eine Vielzahl von Textressourcen zur Verfügung, die für das *Text Mining* genutzt werden können (vgl. /Godfrey, Zampolli 97/).

Unstrukturierter Text

Die größte elektronisch verfügbare Ressource von unstrukturiertem und schwach strukturiertem Text für alle Sprachen ist das **Internet**. Hier finden sich fast alle Arten von Text (vgl. Wissensbaustein »Aufbau & Struktur von Text« (S. 7)). Jedoch ist das Internet nicht repräsentativ für die Standardsprache.

Textquellen

Die zentrale europäische Einrichtung für die Bereitstellung von Sprach- und Textressourcen ist die *European Language Resource Association* (ELRA) (`http://www.elra.info`). Hier werden für die wichtigsten europäischen Sprachen zahlreiche Textsammlungen angeboten, die für eine statistische und clusterbasierte Analyse weiter verwendet werden können.

Weitere Quellen für Textressourcen sind:

- *European Corpus Initiative* (ECI) (`http://www.elsnet.org/resources/eciCorpus.html`), das
- *Linguistic Data Consortium* (LDC) (`http://www.ldc.upenn.edu`), sowie das
- Institut für deutsche Sprache (IDS) (`http://www.ids-mannheim.de`).

Annotierte Texte

Annotierte Texte sind Texte, in denen die Wortformen nach vorgegebenen Kategorien klassifiziert worden sind. Meist werden sog. **POS-Tags** bzw. grammatische *Tags* verwendet, also rein syntaktische Kategorien, die in **XML** die linguistische Struktur eines Satzes annotieren.

Beispiel

In dem Satz »Die Sonne scheint in Leipzig.« finden sich folgende Kategorien:

bestimmter Artikel (ART): »Die«
Nomen (NN): »Sonne«
Eigennamen (NE): »Leipzig«
Verb (VVFIN): »scheint«
Präposition (APPR): »in«

In XML ergibt sich daraus folgende Annotation:

```
<Satz>
<ART>Die</ART> <NN>Sonne</NN> <VVFIN>scheint</VVFIN>
<APPR>in</APPR> <NE>Leipzig</NE>
</Satz>
```

Für das automatische *POS-Tagging* werden meist statistische Verfahren auf der Grundlage von **Hidden-Markov-Modellen** verwendet (vgl. Wissensbaustein »Hidden Markov-Modelle« (S. 115) und Wissensbaustein »Tagging – als Anwendung der HMMs« (S. 126)).

In Anbetracht einer Vielzahl unterschiedlicher theoretischer Konzepte für die Syntax natürlicher Sprache und dementsprechend vielen unterschiedlichen Bezeichnungen syntaktischer Kategorien ist eine theorie-neutrale Bezeichnung der syntaktischen *Tags* anzustreben (vgl. /Heyer et al. 94/).

Die Entwicklung von Richtlinien und Standards für die Annotierung von Text ist Gegenstand der *Text Encoding Initiative* (TEI) (http://www.tei-c.org/P4X/).

In der Praxis wird in Deutschland meist das sog. **Stuttgart-Tübingen-Tag-Set (STTS)** verwendet (vgl. Wissensbaustein »Tagging – als Anwendung der HMMs« (S. 126)).

Lexikalische Ressourcen

Neben unstrukturiertem und annotiertem Text werden für *Text-Mining*-Verfahren oft auch rein lexikalische Ressourcen benötigt. **Lexikalische Ressourcen** sind Listen von Wörtern bzw. Wortformen (sog. Vollformenlexika), bei denen jeder Eintrag je nach Verfügbarkeit um statistische, morphologische, syntaktische, semantische, terminologische und pragmatische Angaben ergänzt ist.

Eine ausführliche Übersicht über theoretische Fragen im Zusammenhang mit der Standardisierung von maschinenlesbaren Lexika findet sich in /Walker et al. 95/ und der Webseite des *Consortium for Lexical Research*: (CLR (http://clr.nmsu.edu/Tools/CLR/)).

Für das Deutsche stellt das Projekt »Deutscher Wortschatz« eine der umfangreichsten lexikalischen Online-Ressourcen dar (vgl. Wissensbaustein »Das Projekt »Deutscher Wortschatz«« (S. 331) und Wortschatz-Lexikon (http://www.wortschatz.uni-leipzig.de)).

Beispiel

Das Wörterbuch des Projekts »Deutscher Wortschatz« ist ein **Vollformenlexikon**. Zu jedem Eintrag finden sich (soweit vorhanden):

- Frequenzangaben,
- morphologische Angaben,
- POS-Angaben,
- Sachgebietsangaben,

Basistext

- verwandte Wörter,
- Kookkurenzen und
- Belegstellen.

Im Beispiel der Wortform »Festplatte« finden sich die folgenden Angaben:

Wort: Festplatte

Anzahl: 2262

Häufigkeitsklasse: 13 (d.h. »der« ist ca. 2^{13} mal häufiger als das gesuchte Wort)

Sachgebiet: Informatik, Datenverarbeitung

Grammatikangaben:
Wortart: Substantiv
Geschlecht: weiblich
Flexion: die Festplatte, der Festplatte, der Festplatte, die Festplatte, die Festplatten, der Festplatten, den Festplatten, die Festplatten
Synonyme:: Festspeicher, Speicher, Magnetplattenspeicher

Beispiel(e):
Tippte eine Woche später Schlussabsätze über das Frauen-TV-Duell auf die Festplatte, und schon war ein Buch geschrieben. (Quelle: Die Welt Online)
Der Rechner besteht im Wesentlichen aus einem Elf-Zoll-Touch-screen und verfügt über einen 256-Megabyte-Arbeitsspeicher sowie eine 20-Gigabyte-große Festplatte. (Quelle: Die Welt Online)

Signifikante Kookkurrenten für Festplatte:

MB (1782), RAM (587), Daten (448), Arbeitsspeicher (437), Pentium (398), Soundkarte (338), Megabyte (335), Gigabyte (306), gespeichert (296), Windows (291), Dateien (267), Systemanforderungen (242), Computers (216), PC (211), NT (168), Computer (157), Systemvoraussetzungen (153), GByte (149), CD-ROM (146), Systemvoraussetzung (139), Prozessor (131), speichern (129), MByte (125), Virus (119), gelöscht (118), ...

Basistext

Signifikante linke Nachbarn von `Festplatte`:

MB (500), GB (87), Gigabyte (70), eigene (23), Ihrer (21), lokalen (14), heimische (14), eingebaute (12), große (11), beschlagnahmte (11), Speicherbedarf (11), GByte (10), verschwundene (9), gesamte (9), eingebauten (9), EIDE (9), rotierende (8), heimischen (8), Megabyte (8), GigaByte (8), verschwundenen (7), gelöschte (7), freie (7), fassende (7), integrierter (6), gelöschten (6), Prozessor (6), Netzteil (6), Grafikkarte (6), voluminöse (5), ...

Signifikante rechte Nachbarn von `Festplatte`:

Soundkarte (185), gespeichert (124), Windows (80), CD-ROM (57), gelöscht (44), laden (42), löschen (40), speichern (29), Windows 95 (29), speichert (23), kopiert (21), abzuspeichern (19), geladen (17), formatieren (16), Diskettenlaufwerk (14), abspeichern (13), herunterladen (12), abgelegt (12), abgespeichert (11), überspielt (10), komprimiert (10), installiert (10), gespeicherten (9), verschlüsseln (8), crasht (8), ...

Von besonderem Interesse für das Wissensmanagement sind darüber hinaus terminologische Wörterbücher. Sie enthalten neben den allgemeinen linguistischen Informationen insbesondere Verwaltungsinformationen, Sachgebietsangaben und Verwendungshinweise, Schreibvarianten, Definitionen, semantische Informationen wie Synonyme, Meronyme und Antonyme sowie Übersetzungsäquivalente (vgl. /Melby et al. 93/).

3.2 Aufbau von Textdatenbanken *

Eine Textdatenbank soll den schnellen Zugriff auf sprachliche Informationen ermöglichen, die zunächst innerhalb von Texten gegeben sind. Um die Informationen zugänglich zu machen, müssen die Texte in kleinere Einheiten zerlegt und Zugriffsmöglichkeiten geschaffen werden. Die Texte werden zunächst in Sätze und Wörter zerlegt. Diese Teile werden in einer re-

lationalen Datenbank gespeichert, um effektiv darauf zugreifen zu können.

Texte, Sätze und Wörter

Zerlegung von Texten

Eine Textdatenbank soll möglichst alle Informationen bereitstellen, die später bei der inhaltlichen Analyse benötigt werden (vgl. /Quasthoff, Wolff 00/). Die Grundlage einer solchen Textdatenbank bilden einerseits natürlich die **Texte**, die für die Datenbank genutzt werden sollen. Andererseits werden zur Auswertung sowohl syntaktische wie auch semantische Informationen über die verwendeten Wörter benötigt. Diese Informationen sollten unabhängig von den verwendeten Texten in einem separaten Wörterbuch vorliegen.

Um speziell die syntaktischen Informationen über einzelne Wörter anwenden zu können, macht sich zunächst eine Zerlegung der Texte in einzelne Sätze erforderlich. Diese Zerlegung in einzelne Sätze hat zusätzlich noch einen anderen Vorteil: Da Sätze auch semantische Einheiten bilden, unterstützt die Zerlegung in Sätze auch die vorgesehene semantische Analyse.

Aufbereitung von Text

Insgesamt ergibt sich bei der Aufbereitung der Texte eine dreistufige Struktur:

- **Stufe 1:** Die Originaldokumente. In diesen ist die Originalinformation vollständig und unverändert abgelegt. Neben dem Text sind möglicherweise auch Abbildungen, Tabellen usw. enthalten. Wegen verschiedener möglicher Formate (PDF, **HTML**, Formate verschiedener Textverarbeitungssysteme, ...) ist allerdings ein Zugriff auf die Information in diesen Dokumenten häufig problematisch.
- **Stufe 2:** Zerlegung in Sätze. Aus den Originaldokumenten wird zunächst der »reine« Text extrahiert und anschließend in einzelne Sätze zerlegt. Diese werden in die Textdatenbank übernommen.
- **Stufe 3:** Verknüpfung mit dem Wörterbuch. Die Sätze werden weiter analysiert und die statistischen Informationen zu den in den Sätzen vorkommenden Wörtern mit den Wörterbuchinformationen verknüpft.

Die Originaldokumente und ihre Konvertierung

Probleme bei der Konvertierung von Dokumenten

Die Originaldokumente haben zwei Eigenschaften, die eine Verarbeitung nötig machen:

- Die Originaldokumente präsentieren die **Informationen** so, wie es ursprünglich vom Autor gedacht war, d.h. neben reinem Text enthält das Dokument möglicherweise noch Tabellen und Abbildungen. Wenn man später den Text in Form von Sätzen auswertet, geht diese zusätzliche Information verloren.
- Die Originaldokumente liegen in der Regel in verschiedenen, nicht verträglichen Dokumentformaten vor. Hier muss zunächst eine Konvertierung in reinen **ASCII**-Text vorgenommen werden.

Problematisch an beiden Schritten ist, dass Informationsverlust eintreten kann (z.B. bei Tabellen und Abbildungen). Auch bei der Textkonvertierung können Fehler auftreten, die den Text entstellen und deshalb zu Informationsverlust führen.

Mögliche Schwächen bei der Konvertierung sind:

- Speziell bei Dokumenten mit anspruchsvollem Layout werden die einzelnen Textteile nicht in der gewünschten Reihenfolge exportiert. Dadurch können einzelne Sätze zerstückelt und falsch zusammengesetzt werden.
- Überschriften sind nicht mehr als solche erkennbar.
- Sonderzeichen werden möglicherweise bei der Konvertierung unleserlich oder weggelassen. Dies betrifft allerdings nur seltene Sonderzeichen und z.B. nicht die üblichen Umlaute.
- Falls in Originaldokumenten die so genannte harte Silbentrennung verwendet wurde, sorgt sie im konvertierten Text für Bindestriche an den ehemaligen Trennstellen.

Probeläufe

Aus diesen Gründen ist es notwendig, bei Auswahl und Konfiguration des eingesetzten Textkonverters zunächst **Probeläufe** mit Dokumenten in den verschiedenen Formaten vorzunehmen und die Einstellungen zu optimieren.

Wegen dieser Mängel bei der Konvertierung ist es immer angeraten, die Originaldokumente weiterhin zur Verfügung zu haben, um ggf. feststellen zu können, ob ein später merkwürdig erscheinender Satz im Original genau so stand oder erst durch einen Konvertierungsfehler so entstanden ist.

Zerlegung der Texte in Sätze und Wörter

Zur weiteren Verarbeitung werden die Texte in Sätze und weiter in Wörter zerlegt. Auch diese Zerlegung ist nicht immer problemlos möglich, da beispielsweise von jedem Punkt im Text entschieden werden muss, ob er ein Satzende markiert oder eine Abkürzung mitten im Satz ist (wie »bzw.«, »Dr.«, »vs.«). Da diese Verfahren aber eher technischer Natur und für das weitere Verständnis nicht unbedingt notwendig sind, werden die Einzelheiten hierzu in den Wissensbaustein »Segmentierung von Text« (S. 62) ausgelagert.

Nach der Zerlegung des Textes in Sätze werden die Sätze weiter in einzelne Wörter zerlegt. Diese Zerlegung ist relativ einfach möglich, da in der deutschen Schriftsprache die Wörter durch Leerzeichen getrennt sind. Auf Details wird ebenfalls im Wissensbaustein »Segmentierung von Text« (S. 62) eingegangen.

Die Wortliste

Bei dieser Zerlegung erhält man also auch eine Liste aller Wörter, die in den Texten vorkommen. Nebenbei wird mitgezählt, wie oft jedes Wort insgesamt in allen Texten auftritt. Um später Referenzen beispielsweise zwischen Wörtern und Sätzen zu ermöglichen, wird jedem Wort eine eindeutige Nummer als Identifikator zugeordnet. Diese Nummer hat einen rein technischen Charakter, die Zuordnungsvorschrift hat keinerlei Bedeutung für die Struktur der entstehenden Daten.

Mögliche Zuordnungsvorschriften sind

- Die willkürliche Reihenfolge entsprechend dem Auftreten in den ausgewerteten Texten.
- Die (nachträglich hergestellte) alphabetische Reihenfolge.
- Eine (nachträglich hergestellte) Reihenfolge entsprechend der **absoluten Häufigkeit** der Wörter.

Die Wortliste wird in einer Datenbank gespeichert und lässt sich wie in Tab. 3.2-1 darstellen.

Wortnummer	Wort	Anzahl
1	aus	2
2	der	3
3	dem	2
4	dies	1
5	Dies	1
6	erste	1
...	...	...

Tab. 3.2-1: Beispiel einer Wortliste.

Für deutschsprachigen Text lässt sich die Anzahl der verschiedenen Wörter ganz grob als ein Viertel der Anzahl der Sätze abschätzen. Die Anzahl der Einträge in der Wortliste hängt natürlich von der ausgewerteten Textmenge ab, so dass dieser Quotient langsam fällt. Auch die Textsorte hat Einfluss auf den Quotienten. In praktischen Anwendungen sollte diese Abweichung aber nicht größer als ein Faktor von 2 sein.

Die Satzdatenbank

Nachdem die Texte konvertiert und in einzelne Sätze zerlegt wurden, sollen die so erzeugten Sätze für die weitere Verarbeitung in einer Datenbank zur Verfügung gestellt werden. Diese Datenbank soll ermöglichen, möglichst schnell auf bestimmte Sätze zuzugreifen oder alle Sätze mit bestimmten Eigenschaften herauszusuchen.

Die Zugriffsmechanismen funktionieren ähnlich wie bei einer Internet-Suchmaschine. Der wesentliche Unterschied besteht darin, dass als Ergebnisse einzelne Sätze statt ganzer Dokumente zurückgeliefert werden. Da nach den Bemerkungen im vorigen Abschnitt die Ausgangsdokumente aus den Einzelsätzen nicht vollständig rekonstruierbar sind, wird an jeden Satz ein Verweis auf das Originaldokument angefügt.

Um Referenzen auf einen bestimmten Satz zu ermöglichen, erhält jeder Satz zusätzlich eine eindeutige Nummer als Identifikator, wie die Tab. 3.2-2 zeigt.

Satznummer	Satz	Quelle
1	Dies ist der erste Satz aus dem Text Nummer 1.	Text 1
2	Und dies ist der zweite Satz aus dem Text Nummer 1.	Text 1
3	Und so geht der Text weiter.	Text 1

Tab. 3.2-2: Beispiel einer Satzdatenbank.

Werden diese Satznummern nach der Zerlegung eines Textes in Sätze in ihrer natürlichen Reihenfolge vergeben, so lässt sich der Ausgangstext wenigstens noch näherungsweise rekonstruieren. Soll beispielsweise aus Gründen des Urheberrechts auch dies noch verhindert werden, so können die Sätze vor Vergabe der Satznummern in ihrer Reihenfolge verändert werden, beispielsweise dadurch, dass die Sätze alphabetisch sortiert werden. Danach ist es praktisch unmöglich, die Originaltexte zu rekonstruieren.

Indexstruktur

Die Indexstruktur soll eine effektive Suche in der Satzdatenbank ermöglichen. Wie dies auch bei Suchmaschinen (vgl. /Baeza-Yates, Ribeiro-Neto 99/) üblich ist, wird eine so genannte inverse Liste angelegt, die es erlaubt, einem Wort schnell diejenigen Sätze zuzuordnen, die dieses Wort enthalten.

Diese inverse Liste enthält in zwei Spalten die entsprechenden Wort- und Satznummern (siehe Tab. 3.2-3).

Wortnummer	Satznummer
1	1, 2
2	1, 2, 3
3	1, 2
4	2
5	1
6	1
...	...

Tab. 3.2-3: Beispiel einer inversen Liste.

Beispiel

Sucht man das Wort »dem«, so findet man zunächst in der Wortliste, dass »dem« die Wortnummer 3 besitzt. Die inverse Liste teilt nun weiter mit, dass dazu die Satznummern 1 und 2 gehören, »dem« also in den Sätzen mit den Nummern 1 und 2 vorkommt.

3.3 Segmentierung von Text in Sätze und Wortformen **

Die Zerlegung von Texten in Sätze und die Zerlegung von Sätzen in Wörter ist algorithmisch komplizierter als es auf den ersten Blick erscheint. Die von den üblichen Regeln abweichenden Fälle werden mittels musterbasierter Verfahren und Ausnahmelisten bearbeitet.

Wieso ist Segmentierung schwierig?

Zunächst erscheint eine Erklärung angebracht, wieso dieser Zerlegung ein ganzer Wissensbaustein gewidmet ist, obwohl augenscheinlich doch ganz klar ist, was zu tun ist. In der Tat bereiten diese Zerlegungsaufgaben dem Menschen keine ernsthaften Probleme, aber eine algorithmische Behandlung erweist sich schnell als viel schwieriger als gedacht. Anliegen dieses Wissensbausteines ist es, das Auge des Lesers für Probleme dieser Art zu schärfen und Lösungsmöglichkeiten aufzuzeigen.

Während in den meisten Fällen die Zerlegung in Sätze und Wortformen korrekt möglich ist, zeigt es sich, dass es auch schwierige Ausnahmefälle gibt, bei denen allgemeine Verfahren versagen. Bis zu einem gewissen Grad können diese Fälle jedoch durch zusätzliche Regeln und Ausnahmelisten erfasst werden.

Analog lassen sich die bei der Zerlegung zu erfassenden Wortformen angeben durch eine relativ einfache strukturelle Beschreibung sowie die Hinzunahme einzelner ausgewählter Wortformen (beispielsweise mit weiteren Sonderzeichen), die anderenfalls zurückgewiesen würden.

Regeln für die Satzsegmentierung

Begonnen werden soll mit der simplen Beobachtung, dass an der Trennstelle zweier Sätze der erste Satz aufhört und der zweite Satz beginnt. Deshalb werden zunächst einfache Regeln formuliert, die Satzanfänge bzw. Satzenden charakterisieren und deshalb genutzt werden können, um für eine bestimmte Stelle im **Text** zu entscheiden, ob dort die Trennstelle zwischen zwei Sätzen vorliegt.

Zunächst einige einfache Regeln für den Satzanfang:

- Sätze beginnen niemals mit Kleinbuchstaben.
- Nach einer Überschrift beginnt ein neuer Satz.
- Am Anfang eines Absatzes beginnt ein neuer Satz.
- Groß geschriebene Artikel (wie »Der«, »Die«, »Den«, ...) sprechen für einen Satzanfang.
- Beginnt kein neuer Absatz, so steht vor dem neuen Satz ein Satzendezeichen.

Analog gibt es einige einfache Regeln für das Satzende:

- Sätze enden mit einem Satzendezeichen. Solche Satzendezeichen sind Punkt, Fragezeichen und Ausrufezeichen. Nach dem Satzendezeichen muss zusätzlich ein *white space* (meist ein Leerzeichen, s.u.) stehen. Achtung, Punkte können auch an anderer Stelle stehen, z.B. nach Abkürzungen oder Zahlen.
- Vor einer Überschrift endet ein Satz.
- Am Ende eines Absatzes endet ein Satz.
- Überschriften sollten wie Sätze behandelt werden.

Es bleiben einige schwierige Fälle. Bei einem Punkt nach einer Ziffer oder bei einem Punkt als Bestandteil einer Abkürzung können wir ohne einen Blick auf die folgenden Wortformen nicht einfach entscheiden, ob hier ein Satzende vorliegt.

Beispiele

Er trägt den Titel Dr. rer. nat.
Seit einem halben Jahr gehört Dr. rer. nat. Stefan Schlatt dazu.
Sein Glückstag ist Freitag der 13.
Gestern war es wieder soweit: Freitag der 13. März.

Kein Satzende liegt sicher vor, wenn das folgende Wort mit Kleinbuchstaben beginnt. Analog liegt vermutlich ein Satzende vor, wenn danach ein Artikel in Großbuchstaben folgt. Diese beiden Regeln helfen aber nicht in den eben genannten Beispielen.

Weitere Schwierigkeiten bereiten Beispiele mit wörtlicher Rede wie

Beispiel

»Ich kann es hören! Es kommt immer näher«, rief er entsetzt.

Handelt es sich hierbei um einen Satz oder um mehrere Sätze? Und was macht das bisherige Verfahren? Liest man dieses Textstück wie gewöhnlich von links nach rechts, so findet man nach dem Ausrufezeichen ein Satzende. Nach den Ausführungszeichen wird kein Satzende gefunden, weil es danach mit Kleinbuchstaben weitergeht. Damit wird das Textstück in die folgenden zwei Sätze zerlegt:

»Ich kann es hören!
Es kommt immer näher«, rief er entsetzt.

Beide Sätze sind von ihrer Form her unbefriedigend, weil sie isolierte (also nicht paarweise auftretende) An- bzw. Ausführungszeichen enthalten, was eigentlich nicht sein sollte. Im Falle des ersten Satzes lässt sich das mit einem Nachbearbeitungsschritt leicht lösen: Ist das erste oder letzte Zeichen eines Satzes ein solches isoliertes An- oder Ausführungszeichen, so kann es einfach entfernt werden. Im Falle eines isolierten An- oder Ausführungszeichen mitten im Satz gibt es keine vergleichbar elegante Lösung.

Ein weiteres Problem besteht darin, dass der Algorithmus natürlich auch Dinge in einzelne Sätze zerlegen will, die gar keine Sätze enthalten. Bei der Konvertierung entstehen gelegentlich scheinbar extrem lange Sätze dadurch, dass Listen oder Progammcode nicht als solche erkannt werden. Dann werden möglicherweise alle Zeichen bis zum nächsten Punkt als sehr langer Satz interpretiert. Einfache Abhilfe ist hier möglich, indem man eine maximale Satzlänge z.B. auf 255 Zeichen festlegt und längere Objekte einfach ignoriert. Dies hat aber zur Folge, dass auch korrekte Sätze mit einer Länge oberhalb dieser Schranke zurückgewiesen werden. Bei der Wahl der maximalen Satzlänge ist also zu beachten, ob der Verlust einiger langer Sätze akzeptabel ist.

Umgang mit Abkürzungen

Um Satzgrenzen nicht mit Abkürzungen zu verwechseln, müssen die Abkürzungen als solche erkannt werden. Interessant sind hier nur Abkürzungen, die mit einem Punkt enden, da sonst keine Verwechslung mit einem Satzende möglich ist.

Abkürzungslisten

Die einfachste Möglichkeit ist eine Liste von Abkürzungen, die dann als solche erkannt werden. Häufige deutsche Abkürzungen werden in Tab. 3.3-1 angegeben.

Rang	Abkürzung
1	Mio.
2	Tel.
3	Dr.
4	bzw.
5	Nr.
6	Co.
7	Mill.
8	u.
9	Sa.
10	a.
11	Prof.
12	u. a.
13	Str.
14	Kl.
15	ca.
16	e.V.
17	z.B.
18	z. B.
19	Bekl.
20	St.

Tab. 3.3-1: Häufige deutsche Abkürzungen.

Basistext

Zusammensetzungen mit Abkürzungen
Mit Abkürzungslisten lassen sich häufige Abkürzungen sehr effektiv behandeln. Schwierigkeiten bereiten aber viele Abkürzungen, die nach einem festen Schema gebildet werden wie beispielsweise Straßen- oder Gesellschaftsnamen. Hier benötigen wir Muster der Art »*str.« oder »*ges.« um die Abkürzungen »Bahnhofstr.« bzw. »Handelsges. mbH« zu erkennen.

Segmentierung in Wortformen

Verglichen mit der Satzsegmentierung erscheint die Zerlegung eines Satzes in Wortformen noch einfacher. Im Deutschen sind die Wortformen eines Textes durch Leerzeichen getrennt (anders als z.B. im Chinesischen). Also zerlegen wir einfach einen Satz an den Leerzeichen und erhalten die Wortformen dieses Satzes. Eventuell müssen wir nach der Trennung bei den Leerzeichen noch Satzzeichen wie Punkt, Komma und Anführungszeichen entfernen.

Beim genaueren Hinsehen gibt es also Zeichen, die Wortformen trennen, wie beispielsweise das Leerzeichen. Eine ähnliche Rolle spielt der Tabulator und ein Zeilenumbruch. Weil man alle diese Zeichen nicht direkt sieht, werden sie unter dem Begriff *white space* zusammengefasst.

Diese Trennung am *white space* ist im Prinzip richtig, es gibt aber wieder einige Stellen, an denen es zu unerwünschten Effekten kommt. Dies ist eher ein linguistisches als ein informatisches Problem, denn es ist nicht so einfach, den Begriff »Wort« zu definieren.

Beschreibung Wortformen

Oft wird von folgender Beschreibung ausgegangen:
»Wortformen sind die in einem grammatisch und orthographisch korrekten Text stehenden Zeichenketten bestehend aus Buchstaben und Bindestrich, die im Text durch *white space* oder Satzzeichen getrennt sind.«

Dass dies nicht unbedingt so sein muss, zeigen die folgenden Beispiele:

Solche abgelegenen Airports haben Vor- und Nachteile.
Die Prinz zu Hohenlohe-Jagstberg & Banghard Beratungs GmbH & Co Vermittlungs-KG, Sitz Berlin, ist als persönlich haftende Gesellschafterin eingetreten.
Ab Sonntag, 20.1, präsentiert der PRO 7-Moderator Aiman Abdallah sein neues Format Galileo The Game, ein Quiz über Wissen, Logik und Strategie. Beispiele

Im *ersten Beispiel* ist »Vor«- keine vollständige Wortform, sondern nur in der Fügung »Vor- und Nachteile« verständlich.

Im *zweiten Beispiel* ist »Beratungs« keine wohlgeformte Wortform, sondern nur ein Namensbestandteil.

Im *dritten Beispiel* schließlich ist »PRO 7-Moderator« eine Wortform, welche ein Leerzeichen enthält. Bei einer weiteren Trennung an dem Leerzeichen erhielte man »7-Moderator«, was keine sinnvolle Wortform ist.

Natürlich führen Fehler in den Texten zu fehlerhaften Wortformen. Neben Rechtschreibfehlern wirken sich auch Worttrennungen aus, die ehemals am Zeilenende standen, aber bei der Konvertierung nicht rückgängig gemacht wurden. Dies passiert besonders bei Originaldokumenten im Format PDF:

»Hier ist die Luft prickelnd wie Cham-pagner«, wirbt die Kurverwaltung. Beispiel

Struktur von Wortformen

Schwierigkeiten bereiten auch wortähnliche Objekte, die aber keine eigentlichen Wortformen sind.

Beispiele hierfür sind *Internetadressen* und *Dateinamen*, wissenschaftlich-technische Abkürzungen wie *chemische Formeln, mathematische Ausdrücke* u.a. Beispiele

Hier können die obigen Zerlegungsalgorithmen zu Wortformen führen, die nicht weiter berücksichtigt werden sollen. Deshalb ist es an dieser Stelle sinnvoll zu prüfen, ob die nach der Wortseparierung erhaltenen Objekte aus einer Menge von **erlaubten Zeichen** bestehen, d.h. auf den ersten Blick wie Wortformen aussehen.

erlaubte Zeichen

Für die deutsche Sprache sind das die großen und kleinen Buchstaben von a bis z, dazu die Umlaute Ä, Ö, Ü, ä, ö, ü und ß. Weiterhin werden der Bindestrich und zumindest noch das é (z.B. für »Café«) gebraucht. Möglicherweise sollen Ziffern in **Eigennamen** zugelassen werden (z.B. »Audi A4«). Auch Großbuchstaben folgend auf Kleinbuchstaben sind selten möglich (»pH-Wert«).

Nicht in Wortformen auftreten sollen andere Satzzeichen außer dem Bindestrich. Damit werden beispielsweise Dateinamen mit Punkt im Inneren ausgeschlossen.

3.4 Datenstukturen für Wörter **

Das Arbeiten mit großen Wortlisten erfordert sowohl eine platzsparende Speicherung dieser Listen als auch einen effizienten Zugriff auf die bei den einzelnen Wörtern bzw. Wortformen abgespeicherten Informationen. Aufgrund ihrer kompakten Datenhaltung und wegen des schnellen, von der Größe der Wortliste unabhängigen Zugriffs auf die Informationen, sind Bäume (*Tries*) als Datenstruktur für Wörter besonders geeignet.

Wortlisten und ihre Speicherung

Bei der Auswertung von Texten ist es in der Regel notwendig, mit großen Listen – oder allgemeiner mit großen Mengen von Wörtern bzw. **Wortformen** umzugehen.

Diese *Wortmengen*

- können entweder selbst das Ziel der Analyse sein (Ermitteln des **Vokabulars** eines Textes, Aufbau von Wörterbüchern)
- oder sie werden als Grundlage für Berechnungen benötigt (Erkennen von **Fachterminologie**, Ermitteln von Beziehungen zwischen Wörtern).

Für die umfangreichen Mengen von Wortformen benötigt man geeignete Datenstrukturen, die sowohl schnellen Zugriff auf die gespeicherten Informationen als auch einen akzeptablen Speicherplatzbedarf gewährleisten (zur Vertiefung vgl. /Abello, Pardalos 02/ und /Witten et al. 99/).

Im Folgenden werden drei Varianten diskutiert: Speicherarten

- Speicherung als Wortliste,
- Speicherung in einer relationalen Datenbank und
- Speicherung in einem ***Trie***, mit verschiedenen Optimierungen

Speicherung als Wortliste

Hier werden die Wortformen in einer Textdatei mit einer Wortform pro Zeile abgespeichert und können, falls es die Größe des Hauptspeichers zulässt, zur schnelleren Verarbeitung in ein Feld eingelesen werden. Jedoch sind die folgenden Probleme zu beachten. Variante 1

- **Speicherbedarf** einfache Wortlisten
  Die Wortlisten können einen Umfang von mehreren Millionen Einträgen erreichen. Im Projekt »Deutscher Wortschatz« (vgl. Wissensbaustein »Das Projekt »Deutscher Wortschatz«« (S. 331)) der Universität Leipzig hat die Liste der Wortformen des Deutschen beispielsweise über neun Millionen Einträge. Bei einer durchschnittlichen Wortlänge von zehn Zeichen ergibt sich bereits ein Speicherbedarf von über 90 MB für die reine Wortliste, ohne evtl. vorhandene zusätzliche Informationen über die Wortformen mitgespeichert zu haben.
- **Zugriffszeit** sortierte Liste von Wortformen
  Für ein schnelles Auffinden einer Wortform ist eine **sortierte Liste von Wortformen** äußerst wichtig. In einer unsortierten Liste von Wortformen muss im Schnitt die Hälfte aller Einträge abgeschritten werden, um die gesuchte Wortform zu finden. Das macht bei neun Millionen Einträgen in der Liste 4,5 Millionen Operationen. Um festzustellen, dass die gesuchte Wortform nicht in der Liste enthalten ist, muss gar die komplette Liste durchlaufen werden. Insgesamt ergibt sich für die unsortierte Liste ein

Suchaufwand, der linear von der Anzahl der enthaltenen Einträge abhängt.

Auf sortierten Listen lassen sich effizientere Suchstrategien, etwa die binäre Suche (vgl. /Sedgewick 92/) anwenden. Hier hängt der Suchaufwand logarithmisch von der Anzahl der in der Liste gespeicherten Einträge ab. Bei einer Liste mit neun Millionen Einträgen endet die Suche stets nach höchstens 24 Operationen entweder erfolgreich bei der gesuchten Wortform oder die gesuchte Wortform war nicht enthalten.

Beispiel

Speicherung in einer ungeordneten Liste von Wortformen:

Menge der Wortformen = {»Abschied«, »Besitz«, »Bewegungen«, »Absicht«, »Besitzer«, »Besichtigung«, »Abstimmung«, »Besitztum«, »Besichtigungen«, »Abstimmungen«, »Bewegung«}

- Bei Speicherung dieser Menge der Wortformen in einer Textdatei mit einer Wortform pro Zeile ergibt sich ein Speicherbedarf von
  104 Zeichen + 10 Zeilenumbrüche = 114 Bytes.
- Da die Menge der Wortformen ungeordnet ist, muss die Suche nach einer Wortform sequenziell erfolgen. Wird etwa die Wortform »Bewegung« gesucht, muss die komplette Liste abgeschritten werden. Es sind damit elf Vergleichsoperationen notwendig.

Speicherung in einer relationalen Datenbank

Variante 2

Die Speicherung der Menge der Wortformen in einer relationalen Datenbank hat den geringsten Implementierungsaufwand, da

- das Datenbanksystem die wichtigsten Elementaroperationen wie Einfügen, Löschen und Suchen bereits mitbringt,
- evtl. vorhandene zusätzliche Informationen über die Wortformen in weiteren Tabellenspalten abgelegt werden können,

- das Datenbanksystem die Speicherverwaltung übernimmt und die Größe des Hauptspeichers als maßgeblicher Faktor einen kleineren Stellenwert bekommt.

Bezüglich der Zugriffszeit ergeben sich jedoch keine Vorteile gegenüber sortierten Listen von Wortformen.

Speicherung in einem *Trie*

Die Verwendung von *Tries* zum Speichern von großen Mengen von Wortformen Variante 3

- reduziert zum einen den benötigten Speicherplatz, da gleiche Präfixe – oder allgemeiner Wortanfänge – nur einmal abgespeichert werden, und
- macht zum anderen die Zugriffszeit unabhängig von der Anzahl der enthaltenen Wortformen. Dabei wird in jedem Schritt nur ein einzelnes Zeichen anstatt einer ganzen Wortform verglichen.

Tries sind spezielle **m-Wege-Bäume**, wobei m die Anzahl der Zeichen des **Alphabets** ist. m-Wege-Bäume

Wortformen werden in einem *Trie* folgendermaßen gespeichert:

- Im Wurzelknoten (Knoten auf Ebene 0) ist die Information abgespeichert, mit welchen Buchstaben die im *Trie* enthaltenen Wortformen beginnen.
- Jeder dieser Anfangsbuchstaben verweist auf einen Knoten, der die entsprechenden Fortsetzungsmöglichkeiten enthält. In den Knoten auf Ebene 1 sind somit die Informationen über die zweiten Buchstaben der Wörter abgelegt usw.

Speicherung eines *Trie*

- ○ Bei Speicherung der Beispielmenge der Wortformen in einem *Trie* müssen
  50 Zeichen + 11 Endemarkierungen = 61 Zeichen
  gespeichert werden. Hinzu kommen noch 61 Verweise auf die Folgeknoten (siehe Abb. 3.4-1).
- ○ Bei der Suche nach der Wortform »Bewegung« wird der Baum von der Wurzel bis zum entsprechenden Blatt mit der Wortendemarkierung abgeschritten. Dabei wird auf jeder Ebene ein Buchstabe der gesuchten Wortform ab-

gearbeitet und dem entsprechenden Verweis gefolgt. Insgesamt sind also neun Zeichenvergleiche (8 Buchstaben + Endemarkierung) erforderlich. Die Suche ist somit abhängig von der Länge der Wortform – unabhängig von der Anzahl der im *Trie* gespeicherten Wortformen.

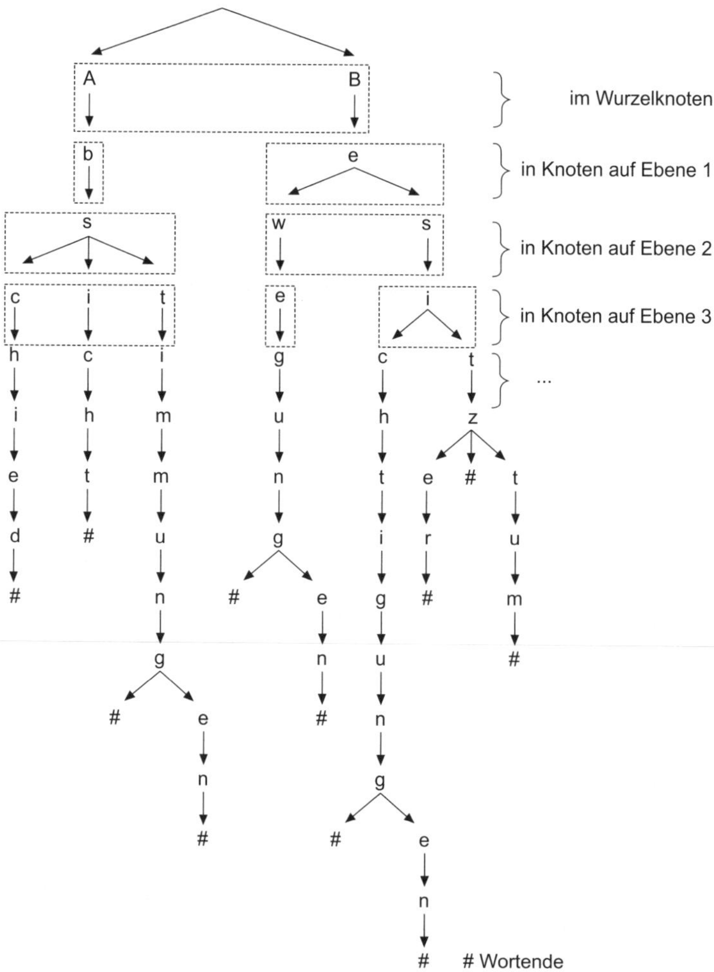

Abb. 3.4-1: Beispiel eines Trie.

Optimierung des Speicherbedarfs: DAWG (*directed acyclic word graph*)

Tries nutzen lediglich übereinstimmende Präfixe aus. Das gleiche Prinzip funktioniert aber auch an den Wortenden. Wenn Wörter die gleiche Endung haben, dann braucht diese nur einmal abgespeichert werden.

Die Verwendung von **DAWGs**

- reduziert damit noch einmal den Speicherbedarf im Vergleich zu den *Tries*,
- lässt jedoch kein nachträgliches Hinzufügen neuer Wortformen oder Löschen bereits enthaltener Wortformen zu.

DAWGs werden folgendermaßen aufgebaut:

- Im ersten Schritt wird aus der Menge der Wortformen der *Trie* aufgebaut.
- Im zweiten Schritt werden identische Enden der Wortformen verschmolzen.

Beim Verschmelzen der Enden der Wortformen wird für jeden Knoten die inverse Höhe bestimmt:

- Blätter haben die inverse Höhe 0.
- Die inverse Höhe von inneren Knoten ergibt sich aus 1 + Maximum der inversen Höhe seiner Kinder.

Ausgehend von den Blättern werden iterativ alle identischen Knoten gleicher inverser Höhe zusammengelegt. Dabei heißen zwei Knoten identisch, wenn sie den gleichen Buchstaben tragen und identische Nachfolger haben. Alle Verzweigungsmöglichkeiten müssen also übereinstimmen.

Beispiel Speicherung eines DAWGs

- Bei Speicherung der Beispielmenge von Wortformen in einem DAWG müssen
  39 Zeichen + 1 Endemarkierungen = 40 Zeichen
  gespeichert werden. Hinzu kommen noch 46 Verweise auf die Folgeknoten (siehe Abb. 3.4-2).
- Die Suche nach einer Wortform verläuft analog zur Suche im *Trie*.

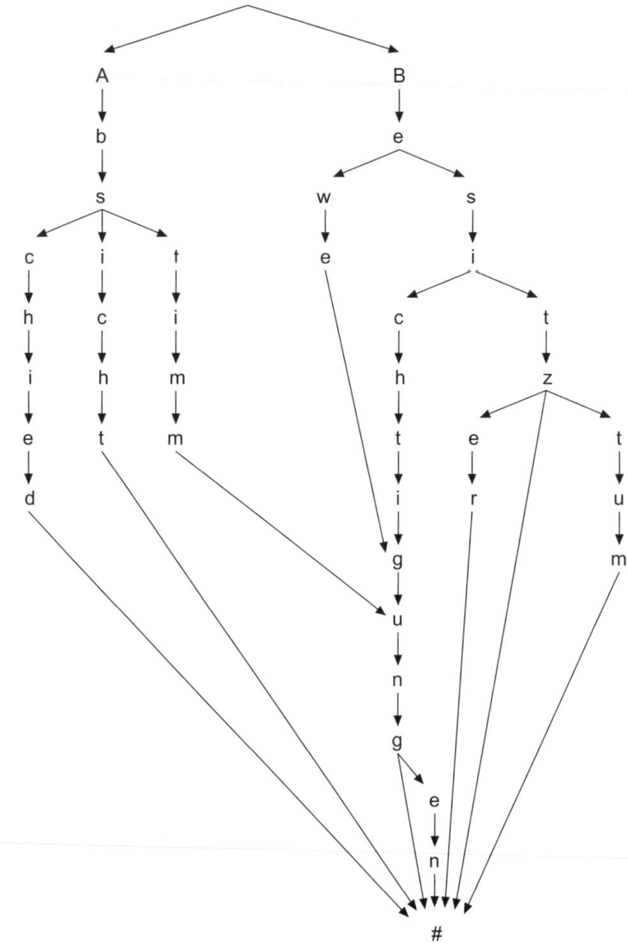

Abb. 3.4-2: Beispiel eines DAWG: Verschmelzung identischer Knoten.

Speicherung von Zusatzinformationen im CPT (*compact patricia trie*)

Ein CPT ist eine Variante des *Trie*, bei dem

- zum einen Speicherplatz eingespart wird, indem mehrere Zeichen pro Knoten abgelegt werden und somit einige Verweise wegfallen, und
- zum anderen trotzdem der Datenbestand dynamisch erweiterbar bleibt und die Speicherung von zusätzlicher Information im Knoten gestattet ist.

Basistext

Beispiel: Speicherung eines CPT

- Auch bei der Speicherung der Beispielmenge von Wortformen in einem CPT (siehe Abb. 3.4-3), müssen
  50 Zeichen + 11 Endemarkierungen = 61 Zeichen
  gespeichert werden. Hinzu kommen aber lediglich noch 18 Verweise auf die Folgeknoten.
- Bei der Suche nach einer Wortform wird der Baum wiederum von der Wurzel bis zum entsprechenden Blatt mit der Endemarkierung der Wortform abgeschritten. In dieser Variante des Trie müssen jedoch alle im Knoten enthaltenen Buchstaben abgearbeitet, d.h. mit den entsprechenden Positionen in der gesuchten Wortform verglichen werden.
- Beim Einfügen neuer Wortformen wird der Baum solange abgeschritten, wie man die in einem Knoten gespeicherten Zeichen vollständig abarbeiten kann. Trifft man hingegen auf einen Knoten, dessen Zeichen nur teilweise mit den entsprechenden Positionen im Suchwort übereinstimmen, muss der Inhalt des Knoten an der Stelle des ersten ***mismatch*** geteilt werden. Der nicht übereinstimmende Teil des Knoteninhaltes sowie der noch nicht abgearbeitete Teil der einzufügenden Wortform bilden jeweils neue Sohnknoten.

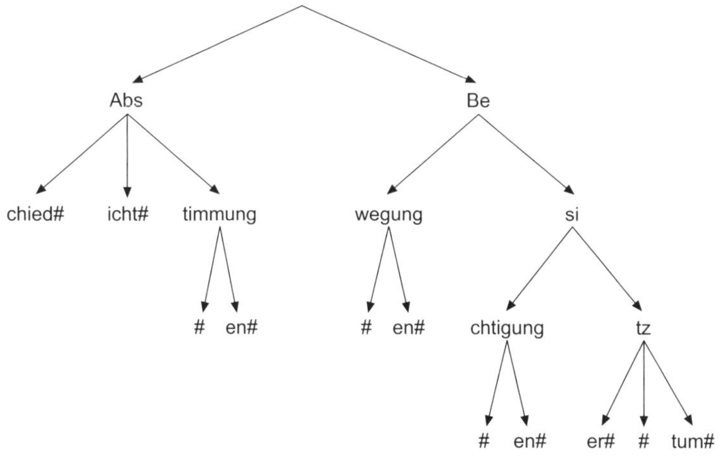

Abb. 3.4-3: Beispiel eines Compact Patricia Tries.

Beispiel

Das Einfügen der Wortform »Bewunderung« zeigt die Abb. 3.4-4.

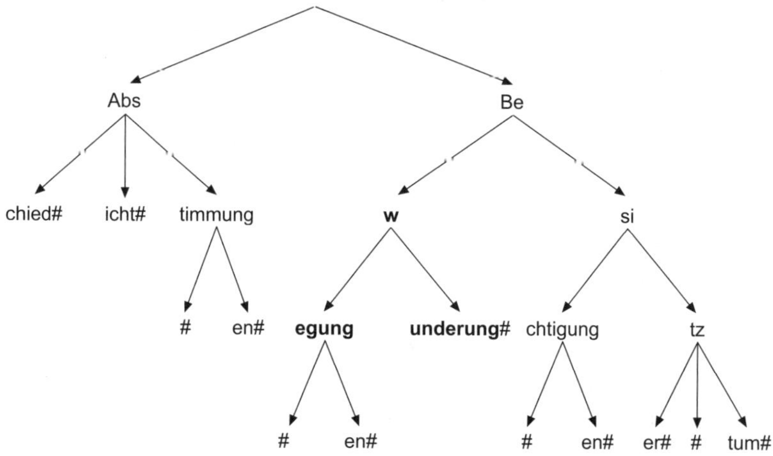

Abb. 3.4-4: CPT nach Einfügen von »Bewunderung«.

Die Knoten im CPT können für Zusatzinformationen um Felder erweitert werden. Zusatzinformationen umfassen Merkmale wie

- grammatikalisches Geschlecht,
- Numerus,
- Wortart und vieles mehr.

Falls ein Merkmal für alle Unterbäume eines Knotens k gilt, braucht das Merkmal nur einmal bei diesem Knoten gespeichert werden. Alternativ lässt sich auch bei jedem Knoten angeben, bei wievielen Blättern dieser Teilstruktur ein Merkmal m mit dem Wert x und bei wievielen Blättern m mit dem Wert y belegt ist. Damit lässt sich bereits weit oben im Baum die Wahrscheinlichkeit berechnen, dass das Merkmal m eines Wortes mit dem Wert x belegt ist.

Beispiel

Seien folgende Merkmale bei den Wortformen zu speichern:

m für maskulin
f für feminin
n für neutrum

s für Singular
p Plural

Dann ergibt sich der in der Abb. 3.4-5 dargestellte CPT.

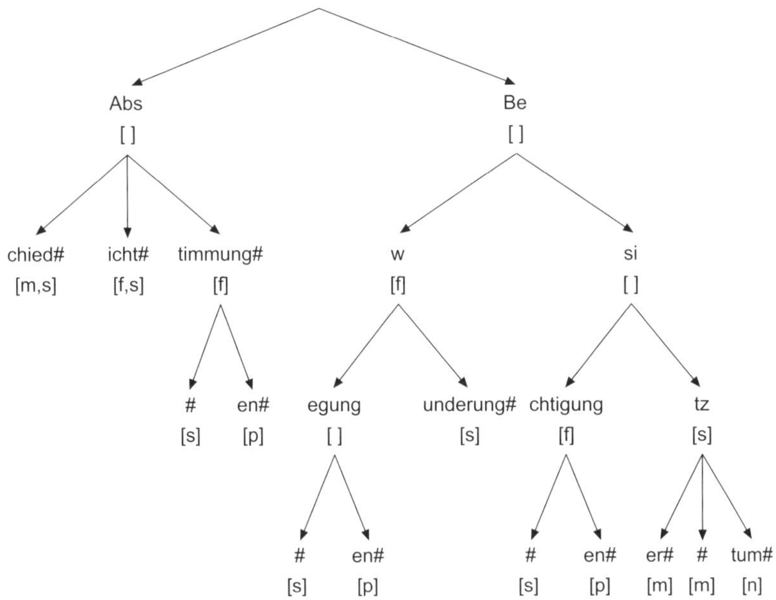

Abb. 3.4-5: CPT aus Abb. 3.4-4 mit Angaben zu Geschlecht (m, f, s) und zur Anzahl (s, p).

3.5 Abfragemöglichkeiten in Textdatenbanken *

Die Speicherung der Sätze und Wortformen in einer relationalen Datenbank ermöglicht es, die mit einer solchen Datenbank verbundenen Abfragemöglichkeiten anzuwenden. Sprachdaten werden in Tabellenstrukturen gespeichert, so können einfache Abfragen organisiert werden.

Daten in der Textdatenbank

In der Textdatenbank befinden sich zunächst die aufbereiteten (d.h. konvertierten und in Sätze zerlegten) **Texte**. Weiterhin wurden die Texte in **Wortformen** zerlegt. Dies wurde einmal benutzt, um mit der inversen Liste über eine effektive Zugriffsstruktur auf die einzelnen Sätze zu verfügen. Weiterhin wurde die inverse Liste dazu genutzt, die **signifikanten Kookkurrenzen** von Wortformen zu ermitteln.

Damit stehen folgende Informationen zur Verfügung:

- Die Satzliste enthält die Texte, zerlegt in einzelne Sätze.
- Die Liste der Wortformen, die alle in den Sätzen vorkommenden Wortformen enthält. Sinnvoll ist die zusätzliche Angabe der **absoluten Häufigkeit** der einzelnen Wortformen.
- Die inverse Liste, welche die Liste der Wortformen mit den einzelnen Sätzen verknüpft und damit effektives Suchen nach Beispielsätzen für Wortformen ermöglicht.
- Signifikante Kookkurrenzen, und zwar sowohl **Satz**- wie auch **Nachbarschaftskookkurrenzen** (vgl. Wissensbaustein »Signifikante Kookkurrenzen« (S. 134) und Wissensbaustein »Signifikante Kookkurrenzen – Beispiele und Anwend.« (S. 141)), sind dabei Paare von Wortformen, versehen mit einem Signifikanzwert, welcher die Stärke der Kookkurrenz beschreibt. Optional kann noch die Anzahl des Auftretens der Kookkurrenzen gespeichert werden.
- Optional ist auch eine inverse Liste für die Kookkurrenzen. Mit ihrer Hilfe lassen sich effektiv Beispielsätze für Kookkurrenzen angeben.

Diese Daten werden unmittelbar aus den vorgelegten Texten erzeugt. Liegt zusätzliches Wissen über die Wortformen beispielsweise aus einem Wörterbuch vor, so lässt sich das wie weiter unten beschrieben integrieren.

Die Nummerierung der Wortformen

Aus technischen Gründen ist es sinnvoll, die Wortformen in der Liste der Wortformen und die Sätze in der Satzliste durchzunummerieren. Dies hat den Vorteil, dass beispielsweise die inverse Liste und die Listen der Kookkurrenzen nur noch Paare von Nummern enthalten, die sich effektiver speichern und verarbeiten lassen.

Es bleibt die Frage, in welcher Reihenfolge die Wortformen am besten zu nummerieren sind. Dies ist wichtig, wenn mit mehr als einer Datenbank gearbeitet werden soll oder wenn Datenbanken später erweitert werden. Speziell wenn mehrere Datenbanken mit Texten in der gleichen Sprache vorliegen, ist es sinnvoll, dass gleiche Wortformen auch gleiche Nummern erhalten.

Leider kann man nicht davon ausgehen, irgendwann über eine vollständige Liste der Wortformen einer Sprache zu verfügen (vgl. Wissensbaustein »Aufbau von Textdatenbanken« (S. 56)). Eine Nummerierung entsprechend der alphabetischen Reihenfolge scheidet deshalb sofort aus, weil die in späteren Datenbanken hinzukommenden Wortformen sich in der **alphabetischen Ordnung** einordnen und damit die Nummerierung zerstören würden.

Sinnvoller ist eine **Sortierung nach Häufigkeit**. Auch hier führt eine Erweiterung der Liste der Wortformen zu einer Abweichung von der genauen Sortierung nach Häufigkeit, aber es bleibt eine näherungsweise Sortierung nach Häufigkeit. Verfügt man schon über eine Datenbank mit hinreichend viel Text, so werden die hier vorgefundenen häufigen Wortformen auch in anderen Texten der gleichen Sprache recht häufig sein. Umgekehrt können in anderen Texten allerdings bisher völlig unbekannte Wortformen von mittlerer Häufigkeit auftreten. Beispielsweise sind die folgenden Wortformen erst ab 2001 in den Quellen des Projekts »Deutscher Wortschatz« aufgetaucht, allerdings mit absoluten Häufigkeiten von insgesamt mehr als 100, was ihnen Plätze ab 170.000 in der tatsächlichen Häufigkeitsliste zuordnet. Jedoch waren vorher schon über sechs Millionen Wortformen in der Liste der Wortformen und sie erhielten entsprechend größere Wortnummern.

Beispiel: Wortformen & Eigennamen neu ab 2001

Wortformen neu ab 2001
Anti-Terror-Allianz, Globalisierungskritiker, Kompetenzteam, Juniorprofessur, K-Frage, Musiktauschbörse, Reisebrief, Risikomaterial, Spenden-Untersuchungsausschuss, Stammzelllinien, Tariftreuegesetz, Terrornetzwerk, Teuro, Verbraucherministerium, Verbraucherschutzministerin, Werbeflaute

Auch die folgenden Verknüpfungen mit **Eigennamen** sind neu:

AufSchalke, Enron-Pleite, Hartz-Kommission, Riester-Rente, Rürup-Kommission, Schill-Partei

Trotzdem ist diese Nummerierung sinnvoll: Will man beispielsweise bei einer Anwendung die **Stoppwörter** ausschließen, werden einfach die Wortformen mit Wortnummern bis 200 ignoriert. Falls man umgekehrt Aussagen nur über einige Wortformen mittlerer Häufigkeit braucht, kann man einfach Wortformen mit Wortnummern beginnend ab 50.000 betrachten.

Als weitere Möglichkeit zur Nummerierung bleibt natürlich eine beliebige Anordnung, etwa in der Reihenfolge ihres Auftretens in den ausgewerteten Texten. Diese ist sicher die einfachste Variante und immer dann sinnvoll, wenn keine weitere Verwendung dieser internen Struktur geplant ist.

Struktur der Tabellen

Während im Wissensbaustein »Aufbau von Textdatenbanken« (S. 56) bereits der Aufbau für die Liste der Wortformen und für die inverse Liste schematisch erklärt wurde, sollen hier noch einmal die tatsächlich benötigten Daten in Tabellenform angegeben werden. Aus Effektivitätsgründen stehen die eigentlichen Wortformen nur in der Liste der Wortformen, dort erhalten sie eine Wortnummer. An allen anderen Stellen wird nur mit den Wortnummern gearbeitet.

Wortliste: Hier stehen für jede Wortform die Wortnummer und die Anzahl im **Korpus** (siehe Tab. 3.5-1).

Nachbarschaftskookkurrenzen (NB): Linke Nachbarn zur Wortform mit Nummer 13.296 »Blei« (siehe Tab. 3.5-2). Dabei enthält die Datenbank nur die Wortnummern, die normal gesetzten Wortformen dienen hier nur zur Information.

Satzkookkurrenzen zur Wortform mit Nummer 13.296 »Blei« (siehe Tab. 3.5-3). Wieder enthält die Datenbank nur die Wortnummern, die normal gesetzten Wortformen dienen hier nur zur Information.

Basistext

wort_nr	wort	anzahl
1	**der**	**7.377.897**
2	**die**	**7.036.092**
3	**und**	**4.813.169**
4	**in**	**3.768.565**
5	**den**	**2.717.150**
6	**von**	**2.250.642**
7	**zu**	**1.992.268**
8	**das**	**1.983.589**
9	**mit**	**1.878.243**
10	**sich**	**1.680.106**
...	...	...

Tab. 3.5-1: Liste der Wortformen mit Wortnummern.

wort_1	wort_2	wort_nr1	wort_nr2	signifikanz
geschmolzenes	Blei	**202.641**	**13.296**	**25**
gehacktem	Blei	**848.257**	**13.296**	**30**
Pulver	Blei	**20.282**	**13.296**	**33**
Mikrogramm	Blei	**10.975**	**13.296**	**36**
flüssiges	Blei	**55.179**	**13.296**	**36**
...	...	...	...	...

Tab. 3.5-2: Linke Nachbarschaftskookkurrenzen zur Wortnummer 13.296.

Verknüpfung mit Wörterbuchdaten

Liegen zusätzlich Informationen zu den Wortformen einer Sprache vor, so lassen sie sich ebenfalls auf diese oder auf ähnliche Art speichern und mit den Korpusdaten verknüpfen.

Bei Angaben zu einer Wortform werden diese einfach zu der Wortnummer gespeichert. Dieses Vorgehen eignet sich für Grammatikangaben, Morphologie, Sachgebietsangaben usw.

Die Tab. 3.5-4 zeigt Wortformen mit **Sachgebietsangaben** zu Wortnummern.

wort_1	wort_2	wort_nr1	wort_nr2	signifikanz
Messing	Blei	**46.260**	**13.296**	**39**
Blaubeura	Blei	**5.772.357**	**13.296**	**46**
Kabeln	Blei	**40.114**	**13.296**	**48**
DEL-Notiz	Blei	**493.763**	**13.296**	**48**
Schwermetall	Blei	**73.062**	**13.296**	**50**
Reinzinn	Blei	**398.328**	**13.296**	**52**
Metalle	Blei	**22.258**	**13.296**	**54**
gegossen	Blei	**19.960**	**13.296**	**56**
Antimon	Blei	**124.968**	**13.296**	**58**
Konzentrationen	Blei	**17.940**	**13.296**	**60**
Metallnotierungen	Blei	**288.746**	**13.296**	**65**
...	...	...	...	...

Tab. 3.5-3: Satzkookkurrenzen zur Wortnummer 13.296.

Wieder enthält die Datenbank nur Wortnummern und Sachgebiete, die normal gesetzten Wortformen dienen hier nur zur Information.

wort	wort_nr	sachgebiet
Abfangjäger	**141.400**	**Luftfahrt**
Balustrade	**113.484**	**Architektur**
Beinfreiheit	**131.029**	**Auto**
Blinker	**107.209**	**Auto**
Bodenplatte	**104.364**	**Bauwesen**
wägen	**102.481**	**Technik**
Windstoß	**113.556**	**Meteorologie**
Wölbung	**126.466**	**Technik**
Xenon	**103.457**	**Chemie**
Ziegelstein	**111.300**	**Bauwesen**

Tab. 3.5-4: Sachgebietsangaben zu Wortnummern.

Der zweite wichtige Fall betrifft die Verknüpfung zweier Wortformen durch eine bestimmte Relation. Dies betrifft beispielsweise **Synonymie**, die grammatische Grundform zu flektierten Formen usw.

Basistext

Für Synonymie als Relation zwischen zwei Wortformen betrachten Sie die Tab. 3.5-5. Wieder enthält die Datenbank nur die Wortnummern, die normal gesetzten Wortformen dienen hier nur zur Information.

wort_1	wort_2	wort_nr1	wort_nr2	relation
Kadaver	Aas	**42.254**	**72.705**	**Synonym**
Variante	Spielart	**3.020**	**34.406**	**Synonym**
Variante	Variation	**3.020**	**23.210**	**Synonym**
Variation	Spielart	**23.210**	**34.406**	**Synonym**
Abbruch	Demontage	**6.167**	**15.479**	**Synonym**
Abbruch	Abriss	**6.167**	**8.992**	**Synonym**
Abbruch	Demontage	**6.167**	**15.479**	**Synonym**
Abriß	Demontage	**8.992**	**15.479**	**Synonym**
...	...	...	...	**Synonym**

Tab. 3.5-5: Relationen zwischen Wortformen.

Elementare Abfragemöglichkeiten

Hier sollen einfach zu realisierende Anfragen angegeben werden, welche sich mit der oben beschriebenen Datenstruktur realisieren lassen.

Beispielsätze für Wortformen und Kookkurrenzen:

- Gesucht sind Beispielsätze für eine gegebene Wortform.
- Gesucht sind Beispielsätze für gegebene Satz- oder Nachbarschaftskookkurrenzen.

Fragen für ein einzelnes Korpus:

- Welches sind die häufigsten Wortformen im Korpus?
- Wie viele verschiedene Wortformen befinden sich im Korpus?
- Wie groß sind die durchschnittliche Länge der Wortform und die durchschnittliche Satzlänge im Korpus?
- Angabe der Kookkurenzen (Satz- bzw. Nachbarschaftskookkurrenz) für eine Wortform, fallend geordnet nach Signifikanz.

Fragen für mehrere Korpora:

- Welche Wortformen sind im Vergleich mehrerer Korpora der gleichen Sprache in einem Korpus besonders häufig? (vgl. Wissensbaustein »Differenzanalyse« (S. 95))
- Vergleich der durchschnittlichen Länge der Wortform und der durchschnittlichen Satzlänge in verschiedenen Korpora.
- Verteilung der Wortformen in verschiedenen Sprachen: Vergleich der Häufigkeiten und Anzahlen der Wortform für verschiedene Sprachen.

Abfragen mit zusätzlichen Wörterbuchinformationen:

- Angabe der Kookkurrenzen, sortiert nach Wortart (zusätzlich Wortart nötig)
- Angabe von Synonymen nach Häufigkeit (zusätzlich Synonyme nötig)
- Kookkurrenzen zwischen Grundformen von Wortformen (zusätzlich Grundformen nötig)

4 Sprachstatistik *

Ein Text ist *keine* zufällige Aneinanderreihung von Wortformen einer Sprache. Vielmehr werden die Wortformen in einer von der intendierten Aussage her bestimmten Weise entsprechend den syntaktischen, stilistischen und rhetorischen Regeln einer Sprache miteinander kombiniert. Durch eine statistische und musterbasierte Analyse lassen sich wichtige Grundmuster der in den zugrunde gelegten Texten getroffenen Aussagen herausfinden.

Statistische Verfahren

Als Grundlage des ***Text Mining* mit statistischen Verfahren** werden in den folgenden Wissensbausteinen die Häufigkeitsverteilung von Wortformen sowie die statistischen Abhängigkeiten zwischen Wortformen in Form von **bedingten Wahrscheinlichkeiten** und **signifikanten Kookkurrenzen** behandelt (**Sprachstatistik**).

Im Wissensbaustein »Zipfsche Gesetze« (S. 87) wird gezeigt, welchen sprachstatistischen Gesetzmäßigkeiten die **Häufigkeitsverteilung von Wortformen** in einer Sprache folgen. Diese Gesetzmäßigkeiten werden von dem ***Text Mining***-Verfahren der **Differenzanalyse** genutzt, das im Wissensbaustein »Differenzanalyse« (S. 95) beschrieben wird.

Die statistischen Abhängigkeiten zwischen den Wortformen einer Sprache werden zum einen unter Bezug auf den Begriff **bedingter Wahrscheinlichkeiten** durch das so genannte probabilistische Sprachmodell beschrieben, das in folgenden Wissensbausteinen beschrieben wird:

- Wissensbaustein »Probabilistisches Sprachmodell 1« (S. 100)
- Wissensbaustein »Probabilistisches Sprachmodell 2« (S. 109)
- Wissensbaustein »Hidden Markov-Modelle« (S. 115)

Eine für das *Text Mining* relevante Anwendung des probabilistischen Sprachmodells ist das Markieren von Wortformen in einem Text entsprechend einer Liste vorgegebener syntaktischer Kategorien (*Part of Speech (POS)-Tagging*), das im Wissensbaustein »Tagging – als Anwendung der HMMs« (S. 126) behandelt wird.

Verwendung des Signifikanzmaßes

Die statistischen Abhängigkeiten zwischen den Wortformen einer Sprache, die in Anlehnung an den linguistischen Strukturalismus im Wissensbaustein »Grundlagen der Bedeutungsanalyse« (S. 19) bereits als **syntagmatische** und **paradigmatische Relationen** beschrieben worden sind, können zum anderen aber auch unter Verwendung eines **Signifikanzmaßes** für das statistisch signifikante gemeinsame Auftreten von Wortformen direkt betrachtet werden:

- Wissensbaustein »Signifikante Kookkurrenzen« (S. 134)
- Wissensbaustein »Signifikante Kookkurrenzen – Beispiele und Anwend.« (S. 141)

Signifikante Kookkurrenzen können sinnfällig visualisiert und das Prinzip der Kookkurrenzanalyse kann leicht auf andere Sprachen übertragen werden:

- Wissensbaustein »Visualisierung von signifikanten Kookkurrenzen« (S. 149)
- Wissensbaustein »Anwendung auf andere Sprachen« (S. 156)

Die Analyse signifikanter Kookkurrenzen einer Wortform kann **iteriert** angewendet werden. Kookkurrenzen erster Ordnung enthalten Wortformen, die zusammen mit der Referenzwortform häufig gemeinsam in lokalen Kontexten auftreten, sie bilden also eine Beschreibung dieser Kontexte. Kookkurrenten zweiter Ordnung sind hingegen Wortformen, die signifikant häufig zusammen in **Mengen signifikanter Kookkurrenzen** erster Ordnung auftreten. Wie im Wissensbaustein »Kookkurrenzen höherer Ordnung« (S. 161) ausgeführt wird, kann das Verfahren der Mengen signifikanter Kookkurrenzen wiederholt angewendet und dadurch Mengen signifikanter Kookkurrenzen höherer Ordnung berechnet werden. Meist bilden sich dadurch semantisch homogene Mengen von Wortformen heraus. Grafen von signifikanten Kookkurrenzen können zusammengefasst und vernetzt werden. Die dadurch entstehenden Grafen sind so genannten ***Small-World*-Grafen**:

- Wissensbaustein »Netze von Kookkurrenten« (S. 168)
- Wissensbaustein »Small Worlds und skalenfreie Netze« (S. 172)

Das auch aus der Analyse von Internetstrukturen her bekannte grafentheoretische Konzept der *Small Worlds* findet auch im *Text Mining* vielfältige Anwendungen bei der sachgebietsbezogenen **Disambiguierung** von Konzepten und der Klassifikation von Fachsprachen:

- Wissensbaustein »Disambiguierung« (S. 180)
- Wissensbaustein »Communities« (S. 187)

4.1 Zipfsche Gesetze *

Die Häufigkeit von Wortformen spielt eine wesentliche Rolle in linguistischen und psycholinguistischen Untersuchungen. Ergebnisse können oftmals nur dann miteinander verglichen werden, wenn sie auf Wortformen basieren, die in etwa gleich häufig in Texten auftreten. Mit dem Zipfschen Gesetz lassen sich Aussagen über den Umfang des Vokabulars eines Textes treffen, über den Zuwachs des Vokabulars bei Erhöhung der Textmenge oder auch über die Anzahl von Wortformen, die genau n mal im Text auftreten. Damit lässt sich eine Abschätzung für die Mindestgröße der Textmenge, die für die Untersuchungen zu Grunde gelegt werden soll, vornehmen.

Zusammenhang zwischen Rang und Häufigkeit

Die natürliche Sprache folgt nach George K. Zipf in vielen Belangen dem »Prinzip der geringsten Anstrengung« (*Principle of Least Effort*). So sind zum Beispiel die am häufigsten gebrauchten Wörter meist sehr kurze **Funktionswörter**.

Beispiel

Die zehn häufigsten Wörter des Projekts »Deutscher Wortschatz« (vgl. Anhang: Wissensbaustein »Das Projekt »Deutscher Wortschatz«« (S. 331)) finden Sie in der Tab. 4.1-1.

Rang r	Wortform	Häufigkeit n	r*n
1	der	7.377.897	7.377.897
2	die	7.036.092	14.072.184
3	und	4.813. 169	14.439.507
4	in	3.768.565	15.074.260
5	den	2.717.150	13.585.750
6	von	2.250.642	13.503.852
7	zu	1.992.268	13.945.876
8	das	1.983.589	15.868.712
9	mit	1.878.243	16.904.187
10	sich	1.680.106	16.801.060

Tab. 4.1-1: Sortierung nach Häufigkeit.

Ordnet man die **Wortformen** eines Textes wie oben absteigend nach ihrer absoluten Häufigkeit, so lässt sich folgende von **Zipf** formulierte Gesetzmäßigkeit erkennen:

Zipfsches Gesetz

Der **Rang** r einer Wortform innerhalb der Liste multipliziert mit ihrer **Häufigkeit** n ist in etwa konstant (vgl. /Zipf 35/) d. h. (mit textabhängiger Konstante k):

(1) $r \cdot n \approx k$

Die Häufigkeit des Auftretens einer Wortform im Text ist näherungsweise umgekehrt proportional zu ihrem Rang:

(2) $n \sim \frac{1}{r}$

Beispiel

Die Tab. 4.1-2 listet Wortformen mit verschiedenen Rängen auf (Quelle: Projekt Wortschatz-Lexikon (`http://www.wortschatz.uni-leipzig.de`)).

Grafische Darstellung

Stellt man den Zusammenhang zwischen Rang und Häufigkeit in einem Diagramm dar, wobei die Achsen jeweils *logarithmisch skaliert* werden, so liegen alle Wortformen näherungsweise auf einer Geraden (Abb. 4.1-1).

Rang r	Wortform	Häufigkeit n	r * n
10	sich	1.680.106	16.801.060
100	immer	197.502	19.750.200
500	Mio	36.119	18.059.500
1.000	Medien	19.041	19.041.000
5.000	Miete	3.755	18.775.000
10.000	vorläufige	1.664	16.640.000

Tab. 4.1-2: Sortierung nach Rang.

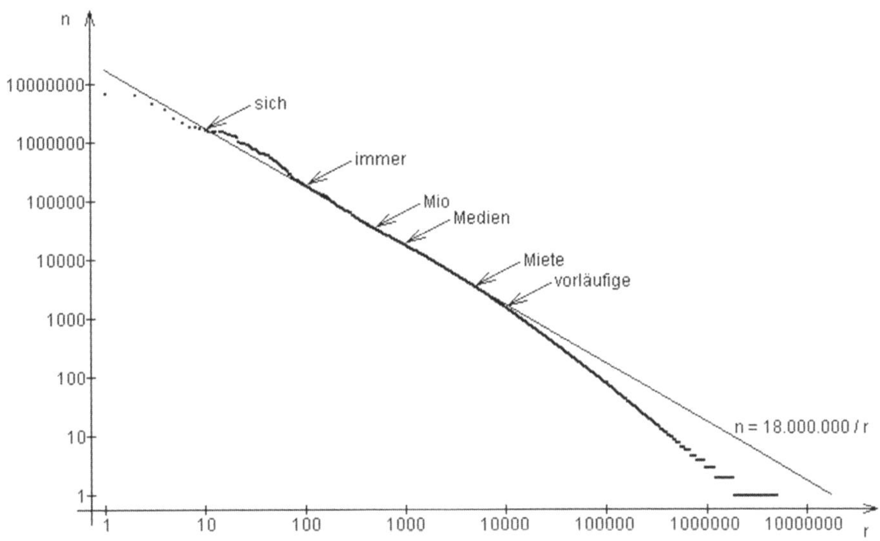

Abb. 4.1-1: Rang gegen Häufigkeit, Wortformen aus dem Projekt »Deutscher Wortschatz«.

Die Grafik zeigt, dass die Gerade für Wörter im mittleren Frequenzbereich eine recht gute Beschreibung des Zusammenhangs zwischen Rang und Häufigkeit liefert.

Die Grafik verdeutlicht ebenfalls, dass das Zipfsche Gesetz in der Praxis nur näherungsweise erfüllt ist. Für die folgenden Betrachtungen wird von einem idealisierten **Korpus** ausgegangen, in dem das Zipfsche Gesetz exakt gilt.

Anwendung

Viele psycholinguistische Experimente basieren auf dem Messen von Reaktionszeiten von Versuchspersonen während der grafischen Präsentation von Wortformen. Dabei ist es wichtig, nur solche Reaktionszeiten miteinander zu vergleichen und auszuwerten, die während der Präsentation von Wortformen gemessen wurden, die mit etwa gleicher Häufigkeit in Texten auftreten.

Benötigt man für solche Analysen mindestens v Vergleichswortformen, die genau n mal in einem Text auftreten, lässt sich mittels Zipfschem Gesetz eine Abschätzung vornehmen, welchen Umfang der Text, aus dem die Daten erhoben werden, in etwa haben sollte. Im Gegenzug lässt sich das Zipfsche Gesetz aber auch dazu verwenden, um für einen konkreten Text gegebener Länge abzuschätzen, wieviele Wortformen genau n mal darin vorkommen (vgl. /Salton 89/):

Sei N die Gesamtanzahl der Wortformen eines Textes und n die Anzahl der Vorkommen einer konkreten Wortform, dann beträgt die **relative Häufigkeit** dieser Wortform

$$\frac{n}{N}$$

Da es in der Regel mehrere Wortformen gibt, die n mal im Text vorkommen, bezeichne r_n den größten Rang aller Wortformen, die genau n mal vorkommen.

Es gilt:

(3) $$r_n \cdot \frac{n}{N} = c$$

(4) $$r_n = c \cdot \frac{N}{n}$$

Wobei c eine textunabhängige, jedoch von der Einzelsprache abhängige Konstante darstellt (siehe Formeln (9) bis (11)).

Die Anzahl der Wortformen, die mindestens n mal im Text auftreten, ist also durch r_n gegeben.

Beispiel

Wenn ein deutschsprachiger Text aus 150.000 laufenden Wortformen (*Tokens*) besteht, dann befindet sich die letzte Wortform, die mindestens 50 mal im Text vorkommt, in der häufigkeitssortierten Wortformenliste ungefähr an folgender Position:

$$r_{50} = 0{,}08 \cdot \frac{150.000}{50} = 240$$

Die Anzahl der Wortformen des Textes, die mindestens 50 mal im Text vertreten sind, lässt sich also auf 240 schätzen.

Sei nun t der Umfang des **Vokabulars**, also die Anzahl aller verschiedenen Wortformen eines Textes. Dann ist t so groß wie der **größte Rang** in der häufigkeitssortierten Wortformenliste. Wenn im Text Wortformen mit der Häufigkeit 1 auftreten, ergibt sich nach (4) eine Abschätzung für den Umfang des Vokabulars t (siehe auch Formel (12)):

$$t = r_1 = c \cdot N \tag{5}$$

Für das oben angenommene Beispiel ergibt sich ein geschätzter **Umfang des Vokabulars** von Wortformen:

$t = 0{,}08 \cdot 150.000 = 12.000$

Bezeichne nun I_n die Anzahl der Wortformen, die genau n mal im Text vorkommen, dann gilt:

$$I_n = r_n - r_{n+1} = c \cdot \frac{N}{n} - c \cdot \frac{N}{n+1} = c \cdot \frac{N}{n(n+1)} \tag{6}$$

Im betrachteten Beispiel sollte die Anzahl der Wortformen, die genau 50 mal im Text vorkommen, etwa

$$I_{50} = 0{,}08 \cdot \frac{150.000}{50 \cdot 51} \approx 5$$

betragen.

Für die Anzahl der Wortformen, die genau einmal vorkommen, gilt insbesondere:

$$I_1 = r_1 - r_2 = c \cdot \frac{N}{1} - c \cdot \frac{N}{2} = c \cdot \frac{N}{2} \tag{7}$$

Damit ist

$$I_1 = \frac{t}{2}$$

Es ist also zu erwarten, dass die Hälfte des Vokabulars eines Textes nur einmal auftritt.

Allgemein lässt sich der Anteil der Wortformen, die genau n mal vorkommen, am Gesamtvokabular des Textes abschätzen durch:

(8) $$\frac{I_n}{t} = \frac{c \cdot \frac{N}{n(n+1)}}{c \cdot N} = \frac{1}{n(n+1)}$$

Die sprachabhängige Konstante c aus (3) und (4) wird bestimmt über

(9) $$c = r \cdot \frac{n}{N}$$

(10) $$c = \frac{k}{N} \quad \text{nach (1)}$$

Wenn man gemäß der Daten des Projekts »Deutscher Wortschatz« (siehe Wissensbaustein »Das Projekt »Deutscher Wortschatz«« (S. 331)) k=18.000.000 und N=222.000.000 ansetzt, so ergibt sich beispielsweise für das Deutsche eine Konstante von:

(11) $$c = \frac{18.000.000}{222.000.000} \approx 0{,}08$$

Der **Umfang des Vokabulars** t wächst mit der Textgröße N. Diese Beziehung lässt sich abschätzen durch:

(12) $$t = k \cdot N^{\beta}$$

Für das Projekt »Deutscher Wortschatz« gilt k=20 und

$$\beta = 0{,}648$$

Da sich in Formel (12) der Umfang des Vokabulars t um 1 vergrößert, wenn N um ca. 70 vergrößert wird, lässt sich voraussagen, dass bei Erweiterung der Textmenge etwa jedes 70. Wort zum ersten Mal gesehen wird.

Weitere Zusammenhänge

In Texten lassen sich weitere Beziehungen feststellen, die mit dem Zipfschen Gesetz bzw. mit dem »Prinzip der geringsten Anstrengung« in Verbindung stehen. Diese Beziehungen gelten für den Großteil der Wortformen eines Textes, wobei einzelne Wortformen zum Teil deutlich abweichen können. So wird in der Literatur berichtet, dass die Länge l einer Wortform umgekehrt proportional zu ihrer Häufigkeit ist – gemittelt über alle Wörter gleicher Länge:

$$n \sim \frac{1}{l} \qquad (13)$$

Kurze Wortformen werden häufiger gebraucht als lange. Die Tendenz, häufig benutzte Begriffe zu verkürzen, spiegelt sich auch in der Entwicklung einer Sprache wieder.

Beispiele

Akkumulator wurde zu Akku, Automobil zu Auto und Demonstration zu Demo.

Die Formel (13) kann mit den Daten des Projekts »Deutscher Wortschatz« jedoch nicht bestätigt werden.

Die Beziehung zwischen Rang und Häufigkeit ist aber nicht auf die Verteilung von Wörtern in Texten beschränkt. So gilt bei einer Ordnung amerikanischer Städte nach ihrer Einwohnerzahl ebenfalls die Gesetzmäßigkeit: Listenplatz einer Stadt multipliziert mit ihrer Einwohnerzahl ist in etwa konstant (vgl. /Zipf 41/).

Verbesserung der Zipfschen Formel

Der Zusammenhang zwischen Rang und Häufigkeit wird für Wortformen mit sehr kleinem oder sehr großem Rang nur unzureichend durch die Formel

$$n \sim \frac{1}{r}$$

wiedergegeben. Im Diagramm mit logarithmisch skalierten Achsen weichen diese Wortformen stärker von der vorausgesagten Geraden ab.

Eine bessere Beschreibung liefert folgende Formel nach Benoît B. Mandelbrot (vgl. /Mandelbrot 53/):

(14) $$n \sim \frac{1}{(r + c_1)^{1+c_2}}$$

bzw.

(15) $$(r + c_1)^{1+c_2} \cdot n \approx k$$

(mit textabhängiger Konstante k)

Die beiden Konstanten c_1 und c_2 dienen hier als Parameter. Sie ermöglichen eine Anpassung an die konkreten Daten. Setzt man c_1=c_2=0, ergibt sich die ursprüngliche Formel von Zipf.

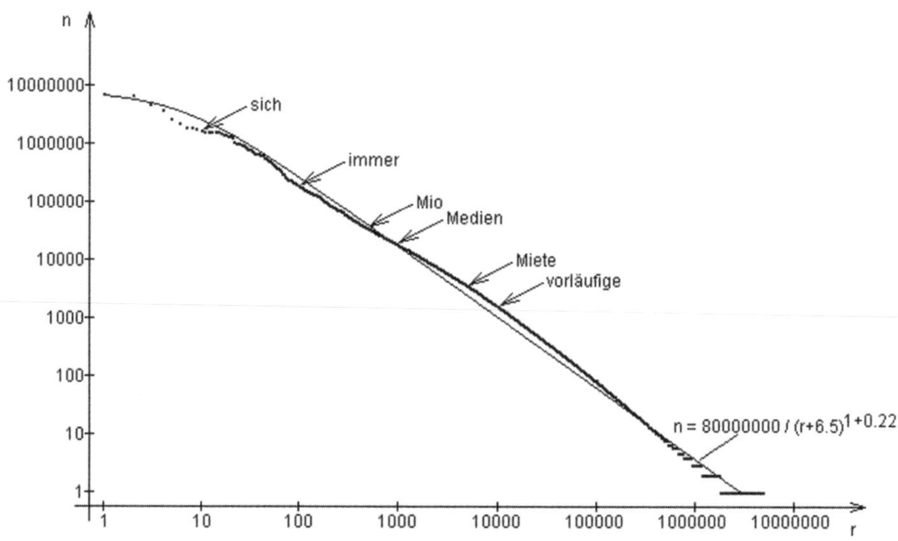

Abb. 4.1-2: Rang gegen Häufigkeit, Wortformen aus dem Projekt »Deutscher Wortschatz« unter Anwendung der verbesserten Zipfschen Formel.

Die Parameter c_1=6,5 und c_2=0,22 sowie k=80.000.000 (am besten approximierte Werte) liefern eine bessere Prognose für die Daten des Projekts »Deutscher Wortschatz«, wie die Abb. 4.1-2 verdeutlicht. Hierbei hat c_1 großen Einfluss auf die Krümmung im Bereich der niederen Ränge, während c_2 die Anpassung im Bereich der hohen Ränge vornimmt.

4.2 Differenzanalyse *

Die Differenzanalyse dient der Ermittlung von diskriminierenden Termen, indem die unterschiedlichen Verteilungen von Wortformen bzw. Wortformkombinationen in Texten ausgewertet werden. Sie findet Anwendung bei der Terminologieextraktion, der Sachgebietsklassifikation oder auch bei der Beschlagwortung.

Grundlage

Extraktion von Termen

Den Ausgangspunkt für die **Differenzanalyse** bilden zwei Textmengen: ein **Analyse**- und ein **Referenzkorpus**. Das **Analysekorpus**, besteht aus den Texten, aus denen die **diskriminierenden Terme** extrahiert werden sollen. Es wird je nach Aufgabenstellung aus Fachtexten, Pressemitteilungen usw. zusammengestellt.

Das **Referenzkorpus** hingegen ist ein allgemeinsprachliches Textkorpus, das beispielsweise aus Zeitungstexten zusammengesetzt ist.

vier Wortformklassen

Werden nun die Auftretenswahrscheinlichkeiten einzelner Wortformen bzw. Wortformenkombinationen für die beiden Textkorpora berechnet und verglichen, dann lassen sich grundsätzlich folgende vier Klassen von Wortformen bilden (**Verteilung von Wortformen im Text**):

- Wortformen, die im Referenzkorpus nicht vorkommen: Es handelt es sich bei diesen Wortformen mit hoher Wahrscheinlichkeit um **Fachausdrücke** des Themengebiets, über das im Analysekorpus berichtet wird. — Klasse (1)
- Wortformen, die im Analysekorpus relativ häufiger vorkommen als im Referenzkorpus: Bei diesen Wortformen handelt es sich mit einer gewissen Wahrscheinlichkeit um Fachterme. Für die Identifizierung dieser Wortformen muss ein Schwellwert definiert werden, z.B. eine Mindestdifferenz der **Häufigkeitsklassen** (vgl. unten) im Analyse- bzw. Referenzkorpus. — Klasse (2)
- Wortformen, die in beiden Textkorpora mit etwa der gleichen relativen Häufigkeit vorkommen: Dabei handelt es — Klasse (3)

sich meist um **Stoppwörter** (Wortformen aus den **geschlossenen Wortklassen** Artikel, Konjunktion und Präposition) oder um allgemeine **Begriffe**. Diese Wortformen vermitteln keine themenspezifischen Inhalte des Analysekorpus.

Klasse (4)

- Wortformen, die im Fachtext seltener als im allgemeinsprachlichen Textkorpus vorkommen: Diese Wortformen sind im Allgemeinen keine diskriminierenden Fachterme im Fachbereich des Analysekorpus.

Für die meisten Anwendungen der Differenzanalyse sind die Wortformen aus den Klassen (1) und (2) interessant.

Terminologieextraktion aus Fachtexten

Die Anwendung der Differenzanalyse bei der Terminologieextraktion aus einem Fachtext soll an einem Beispiel aus einer statistischen Untersuchung des Fachwortschatzes der SAP R/3-Dokumentation im Rahmen des Projekts »Deutscher Wortschatz« an der Universität Leipzig dargelegt werden. Als allgemeinsprachliches Vergleichskorpus dient dabei das Korpus des Projekts »Deutscher Wortschatz« (siehe Wissensbaustein »Deutscher Wortschatz« (S. 331)).

Beispiel 1

Zunächst sollen die 100 häufigsten Wortformen im deutschen Allgemeinwortschatz mit den 100 häufigsten Wortformen im SAP-Fachwortschatz verglichen werden.
Die hundert häufigsten Wortformen im deutschen Allgemeinwortschatz sind:
der, die, und, in, den, von, zu, das, mit, sich, des, auf, für, ist, im, dem, nicht, ein, Die, eine, als, auch, es, an, werden, aus, er, hat, dass, sie, nach, wird, bei, einer, Der, um, am, sind, noch, wie, einem, über, einen, Das, so, Sie, zum, war, haben, nur, oder, aber, vor, zur, bis, mehr, durch, man, sein, wurde, sei, In, Prozent, hatte, kann, gegen, vom, können, schon, wenn, habe, seine, Mark, ihre, dann, unter, wir, soll, ich, eines, Es, Jahr, zwei, Jahren, diese, dieser, wieder, keine, Uhr, seiner, worden, Und, will, zwischen, Im, immer, Millionen, Ein, was, sagte

Die hundert häufigsten Wortformen im SAP-Fachwortschatz sind:

die, Sie, der, und, in, werden, den, für, das, im, können, wird, zu, eine, auf, des, Die, ist, mit, ein, von, dem, the, oder, nicht, an, einer, aus, sind, In, einen, zur, als, über, System, kann, bei, einem, Wenn, Das, auch, nur, diesem, sich, eines, müssen, Daten, Der, dass, zum, to, haben, diese, alle, B, durch, z, R, wenn, nach, es, Feld, dann, of, wählen, Funktion, bzw, um, dieser, Wählen, Im, a, wie, is, Informationen, Diese, Bei, for, muss, and, vom, so, Für, Mit, unter, sein, keine, ob, soll, definieren, Es, verwendet, automatisch, Tabelle, Geben, wurde, finden, you, beim

Zwar sind hinsichtlich der Rangfolge und des Vorkommens einzelner Wortformen deutliche Unterschiede erkennbar, jedoch lassen sich allein aufgrund von Häufigkeiten noch keine Fachbegriffe identifizieren. Insbesondere sind die wenigen domänenspezifischen Begriffe, wie z.B. »System«, »Daten«, »Feld« und »Information«, die sich unter den hundert häufigsten Begriffen des Fachwortschatzes, nicht aber des Allgemeinwortschatzes finden, so unspezifisch, dass sie kaum als domänenspezifische Fachbegriffe infrage kommen.

Ein deutlich anderes Bild bietet sich, wenn die Häufigkeiten von Wortformen einer Fachsprache mit den Häufigkeiten im allgemeinen Wortschatz verglichen und insbesondere diejenigen Wortformen betrachtet werden, die im Fachwortschatz relativ zum allgemeinen Wortschatz (um eine festgelegten Faktor) wesentlich häufiger vorkommen.

Die Wortformen eines Korpus werden hierfür oftmals in Klassen von Wortformen etwa gleicher Häufigkeit eingeteilt. Im Projekt »Deutscher Wortschatz« wird die **Häufigkeitsklasse (HKL)** einer Wortform w nach folgender Formel berechnet:

$$\text{HKL}(w) = \text{ganzer Anteil}\left(\log_2\left(\frac{|\text{'der'}|}{|w|}\right)\right)$$

mit |w| als Anzahl der Vorkommen der Wortform w. Das bedeutet, dass die Wortform »der« als häufigste Wortform im Korpus etwa $2^{HKL(w)}$-mal so oft auftritt, wie die Wortform w.

Nach dem **Zipfschen Gesetz** (vgl. Wissensbaustein »Zipfsche Gesetze« (S. 87)) erhält man etwa die gleiche Einteilung der Wortformen in Häufigkeitsklassen, wenn man in der häufigkeitssortierten Liste der Wortformen alle Wortformen von Rangplatz $2^{i-1}+1$ bis Rangplatz 2^i in die Häufigkeitsklasse i einordnet.

Beispiel 2

In diesem Beispiel finden sich die ersten 29 Wortformen, die wenigstens im SAP-Fachkorpus die Häufigkeitsklasse 8 haben und wenigstens 16 mal häufiger in der SAP-Fachsprache vorkommen, als in der **Allgemeinsprache**.

Differenzliste signifikanter Fachwortschatzterme SAP/ Deutscher Wortschatz 1 – 29: Mindesthäufigkeitsklasse 8, Faktor 16 (die Angaben in Klammern hinter jeder Wortform bezeichnen den Faktor, um den die Wortform im Fachtext häufiger vorkommt, als im allgemeinsprachlichen Korpus): etc (314), TCP (164), INDX (28), dsn (25), Nachfolgeposition (24), SHIFT (24), TRANSLATE (24), entreprise (24), Abrechnungskostenart (23), Alternativmengeneinheit (23), Anordnungsbeziehung (23), Anwendungssicht (23), Bandstation (23), Banf-Position (23), Berichtsspalte (23), Berichtszeile (23), CO-PC (23), DBSTATC (23), DSplit (23), Datumsart (23), ELSE (23), ENDDO (23), Entries (23), Freigabecodes (23), Hauptkondition (23), Leiterplanstelle (23), Merkmalswertekombination (23), Nachfolgematerial (23), Nettoberechnung (23)

Die Analyse lässt sich deutlich verbessern, wenn an die statistisch ermittelten Rohdaten **Filteroperationen** angeschlossen werden, die weiter selektieren und als **Fachausdrücke** z.B. nur Nomen zulassen und gegebenenfalls Wortformen aus Fremdsprachen zurückweisen. Solche Filterverfahren setzen zusätzliches Wissen (z.B. über Sprachkategorien) oder die Anwendung zusätzlicher statistischer Analyseverfahren voraus. Eine Übersicht zum Einsatz solcher Filter findet sich in /Heyer et al. 02/.

Schlagwortermittlung aus Pressemitteilungen

Das folgende Beispiel verdeutlicht, dass Differenzlisten nicht nur zur Ermittlung von **Fachterminologie** eingesetzt werden.

Beispiel

Die **Wörter des Tages (WDT)** des Projekts »Deutscher Wortschatz« werden aus den Zeitungstexten eines Tages von verschiedenen Tageszeitungen und Newsdiensten ermittelt. Ziel ist es, die wichtigen Begriffe zu bestimmen, über die in den Meldungen berichtet wird.

Grundlage sind auch hier zwei Textmengen: Die Zeitungstexte eines Tages werden mit der Datenbank des Projektes »Deutscher Wortschatz« als Referenzkorpus verglichen. Die gesuchten Begriffe sind jedoch nicht alle Wortformen aus den Klassen (1) und (2) (vgl. oben). Die **WDT** müssen neben der relativen Übergewichtung ihrer Frequenz in den Zeitungstexten gegenüber der Frequenz im Vergleichskorpus noch weitere Kriterien erfüllen:

- **Relevanz:** Mindestfrequenz in den Zeitungstexten
  Wichtige Begriffe aus Tagesmeldungen tauchen in den Texten von verschiedenen Zeitungen bzw. Newsdiensten – oft wiederholt – auf.
- **Bekanntheit:** Mindestfrequenz im Vergleichskorpus
  Wichtige Begriffe sind im Allgemeinen bekannte Begriffe. Sie sollten im allgemeinsprachlichen Vergleichskorpus mit einer Mindestanzahl vorkommen.
- **Grundformen:**
  Wörter treten im Text in flektierter Form auf. Angezeigt werden sollen aber die Grundformen.
- **Beginnend mit Großbuchstaben:**
  Beschränkung auf Substantive. Wichtige Meldungen berichten über Personen und Ereignisse. Verben, Adjektive und Adverbien sind oft zu unspezifisch und geben für sich allein genommen noch keinen Aufschluss über ein wichtiges Ereignis des Tages. Funktionswörter sollten von vornherein das Kriterium der relativen Übergewichtung nicht erfüllen.

In der Abb. 4.2-1 sind die WDT vom 17. April 2002 aufgelistet. Die Mindestfrequenz in den Zeitungstexten wurde auf zehn gesetzt, als Mindestfrequenz im allgemeinsprachlichen Vergleichskorpus wurde zwanzig gewählt und die relative Häufigkeit eines Wortes des Tages musste in den Zeitungstexten sechs Mal so groß sein wie im Vergleichskorpus. Für die Einteilung wurde zusätzlich vorhandene Information über die Sachgebiete der Wörter berücksichtigt.

Wortschatz : **Wörter des Tages** : 17.04.2002	
Sportler, Trainer, Funktionäre	N'Kufo · Rudi Völler · Völler
Sport	DFB · FIFA · Fifa · Fußball-WM · Fußball-Weltmeisterschaft · Klassenerhalt · Weserstadion
Politiker	Arafat · Berlusconi · Bundeskanzler Gerhard Schröder · Carmona · Chavez · Clement · Franz Müntefering · Jassir Arafat · Jospin · Müntefering · Powell · Scharon · Schily · Stoiber · US-Außenminister Colin Powell · Wettig-Danielmeier · Wim Kok
Organisation	Al Qaida · Auswärtige Amt · BKA · Barilla · El Kaida · Infineon · KPMG · Kamps · KirchMedia · Merrill Lynch · Neuen Markt · Oetker · Regulierungsbehörde · TUI · Taliban
Ereignis	Hannover Messe
Schlagwort	Attentäter · Handys · ISS · Insolvenzantrag · Intifada · Palästinenser · Spendenquittungen · Stammzellen · Terror · Terroristen · Warnstreiks · Wirtschaftsprüfer
Ort	Afghanistan · Bethlehem · Caracas · Djerba · Dschenin · Gelsenkirchen · Mönchengladbach · Nahen Osten · Nahost · Ramallah · Srebrenica · Synagoge · Tunesien · Tunis · Venezuela · Westjordanland
Personen aus Kunst, Kultur und Wissenschaft	Dietl · Uschi Glas
sonstige Personen	Bin Laden · Israelis · Kuhn · Pischetsrieder · Queen Mum · Ratzinger · Reitzle
	««16.04.2002«« Wörter des Tages

Abb. 4.2-1: Wörter des Tages vom 17. April 2002.

4.3 Probabilistisches Sprachmodell 1 *

Ein probabilistisches Sprachmodell berücksichtigt sowohl syntaktische als auch semantische Beschränkungen für die Kombinationsmöglichkeiten von Wortformen zu Sätzen. Die besten Resultate bei der Bewertung von Sätzen liefern Bi- und Trigrammmodelle in Kombination mit einem *Smoothing*-Verfahren.

In vielen Anwendungen, z.B. der Spracherkennung, dem maschinellen Übersetzen oder der Rechtschreibkontrolle, muss eine Entscheidung darüber getroffen werden, ob ein Satz S, gegeben durch eine Folge von **Wortformen**, ein korrekter Satz einer Sprache L ist.

Aufgrund der unüberschaubar großen Anzahl an Sätzen, die sich für eine natürliche Sprache L bilden lassen, ist es nicht möglich, eine Liste mit allen Sätzen von L zu erzeugen und in dieser Liste den zu prüfenden Satz S zu suchen.

Grammatik einer Sprache

Ein Ansatz zur Bewältigung des großen Umfangs von L besteht darin, eine Konstruktionsvorschrift, eine **Grammatik** für die Sätze von L anzugeben. Eine solche Grammatik G, die eine Sprache inklusive aller *mundartlichen* oder auch *fachsprachlichen* Besonderheiten umfasst, ist jedoch sehr komplex. Die Prüfung eines Satzes S auf syntaktische Korrektheit anhand von G stellt eine aufwändige Operation dar. Damit S der Sprache L zugeordnet werden kann, muss S aber auch **semantisch sinnvoll** sein. Dieses Problem ist bisher nur unzureichend gelöst.

Beispiel

Der Satz »Der Knochen frisst den Hund.« ist zwar syntaktisch korrekt aber semantisch fehlerhaft. Ein Knochen kann nichts fressen.

Der Satz »Den Knochen frisst der Hund.« ist hingegen sowohl syntaktisch als auch semantisch korrekt.

Ein probabilistisches **Sprachmodell** würde dem obigen fehlerhaften Satz eine sehr geringe Wahrscheinlichkeit zuweisen, ein korrekter Satz der deutschen Sprache zu sein, da Wortformkombinationen wie »Der Knochen frisst« und »Knochen frisst den« in Texten des Deutschen nicht oder nur selten auftreten.

Der im Folgenden erläuterte Ansatz bestimmt die **Wahrscheinlichkeit**, dass der Satz S zur Sprache L gehört. Grundlage der Berechnung ist das Auftreten von Wortformkombinationen in einem Korpus. Damit werden sowohl syntaktische als auch semantische Aspekte berücksichtigt, denn die Verfasser der Texte des Korpus unterlagen bei ihren Formulierungen nicht nur syntaktischen sondern auch semantischen Beschränkungen.

Wahrscheinlichkeit eines Satzes – n-Gramme

Die Wahrscheinlichkeit eines Satzes S in einem angenommenen idealen Korpus wird aus den Wahrscheinlichkeiten für das Aufeinanderfolgen der einzelnen Wortformen berechnet. Da jedoch kein ideales Korpus existiert, greift man auf Trainingskorpora zurück.

Ausgehend von einem **Trainingskorpus** der Sprache L mit verschiedenen Wortformen lässt sich die Wahrscheinlichkeit des Auftretens einer Wortform bestimmen:

(1) $$p(w_i) = \frac{|w_i|}{\sum_{k=1}^{m} |w_k|}$$

mit $|w_i|$=Anzahl der Vorkommen von w_i, wobei über alle Wortformen des Korpus summiert wird.

In einem realen Satz hängt die Wahrscheinlichkeit für das Auftreten einer Wortform jedoch von allen vorangehenden Wortformen in diesem Satz ab.

Zunächst sollen Kombinationen aus zwei Wortformen betrachtet werden. Die Wahrscheinlichkeit für das Auftreten der Wortform w_j, unter der Voraussetzung, dass die Wortform w_i unmittelbar davor aufgetreten ist, heißt **bedingte Wahrscheinlichkeit** $p(w_j|w_i)$.

(2) $$p(w_j \mid w_i) = \frac{p(w_i, w_j)}{p(w_i)}$$

wobei $p(w_i,w_j)$ die Wahrscheinlichkeit für das benachbarte gemeinsame Auftreten von w_i und w_j ist. Für die bedingte Wahrscheinlichkeit der Kombination von zwei Wortformen gilt:

(3) $$p(w_j \mid w_i) = \frac{|w_i, w_j|}{\sum_{k=1}^{m} |w_i, w_k|} = \frac{|w_i, w_j|}{|w_i|}$$

Diese Verwendung der relativen Häufigkeit zur Abschätzung der Wahrscheinlichkeit entspricht der **Maximum Likelihood Estimation (MLE)** (vgl. /Jurafsky, Martin 00/ S. 200f.).

(2) lässt sich umstellen zu:

$$p(w_i, w_j) = p(w_i) \cdot p(w_j \mid w_i)$$

Daraus ergibt sich für das Aufeinanderfolgen dreier Wortformen:

$$\begin{aligned} p(w_i, w_j, w_k) &= p((w_i, w_j), w_k) \\ &= p(w_i, w_j) \cdot p(w_k \mid w_i, w_j) \\ &= p(w_i) \cdot p(w_j \mid w_i) \cdot p(w_k \mid w_i, w_j) \end{aligned}$$

Als Wahrscheinlichkeit für einen Satz der Länge n ergibt sich:

$$\begin{aligned} &p(w_1, w_2, w_3, \ldots, w_n) \\ &= p(w_1) \cdot p(w_2 \mid w_1) \cdot p(w_3 \mid w_1, w_2) \cdot \ldots \cdot p(w_n \mid w_1, w_2 . w_3, \ldots, w_{n-1}) \end{aligned}$$

Aus (1) und (3) folgt natürlich wieder:

$$\begin{aligned} &p(w_1, w_2, w_3, \ldots, w_n) \\ &= \frac{|w_1|}{\sum_{k=1}^{m} |w_k|} \cdot \frac{|w_1, w_2|}{|w_1|} \cdot \frac{|w_1, w_2, w_3|}{|w_1, w_2|} \cdot \ldots \cdot \frac{|w_1, w_2, w_3, \ldots, w_{n-1}, w_n|}{|w_1, w_2, w_3, \ldots, w_{n-1}|} \\ &= \frac{|w_1, w_2, w_3, \ldots, w_{n-1}, w_n|}{\sum_{k=1}^{m} |w_k|} \end{aligned} \qquad (4)$$

Im folgenden Abschnitt sollen die Faktoren aus dieser Formel durch Näherungswerte, ermittelt durch Bi- oder Trigramme, ersetzt werden, um allgemeiner Gewichte für Sätze zu ermitteln.

Beispiel

Das Trainingskorpus, mit dessen Hilfe die Wahrscheinlichkeiten der **n-Gramme** ermittelt werden, bestehe lediglich aus zwei Sätzen:

»Johann gibt Marie das Manuskript. Peter sieht, dass Johann Marie das Buch gibt.«

Wie groß ist die Wahrscheinlichkeit, dass der Satz »Johann gibt Marie das Buch.« ein korrekter Satz der deutschen Sprache ist?

$$p(\text{Johann}, \text{gibt}, \text{Marie}, \text{das}, \text{Buch}) = \frac{|\text{Johann}, \text{gibt}, \text{Marie}, \text{das}, \text{Buch}|}{\text{Korpusgröße}} = \frac{0}{13} = 0$$

Die Gleichung (4) macht die Unzulänglichkeiten dieses Ansatzes deutlich: Um beliebige Sätze bewerten zu können, muss die Anzahl der Vorkommen für alle Kombinationen von n Wortformen, mit $n \in N$, ermittelt werden.

Ungeachtet der Länge einer solchen Liste, die schon für sich genommen ein schwer zu bewältigendes Problem darstellt, ist festzuhalten, dass dieses Vorgehen nur für ein konkretes Korpus, nicht jedoch für eine Sprache L möglich ist.

Für einen korrekten Satz S der Sprache L, der nicht im Trainingskorpus vorkommt, ergibt sich eine Wahrscheinlichkeit von 0. Dies ist selbst dann der Fall, wenn S nur eine Umstellung der Wortfolge eines tatsächlich im Trainingskorpus auftretenden Satzes S' darstellt. Ein Korpus kann aber stets nur einen Teil der Sätze einer Sprache enthalten. Die Anzahl der Sätze, die unberücksichtigt bleiben müssen, ist unendlich.

Die Verwendung von n-Grammen, also von n aufeinanderfolgenden Wortformen für einen Satz der Länge n, erweist sich für große n somit als ein zu starres und zu komplexes Konzept. Einen praktischen Ausweg stellt die Verwendung von Bi- und Trigrammen dar.

Bi- und Trigramme

Bei der Analyse eines Satzes S ist festzustellen, dass die Beziehungen zwischen seinen Wortformen stark *lokal* geprägt sind. Die Wortformen sind zu **Phrasen** gruppiert.

Die Wahrscheinlichkeit für das Auftreten der Wortform w_i wird stark von den restlichen Wortformen innerhalb der gleichen Phrase, weniger stark von den Wortformen anderer Phrasen beeinflusst. Diese Eigenschaft wird bei der oben beschriebenen Verwendung von n-Grammen nicht ausgenutzt.

Tatsächlich genügt es, die Wahrscheinlichkeit des Aufeinanderfolgens von Wortformen zu *approximieren*, indem nur wenige Vorgänger berücksichtigt werden. Als ausreichend hat sich die Verwendung von lediglich zwei vorausgehenden Wortformen erwiesen. Mehr Vorgänger bringen kaum Verbesserungen in der Genauigkeit, erhöhen aber enorm den Speicher- und Rechenaufwand (vgl. /Manning, Schütze 99/ S. 193 ff.):

$$p(w_n \mid w_1, w_2, ..., w_{n-1}) = \frac{|w_1, w_2, w_3, ..., w_{n-1}, w_n|}{|w_1, w_2, w_3, ..., w_{n-1}|} \approx \frac{|w_{n-2}, w_{n-1}, w_n|}{|w_{n-2}, w_{n-1}|}$$

Mit dieser Näherung wird das Gewicht eines Satzes definiert:

Gewicht eines Satzes

(5)

$$G(w_1, w_2, w_3, ..., w_n) = \frac{|w_1|}{\sum_{k=1}^{m} |w_k|} \cdot \frac{|w_1, w_2|}{|w_1|} \cdot \frac{|w_1, w_2, w_3|}{|w_1, w_2|} \cdot \frac{|w_2, w_3, w_4|}{|w_2, w_3|} \cdot ... \cdot \frac{|w_{n-2}, w_{n-1}, w_n|}{|w_{n-2}, w_{n-1}|}$$

Der Vorteil der Verwendung von **Bi**- und **Trigrammen** ist, dass höchstens Dreierkombinationen von Wortformen betrachtet werden müssen. Es ergibt sich eine starke Reduktion der Komplexität bezüglich der Kombinationsmöglichkeiten.

Außerdem lässt sich nun auch sinnvoll das Gewicht eines Satzes S berechnen, der nicht im Korpus vorkommt. Wichtig ist nur, dass alle Kombinationen von jeweils zwei bzw. drei aufeinanderfolgenden Wortformen aus S im Trainingskorpus vertreten sind.

Damit gilt für wesentlich mehr Sätze $p(w_1,...,w_n)>0$, so dass sich p nicht länger als Wahrscheinlichkeit betrachten lässt und p als Gewicht des Satzes bezeichnet wird.

In Formel (5) werden die Gewichte für die ersten beiden Wortformen des Satzes nur ungenügend durch die relativen Häufigkeiten des Uni- bzw. Bigramms abgeschätzt. In der Praxis werden deswegen zusätzliche Marker s_1 und s_2 für den Satzanfang verwendet, um auch an diesen Positionen mit Trigrammen arbeiten zu können. Damit ergibt sich:

$$\begin{aligned} G(w_1, w_2, w_3, ..., w_n) &= p(s_1) \cdot p(s_2 \mid s_1) \cdot p(w_1 \mid s_1, s_2) \cdot p(w_2 \mid s_2, w_1) \cdot p(w_3 \mid w_1, w_2) \cdot \\ &\quad p(w_4 \mid w_2, w_3) \cdot ... \cdot p(w_n \mid w_{n-2}, w_{n-1}) \\ &= \frac{|s_1|}{|s_1| + |s_2| + \sum_{k=1}^{m} |w_k|} \cdot \frac{|s_1, s_2|}{|s_1|} \cdot \frac{|s_1, s_2, w_1|}{|s_1, s_2|} \cdot \frac{|s_2, w_1, w_2|}{|s_2, w_1|} \cdot \frac{|w_1, w_2, w_3|}{|w_1, w_2|} \cdot \\ &\quad \frac{|w_2, w_3, w_4|}{|w_2, w_3|} \cdot ... \cdot \frac{|w_{n-2}, w_{n-1}, w_n|}{|w_{n-2}, w_{n-1}|} \end{aligned}$$

Beispiel

Um Satzanfangsmarker erweitertes Trainingskorpus:

s_1 s_2 Johann gibt Marie das Manuskript.
s_1 s_2 Peter sieht, dass Johann Marie das Buch gibt.

Der Satz »Johann gibt Marie das Buch.« erhält folgendes Gewicht:

$$\begin{aligned}
&G(\text{Johann}, \text{gibt}, \text{Marie}, \text{das}, \text{Buch}) = \\
&\quad p(s_1) \cdot p(s_2 \mid s_1) \cdot p(\text{Johann} \mid s_1, s_2) \cdot p(\text{gibt} \mid \text{Johann}, s_2) \cdot p(\text{Marie} \mid \text{Johann}, \text{gibt}) \cdot \\
&\quad p(\text{das} \mid \text{gibt}, \text{Marie}) \cdot p(\text{Buch} \mid \text{Marie}, \text{das}) \\
&\quad = \frac{|s_1|}{|s_1| + |s_2| + \sum_{k=1}^{m} |w_k|} \cdot \frac{|s_1, s_2|}{|s_1|} \cdot \frac{|s_1, s_2, \text{Johann}|}{|s_1, s_2|} \cdot \frac{|s_2, \text{Johann}, \text{gibt}|}{|s_2, \text{Johann}|} \cdot \\
&\quad \frac{|\text{Johann}, \text{gibt}, \text{Marie}|}{|\text{Johann}, \text{gibt}|} \cdot \frac{|\text{gibt}, \text{Marie}, \text{das}|}{|\text{gibt}, \text{Marie}|} \cdot \frac{|\text{Marie}, \text{das}, \text{Buch}|}{|\text{Marie}, \text{das}|} \\
&\quad \approx \frac{2 \cdot 2 \cdot 1 \cdot 1 \cdot 1 \cdot 1 \cdot 1}{17 \cdot 2 \cdot 2 \cdot 1 \cdot 1 \cdot 1 \cdot 2} = \frac{1}{34}
\end{aligned}$$

Eine Schwierigkeit stellen jedoch Wortformen mit geringer Häufigkeit dar. Ist in dem korrekten Satz S eine relativ seltene Wortform enthalten, dann ist die Wahrscheinlichkeit groß, dass eines der Trigramme von S nicht im Korpus vorkommt. Damit ist das Gewicht des gesamten Satzes S gleich Null. Diesem Problem widmen sich verschiedene *Smoothing*-Verfahren.

Smoothing

Erläuterungen zum Verfahren

Smoothing dient dazu, das Problem mit im Trainingskorpus seltenen oder nicht enthaltenen Wortformen zu entschärfen. Dabei wird versucht, auf Informationen über n-Gramme geringerer Stufe zurückzugreifen (*Backing Off Smoothing*), oder es wird von den aus dem Trainingskorpus berechneten Wahrscheinlichkeiten ein kleiner Betrag abgezogen, um diesen auf nicht aufgetretene Wortformkombinationen zu verteilen (*Discounting*). Zu den *Discounting*-Verfahren zählen z.B. *Good-Turing estimation* (vgl. /Good 53/) und *Held Out estimation* (vgl. /Jelinek, Mercer 85/).

Ein Verfahren mit gutem Aufwand/Nutzen-Verhältnis stellt die einfache lineare Interpolation durch Einbeziehen von Bi- und **Unigrammen** dar, welches hier kurz erläutert werden soll.

Wenn ein Trigramm nicht im Korpus auftritt, dann sollte wenigstens die Information über das entsprechende Bigramm ausgenutzt werden. Falls dieses auch nicht im Korpus existiert, ist zumindest alles Wissen über das Unigramm zu berücksichtigen.

Beim *Smoothing* durch einfache lineare Interpolation werden alle drei Informationsquellen gleichzeitig, jedoch mit verschiedenen **Gewichtungsfaktoren** genutzt.
Statt:

$$p(w_n \mid w_1, w_2, \ldots, w_{n-1}) \approx \frac{|w_{n-2}, w_{n-1}, w_n|}{|w_{n-2}, w_{n-1}|}$$

wird

$$p(w_n \mid w_1, w_2, \ldots, w_{n-1}) \approx \lambda_1 \cdot \frac{|w_{n-2}, w_{n-1}, w_n|}{|w_{n-2}, w_{n-1}|} + \lambda_2 \cdot \frac{|w_{n-1}, w_n|}{|w_{n-1}|} + \lambda_3 \cdot \frac{|w_n|}{\sum_{k=1}^{m} |w_k|}$$

$$\text{mit} \quad 0 \le \lambda_i \le 1 \quad \text{und} \quad \sum_{i=1}^{3} \lambda_i = 1$$

angesetzt.

Die λ_i sind entsprechend des Trainingskorpus festzulegen. Beispielsweise können sie durch *Hidden Markov*-Modelle bestimmt werden (vgl. /Manning, Schütze 99/ S. 322 f. und Wissensbaustein »Hidden Markov-Modelle« (S. 115)).

Der Einfluss der Trigramme sollte dabei als genaueste Informationsquelle über eine Wortformenfolge durch einen großen Gewichtungsfaktor verstärkt, der Einfluss der Unigramme hingegen durch einen kleinen Gewichtungsfaktor gering gehalten werden.

Für das oben angegebene Trainingskorpus gilt: Beispiel

$$p(\text{das} \mid \text{gibt}, \text{Marie}) \approx \lambda_1 \cdot \frac{|\text{gibt}, \text{Marie}, \text{das}|}{|\text{gibt}, \text{Marie}|} + \lambda_2 \cdot \frac{|\text{Marie}, \text{das}|}{|\text{Marie}|} + \lambda_3 \cdot \frac{|\text{das}|}{\text{Korpusgröße}}$$

$$\approx \lambda_1 \cdot \frac{1}{1} + \lambda_2 \cdot \frac{2}{2} + \lambda_3 \cdot \frac{2}{13}$$

Bei der Korpusgröße sind hier nur die Wortformen gezählt worden. Die zusätzlichen Satzanfangsmarker blieben unberücksichtigt. Seien die Gewichtungsfaktoren angenommen mit,

$$\lambda_1 = 0{,}8 \quad \lambda_2 = 0{,}15, \quad \lambda_3 = 0{,}05$$

dann ergibt sich:

$$p(\text{das} \mid \text{gibt, Marie}) \approx 0{,}8 \cdot \frac{1}{1} + 0{,}15 \cdot \frac{2}{2} + 0{,}05 \cdot \frac{2}{13} \approx 0{,}958$$

Weiterhin gilt für die Wahrscheinlichkeit eines Satzes:

$$S = w_1, w_2, w_3, \ldots, w_n$$

$$p(w_1, w_2, w_3, \ldots, w_n) = p(s_1) \cdot p(s_2 \mid s_1) \cdot p(w_1 \mid s_1, s_2) \cdot p(w_2 \mid s_2, w_1) \cdot p(w_3 \mid w_1, w_2) \cdot p(w_4 \mid w_2, w_3) \cdot \ldots \cdot p(w_n \mid w_{n-2}, w_{n-1})$$

Somit ist

$$\begin{aligned}
&G(\text{Johann, gibt, Marie, das, Buch}) \\
&= p(\text{Johann} \mid s_1, s_2) \cdot p(\text{gibt} \mid s_2, \text{Johann}) \cdot p(\text{Marie} \mid \text{Johann, gibt}) \cdot \\
&\quad p(\text{das} \mid \text{gibt, Marie}) \cdot p(\text{Buch} \mid \text{Marie, das}) \\
&= \left(\lambda_1 \cdot \frac{|s_1, s_2, \text{Johann}|}{|s_1, s_2|} + \lambda_2 \cdot \frac{|s_2, \text{Johann}|}{|s_2|} + \lambda_3 \cdot \frac{|\text{Johann}|}{\text{Korpusgröße}}\right) \cdot \\
&\quad \left(\lambda_1 \cdot \frac{|s_2, \text{Johann, gibt}|}{|s_2, \text{Johann}|} + \lambda_2 \cdot \frac{|\text{Johann, gibt}|}{|\text{Johann}|} + \lambda_3 \cdot \frac{|\text{gibt}|}{\text{Korpusgröße}}\right) \cdot \\
&\quad \left(\lambda_1 \cdot \frac{|\text{Johann, gibt, Marie}|}{|\text{Johann, gibt}|} + \lambda_2 \cdot \frac{|\text{gibt, Marie}|}{|\text{gibt}|} + \lambda_3 \cdot \frac{|\text{Marie}|}{\text{Korpusgröße}}\right) \cdot \\
&\quad \left(\lambda_1 \cdot \frac{|\text{gibt, Marie, das}|}{|\text{gibt, Marie}|} + \lambda_2 \cdot \frac{|\text{Marie, das}|}{|\text{Marie}|} + \lambda_3 \cdot \frac{|\text{das}|}{\text{Korpusgröße}}\right) \cdot \\
&\quad \left(\lambda_1 \cdot \frac{|\text{Marie, das, Buch}|}{|\text{Marie, das}|} + \lambda_2 \cdot \frac{|\text{das, Buch}|}{|\text{das}|} + \lambda_3 \cdot \frac{|\text{Buch}|}{\text{Korpusgröße}}\right) \\
&= \left(0{,}8 \cdot \frac{1}{2} + 0{,}15 \cdot \frac{1}{2} + 0{,}05 \cdot \frac{2}{13}\right) \cdot \left(0{,}8 \cdot \frac{1}{1} + 0{,}15 \cdot \frac{1}{2} + 0{,}05 \cdot \frac{2}{13}\right) \cdot \\
&\quad \left(0{,}8 \cdot \frac{1}{1} + 0{,}15 \cdot \frac{1}{2} + 0{,}05 \cdot \frac{2}{13}\right) \cdot \left(0{,}8 \cdot \frac{1}{1} + 0{,}15 \cdot \frac{2}{2} + 0{,}05 \cdot \frac{2}{13}\right) \cdot \\
&\quad \left(0{,}8 \cdot \frac{1}{2} + 0{,}15 \cdot \frac{1}{2} + 0{,}05 \cdot \frac{1}{13}\right) \\
&\approx 0{,}172
\end{aligned}$$

Nun stellen lediglich neue, im Trainingskorpus nicht enthaltene Wortformen ein Problem dar. Für alle anderen Wortformen gibt es mindestens Informationen über das Unigramm.

Neuen Wörtern kann durch die zusätzliche Einbeziehung von Zerogrammen Rechnung getragen werden. Diese nehmen eine Gleichverteilung über alle Wörter des Vokabulars an.

4.4 Probalistisches Sprachmodell 2 *

Bei der Verarbeitung von natürlicher Sprache ist häufig einer Folge von Symbolen einer Symbolmenge M_1 eine Folge von Symbolen einer Symbolmenge M_2 zuzuordnen. Diese Zuordnung kann mit Hilfe eines probabilistischen Sprachmodells erfolgen. Gegebenenfalls lassen sich unter Verwendung der Bayes'schen Formel fehlende bzw. schwer zu ermittelnde Daten durch zur Verfügung stehende oder zumindest leichter zu ermittelnde Daten berechnen.

Wichtige Anwendungsgebiete der Verarbeitung von natürlicher Sprache sind maschinelles Übersetzen, *Part Of Speech (POS) -Tagging* und Spracherkennung.

Allen drei Problemstellungen ist gemeinsam, dass der Kern der Aufgabe darin besteht, einer Folge S von Symbolen einer Symbolmenge M_1 eine Folge T von Symbolen einer Symbolmenge M_2 zuzuordnen:

- **Maschinelles Übersetzen:**
  Einem Satz S als Folge von Wortformen der Quellsprache wird ein Satz T als Folge von Wortformen der Zielsprache zugeordnet.
- ***Part Of Speech-Tagging***:
  Den einzelnen Wortformen eines Satzes S werden syntaktische Kategorien zugeordnet. T ist die zu bestimmende Folge der syntaktischen Kategorien.

- **Spracherkennung:**
  Einer Folge S von akustischen Signalen wird eine Folge T von Wortformen zugeordnet.

Die große Anzahl an Kombinationsmöglichkeiten von Symbolen der Menge M_1 zu Symbolfolgen S bzw. von Symbolen der Menge M_2 zu Symbolfolgen T und die daraus resultierende Vielfalt an Zuordnungsmöglichkeiten von T zu S sprechen für den Einsatz des probabilistischen Sprachmodells bei der Bewältigung der Aufgabenstellung. Hierbei wird die **bedingte Wahrscheinlichkeit** dafür bestimmt, dass, wenn die Symbolfolge S aufgetreten ist, die Symbolfolge T als entsprechende Zuordnung ausgewählt wird:

(1) $$p(T \mid S) = \frac{p(T,S)}{p(S)}$$

Bayes'sche Formel

Oftmals fehlen Informationen zur Berechnung von p(T|S) oder es ist aufwändig, diese zu ermitteln. Unter Umständen stehen aber Informationen über p(S|T) zur Verfügung. Diese zusätzliche Information lässt sich unter Berücksichtigung folgender Zusammenhänge nutzen:

Für p(S|T) gilt

$$p(S \mid T) = \frac{p(S,T)}{p(T)} = \frac{p(T,S)}{p(T)}$$

und damit

(2) $$p(T,S) = p(T) \cdot p(S \mid T)$$

(2) eingesetzt in (1) ergibt die **Bayes'sche Formel:**

(3) $$p(T \mid S) = \frac{p(T) \cdot p(S \mid T)}{p(S)}$$

Beispiel

Im Rahmen einer Spracherkennung sei die **Lautfolge [fi:l]** erkannt worden. Dieser Lautfolge ist nun die entsprechende deutsche Wortform zuzuordnen.

Es kommen jedoch mehrere Kandidaten in Frage:

(i) [fi:l] → fiel,
(ii) [fi:l] → viel,
(iii) [fi:l] → fehl (schlecht ausgesprochen bzw. durch Nebengeräusche verfremdet)
(iv) ...

Die mögliche Verfremdung des akustischen Signals in (iii) wird z.B. im Rahmen des *noisy channel models* berücksichtigt, das auf Claude E. Shannon zurückzuführen ist (vgl. /Shannon 48/).

Um zu entscheiden, welche Wortform w' mit der Lautfolge gemeint ist, wird diejenige Wortform w aus der Menge der Wortformen W gesucht, für die die **bedingte Wahrscheinlichkeit** p(w|[fi:l]) am größten ist. Dies wird ausgedrückt durch:

$$w' = \arg\max_{w \in W} p(w \mid [fi:l]) \qquad (4)$$

Die bedingten Wahrscheinlichkeiten p(w|l) mit w∈W und l∈L der Menge der Lautfolgen geben an, wie wahrscheinlich die Wortform w gemeint ist, wenn die Lautfolge l vernommen wird. Diese Wahrscheinlichkeiten sind jedoch schwer zu bestimmen.

Eher hat man Zugriff auf Informationen, wie ein idealer Sprecher oder mehrere reale Testpersonen eine Wortform w aussprechen. Damit kann die bedingte Wahrscheinlichkeit p(l|w) bestimmt werden, die angibt, wie wahrscheinlich die Aussprache der Wortform w zur Lautfolge l führt.

Außerdem lässt sich mittels Trainingskorpora die Wahrscheinlichkeit p(w) bestimmen, die angibt, wie wahrscheinlich die Wortform w der Sprache des Korpus angehört. Wird die **Bayes'sche Formel** (3) in (4) eingesetzt, lässt sich nun das gesuchte w' bestimmen durch:

$$w' = \arg\max_{w \in W} p(w \mid [fi:l] = \arg\max_{w \in W} \frac{p(w) \cdot p([fi:l] \mid w)}{p([fi:l])} \qquad (5)$$

In Formel (5) wird über alle Wortformen w maximiert. Insbesondere gilt, dass für alle w der Nenner des Bruches derselbe ist. Er hat somit keinen Einfluss auf die Bestimmung von w' und kann aus der Betrachtung entfallen:

(6) $$w' = \arg\max_{w \in W} (p(w) \cdot p([fi:l] \mid w))$$

In Formel (6) wird auf die einfacher zu bestimmenden Wahrscheinlichkeiten p(w) und p(l|w) zurückgegriffen. Mit Hilfe der Daten aus dem Trainingskorpus lässt sich nun im Rahmen der Spracherkennung die wahrscheinlichste Wortform bestimmen, die zur vernommenen Lautfolge [fi:l] passt.

Bayes'sche Formel und POS-*Tagging*

Beim ***POS-Tagging*** wird den Wortformen im Satz ihre jeweilige Wortart zugeordnet. Diese Zuordnung ist jedoch nicht in jedem Fall eindeutig (vgl. Wissensbaustein »Tagging – als Anwendung der HMMs« (S. 126)). Unter Umständen sind für manche Wortformen mehrere Kategorien möglich. Wenn man jede Wortform für sich allein, also ohne ihren Kontext betrachtet, dann kommen im Satz

(7) »Johann gibt Peter das Manuskript.«

für die Wortform »das« z.B. die Kategorien Artikel und Relativpronomen in Frage.

Im Rahmen eines probabilistischen Sprachmodells ist beim *POS-Tagging* die wahrscheinlichste Kategorie k' aus der Menge der Kategorien K zu bestimmen, der die Wortform $w \in W$ angehören könnte:

(8) $$k' = \arg\max_{k \in K} p(k \mid w)$$

Die Wahrscheinlichkeiten für die Zuordnungen von Kategorien zu Wortformen werden dabei anhand eines **Trainingskorpus** bestimmt.

Bestehe das Trainingskorpus beispielsweise lediglich aus dem Satz:

(9) »Johann gibt Marie das Manuskript, das Peter, der in Hamburg wohnt, geschrieben hat, das aber noch nicht veröffentlicht ist.«

Dieses Trainingskorpus wird von Hand um Kategorien bzw. POS-*Tags* ergänzt:

Beispiel für POS-*Tags*

Johann[NE] gibt[VFIN] Marie[NE] das[ART] Manuskript[NN] ,[$] das[PREL] Peter[NE] ,[$] der[PREL] in[PR] Hamburg[NE] wohnt[VFIN] ,[$] geschrieben[VPP] hat[VFIN] ,[$] das[PREL] aber[KON] noch[KON] nicht[NEG] veröffentlicht[VPP] ist[VFIN] .[$] (10)

Die *POS-Tags* sind direkt nach den Wortformen und Satzzeichen in Klammern angegeben.

Dabei wurden die in der Tab. 4.4-1 angegebenen Kategorien verwendet.

Kategorie/*POS-Tag*	Bedeutung
ART	Artikel
KON	Konjunktion
NE	Eigenname
NEG	Negation
NN	normales Nomen
PR	Präposition
PREL	Relativpronomen
VFIN	finites Verb
VPP	Verb in Patizip Perfekt
$	Satzzeichen

Tab. 4.4-1: Kategorien im Beispiel.

Wird der Satz (7) anhand der Daten des Trainingskorpus markiert, ist die Zuordnung von Wortform zu *POS-Tag* bei fast allen Wortformen eindeutig:

»Johann[NE] gibt[VFIN] Peter[NE] das[k'] Manuskript[NN] .[$]« (11)

Lediglich bei der Kategorie k' der Wortform »das« lässt das Trainingskorpus verschiedene Möglichkeiten zu:

$k' \in \{ART, PREL\}$ (12)

Im Trainingskorpus wurde der Wortform »das« zweimal die Kategorie [PREL] und einmal die Kategorie [ART] zugewiesen.

Es gilt:

(13) $p(\text{PREL} \mid \text{das}) = \frac{2}{3}$

$p(\text{ART} \mid \text{das}) = \frac{1}{3}$

und nach (8)

(14) $k' = \arg\max_{k \in K} p(k \mid \text{das}) = \text{PREL}$

Der Wortform »das« im Beispielsatz (7) würde somit die falsche Kategorie zugewiesen.

Nach der Bayes'schen Formel gilt aber auch:

(15) $k' = \arg\max_{k \in K} p(k \mid \text{das}) = \arg\max_{k \in K} (p(k) \cdot p(\text{das} \mid k))$

Für die beiden Möglichkeiten ergibt sich:

(16) $p(\text{PREL}) \cdot p(\text{das} \mid \text{PREL}) = \frac{3}{24} \cdot \frac{3}{2} = \frac{1}{12}$

$p(\text{ART}) \cdot p(\text{das} \mid \text{ART}) = \frac{1}{24} \cdot \frac{1}{1} = \frac{1}{24}$

Auch hier gilt also:

(17) $k' = \arg\max_{k \in K} \left(p(k) \cdot p(\text{das} \mid k)\right) = \text{PREL}$

In (17) wurde die **relative Häufigkeit** einer Kategorie k im Trainingskorpus für die Bestimmung der Wahrscheinlichkeit p(k) benutzt. Das entspricht dem Gebrauch von Unigrammen in einem n-Gramm-Sprachmodell (vgl. Wissensbaustein »Probabilistisches Sprachmodell 1« (S. 100)).

Bessere Voraussagen bei der Bestimmung der Kategorie einer Wortform w lassen sich jedoch erzielen, wenn auch der Kontext betrachtet wird, in dem w im zu analysierenden Satz S steht. Sollen etwa auch die Kategorien der beiden Wortformen berücksichtigt werden, die w in S vorangehen, muss ein Trigramm-Modell von den Kategorien des Trainingskorpus erstellt werden. Soll hingegen nur die Kategorie einer einzelnen vorangehenden Wortform ausgewertet werden, so genügt ein Bigramm-Modell.

Im Beispielsatz (7) »Johann gibt Peter das Manuskript.« lässt sich unter Verwendung eines Bigramm-Modells die korrekte Kategorie für die Wortform »das« bestimmen:

- Vor der Wortform »das« steht in (7) eine Wortform der Kategorie [NE].
- Für die Wortform »das« kommen nach dem Trainingskorpus nur die Kategorien [PREL] oder [ART] in Frage.
- Anstatt der Wahrscheinlichkeit des Auftretens von Relativpronomen p(PREL) bzw. von Artikeln p(ART) im Trainingskorpus wird, angepasst an den konkreten Kontext in (7), die Wahrscheinlichkeit benutzt, dass im Trainingskorpus ein Relativpronomen auf einen Eigennamen p(PREL|NE) bzw. ein Artikel auf einen Eigennamen p(ART|NE) folgt.

Damit ergibt sich:

$$\begin{aligned} p(\mathrm{PREL} \mid \mathrm{NE}) \cdot p(\mathrm{das} \mid \mathrm{PREL}) &= \frac{0}{4} \cdot \frac{2}{3} = 0 \\ p(\mathrm{ART} \mid \mathrm{NE}) \cdot p(\mathrm{das} \mid \mathrm{ART}) &= \frac{1}{4} \cdot \frac{1}{1} = \frac{1}{4} \end{aligned} \tag{18}$$

Die Anzahl der Vorkommen von [NE] im Analysetext ist 4, die Anzahl der Vorkommen, bei welchen [PREL] auf [NE] folgt ist 0, und die Anzahl der Vorkommen, bei welchen [ART] auf [NE] folgt, ist 1.

Somit wird die korrekte Kategorie für die Wortform »das« im Beispielsatz vorhergesagt als:

$$k' = \arg\max_{k \in K} \big(P(k \mid \mathrm{NE}) \cdot P(\mathrm{das} \mid k)\big) = \mathrm{ART} \tag{19}$$

4.5 *Hidden Markov*-Modelle **

***Hidden Markov*-Modelle stellen eine statistische Annäherung an die Regularitäten von Sprache dar. Sie ermöglichen, einem Sprachstrom gewisse Eigenschaften zuzuweisen, sowie Vorhersagen über die Fortsetzung des Sprachstroms zu tätigen.**

In der statistischen Sprachverarbeitung werden sprachlichen Ereignissen Wahrscheinlichkeiten zugeordnet. Die Gesamtheit der konkreten Wahrscheinlichkeiten bildet ein **Sprachmodell**, unter dessen Annahme diese Wahrscheinlichkeiten gelten. Eine in diesem Zusammenhang erfolgreiche Modellklasse stellen die ***Hidden Markov*-Modelle (HMMs)** dar, die erfolgreich im Bereich der Spracherkennung eingesetzt werden (vgl. /Wendemuth 04/).

Zum besseren Verständnis von HMMs betrachtet man zunächst so genannte **Markov-Modelle**, welche lediglich eine spezielle Form von HMMs sind.

Markov-Modelle

Markov-Modelle können als endliche Automaten (*Finite State Automatons*) betrachtet werden, deren Zustandsübergänge mit Wahrscheinlichkeiten versehen sind.

Definition endlicher Automat

Ein **endlicher Automat** besteht aus einer endlichen Zahl von Zuständen. Ein Zustand ist als **Startzustand** ausgezeichnet, ein oder mehrere Zustände als **Endzustand**. Der Automat operiert auf einer Kette aus **Eingabesymbolen** und befindet sich nach Verarbeitung jedes Symbols in einem seiner Zustände. Das Wechseln zwischen den Zuständen ist vom jeweiligen Eingabesymbol abhängig und wird durch eine **Übergangsfunktion** angegeben.

Führt die Verarbeitung einer Symbolkette vom Startzustand in einen der Endzustände, so akzeptiert der Automat die Symbolkette. Eine Sprache (als Menge aller in ihr möglichen Symbolketten) wird von einem Automaten durch alle möglichen Wege von Start- zu Endzuständen generiert.

Wie endliche Automaten, so können auch Markov-Modelle zum Akzeptieren und zum Generieren von Sprachen bestimmter Klassen verwendet werden. Im Falle der endlichen Automaten sind dies die regulären Sprachen. Die von Markov-Modellen generierten Symbolfolgen nennt man **Markov-Ketten**. In der Übergangsfunktion von Markov-Modellen wird zusätzlich noch eine Wahrscheinlichkeit für jeden Zustandsübergang angegeben.

Markov-Modelle haben folgende Eigenschaften: Eigenschaften

- Die Summe der Wahrscheinlichkeiten der ausgehenden Übergänge eines Zustandes ist 1.
- Alle Zustände sind Endzustände, auch akzeptierende Zustände genannt.
- Markov Ketten **akzeptieren** oder **generieren** Symbolketten wie Automaten, liefern jedoch zusätzlich die Wahrscheinlichkeit für die Symbolkette.
- Die **Wahrscheinlichkeit einer Symbolkette** berechnet sich aus dem Produkt der Werte der Übergangswahrscheinlichkeiten.

Für jeden Zustand und jedes Symbol gibt es einen Übergang in jeweils alle Zustände als Folgezustand. Soll ein Übergang verboten werden, so wird ihm die Wahrscheinlichkeit 0 zugeordnet.

Markov-Modelle beschreiben Sequenzen von Symbolen, die nicht unabhängig voneinander sind, und deren Wert von den Werten der vorher in der Sequenz aufgetretenen Symbole abhängig ist. Dies ist auf Sprachdaten anwendbar, da Sprache eine lineare Folge von Symbolen (Buchstaben, Wortformen ...) darstellt, die in ihrer Auftretensreihenfolge voneinander abhängen.

Das Modell macht hierbei folgende vereinfachende Annahmen, auch **Markov-Annahmen** genannt: Annahmen

- **Begrenzter Horizont:** Der Wert des Folgezustandes hängt nur vom Wert des aktuellen Zustandes bzw. im Falle von Markov-Modellen höherer Ordnung auch von einer festen Anzahl zurückliegender Zustände ab.
- **Zeitinvarianz:** Die Übergangswahrscheinlichkeiten sind zu jedem Zeitpunkt gleich und hängen nicht mit früherem oder späterem Auftreten des Übergangs in der Symbolkette zusammen.

Während des Akzeptierens einer Symbolkette wechselt der aktuelle Zustand in Abhängigkeit des gerade zu verarbeitenden Symbols und diesem Zustandsübergang wird eine Wahrscheinlichkeit zugewiesen. Die **Gesamtwahrscheinlichkeit** der Symbolkette berechnet sich aus dem Produkt der einzelnen Übergangswahrscheinlichkeiten. Der jeweils aktuelle Zustand gibt Auskunft über die vorhergegangenen Symbole.

Beispiel 1 Markov Modell

Die Abb. 4.5-1 zeigt die grafische Darstellung eines Markov-Modells für eine Sprache L={a,b}* mit Horizont 2, d.h. in den Zuständen sind die letzten beiden Symbole der Symbolkette vor dem aktuellen Symbol kodiert (was erst ab dem zweiten Symbol in der Symbolkette zutrifft).

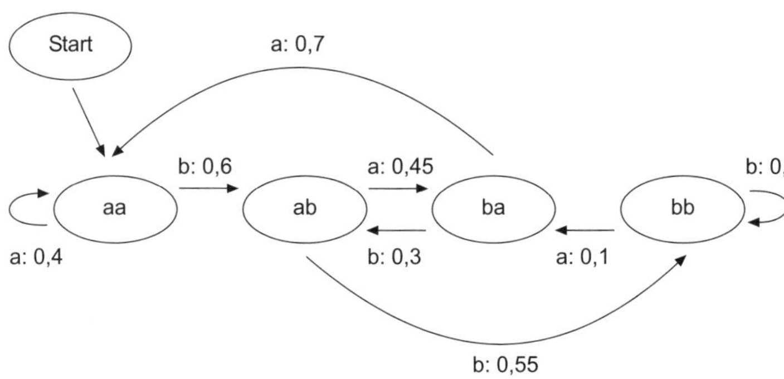

Abb. 4.5-1: Markov-Modell.

Der Startzustand ist »aa«:

Die Symbolkette »ababbba« hat in diesem Modell die Wahrscheinlichkeit 0,0016038, die Symbolkette »bbbab« hingegen 0,00891 = 0,6 · 0,55 · 0,9 · 0,1 · 0,3.

Markov-Modellen ist zu eigen, dass es je Zustand nur einen Übergang pro Übergangssymbol gibt, d.h. der Weg durch das Markov-Modell ist durch die zu akzeptierende Symbolkette eindeutig festgelegt bzw. lässt sich der Weg durch die generierte Kette rekonstruieren.

Die Zahlenwerte der Übergangswahrscheinlichkeiten in Markov-Modellen erhält man durch Auszählen der jeweiligen Symbolkombinationsvorkommen aus einem **Trainingskorpus**.

Für das Beispiel aus der Abb. 4.5-1 kam nach dem Teilabschnitt »bb« neunmal häufiger ein »b« als ein »a«, was sich in den Übergangswahrscheinlichkeiten widerspiegelt.

Hiding Markov

Wie schon im Wissensbaustein »Probabilistisches Sprachmodell 1« (S. 100) (**Bi**- und **Trigramme**)) angesprochen, sind *Smoothing*-Verfahren notwendig, um Trainingsdaten aus **Korpora** auf bisher unbekannte Symbolfolgen sinnvoll anwenden zu können. Beim *Backing Off Smoothing* wird eine Kombination aus Unigramm-, Bigramm- und Trigrammwahrscheinlichkeiten gebildet, wobei die optimalen Größen der Gewichtungsfaktoren nicht a priori klar sind. Hier kommen HMMs ins Spiel:

In der Abb. 4.5-2 wird das Modell aus der Abb. 4.5-1 um *Backing Off Smoothing* erweitert. Der Übergang von Zustand »ab« in die Zustände »ba« oder »bb« ist auf diese Weise nicht mehr eindeutig: der Folgezustand von »ab« bei aktuellem Symbol »b« ist zwar »bb«, es ist jedoch nicht ersichtlich, auf welchem der drei möglichen Wege dieser Übergang vonstatten ging. Es gibt versteckte Zustände, was den Namensteil »Hidden« der HMMs motiviert:

Abbildung zu *Backing Of Smoothing*

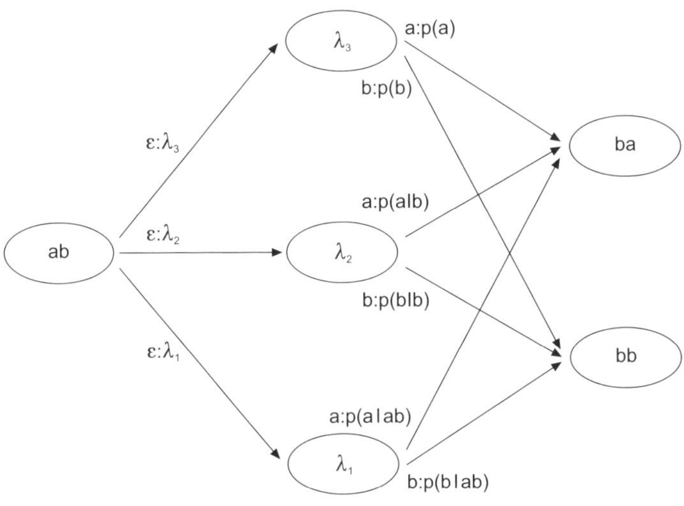

Abb. 4.5-2: Grafische Darstellung von Backing Off Smooting (Ausschnitt für einen Zustand).

$$p^*(w_n \mid w_{n-2}w_{n-1}) = \lambda_1 p(w_n \mid w_{n-2}w_{n-1}) + \lambda_2 p(w_n \mid w_{n-1}) + \lambda_3 p(w_n)$$

Die Abb. 4.5-2 zeigt die Wahrscheinlichkeit für Symbol w_n bei vorausgegangenen Symbolen w_{n-1} und w_{n-2} als gewichtete Kombination von Unigramm-, Bigramm- und Trigrammwahrscheinlichkeiten.

HMMs unterscheiden sich von Markov-Ketten lediglich darin, dass für ein Übergangssymbol pro Zustand mehrere Folgezustände (mit im Allg. verschiedenen Übergangswahrscheinlichkeiten) existieren.

Definition HMM:

Ein **HMM** ist ein Quadrupel (z^0, Z, S, E) mit

Z: Zustandsmenge
  $Z = \{z_1, \ldots z_n\}$
  z^0: Startzustand
  S: Alphabet von Ein/Ausgabesymbolen
  $S = \{s_1, s_2, \ldots, s_m\}$
E: Menge von Kanten bzw. Übergängen
  $E = \{e_1, e_2, \ldots, e_k\}$
  $e_i = (z_i, z_j, s_k, p)$
  z_i Anfangszustand
  z_j Zielzustand
  s_k Symbol
  p Übergangswahrscheinlichkeit

Diese **Erweiterung von Markov-Modellen zu HMMs** hat weitreichende Konsequenzen für die Komplexität der Trainingsmethode, sowie für die Berechnungskomplexität für die Ermittlung von Wahrscheinlichkeiten von Symbolfolgen und der Berechnung des wahrscheinlichsten Weges durch das Modell.

Reichte es bei den Markov-Modellen aus, lediglich die Übergangswahrscheinlichkeiten des (eindeutigen) Weges durch das Modell zu multiplizieren, um die Wahrscheinlichkeit der gesamten Symbolfolge zu erhalten, müssen bei den HMMs die Produkte der Übergangswahrscheinlichkeiten aller möglichen Wege addiert werden. Der Rest dieses Wissensbausteins widmet sich der effizienten Algorithmisierung der drei Aufgaben für HMMs:

3 Aufgaben

- Ermitteln der Wahrscheinlichkeit einer Symbolfolge
- Ermitteln des optimalen Pfades für eine Symbolfolge
- Aufbau des besten Modells aus Trainingsdaten

Zunächst werden diese Probleme theoretisch behandelt.
Ein Beispiel für den Einsatz von HMMs findet sich in Wissensbaustein »Tagging – als Anwendung der HMMs« (S. 126).

Wahrscheinlichkeit einer Symbolfolge

Gegeben sei ein HMM, sowie eine Symbolfolge.
Gesucht ist die Wahrscheinlichkeit dieser Symbolfolge auf der Grundlage des Modells.

Die Herangehensweise scheint zunächst klar: Zuerst werden alle möglichen Pfade, die durch das HMM mit dieser Symbolfolge gegangen werden können, ermittelt. Das Produkt ihrer einzelnen Übergangswahrscheinlichkeiten ergibt die Einzelpfadwahrscheinlichkeiten, deren Summe den gesuchten Wert darstellt. Dies ist bei langen Pfaden und vielen Verzweigungen äußerst ineffizient.

Beispiel

Man nehme z.B. der Einfachheit halber an, dass es für jeden Zustand und somit für jedes Eingabesymbol fünf Verzweigungen gibt. Für ein Symbol müssen also fünf Pfade verfolgt und deren Wahrscheinlichkeit addiert werden, für zwei Symbole sind es schon $25=5^2$ Pfade, für drei $125=5^3$ usw.

Die **Komplexität**, also die Dauer der Berechnung, wächst exponentiell mit der Länge der Symbolfolgen, was für längere Symbolfolgen bedeutet, dass die Berechnung einen nicht zu vertretenden Zeitaufwand erfordern würde.

dynamische Programmierung

Eine Möglichkeit, die Berechnung trotzdem durchführen zu können, bietet die **dynamische Programmierung:** große Probleme (hier: Symbolketten) werden in kleinere Teilprobleme zerlegt, die Lösungen (hier: Wahrscheinlichkeiten) der Teilprobleme (hier: Teilpfade) werden zur Berechnung des gesamten Problems (Pfades) verwendet.

Für die Pfade durch das HMM bedeutet dies Folgendes: Es werden nicht mehr alle möglichen Pfade verfolgt, sondern es wird berechnet, mit welcher Wahrscheinlichkeit sich das HMM nach einem, zwei, ... allen Symbolen in welchem Zustand befindet. Die Wahrscheinlichkeiten für die Anfangszustände werden hierbei dafür verwendet, die Wahrscheinlichkeiten für die Zustände nach dem ersten Symbol aus der Symbolfolge zu berechnen. Diese wiederum werden für die Berechnung der Wahrscheinlichkeiten pro Zustand nach zwei Symbolen verwendet usw.

Die Wahrscheinlichkeit, sich nach einem weiteren Symbol in einem Zustand Z zu befinden, ist hierbei die Summe der Wahrscheinlichkeiten aller Pfade zu diesem Zustand mit diesem Übergangssymbol, wobei sich diese Pfadwahrscheinlichkeiten aus dem Produkt der Wahrscheinlichkeiten der Zustände nach dem vorhergehenden Symbol mit den jeweiligen einzelnen Übergängen zum Zustand Z berechnen.

Die Berechnungskomplexität ist nicht mehr exponentiell, sondern linear in der Anzahl der Symbole und quadratisch in der Anzahl der Zustände; beispielsweise brauchen doppelt so lange Symbolketten doppelt so viel Zeit und doppelt so viele Zustände im HMM vervierfachen den Aufwand. Dieses Vorgehen, die Symbolfolge von vorne durchzugehen und die Wahrscheinlichkeiten für die Zustände sukzessive zu berechnen, nennt man **Vorwärtsalgorithmus**. Analog dazu und völlig gleichberechtigt, wäre es auch möglich, von hinten anzufangen. Dies wird **Rückwärtsalgorithmus** genannt.

Optimaler Pfad für Symbolfolge

Manchmal ist nicht die Wahrscheinlichkeit der Symbolfolge bezüglich des Modells interessant, sondern der Pfad, also die Folge der Zustände, der mit gegebener Symbolfolge am wahrscheinlichsten verfolgt wird. Wiederum ist die naive Herangehensweise, alle Pfade zu berechnen und den wahrscheinlichsten auszugeben, ineffizient. Wiederum kann die dynamische Programmierung zur Lösung des Effizienzproblems verwendet werden. Dies geschieht auf ähnliche Weise wie beim Vorwärtsalgorithmus. Das Vorgehen wird nach seinem Erfinder als **Viterbi-Algorithmus** bezeichnet.

Viterbi-Algorithmus

Man startet mit dem ersten Symbol und berechnet für alle Zustände die Wahrscheinlichkeiten, mit denen sich das Modell nach diesem Symbol in dem jeweiligen Zustand befindet.

Beim folgenden Symbol berechnet man für alle Zustände den wahrscheinlichsten Pfad zu einem Zustand Z auf folgende Weise: Alle Pfade zu diesem Zustand Z werden verglichen, und der wahrscheinlichste wird ausgewählt.

Hier gibt es zwei Unterschiede zum Vorwärtsalgorithmus:

Zum einen speichert man nicht die Summe aller Wahrscheinlichkeiten zu Z, sondern nur die Wahrscheinlichkeit des maximalen (wahrscheinlichsten) Einzelpfades. Zum anderen merkt man sich in der sogenannten **Rückverzeigerungsmatrix** für jeden Zustand und für jedes Eingabesymbol, über welchen Vorgängerzustand dieser maximale Pfad gelaufen ist.

Nach Verarbeitung der gesamten Symbolfolge erhält man für jeden Zustand im Modell die Wahrscheinlichkeit des maximalen Pfades zum jeweiligen Zustand. Der Zustand mit der höchsten Wahrscheinlichkeit ist Endzustand des maximalen Pfades und mit Hilfe der Rückverzeigerungsmatrix kann man alle Zustände des Pfades ermitteln.

Beispiel zum Viterbi-Algorithmus

Gegeben ist das HMM für die Sprache L={a,b}* mit zwei Zuständen X und Y. Der maximale Pfad für die Symbolfolge »bbba« ist XXXXY, für die Symbolfolge »bbb« XYYY. Die Abb. 4.5-3 verdeutlicht den Viterbi-Algorithmus an einem Beispiel.

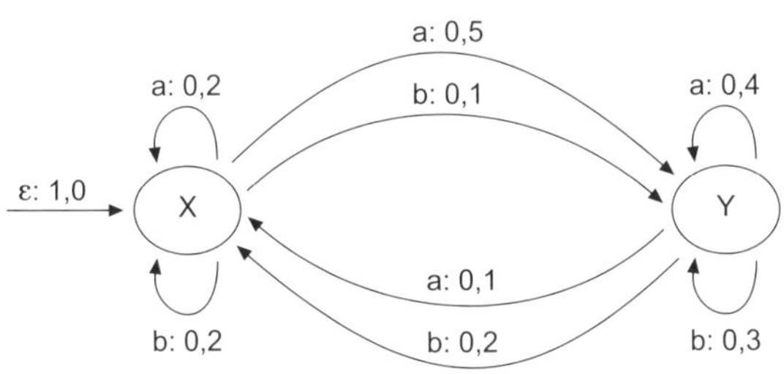

Abb. 4.5-3: HMM für die Sprache L={a,b} mit zwei Zuständen X und Y.*

Verifizieren Sie den Algorithmus anhand der Abb. 4.5-3.

Die Tab. 4.5-1 gibt sämtliche notwendigen Zwischenberechnungen an. Epsilon ist das leere (Anfangs-)Symbol. Die

Information über Rückverzeigerung befindet sich in Zeile 2 und 4 der Tab. 4.5-1.

Zustände	Epsilon	»b«	»bb«	»bbb«	»bbba«
maxP mit Endzustand X	1,0	0,2	0,04	0,008	0,0016
Zugehöriger Pfad	X	XX	XXX	XXXX	XXXXX
maxP mit Endzustand Y	0,0	0,1	0,03	0,009	0,004
Zugehöriger Pfad	Y	XY	XYY	XYYY	XXXXY

Tab. 4.5-1: Zwischenrechnung für die Symbolfolge »bbba«.

Training des HMM

Bei den bisherigen Aufgabenstellungen an das HMM wurde von gegebenen Modellen ausgegangen. Doch wie werden solche Modelle ermittelt? Die Struktur des Modells kann aus der Anzahl der Zustände n und der Anzahl der Symbole der Sprache m abgeleitet werden: Jeder Zustand besitzt für jedes Symbol der Sprache Übergänge zu jedem Zustand, auch zu sich selbst.

Ermittlung aus Trainingsdaten

Charakterisiert wird ein HMM durch die Übergangswahrscheinlichkeiten, welche aus **Trainingsdaten** ermittelt werden müssen. Die Trainingsdaten bestehen aus Paaren von Symbolfolgen und zugehörigen Zustandsfolgen.

Ziel des Trainings ist es, die Wahrscheinlichkeiten dieser Paare zu maximieren, so dass im fertigen Modell der **Viterbi-Algorithmus** zu den vorgegebenen Symbolfolgen aus der Trainingsmenge die zugehörigen Zustandsfolgen als maximale Pfade ermittelt.

Ist die Trainingsmenge nur ausreichend groß, so liefert das Modell auch für *nicht* in der Trainingsmenge enthaltene Symbolfolgen sinnvolle Zustandsfolgen, kann also generalisieren.

Das Training bei den einfacheren Markov-Modellen gestaltet sich wie schon erwähnt unproblematisch, da Zustandsfolgen für jede Symbolfolge eindeutig sind und sich die Wahrscheinlichkeiten der Einzelübergänge direkt durch Auszählen aller entsprechenden Vorkommen ergeben. Anders ausgedrückt, gibt es nur einen möglichen Pfad pro Symbolfolge.

Bei HMMs stellt sich das Problem, dass eine Symbolfolge mehrere mögliche Pfade besitzt, die gleichermaßen beim Training berücksichtigt werden müssen.

Beispiel

Stellt man sich vor, es gäbe zwei mögliche Pfade, die sich nur in einem Übergang unterscheiden. Der erste Übergang $Ü_1$ hat die (vorher aus bisherigen Trainingsdaten ermittelte) Pfadwahrscheinlichkeit 0,2, während der zweite Übergang mit Pfadwahrscheinlichkeit 0,8 genommen wird. Die Veränderung durch das Training muss in diesem Fall im Verhältnis 1:4 zwischen $Ü_1$ und $Ü_2$ aufgeteilt werden, da $Ü_2$ ja schon vorher viel wahrscheinlicher war als $Ü_1$.

Auf diese Weise können die Parameter des HMM angepasst werden, vorausgesetzt, es gibt schon Parameter. Oder anders ausgedrückt, zur Verteilung der Veränderung beim Training benötigt man Übergangswahrscheinlichkeiten. Zur Berechnung dieser Übergangswahrscheinlichkeiten benötigt man Pfadwahrscheinlichkeiten (um die korrekten Verhältnisse einzuhalten) und diese wiederum berechnen sich aus dem Produkt der Übergangswahrscheinlichkeiten. Dies stellt einen Ringschluss dar, der durch den so genannten **Baum-Welch-Algorithmus** aufgelöst wird.

Baum-Welch-Algorithmus

Zunächst werden die Übergänge mit zufälligen Wahrscheinlichkeiten initialisiert. Nun lassen sich die Wahrscheinlichkeiten der Symbolfolgen (die Pfadwahrscheinlichkeiten) aus den Trainingsdaten berechnen. Das Training besteht darin, die Übergangswahrscheinlichkeiten (unter Zuhilfenahme der Pfadwahrscheinlichkeiten) so anzupassen, dass die Neuberechnung der Pfadwahrscheinlichkeiten höhere Werte liefert. Das Training verläuft in mehreren Iterationsschritten, bis keine höheren Werte mehr gefunden werden können. Eine genauere Darstellung des Trainings sowie ein Beweis für die Richtigkeit des Vorgehens würde den Rahmen dieses Bausteins sprengen und kann z.B. in /Charniak 94/ oder /Manning, Schütze 99/ nachgelesen werden.

Lediglich ein Punkt sei noch angesprochen: Die zufällige Wahl der Anfangsparameter beeinflusst das Endergebnis, denn das iterative Training betreibt so genantes *Hill-Climbing*. Es findet ggf. nicht die optimale Parameterbelegung, sondern lediglich ein lokales Maximum, also die beste von der Anfangskonfiguration erreichbare Parameterbelegung. Eine Lösung hierfür stellt das mehrfache Starten des Trainings mit verschiedenen Anfangskonfigurationen mit anschließender Auswahl des besten Ergebnisses dar.

Weitere Anwendungsgebiete von HMMs

Einsatzgebiete

HMMs werden überall da eingesetzt, wo Folgen gewisse Eigenschaften zugewiesen werden sollen oder die Voraussage von zukünftigen Werten geleistet werden soll. In der automatischen Sprachverarbeitung werden HMMs hauptsächlich für *Tagging* (vgl. Wissensbaustein »Tagging – als Anwendung der HMMs« (S. 126)) und die **Phonem-Erkennung** in gesprochener Sprache benutzt.

Weitere Anwendungsgebiete sind *Pattern Recognition*, z.B. für Gesichtserkennung, sowie die Vorhersage von Aktienkursen oder räumlichen Strukturen von Molekülen, deren DNA-Sequenz gegeben ist.

4.6 *Tagging* – als Anwendung der HMMs **

Mit *Tagging* wird der Vorgang bezeichnet, Wortformen ihre Wortart zuzuordnen. Ein *Tagger* ist ein Programm, das diese Aufgabe leistet – notwendig sind hierzu ein manuell erstelltes »getaggtes« Korpus, aus dem ein Sprachmodell erstellt wird, mit Hilfe dessen dann automatisch weitere Korpora bearbeitet werden können. Dies wird beispielhaft anhand eines HMM-*Taggers* illustriert.

Einführung

Für eine Reihe von Anwendungen ist es unerlässlich, als ersten Schritt die **Wortart** der in einem Satz oder Dokument enthaltenen Wortformen zu kennen. So ist es beispielsweise für das *Parsing*, also dem automatischen Aufbau von **Syntaxbäumen**, wichtig zu wissen, welche der beteiligten Wortformen z.B. Nomen oder Verben sind.

Die zentrale Speicherung der Wortart zu jeder Wortform ist aus zwei Gründen *nicht* praktikabel:

Zum einen ist es, besonders für kompositabildende Sprachen wie das Deutsche, gar nicht möglich, alle Wortformen zu kennen. Auch die Existenz von Neologismen verbietet dies.

Zum anderen können gleiche Wortformen in verschiedenen Wortarten verwendet werden.

In Satzpaaren wie »Er verteidigte die Burg.« und »Die verteidigte Burg fiel.« wird dieselbe Wortform einmal als Verb, einmal als Adjektiv gebraucht, was sich nicht aus der Wortform an sich, sondern aus dem Kontext ergibt. Deshalb reicht es auch nicht, bei der Zuweisung von Wortarten lediglich einzelne Wortformen zu betrachten.

Definition: *Tagger*

Ein Programm, das einen natürlichsprachigen Satz in der Art verarbeitet, dass es den enthaltenen Wortformen Kürzel (*Tags*) zuweist, die **syntaktische Kategorien** beschreiben, nennt man *Tagger*. Ein *Tagger* hat ein vorgegebenes *Tagset* zur Verfügung, aus dem er das jeweils passende *Tag* auswählt.

Im Folgenden soll beispielhaft illustriert werden, wie *Tagsets* beschaffen sein können und auf welche Weise ein *Tagger* unter Benutzung von HMMs (vgl. Wissensbaustein »Hidden Markov-Modelle« (S. 115)) funktioniert.

Tagset und Trainingskorpora

Tagsets sind sprachabhängig

Der Umfang des *Tagsets* ist variabel und hängt stark von der zu »taggenden« Sprache ab. Während für das Deutsche das *Stuttgart-Tübingen Tagset (STTS)* mit 55 *Tags* üblich ist, existieren z.B. für das Tschechische *Tagsets* mit über 1200

Tags. Dies hängt mit den unterschiedlichen *Wortbildungsregeln* zusammen: Während es für das Deutsche nur schwer zu entscheiden ist, ob ein Nomen im Singular oder Plural vorliegt, und deswegen im STTS nur ein *Tag* für Nomen, die keine Eigennamen sind, zur Verfügung steht, ist diese Aufgabe für das Englische wegen der Plural-s-Endung bedeutend einfacher und wird auch in den meisten *Tagsets* reflektiert. Bei stark agglutinierenden Sprachen machen die verschiedenen Flexionsformen von Verben den Löwenanteil im *Tagset* aus.

Nun wäre es möglich, für jede Sprache einen entsprechenden *Tagger* zu konstruieren, in dem hart Regeln kodiert sind, wie einzelne Wortformen in ihrem Zusammenspiel »getaggt« werden. Vorzuziehen ist jedoch ein generischer *Tagger*, der sprachunabhängig arbeitet und sein Sprachmodell mit einem manuell »getaggtem« Trainingskorpus aufbaut.

Für das Deutsche existiert das mit STTS-*Tags* versehene **Negra-Korpus**, für das Englische sei die Verwendung des **Susanne-Korpus** (hier gibt es 471 verschiedene *Tags*) oder die »getaggeten« Teile des **Brown-Korpus** empfohlen.

Die Tab. 4.6-1 zeigt eine Auswahl der *Tags* des Stuttgart-Tübingen *Tagsets* (STTS).

Prinzipiell ist das *Taggen* von Wortformen aus geschlossenen Wortklassen (wie Partikel, Kopula, Artikel etc.) einfacher als das der offenen Klassen (wie Nomen, Adjektive, Verben und Eigennamen), da es bei geschlossenen Wortklassen sehr wohl möglich ist, eine vollständige Liste anzugeben. Andererseits finden sich gerade in diesen Wortklassen häufig Ambiguitäten, z.B. kann »an« sowohl Präposition APPR (in »an der Mauer«) als auch Verbpartikel PTKVZ (in »sie schob das Auto an«) sein.

Beispiel 1

Exemplarische Liste einiger mit dem STTS »getaggten« Sätze (*Tags* befinden sich in eckigen Klammern hinter den Wortformen):

Kaffeetassen[NN] ,[$,] T-Shirts[NN] ,[$,] Videobänder[NN*] und[KON] Bierdeckel[NN] lassen[VVFIN] sich[PRF] als[APPR] Erinnerung[NN] an[APPR] das[ART] berüchtigte[ADJA] Ge-

Tag	Beschreibung
ADJA	attributives Adjektiv
ADV	Adverb
APPR	Präposition; Zirkumposition links
ART	bestimmter oder unbestimmter Artikel
CARD	Kardinalzahl
...	...
KON	nebengeordnete Konjunktion
NN	Nomen
NE	Eigennamen
PPER	irreflexives Personalpronomen
PPOSAT	attributierendes Possessivpronomen
PRELS	substituierendes Relativpronom
PRF	reflexives Personalpronom
PTKNEG	Negativpartikel
VVFIN	finites Verb, voll
VVINF	Infinitiv, voll
VVPP	Partizip Perfekt voll
VAINF	Infinitiv, Hilfsverb
VMFIN	finites Verb, modal
...	...
\$,	Komma
_	Satzanfang
\$.	Satzbeendende Interpunktion

Tab. 4.6-1: Auswahl der Tags des STTS.

fängnis[NN] von[APPR] Alcatraz[NE] mit[APPR] nach[APPR] Hause[NN] nehmen[VVINF] .[$.]

41[CARD] Hektar[NN] Wald[NN] sollen[VMFIN] demnächst[ADV] für[APPR] Hangars[NN*] ,[$,] Werkstätten[NN] ,[$,] Verwaltungsgebäude [NN] und[KON] einen[ART] Hubschrauberlandeplatz[NN*] gerodet[VVPP*] werden[VAINF] .[$.]

Er[PPER] wollte[VMFIN] aber[ADV] nicht[PTKNEG] mitteilen[VVINF] ,[$,] was[PRELS] der[ART] Nationalistenchef[NN*] den[ART] Deutschen[NN] nach[APPR] der[ART]

Verweigerung[NN*] seiner[PPOSAT] Einreise[NN] angedroht[VVPP*] hat[VAFIN] .[$.]

Auf welche Weise die in Wissensbaustein »Hidden Markov-Modelle« (S. 115) beschriebenen HMMs für das *Taggen* eingesetzt werden können, beschreibt der nächste Abschnitt.

Neben den HMM-basierten *Taggern* haben sich auch regelbasierte *Tagger* wie *Brill's Tagger* /Brill 02/ bewährt. Auf diese und andere Herangehensweisen kann aber an dieser Stelle nicht eingegangen werden.

Tagging mit HMMs

HMMs lösen die Aufgabe des *Taggens* recht zufriedenstellend. Die Symbolfolge besteht aus den Wortformen eines Satzes, die *Tags* sind in den Zuständen des HMM kodiert. Gemäß dem **Viterbi-Algorithmus** (vgl. Wissensbaustein »Hidden Markov-Modelle« (S. 115)) wird der wahrscheinlichste Pfad durch das HMM ermittelt. Die Folge der dabei durchlaufenen Zustände gibt die Folge der *Tags* des Satzes an.

Es hat sich als zweckmäßig erwiesen, in einem Zustand nicht nur ein, sondern drei aufeinanderfolgende *Tags* zu kodieren (vgl. **Trigrammmodell** im Wissensbaustein »Probabilistisches Sprachmodell 1« (S. 100)). Dies ermöglicht dem HMM, für das Ermitteln des nächsten *Tags* die beiden vorangegangenen *Tags* und die zu behandelnde Wortform in die Berechnung mit einzubeziehen.

Grundsätzlich bedeutet eine größere Anzahl von *Tags* pro Zustand bessere Ergebnisse bei der Beschreibung. Ein **Horizont** von mehr als drei *Tags* birgt jedoch andere Probleme: Je größer der **Vergangenheitshorizont** ist, desto länger muss das **Trainingskorpus** sein, damit alle Kombinationen, die in der Sprache möglich sind, auch in ausreichender Anzahl im Trainingskorpus vorkommen (vgl. Wissensbaustein »Probabilistisches Sprachmodell 1« (S. 100)).

Der manuelle Aufwand wächst dabei exponentiell in der Größe des *Tagsets*, wobei die Grenze des vertretbaren Aufwandes beim 4-Grammmodell überschritten wird. Die im Wissensbaustein »Probabilistisches Sprachmodell 1« (S. 100) beschriebenen *Smoothing*-Verfahren sind zwar nötig, um auch ungesehenen, möglicherweise korrekten *Tag*folgen eine Wahrscheinlichkeit größer als 0 zuzuordnen, jedoch werden tatsächlich unmögliche *Tag*folgen (wie »APPART ART«) so im Modell ebenfalls nicht verboten.

Wie ein Bigramm-HMM das Satzpaar aus der Einführung richtig behandeln kann, soll hier kurz dargestellt werden. Die Tab. 4.6-2 listet die relevanten Wahrscheinlichkeiten auf. Zu beachten ist, dass sowohl Wahrscheinlichkeiten für die Abfolge der *Tags* als auch für *Tag* pro Wortform existieren. Letztere verlangen, dass die Wortform im Trainingskorpus vorkam – bei unbekannten Wortformen muss eine Gleichverteilung über alle *Tags* angenommen werden.

Die folgenden zwei Tabellen zeigen Beispielberechnungen zu Wahrscheinlichkeiten für die **POS**-***Tag***-Folgen des Beispiels 1.

Wahrscheinlichkeit für Tagfolge	Wert
p(ART|_)	0,30
p(PPER|_)	0,11
p(ADJA|ART)	0,25
p(VVFIN|ART)	0,03
p(NN|ADJA)	0,33
p(NN|VVFIN)	0,41
p(NE|ADJA)	0,24
p(NE|VVFIN)	0,35
p($.|NN)	0,10
p($.|NE)	0,10
p(VVFIN|PPER)	0,39
p(ADJA|PPER)	0,04
p(ART|ADJA)	0,03
p(ART|VVFIN)	0,17
p(NN|ART)	0,23
p(NE|ART)	0,19
p(VVFIN|NN)	0,36
p(VVFIN|NE)	0,38
p($.|VVFIN)	0,15

Tab. 4.6-2: Beispielberechnung: Wahrscheinlichkeit von POS-Tagfolgen.

Wahrscheinlichkeit für *Tag*, gegeben eine Wortform	Wert
p(PPER|»Er«)	1,00
p(ADJA|»verteidigte«)	0,38
p(VVFIN|»verteidigte«)	0,62
p(ART|»die«)	1,00
p(NN|»Burg«)	0,88
p(NE|»Burg«)	0,12
p(VVFIN,»fiel«)	1,00

Tab. 4.6-3: Beispielberechnung: Wahrscheinlichkeit für Tags, gegeben Wortformen.

Lies: p(VVFIN|PPER) ist die Wahrscheinlichkeit, dass auf das *Tag* [PPER] das *Tag* [VVFIN] folgt.

p(NN|»Burg«) ist die Wahrscheinlichkeit, dass das Wort »Burg« ein [NN] ist.

Für die Erklärung der *Tags*: »_« steht für den Satzanfang. Hier liegt ein **Bigrammmodell** vor, da genau zwei *Tags* in den Wahrscheinlichkeiten vorkommen.

Beispiel 2

Zunächst soll folgender Satz betrachtet werden:

»Er verteidigte die Burg.«

Im Beispiel gibt es zwei **Mehrdeutigkeiten** (Ambiguitäten): Einerseits kann »verteidigte« sowohl [ADJA] als auch [VVFIN] sein, andererseits ist »Burg« entweder [NN] oder [NE].

»Er« ist eindeutig [PPER]. P(PPER|_) ist größer Null, somit wird [PPER] zugewiesen. Nun zu »verteidigte«: Da das HMM den wahrscheinlichsten Pfad durch das Modell sucht, die nächste Wortform »die« aber wieder eindeutig [ART] ist, reicht es für die Ermittlung des *Tags* von »verteidigte«, die beiden Pfade von [PPER] nach [ART] zu betrachten.

Die Pfadwahrscheinlichkeit über [ADJA] berechnet sich aus
p(ADJA|PPER) · p(ADJA|»verteidigte«) · p(ART|ADJA) ·
p(ART|»die«) = 0,000456,
während die Pfadwahrscheinlichkeit über [VVFIN] durch

p(VVFIN|PPER) · p(VVFIN»verteidigte«) · p(ART|VVFIN) · p(ART|»die«) = 0,041106 gegeben ist.

Alle Pfade des gesamten Satzes, die bei »verteidigte« über [VVFIN] gehen, sind somit wahrscheinlicher als über [ADJA], und [VVFIN] ist das korrekte *Tag*.

Die Entscheidung bei »Burg« zwischen [NN] und [NE] fällt hauptsächlich wegen der geringen Häufigkeit von »Burg« als Nachname gegenüber »Burg« als Nomen.

Die Berechnung, warum im Satz »Die verteidigte Burg fiel.« hier »verteidigte« vom selben Modell als ADJA »getaggt« wird, bleibt dem Leser überlassen. Bei der Berechnung müssen vier Pfade verglichen werden, der maximale Pfad ist in etwa 33 mal wahrscheinlicher als der minimale.

Wie schwer ist *Tagging*?

Genauigkeit des *Taggings*

Gute *Tagger* erreichen, je nach *Tagset*, Trainingskorpus und verwendetem Sprachmodell, in etwa 97% Genauigkeit. Dies mag zunächst sehr hoch für ein statistisches Modell scheinen, heißt aber dennoch, dass im Durchschnitt bei jeder 30ten Wortform ein falsches *Tag* zu erwarten ist. Auf Satzebene sind also in zwei von drei Sätzen Fehler zu erwarten, was insbesondere bei *Tag*informationen verarbeitenden Verfahren wie z.B. dem *syntaktischen Parsen* ein Problem darstellt.

Ein weiterer Punkt zur Relativierung des hohen Wertes ist folgende Beobachtung: Weist man allen Wortformen aus dem Trainingskorpus lediglich immer das *Tag* zu, mit dem sie am häufigsten auftraten, wird allein dadurch eine Genauigkeit von 89 bis 91 Prozent erreicht.

Gründe für die scheinbar nicht unterbietbare Mindestfehlerrate von 2 bis 3 Prozent sind in prinzipiellen Unzulänglichkeiten von statistischen Sprachmodellen wie dem der HMMs zu suchen: Oftmals werden Substantive mit **Eigennamen** verwechselt, was aber für weitere Verarbeitungsschritte evtl. nicht weiter schlimm ist.

Beispiel 3

Fernbeziehungen zwischen Wörtern werden grundsätzlich nicht betrachtet, wie z.B. die Verbklammer in

»Ich **schließe** dieses Kapitel, das ich ausgearbeitet habe, und das nun nach mehrmaliger Überarbeitung seinen Weg in diese Sammlung gefunden hat, um Studenten und anderen Interessierten das Verstehen von der maschinellen Verarbeitung natürlicher Sprache zu erleichtern, hiermit **ab**.«

4.7 Signifikante Kookkurrenzen *

Das Erkennen von semantischen Zusammenhängen zwischen einzelnen Wortformen, die in einem Text vorkommen, ist eine zentrale Herausforderung an das *Text Mining*. Die hier verfolgte Herangehensweise geht davon aus, dass häufiges gemeinsames Auftreten zweier Wortformen in enger textueller Nachbarschaft ein starkes Indiz für einen semantischen Zusammenhang ist.

Häufiges gemeinsames Auftreten von Wortformen

Zunächst sollen Beispiele für häufig gemeinsam auftretende **Wortformen** auf ihren Zusammenhang hin untersucht werden.

Beispiele für häufig gemeinsam auftretende Wortformen

Beispielsweise gilt für jedes der folgenden Wortpaare (1) – (6):
Enthält ein Satz eine der beiden Wortformen, so ist das Auftreten der anderen Wortform recht wahrscheinlich.

(1) Los – Angeles
(2) schwere – Krankheit
(3) Romeo – Julia
(4) Polizei – verhaftet
(5) der – die
(6) Paris – London
...

Die Gründe für dieses gemeinsame Auftreten sind unterschiedlich. Das erste Paar bildet zusammen den häufig gefundenen Städtenamen *Los Angeles*.

Beim zweiten Beispiel beschreibt das Adjektiv *schwere* eine typische Eigenschaft von *Krankheit*.

Das dritte Paar begegnet uns meist in der Fügung *Romeo und Julia*.

Dagegen treten die Wortformen *Polizei* und *verhaftet* zwar häufig gemeinsam in Sätzen aus Zeitungsberichten über Polizeieinsätze auf, aber nicht in einer festen Fügung. Trotzdem besteht ein semantischer Zusammenhang, da Verhaftungen in der Regel Erfolgsmeldungen der Polizei sind.

Das gemeinsame häufige Auftreten der Artikel *der* und *die* hingegen hat keinen semantischen Hintergrund. Beide Artikel sind jeder für sich allein genommen schon so häufig, dass sie allein aus diesem Grund auch häufig gemeinsam in einem Satz auftreten.

Das Wortpaar *Paris – London* hat nicht die gleiche starke Eigenschaft wie die Wortformen (1) – (3) oben, dass man beim Auftreten einer Wortform mit großer Wahrscheinlichkeit auch die zweite vorfindet. Trotzdem hat sich gezeigt, dass sie oft zusammen auftreten.

Im Folgenden sollen solche auffälligen Wortpaare näher untersucht werden. Dazu sollen in diesem Wissensbaustein

- die Begriffe **signifikante Kookkurrenz**, **signifikante Nachbarschaftskookkurrenz** und **signifikante Satzkookkurrenz** vertieft und
- die Berechnung der »Signifikanz einer Kookkurrenz« erläutert werden.

Signifikante Kookkurrenzen von Wortformen

signifikante Kookkurrenz

Das **gemeinsame Auftreten** zweier Wortformen in einem definierten Textabschnitt (z.B. einem Satz) heißt **Kookkurrenz** (vgl. Wissensbaustein »Syntagmatische Relationen« (S. 20)).

Das statistisch auffällige gemeinsame Vorkommen zweier Wortformen heißt **signifikante Kookkurrenz**.

Dies bedeutet, dass die beobachtete Anzahl der gemeinsamen Vorkommen mit der Anzahl verglichen wird, die man im Falle von zufällig gewählten Wortformen entsprechender Häufigkeit erwarten würde. Die mathematische Beschreibung dieser statistischen Auffälligkeit erfolgt im Abschnitt »Maße für die statistische Signifikanz einer Kookkurrenz« (siehe unten). Unter dem gemeinsamen Vorkommen soll dabei einerseits ein Vorkommen als unmittelbare Nachbarn, andererseits aber auch ein Vorkommen in größeren Abständen verstanden werden, wie die Beispiele von oben zeigen.

Um diese Anordnung von Kookkurrenzen zu berücksichtigen, werden solche Wortpaare bezeichnet als:

- **Nachbarschaftskookkurrenzen**, falls sie unmittelbar benachbart auftreten, bzw.
- **Satzkookkurrenzen**, falls das gemeinsame Auftreten der zwei Wortformen in einem Satz betrachtet wird.

Statt dieser zwei Nachbarschaftstypen sind auch so genannte **Fenster** üblich: Um ein Wort herum denkt man sich jeweils ein Textfenster von beispielsweise fünf Wortformen nach rechts und links. Die gemeinsamen Vorkommen werden dann in solchen Fenstern gezählt.

Hier übernehmen die Sätze die Rolle von Fenstern, weil man die semantischen Grenzen an Satzenden nicht ignorieren will. Mit der bereits besprochenen **Satzsegmentierung** (vgl. Wissensbaustein »Segmentierung von Text« (S. 62)) bereitet dieses Vorgehen auch keinen großen zusätzlichen Arbeitsaufwand.

Beispiele für Kookkurrenzen

Die obigen Beispiele liefern erste Muster für signifikante Kookkurrenzen:

- Eigennamen und feste Fügungen liefern signifikante Kookkurrenzen, weil die beteiligten Wortformen immer wieder zusammen auftreten. Hierbei handelt es sich um signifikante Nachbarschaftskookkurrenzen.
- Substantive mit Adjektiven, die typische Eigenschaften beschreiben, bilden signifikante Nachbarschaftskookkurrenzen.

- Handlungen mit typischen Subjekten oder Objekten bilden signifikante Satzkookkurrenzen.
- Wortformen, die häufig zusammen aufgezählt werden, bilden signifikante Satzkookkurrenzen.

Weiter beobachtet man:

- Alle signifikanten Nachbarschaftskookkurrenzen sind auch signifikante Satzkookkurrenzen, weil benachbarte Wortformen natürlich im gleichen Satz stehen, solange man nur einzelne Sätze betrachtet.

Als typische Beispiele für signifikante Satzkookkurrenzen werden deshalb immer solche gewählt, die *nicht* signifikante Nachbarschaftskookkurrenzen sind.

Maße für die statistische Signifikanz einer Kookkurrenz

Aufgabe eines Maßes für die statistische Signifikanz einer Kookkurrenz ist es, einem Paar von Wortformen (wie z.B. *Polizei – verhaftet*) eine Zahl zuzuordnen, welche die Signifikanz dieser Kookkurrenz beschreibt. **Signifikantere Kookkurrenzen** sollen solche sein, deren Zusammengehörigkeit dem Betrachter fester erscheint.

Damit soll die berechnete Signifikanz dem intuitiven Gefühl der Zusammengehörigkeit von Wortformen entsprechen (vgl. /Evert, Krenn 01/). Dabei ist zunächst nicht klar, wie z.B diese Zusammengehörigkeit des Paares *Romeo – Julia* mit der Zusammengehörigkeit von *Polizei – verhaftet* verglichen werden soll. Bleibt aber eine Wortform des Paares unverändert, ist ein Vergleich intuitiv möglich.

Es erscheint beispielsweise der Zusammenhang *Polizei – verhaftet* stärker als *berittene – Polizei.* Damit besteht zumindest prinzipiell die Möglichkeit, die Signifikanz von Kookkurrenzen empirisch zu überprüfen. Ein Beispiel eines solchen Vergleiches findet sich im Abschnitt »Plausibilität der Ergebnisse« (siehe unten).

Jedem Paar von Wortformen wird durch das **Signifikanzmaß** ein **Signifikanzwert** zugeordnet. Paare mit einem Signifikanzwert oberhalb einer gewählten Schwelle werden als Signifikanzwert signifikant betrachtet. Leider gibt es nicht einen Schwellwert, der die »guten« Paare, denen man also intuitiv eine Zusammengehörigkeit zuspricht, von den »schlechten«, die auf den ersten Blick nicht zusammengehören, trennt.

In der Praxis findet sich eher ein Übergangsbereich von einer bestimmten Breite, in dem die Paare vermischt auftreten. Setzt man die Signifikanzschwelle hoch an, sind die ausgewählten Paare zwar von guter Qualität, aber nur wenige solcher Paare werden gefunden. Bei niedrigerer Schwelle werden außer weiteren guten aber sofort auch ungewünschte Paare mitgeliefert.

Welche Zahlenwerte können verwendet werden, um zu berechnen, wie auffällig das gemeinsame Auftreten zweier Wortformen A und B (wie *Polizei* und *verhaftet*) ist?

Um die Anzahl der gemeinsamen Vorkommen von A und B richtig beurteilen zu können, benötigt man zusätzlich die Anzahlen für die Wortformen A und B einzeln. Möglicherweise ist auch die Gesamtanzahl der Sätze wichtig.

Damit hat man die folgenden vier Größen:

a, b: Anzahl der Sätze, die A bzw. B enthalten
k: Anzahl der Sätze, die A und B gemeinsam enthalten
n: Gesamtzahl der Sätze

Um aus diesen vier Zahlen den gesuchten Signifikanzwert zu berechnen, wird folgendermaßen vorgegangen:

Der mathematische Hintergrund der **Poisson-Verteilung** wird in Wissensbaustein »Poisson-Verteilung und Signifikanz-Maß« (S. 338) dargestellt.

Ausgangspunkt ist die (völlig unangemessene) Hypothese, dass die zwei Wortformen A und B nichts miteinander zu tun hätten, also statistisch unabhängig wären.

Aus diesen vier Zahlen kann nun die Wahrscheinlichkeit dafür berechnet werden, dass unter diesen Umständen in n Sätzen beide Wortformen (mindestens) k-mal zusammen angetroffen werden. Von dieser sehr kleinen Wahrscheinlichkeit wird der negative Logarithmus genommen und alles noch mit einer Konstante multipliziert, um auf anschauliche Werte zu kommen.

Sei

$$\lambda = \frac{ab}{n}$$

Die **Signifikanz** wird definiert als:

$$\text{sig}(A,B) = \frac{-\log\left(1 - e^{-\lambda} \sum_{i=0}^{k-1} \frac{1}{i!} \cdot \lambda^i\right)}{\log n}$$

Signifikanz: Formel 1

Mit einigen Näherungen erhält man daraus die folgenden Formeln:
Falls

$$\frac{(k+1)}{\lambda} > 2{,}5$$

(dies ist typischerweise der Fall), so gilt:

$$\text{sig}(A,B) \approx \frac{\lambda - k \cdot \log\lambda + \log k!}{\log n}$$

Signifikanz: Formel 2

Ist außerdem noch $k>10$ dann berechnet sich die Signifikanz mittels

$$\text{sig}(A,B) \approx \frac{k \cdot (\log k - \log\lambda - 1)}{\log n}$$

Signifikanz: Formel 3

Die Auswirkung der einzelnen Anzahlen auf das Ergebnis ist diesen Formeln nicht mehr ohne weiteres anzusehen.

Selbstverständlich erwartet man, dass sig(A,B) monoton in k ist, also ein häufigeres gemeinsames Auftreten zu einer höheren Signifikanz führt. Unklar ist jedoch zunächst, wie sich die Signifikanz für Wortpaare aus verschiedenen Häufigkeitsbereichen unterscheidet.

Beispiele dafür sind in der Tab. 4.7-1 angegeben. Die Berechnungen wurden für einen Beispielkorpus mit n = 5.000.000 Sätzen vorgenommen. Mit * sind hypothetische Wortformen mit den angegebenen Anzahlen bezeichnet.

A	B	a	b	k	lambda = ab/n	(k + 1)/ lambda	sig
Romeo	Julia	343	1080	124	0.075	1685.2	51.85
Stadt	Einwohner	37053	2611	272	19.349	14.1	30.47
Steuer-geldern	Verschwendung	251	373	54	0.019	2937.3	24.58
Polizei	verhaftet	20550	1928	131	7.924	16.7	16.06
Dorf	Kirche	3870	8740	64	6.764	9.6	5.81
Dorf	Pfarrer	3870	2095	15	1.622	9.9	1.44
Unfall	Krankenhaus	1987	3350	11	1.331	9.0	1.01
Romeo	Shakespeare	343	612	4	0.042	119.1	1.03
*	*	100	100	10	0.002	5500	5.01
*	*	10	10	3	0.00002	200000	2.22
*	*	2	2	2	0.0000008	3750000	1.86
*	*	2	2	1	0.0000008	2500000	0.91
*	*	1	1	1	0.0000002	10000000	1.00

Tab. 4.7-1: Beispiele für Signifikanzwerte der Kookkurrenz zweier Wortformen.

Plausibilität der Ergebnisse

Zwischen der Signifikanzstärke von Kookkurrenzen und der Stärke von Assoziationen bei Menschen, wie sie in ***Stimulus-Response*-Experimenten** ermittelt wird, besteht eine erstaunliche Übereinstimmung.

In solchen Experimenten wird den Versuchspersonen (VPn) jeweils ein **Stimuluswort** genannt. Darauf sollen sie schnell und spontan mit der ersten Wortform antworten, welche ihnen dazu einfällt.

Beispiel

Die Tab. 4.7-2 zeigt für den Stimulus »Butter« die am häufigsten genannten Reaktionen von Versuchspersonen (Spalten 2 und 3) sowie die stärksten im Text ermittelten Kookkurrenzen mit ihren Signifikanzen (Spalten 4 und 5). Die Übereinstimmung der Resultate wird klar, wenn man betrachtet, dass die Wortformen »Brot«, »Käse«, »Milch«, »Margarine« in beiden Versuchen unter den ersten zehn Ergebnissen waren und beide Ergebnislisten von »Brot« angeführt werden.

Stimulus	Antwort von VPn	Anzahl VPn	Kookkurrenz	Signifikanz
Butter	Brot	60	Brot	51
	weich	40	Käse	49
	Milch	32	Zucker	29
	Margarine	27	Milch	23
	Käse	20	Margarine	22
	Fett(e)	16	Mehl	18
	gelb	14	Eier	16
	Butterbrot	8	Pfund	14
	Dose	6	zerlassener	13
	essen	6	Fleisch	13

Tab. 4.7-2: Stimulus-Response-Experiment zu »Butter«.

4.8 Signifikante Kookkurrenzen – Beispiele & Anwendungen *

Signifikante Kookkurrenzen beschreiben in vielen Fällen semantische Zusammenhänge wie Ober- und Unterbegriffe, typische Eigenschaften oder typische Tätigkeiten. Ebenso finden sich häufig mehrere Wortformen aus einem Sachgebiet oder einem sprachlichen Bereich.

Beispiele für signifikante Kookkurrenzen

Signifikante Kookkurrenzen beschreiben das statistisch auffällige gemeinsame Auftreten von **Wortformen** (vgl. Wissensbaustein »Signifikante Kookkurrenzen« (S. 134)). Zunächst werden die stärksten signifikanten Kookkurrenten für einige typische Wortformen näher betrachtet.

Beispiele: Signifikante Satzkookkurrenten

Die Tab. 4.8-1 zeigt typische signifikante **Satzkookkurrenten** für ausgewählte Wortformen. In den ersten drei Zeilen finden sich unter den stärksten **signifikanten Satz-**

kookkurrenten jeweils Wortformen verschiedener Wortarten, die möglicherweise auch zu verschiedenen Themen gehören.

Im Falle von »Silber« sind dies zunächst verschiedene Wortformen aus dem Bereich Sport:
»Gold«, »Bronze«, »gewann«, »holte«, »gewonnen«, »Medaillen«, »Atlanta«, »Medaille«.

Erkennbar ist aber auch die Rolle als Schmuck:
»Schmuck«, »Porzellan«

und allgemein als Metall:
»Kupfer«, »Zinn«.

Bei »grünes« sind die signifikanten Satzkookkurrenten noch inhomogener. Bei »Blei« hingegen ist die Menge der signifikanten Kookkurrenten recht homogen, es finden sich fast ausschließlich weitere Metalle.

Ausgangswort	Stärkste signifikante Satzkookkurrenten
Silber	»Gold«, »Bronze«, »gewann«, »holte«, »Kupfer«, »zweimal«, »gewonnen«, »Medaillen«, »Porzellan«, »Atlanta«, »Medaille«, »Schmuck«, »dreimal«, »Zinn«, ...
grünes	»Gras«, »rotes«, »Profil«, »gelbes«, »Ampellicht«, »Band«, »Tal«, »kleines«, »blaues«, »Blatt«, »braunes«, »weißes«, »Kleid«, »Paradies«, ...
Blei	»Zink«, »Kupfer«, »Cadmium«, »Quecksilber«, »Arsen«, »Zinn«, »Aluminium«, »Kadmium«, »Tonnen«, »Leitzwecke«, »Schwermetalle«, »Silber«, »Nickel«, »Crom«, ...

Tab. 4.8-1: Stärkste signifikante Satzkookkurrenten für ausgewählte Wortformen.

Beispiel: Linke Nachbarn

Die Tab. 4.8-2 zeigt typische Mengen von linken Nachbarn. Hier gehören die Kookkurrenten viel stärker zu einer Wortart als bei Satzkookkurrenten. Der Grund dafür ist, dass beispielsweise in Nominalphrasen unmittelbar vor dem Substantiv ein Adjektiv steht, welches wiederum eine typische Eigenschaft des Substantivs beschreibt, deshalb also so viele Farbadjektive als linke Nachbarn für »T-Shirt«.

Weil **Personennamen** aus Vor- und Nachnamen bestehen, treten als linke Nachbarn von Nachnamen typischerweise Vornamen auf. Diese Vermutung wird bei den linken Nachbarn des Nachnamens »Merker« bestätigt. Im letzten Beispiel aus der Tab. 4.8-2 erscheint vermutlich Unerwartetes. Ohne vorher eine Vorstellung von linken Nachbarn von »bewohnt« zu haben, erkennt man beim Betrachten der linken Nachbarn sofort, was passiert ist. Grund für die vielen Menschengruppen ist die Wortgruppe »von XXX bewohnt«. Hier steht XXX jeweils für eine Personengruppe, und genau diese wird als linker Nachbar ermittelt. Dies ist das erste Beispiel für das unerwartete Auftreten sinnvoller Wortmengen.

Ausgangswort	Stärkste linke Nachbarn
T-Shirt	»weißes«, »schwarzes«, »weißen«, »blaues«, »weißem«, »schwarzem«, »rotes«, »schwarzen«, ...
Merker	»Hans-Joachim«, »Hannah«, »Claudia«, »Helmut«, »ergötzlichen«, »Moritz«, »Wolfgang«, »Jörg«, »Peter«, »Jürgen«, »Hans«, »Michael«, ...
bewohnt	»Armenien«, »Albanern«, »Appartment«, »Moslems«, »Familien«, »Familie«, »Serben«, »Fehlbelegern«, »Mönchen«, »Negern«, »Völkern«, »Bayer-Mitarbeitern«, ...

Tab. 4.8-2: Stärkste linke Nachbarn für ausgewählte Wortformen.

Beispiel: Rechte Nachbarn

Die Tab. 4.8-3 zeigt typische rechte Nachbarn für ausgewählte Wortformen. Nach den bisherigen Beispielen ist klar, dass rechts von »Insel« natürlich Inselnamen zu finden sind und rechts von »Kubikmeter« Dinge, die in Kubikmetern gemessen werden. Diese Ergebnisse sind sicher nützlich, aber nicht unerwartet. Dagegen bilden die rechten Nachbarn von »mutmaßliche« eine Ansammlung von »Übeltätern«, die man vielleicht nicht so erwartet hätte.

Erste Anwendungen für signifikante Kookkurrenzen

Die folgenden Beispiele sollen zeigen, dass signifikante Kookkurrenzen sofort nützlich sein können. Sie sollen benutzt werden, um Fragen aus Quizsendungen wie »Wer wird Millionär« zu beantworten und verstreute fremdsprachliche Daten zu finden.

Ausgangswort	Stärkste rechte Nachbarn
Insel	»Rügen«, »Jolo«, »Usedom«, »Sachalin«, »Sylt«, »Mindanao«, »Okinawa«, »Hainan«, »Sumatra«, »Basilan«, »Borneo«, »Hokkaido«, »Mainau«, »Kyushu«, »Poel«, »Hiddensee«, »Kreta«, »Eiswerder«, »Fehmarn«, »Sulawesi«, »Korfu«, ...
Kubikmeter	»Luft«, »Wasser«, »Erdgas«, »Gas«, »Beton«, »Abwasser«, »Sand«, »Trinkwasser«, »Müll«, »Erde«, »Raumluft«, »Holz«, »Erdreich«, ...
mutmaßliche	»Täter«, »Mörder«, »Kriegsverbrecher«, »Terroristen«, »Mitglieder«, »Drahtzieher«, »Terrorist«, »Haupttäter«, »Attentäter«, »Dealer«, »islamische«, »Entführer«, »Reemtsma-Entführer«, »Brandstifter«, »RAF-Terroristin«, »Drogenhändler«, ...

Tab. 4.8-3: Stärkste rechte Nachbarn für ausgewählte Wortformen.

Quizfragen beantworten

Beispiel

Am 2.12.2000 ging es bei Günther Jauch in »Wer wird Millionär« mit der folgenden Frage erstmalig um eine Million Mark:

Frage: »Mit wem stand Edmund Hillary 1953 auf dem Gipfel des Mount Everest?«

A: Nasreddin Hodscha
B: Nursay Pimsorn
C: Tenzing Norgay
D: Abrindranath Singh

Um die Antwort zu finden, wird einfach bei den signifikanten Kookkurrenten von »Edmund Hillary« nachgeschaut. Sind unter den vier vorgegebenen Antwortmöglichkeiten drei Namen, die entweder reine Phantasienamen sind oder wenigstens mit »Edmund Hillary« nichts zu tun haben, dann findet man nur einen der vier Namen unter den signifikanten Kookkurrenten. In diesem Falle ist dies mit an Sicherheit grenzender Wahrscheinlichkeit die richtige Antwort.

Die stärksten signifikanten Kookkurrenten zu »Edmund Hillary« sind: »Mount Everest,« »Tenzing Norgay«, »Sherpa, Norgay«, »Mallory«, »Gipfel«, »Tensing«, »Berg«, ...

Da von den angebotenen Antworten nur »Tenzing Norgay« in der Menge der Kookkurrenten erscheint, wählt man Antwort C und bekommt Recht.

Fremdsprachliche Daten im Text

sortierte Wortlisten

Trotz aller Bemühungen in einem Korpus beispielsweise nur deutschsprachigen Text zu sammeln, kommen auch **englische Wortformen** durch Film- und Musiktitel, Zitate usw. hinein. Auch gibt es deutschsprachige Fachtexte mit englischen Kurzfassungen und ganze englischsprachige Texte, die unerkannterweise in das Korpus aufgenommen werden.

Wird nun aus dem Korpus beispielsweise eine nach Häufigkeit sortierte Wortliste erstellt, so sollen in der Regel die englischen Wortformen entfernt werden. Beim sequenziellen Durchlesen der Wortliste sind die englischen Wortformen sehr verstreut und viel Zeit wird mit dem Lesen korrekter deutscher Wortformen verschwendet.

Auffällig ist, dass die gesuchten englischen Wortformen im Text nicht zufällig verstreut sind, sondern in der Regel mehrere englische Wortformen beieinander stehen. Diese statistische Auffälligkeit lässt signifikante Satzkookkurrenzen nützlich erscheinen. In der Tat bestehen solche Mengen gemeinsam auftretender englischer Wortformen in deutschem Text fast ausschließlich aus anderen englischen Wortformen.

Beispiele für Englisch

Beispielsweise umfasst die Menge der Kookkurrenten für »the«:

of, and, to, The, on, for, is, from, you, with, that, it, world, are, be, not, We, at, World, we, have, this, by, they, when, You, can, When, into, what, your, or, But, time, And, like, over, Breaking, only, one, but, shall, which, has, What, road, as, On, same, people, out, our, This, It, way, best, who, no, my, more, his, up, their, ...

Damit können mit einem Schlag viele englische Wortformen in einem deutschen Text identifiziert werden.

Nach kurzem Nachdenken fällt vielleicht auf, dass sich **Mundart** in einem großen Korpus ähnlich verhält wie die eben betrachteten englischen Textteile: Die entsprechenden

Textstellen sind verstreut in vielen Teilen des Korpus, aber wieder geht es nicht um isolierte Wortformen im Korpus. Deshalb kann die gleiche Methode benutzt werden, um **berlinerische Wortformen** zu identifizieren.

Beispiele für Berlinerisch

Für eine typische Wortform, z.B. »ick«, erhält man die Menge der Kookkurrenten. Sie umfasst für »ick«:

det, nich, Ick, Det, hab, is, ne, ooch, keene, wat, weeß, uff, de, ma, nu, keen, dat, aba, och, jing, jut, Nee, meen, Jöre, een, mach, inne, watt, wa, jenuch, kieke, janze, kumm, janz, tau, Mutta, janzen, hätt, sag, wieda, kleene, ha, hör, imma, un, habense, kriejen, ejal, zwee, nischt, nee, Wetta, jedacht, hebb, heff, ...

Damit funktioniert diese Methode genauso gut für Mundart. Als Gemeinsamkeit an den drei Beispielen fällt folgendes auf: Durch signifikante Satzkookkurrenten werden mit Hilfe eines einzigen Startwortes ganze sachbezogene Wortfelder bzw. große Teile einer Subsprache identifiziert.

In /Biemann, Teresniak 05/ wird ein Verfahren beschrieben, das unter Ausnutzung dieses Phänomens die verschiedenen Sprachen eines Korpus markiert.

Signifikante Kookkurrenzen und Polysemie

Viele Wortformen der natürlichen Sprache zeichnen sich dadurch aus, dass sie **mehrere Bedeutungen** haben.

Beispiele: Polysemie

Beispiele für diese Mehrdeutigkeit finden sich bei »Bank« (als Geldinstitut oder Sitzgelegenheit) oder »Band« (»das Band« z.B. als Geschenkband, »der Band« als Buch oder »die Band« als Musikgruppe). Aber auch Eigennamen sorgen für Mehrdeutigkeit.

Bei solch mehrdeutigen Wortformen besteht die Menge von Kookkurrenten in der Regel aus Wortformen, die sich den verschiedenen Bedeutungen zuordnen lassen. Deshalb soll die Menge von Kookkurrenten entsprechend der verschiedenen Bedeutungen zerlegt werden (vgl. Wissensbaustein »Disambiguierung« (S. 180)).

Näher analysiert werden soll die Liste der signifikanten Kookkurrenten von »Reis«:

Beispiel: signifikante Kookkurrenten von »Reis«

»Bohnen«, »Gospodarek«, »Baluszynski«, »Tonnen«, »Waldoch«, »Kracht«, »Wosz«, »Közle«, »Stickroth«, »Mamic«, »Mais«, »Nordkorea«, »Zuckerrohr«, »Tapalovic«, »Peschel«, »Donkow«, »Bochum«, »Weizen«, »Zucker«, »Gudjonsson«, ...

»Reis« tritt in **zwei Bedeutungen** auf:
Als Nahrungsmittel und als Fußballer beim VfL Bochum.

In der Menge von Kookkurrenten sind die verschiedenen Bedeutungen vermischt. Um diese Bedeutungen zu trennen, können typische Wortformen der verschiedenen Bedeutungen ausgewählt und der Durchschnitt der Menge der Kookkurrenten mit der Menge der Kookkurrenten von »Reis« ermittelt werden. Nutzt man beispielsweise »Bohnen« und »Bochum« als Vertreter für die verschiedenen Bedeutungen, so erhält man als Durchschnitte die gemeinsamen signifikanten Kookkurrenten von »Reis« und »Bohnen« bzw. »Reis« und »Bochum«.

Schwerpunkt Nahrungsmittel: gemeinsame signifikante Kookkurrenten von »Reis« und »Bohnen«:

»Mais«, »Kartoffeln«, »Zucker«, »Zuckerrohr«, »Hirse«, »Bananen«, »Maniok«, »Pfund«, »Gemüse«, »Öl«, »Bezugsschein«, »Salz«, »Kaffee«, »Zwiebeln«, »Dollars«, »Linsen«, »Pesos«, ..

Schwerpunkt Fußball: gemeinsame signifikante Kookkurrenten von »Reis« und »Bochum«:

»Wosz«, »Baluszynski«, »Gospodarek«, »Waldoch«, »Közle«, »Kracht«, »Stickroth«, »Peschel«, »Michalke«, »Mamic«, »Donkow«, »Gudjonsson«, »Tapalovic«, »Hutwelker«, »Jack«, »Eberl«, »Essen«, »Schreiber«, »Winkler«, ...

Die beiden Listen enthalten jetzt nur noch die signifikanten Kookkurrenten zu den jeweiligen Bedeutungen von »Reis«.

Semantische Relationen zwischen signifikanten Kookkurrenten

Wie in den Beispielen deutlich wurde, können zwischen einer Wortform und ihren signifikanten Kookkurrenten verschiedene **semantische Relationen** bestehen. Im Folgenden werden die wichtigsten Relationen mit dazugehörigen Beispielen angegeben (vgl. /Steele 90/ und Wissensbaustein »Semantische Relationen« (S. 30)).

Bei gewöhnlichen Wortformen (d.h. nicht als Eigenname oder Bestandteil von Wendungen) findet man bei signifikanten Nachbarschaftskookkurrenzen:

- **Über- oder Unterordnung:** »Schwermetalle« zu »Blei«; »Medaillen« zu »Silber«
- **Typische Eigenschaften:** »grünes« bei »Ampellicht«, »weißes« bei »T-Shirt«, »verschlossen« bei »Tür«
- **Handlungsträger und Handlungen:** »tötet« und »erschießt« zu »Amokläufer«
- **Handlungen und dazugehörige Objekte:** »Bier« und »Wein« zu »trinken«
- **Maßangaben zu Stoffen:** »Tonnen« zu »Getreide«, »Kubikmeter« zu »Trinkwasser«

Als signifikante Satzkookkurrenten findet man zusätzlich:

- **Unterbegriffe zum gleichen Oberbegriff:** »Zink«, »Kupfer« usw. bei »Blei«; »rotes, gelbes« usw. bei »grünes«
- **Teil-Ganzes-Beziehung:** »Seiten« und »Kapitel« bei »Buch«
- **Wirkung zur Ursache:** »Feuer« bei »Kurzschluss«, »Stromschlag« bei »Verbrennungen«
- **Hilfsmittel und Werkzeuge (Instrument):** »Mikroskop« und »Lupe« zu »Vergrößerung«
- **Gegenteil:** »geöffnet« bei »verschlossen«, »heiß« bei »kalt«
- **Ortsangabe:** »Schmiede« zu »Amboss«, »Rathaus« zu »Bürgermeister«
- **Personenangaben:** »Hufschmied« zu »Amboss«, »Heimwerker« zu »Bohrmaschine«

- **Synonyme:** »Schreibkraft« bei »Sekretärin«, »Fahrer« bei »Chauffeur«

Lässt man zusätzlich Eigennamen zu, erhält man weitere Relationen:

- **Titel und Berufe als linke Nachbarn von Personen:** »Präsident« zu »Boris Jelzin«, »Opernsänger« zu »René Kollo«.
- **Ortsnamen zu Personennamen:** »Bayreuth« zu »Wolfgang Wagner«, »New York« zu »Rudy Giuliani«
- **Produktnamen als rechte Nachbarn zu Firmennamen:** »Mondeo« zu »Ford«
- **Organisationsnamen zu Personennamen:** »Jürgen Schrempp« zu »DaimlerChrysler«

4.9 Visualisierung von signifikanten Kookkurrenzen *

Die grafische Darstellung mehrerer Kookkurrenzen zu einer Wortform vermittelt einen umfassenderen Überblick über die im Text gefundenen Zusammenhänge. Besonders im Falle von Mehrdeutigkeiten zerfällt der Graf der signifikanten Kookkurrenten in verschiedene Teile, die diese Mehrdeutigkeit deutlich sichtbar machen.

Grafische Darstellung der Mengen signifikanter Kookkurrenzen

Netze signifikanter Kookkurrenzen

Wenn man zwei zu einer **Wortform** A gehörige signifikante **Satzkookkurrenten** B und C betrachtet, so sind die letzteren möglicherweise wieder untereinander signifikante Satzkookkurrenten. Man hat dann drei (oder auch mehr) Wortformen, von denen jedes Paar aus signifikanten Satzkookkurrenten besteht. Denkt man sich die Wortformen als Knoten und signifikante Satzkookkurrenten jeweils durch eine Kante verbunden, so entsteht ein Netz, das so genannte **Netz signifikanter Kookkurrenten** (**Wortnetz**).

Die drei Wortformen A, B und C bilden in diesem Netz drei Knoten, von denen jeder mit jedem anderen verbunden ist, also ein Dreieck.

Insgesamt ergibt sich so ein sehr großes Netz mit vielen, auf den ersten Blick recht unübersichtlichen Kanten. Deshalb betrachtet man nur Ausschnitte, die jeweils einen zentralen Begriff enthalten.

Neben diesem **Ausgangsbegriff** werden all die Begriffe aus der dazugehörigen Menge der signifikanten Kookkurrenten mit aufgenommen, zwischen denen untereinander mindestens noch eine Verbindung besteht. In diesem Grafen sind zwei Begriffe A und B durch eine Kante verbunden, falls die Signifikanz sig(A,B) einen Schwellwert übersteigt. Die Stärke der Verbindungslinie entspricht dabei der Größe dieses Signifikanzwertes. Zu schwache Verbindungen werden der Übersichtlichkeit wegen nicht eingezeichnet. Ist die Menge der signifikanten Kookkurrenten des Ausgangswortes sehr groß, werden ggf. nur die stärksten signifikanten Kookkurrenten berücksichtigt.

grafische Darstellung

Nachdem so das Netz beschrieben und ausgewählt wurde, muss es noch grafisch dargestellt werden. Als **Visualisierungsverfahren** wird hier das so genannte ***simulated annealing*** verwendet.

Dabei erfolgt die Anordnung der Punkte nach dem folgenden Schema:

Zunächst werden die Punkte zufällig verteilt. Zwischen je zwei Punkten herrscht eine konstante Abstoßungskraft. Zusätzlich herrscht zwischen zwei Punkten eine Anziehungskraft proportional zur Signifikanz sig(A,B). Ermöglicht man nun vorsichtig Bewegungen der Punkte entsprechend dieser Kräfte, so ergibt sich nach einiger Zeit eine stabile Anordnung, welche die inhaltlichen Zusammenhänge relativ gut zeigt.

Im Folgenden werden einige solche Grafen kurz beschrieben.

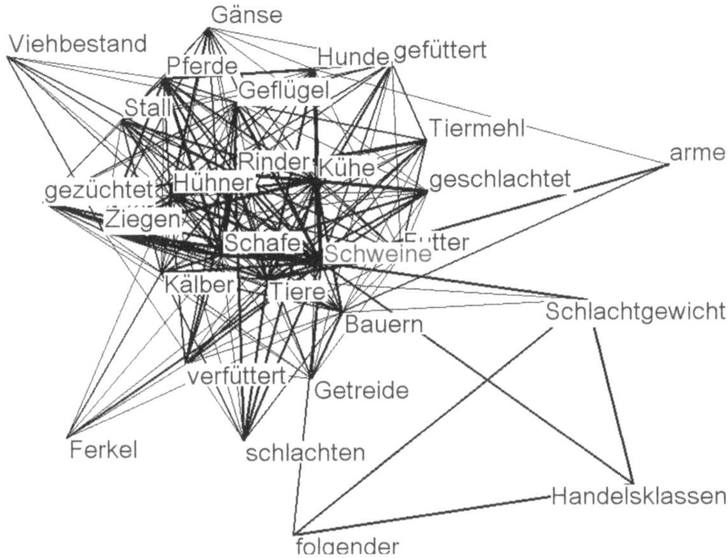

Abb. 4.9-1: Graf der signifikanten Kookkurrenten für »Schweine«.

Signifikante Kookkurrenten für »Schweine« zeigt die Abb. 4.9-1. Der Graf für »Schweine« enthält zwei wesentliche Teile. Im linken starken Teil findet sich eine Zusammenstellung von anderen **Nutztieren** (ebenfalls im Plural), die untereinander stark zusammenhängen: »Rinder«, »Hühner«, »Kühe«, »Schafe«, »Ziegen«, »Pferde«, »Kälber«. Im rechten Teil stehen Wortformen, die typische **Sachverhalte** zum Thema »Schweine« kennzeichnen, z.B.: »Schweine« werden nach Schlachtgewicht in Handelsklassen eingeteilt. Beispiel

Signifikante Kookkurrenten für »Stich« zeigt die Abb. 4.9-2. Beim Grafen von »Stich« fallen **zwei große Gruppen** auf, die untereinander stark zusammenhängen: Beispiel

Einmal geht es um »Tennis« (»Michael Stich« usw.), einmal um das »Skatspiel«, bei dem die drei Mitspieler »Vorhand«, »Mittelhand« und »Hinterhand« heißen.

Die zwei Teile entsprechen also **verschiedenen Bedeutungen** des Wortes »Stich« (einmal als **Eigenname**, speziell für den Tennisspieler »Michael Stich«, einmal um den

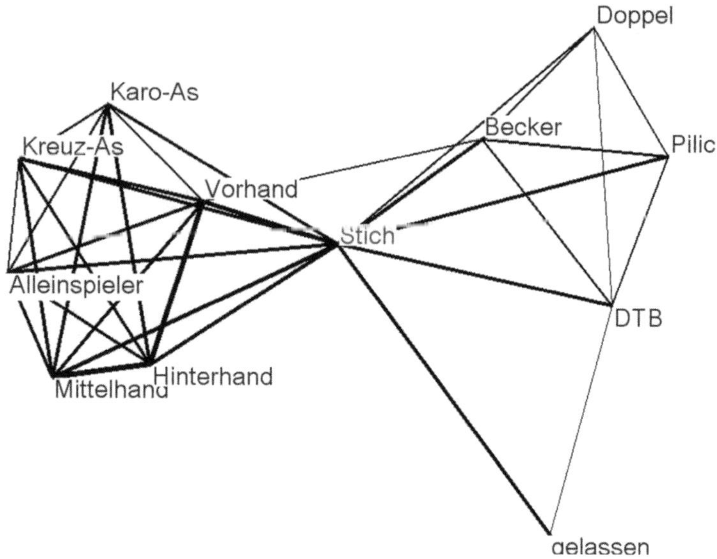

Abb. 4.9-2: Graf der signifikanten Kookkurrenten für »Stich«.

»Stich« beim **Kartenspiel**). Interessant ist, dass diese beiden Gruppen auch noch über eine Verbindung zwischen »Becker« und »Vorhand« zusammenhängen; diese Verbindung entsteht durch das starke »Vorhandspiel« von »Boris Becker« beim »Tennis«. Also hat auch »Vorhand« zwei Bedeutungen.

Beispiel

Signifikante Kookkurrenten für »As« zeigt die Abb. 4.9-3. Der Graf für »As« zeigt vorwiegend Begriffe aus dem **Bereich Kartenspiel** (siehe Abb. 4.9-3), und zwar auch nur Bezeichnungen für die Farben und die Mitspieler. Das scheinbare Fehlen der Begriffe aus dem **Bereich Tennis** wird im Folgenden erklärt.

Beispiel

Signifikante Kookkurrenten für »Asse« zeigt die Abb. 4.9-4. In ihr stehen die Begriffe aus dem **Bereich Tennis**, die bei »As« vergeblich gesucht wurden. Die Erklärung besteht einfach darin, dass in einem Bericht über »Tennis« offensichtlich nur eine große Anzahl von »Assen« erwähnenswert ist, also praktisch immer der Plural verwendet wird (siehe Abb. 4.9-4).

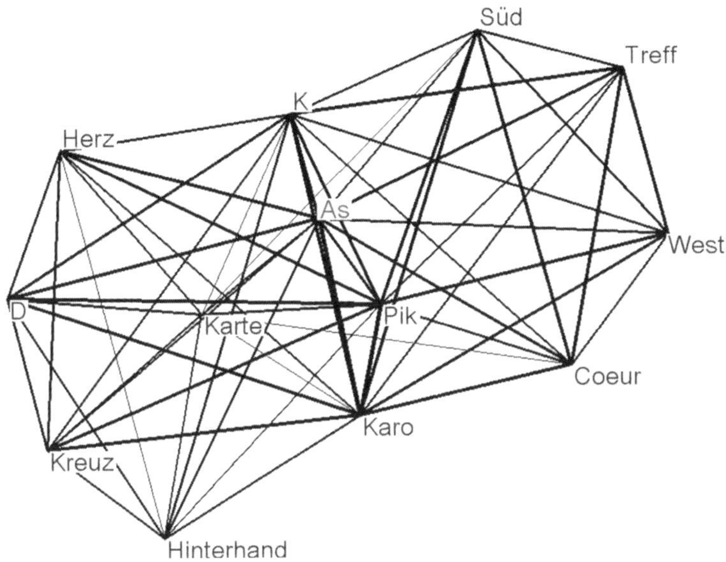

Abb. 4.9-3: Graf der signifikanten Kookkurrenten für »As«.

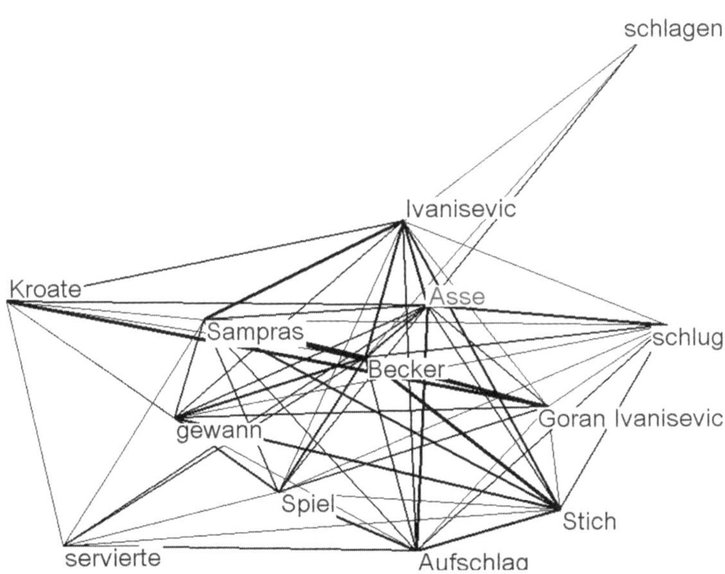

Abb. 4.9-4: Graf der signifikanten Kookkurrenten für »Asse«.

Diese sehr **verschiedenen semantischen Umfelder** für verschiedene flektierte Formen einer Grundform würden sehr verwischen, wenn sofort bei der Auswertung der Texte jedes Wort auf seine Grundform zurückgeführt würde. Erst die Häufigkeitsangaben für die verschiedenen flektierten Formen ermöglichen das Erkennen der obigen Strukturen.

Beispiele

»Ware« und »Waren«:

Beim Vergleich der Grafen für »Ware« und »Waren« tritt ein ähnlicher Unterschied auf wie bei »As« und »Asse«. Allerdings handelt es sich hier *nicht* um verschiedene Bedeutungen, sondern nur um **verschiedene Aspekte derselben Bedeutung**.

Einmal findet man hier die **theoretische Sicht** auf »Ware« und »Arbeit«, verbunden mit »Soll- und Istkosten«, diese müssen ermittelt werden. **Signifikante Kookkurrenten für** »Ware« zeigt die Abb. 4.9-5.

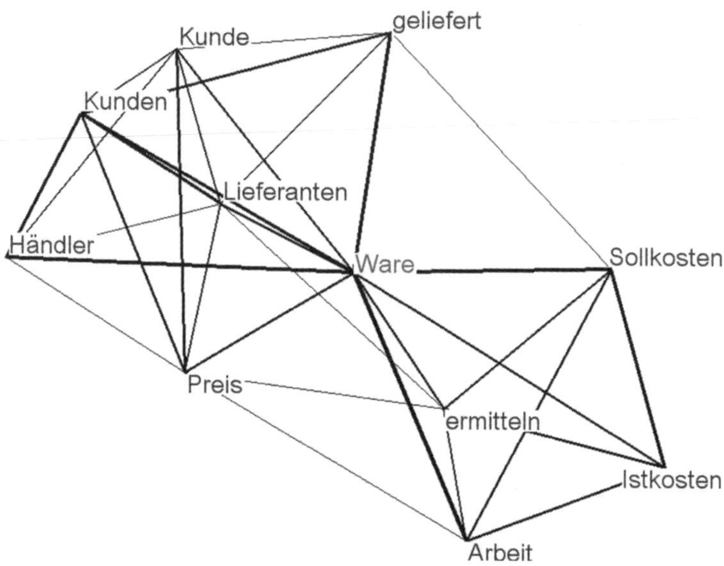

Abb. 4.9-5: Graf der signifikanten Kookkurrenten für »Ware«.

Zum anderen findet sich die **praktische Sicht**: »Waren« hängen zusammen mit »Händler« und »Kunden«. Sie werden »geliefert«, »verkauft« oder »exportiert«. Weitere Begriffe sind »Dienstleistung«, »Wert«, »Art « und »Bedarf«. **Signifikante Kookkurrenten für** »Waren« zeigt die Abb. 4.9-6.

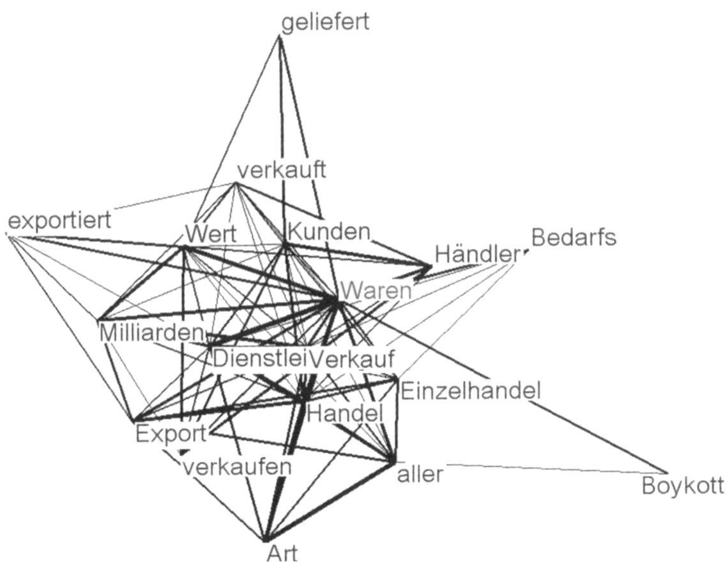

Abb. 4.9-6: Graf der signifikanten Kookkurrenten für »Waren«.

4.10 Anwendung auf andere Sprachen und Sprachfamilien *

Die Berechnung von Kookkurrenzen lässt sich nicht nur auf Texte in deutscher Sprache anwenden, sondern auf andere Sprachen übertragen. Kookkurrenzen drücken auch in anderen Sprachen ähnliche Zusammenhänge wie im Deutschen aus.

Einzelsprachenunabhängige Verfahren

die linguistische Sicht

Aus linguistischer Sicht ist eine Fragestellung **einzelsprachenunabhängig**, wenn sie mit einem Algorithmus für mehrere Sprachen gelöst wird. Gegebenenfalls sind dabei für verschiedene Sprachen verschiedene Konfigurationen nötig, welche die entsprechende spezifische Sprachinformation enthalten.

Mittels einzelsprachenunabhängiger Verfahren lassen sich Probleme lösen, die allgemeinen Charakter haben und *nicht* typisch für eine spezielle Sprache sind. Das Charakterisieren solcher Probleme ist eine für die Linguistik interessante Fragestellung, weil damit allgemeine, allen Sprachen innewohnende Eigenschaften erkannt werden.

Beispiele

Beispiele für solche einzelsprachenunabhängigen Verfahren sind:

- Rechtschreibkontrolle
- Spracherkennung (*voice recognition*)
- Namenserkennung

die Sicht des Informatikers

Der Informatiker betrachtet Sprachdaten häufig einfach als eine Folge von Symbolen, ohne sich näher um die Herkunft und den Inhalt der Daten zu kümmern. In vielen Fällen lassen sich bekannte Verfahren der Informatik auch auf solche Sprachdaten anwenden.

In diesem Fall ist die Fragestellung nicht primär linguistisch, die Verfahren sind jedoch auf allgemeine Sprachdaten anwendbar.

Beispiele

- Statistik seltener Ereignisse (**Kookkurrenzen**)
- Mustererkennung (Namenserkennung, Segmentierung)
- Klassifikation (Grundformreduktion, Kompositazerlegung)
- ***Clustering*** (Ähnlichkeit von Wörtern und Dokumenten)

Anwendung der Analyse der signifikanten Kookkurrenzen auf andere Sprachen

Die bisherigen Ergebnisse haben gezeigt, dass in der deutschen Sprache Kookkurrenzen häufig semantische Zusammenhänge zeigen. Dies soll nun für andere Sprachen beispielhaft überprüft werden. Die Ursache für das Auftreten von Wortformen als signifikante Satzkookkurrenten ist ihr häufiges gemeinsames Vorkommen in Sätzen. Dinge, die auffällig häufig zusammen genannt werden, sollten in einem engen Zusammenhang stehen.

Soweit betrachtet ist das Vorgehen nicht an die deutsche Sprache gebunden und kann sofort auf andere Sprachen angewandt werden. Dass wirklich analoge Strukturen entstehen, sollen die folgenden Grafen für signifikante Kookkurrenzen zeigen.

Indoeuropäische Sprachen

Englisch: »space«
Die Abb. 4.10-1 zeigt den Grafen für »space« mit den drei Bedeutungen dieser Wortforn in der englischen Sprache: »Weltraum«, »Speicherplatz« und »Bürofläche.«

Holländisch: »parlement« (Abb. 4.10-2)

Italienisch: »mozzarella« (Abb. 4.10-3)

Französisch: »Paris« (Abb. 4.10-4)

Asiatische Sprachen

Bei Sprachen wie **Japanisch** und **Chinesisch** wird man mit der zusätzlichen Schwierigkeit konfrontiert, dass die Wortformen nicht wie sonst üblich durch Leerzeichen getrennt sind. Hier muss der Text in einem Vorverarbeitungsschritt zunächst in einzelne Wortformen zerlegt werden.

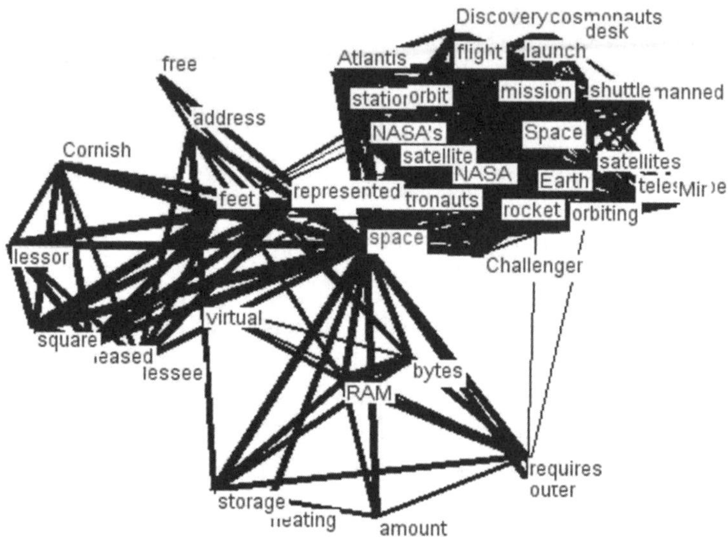

Abb. 4.10-1: **Sprache Englisch**: Graf der signifikanten Kookkurrenten für »space«.

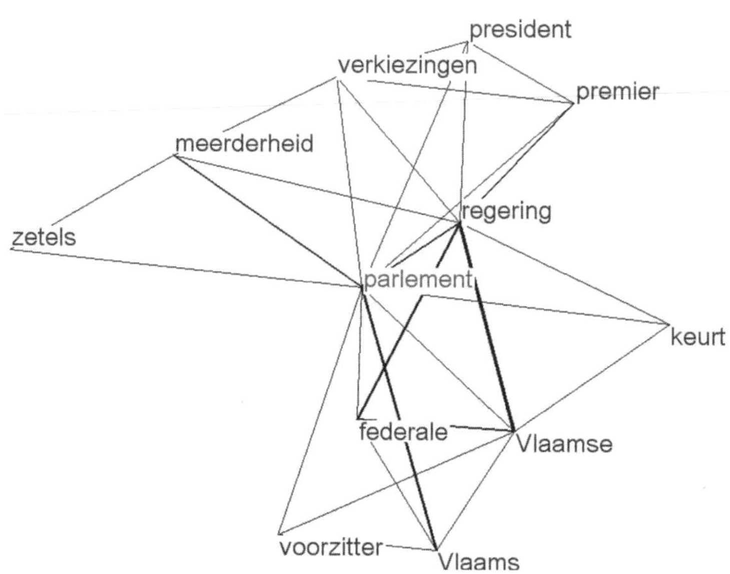

Abb. 4.10-2: **Sprache Holländisch:** Graf der signifikanten Kookkurrenten für »parlement«.

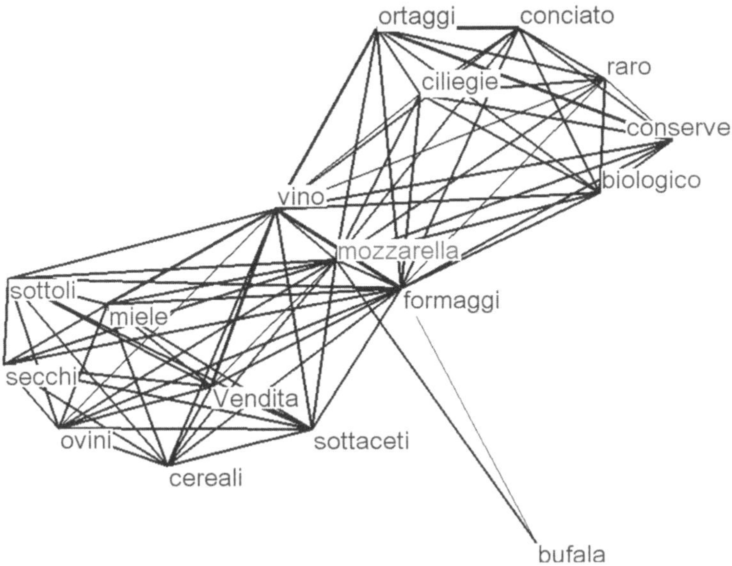

Abb. 4.10-3: ***Sprache Italienisch****: Graf der signifikanten Kookkurrenten für »mozzarella«.*

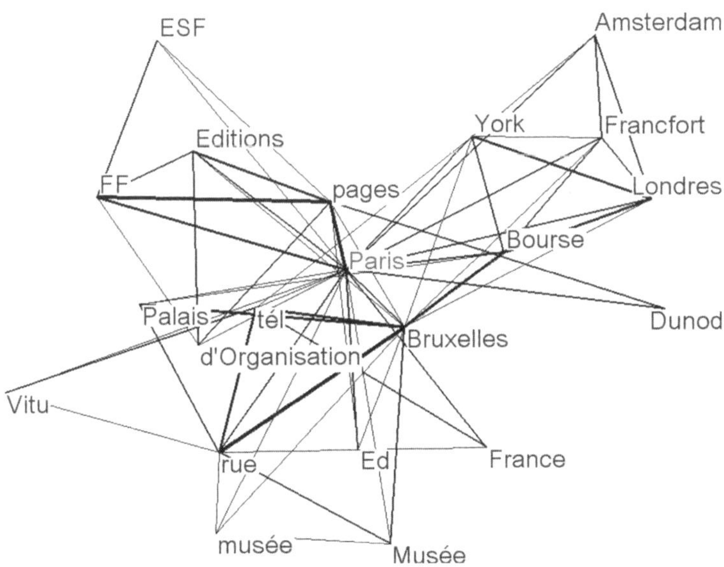

Abb. 4.10-4: ***Sprache Französisch****: Graf der signifikanten Kookkurrenten für »Paris«.*

Koreanisch

Für das Koreanische trifft das eben Gesagte nicht zu, hier werden Leerzeichen zur Trennung von Wortformen verwendet. Die Abb. 4.10-5 und die Abb. 4.10-6 zeigen, dass die Grafen für signifikante Kookkurrenzen auch für die koreanische Sprache eine vergleichbare Struktur haben. (Abb. 4.10-5 Englisch: »car«, Deutsch: »Auto« sowie Abb. 4.10-6 Englisch: »plane«, Deutsch: »Flugzeug«).

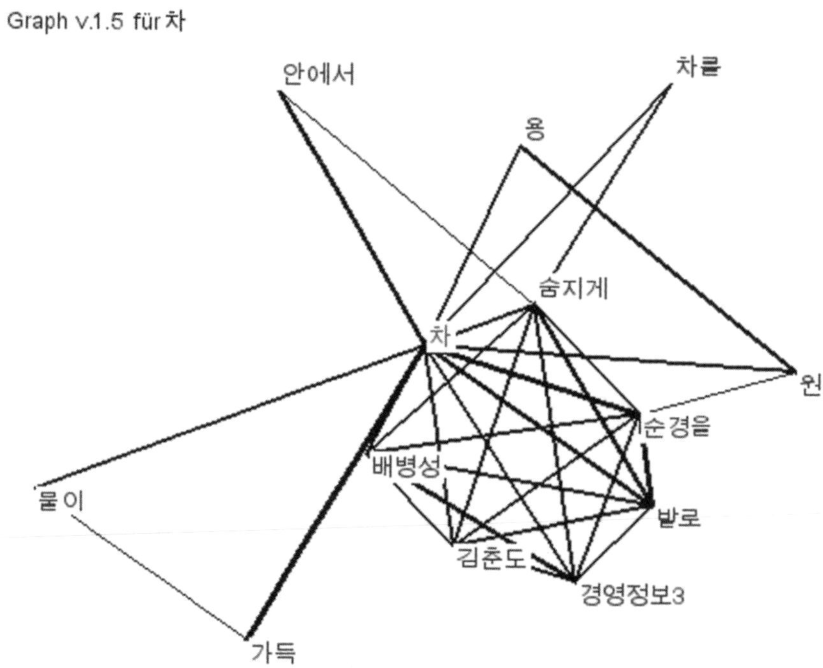

*Abb. 4.10-5: **Sprache Koreanisch**: Graf der signifikanten Kookkurrenten für »Auto«.*

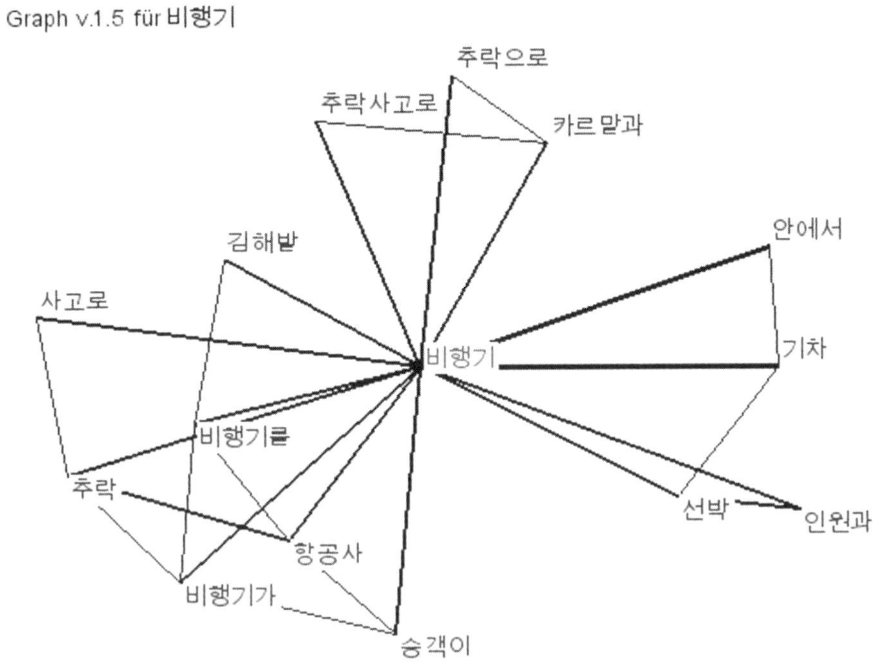

*Abb. 4.10-6: **Sprache Koreanisch:** Graf der signifikanten Kookkurrenten für »Flugzeug«.*

4.11 Kookkurrenzen höherer Ordnung **

Durch die wiederholte Anwendung der Berechnung von signifikanten Kookkurrenzen gelangt man zu semantisch homogeneren Mengen von Wortformen, die für verschiedene Anwendungen, wie z.B. im *Information Retrieval* oder zur Erweiterung lexikalischer Ressourcen, genutzt werden können.

Motivation für das Iterieren

Im Wissensbaustein »Signifikante Kookkurrenzen« (S. 134) und im Wissensbaustein »Signifikante Kookkurrenzen – Beispiele und Anwend.« (S. 141) wurden die Berechnung und die Eigenschaften von Kookkurrenzen erklärt. Zwischen den Wortformen und ihren **Kookkurrenten** – seien es Nachbarschafts- oder Satzkookkurenten – bestehen viele **semanti-**

sche Relationen. Durch die wiederholte Anwendung des in Wissensbaustein »Signifikante Kookkurrenzen« (S. 134) eingeführten **Signifikanzmaßes** können aus Kookkurrenzprofilen erster Ordnung Kookkurrenzprofile höherer Ordnungen berechnet werden.

Die in Kookkurenzprofilen (erster Ordnung) auftretenden Relationen lassen sich nach /Saussure 66/ unterscheiden in syntagmatische und paradigmatische Relationen (vgl. Wissensbaustein »Syntagmatische Relationen« (S. 20) und Wissensbaustein »Paradigmatische Relationen« (S. 25)).

Als Beispiele für paradigmatische Relationen seien die Beziehungstypen Über- und Unterordnung, Synonymie, Kohyponymie (Unterbegriffe zu gemeinsamem Oberbegriff), Gegenteil sowie Flexionsklassen und Derivate genannt. Vertreter der syntagmatischen Art sind z.B. typische Eigenschaften, Handlungsträger und Handlungen, Handlungen und zugehörige Objekte sowie Maßangaben zu Stoffen.

Wie unterscheiden sich die beiden Arten von Beziehungen?

Syntagmatische Relationen bestehen zwischen denjenigen Wörtern, die oft zusammen in Kontexten auftreten, während paradigmatisch verknüpfte Wörter häufig in denselben Kontexten (aber nicht zusammen) auftreten. Bei der **Iteration** versucht man, dies auszunutzen, um aus dem Gemisch beider Beziehungsarten in den Kookkurenzprofilen erster Ordnung eher paradigmatische Relationen in Kookkurenzprofilen höherer Ordnung zu erhalten (vgl. /Rapp 02/).

Verfahren und Beispiele

Bei der im Folgenden näher beschriebenen Iteration werden die Ergebnisse einer Kookkurrenz-Berechnung wieder als Eingabe für eine erneute Berechnung von Kookkurrenzen verwendet. Dies geschieht dadurch, dass die Mengen von Kookkurrenten zu den verschiedenen Wortformen die Rolle der Ausgangssätze übernehmen: Die so ermittelten globalen Kontexte in Iterationsstufe k werden als Ausgangssätze für die Iterationsstufe k+1 verwendet.

Kookkurrenzen erster Ordnung enthalten Wortformen, die zusammen mit der Referenzwortform häufig in Kontexten auftreten, sie bilden also eine Beschreibung dieser Kontexte. Hierbei werden bei Satzkookkurrenzen eher weitere, bei Nachbarschaftskookkurrenzen eher engere Kontexte in Betracht gezogen.

Kookkurrenzen zweiter Ordnung sind hingegen Wortformen, die signifikant häufig zusammen in Kookkurrenzprofilen erster Ordnung auftreten, was bedeutet, dass diese gerne in ähnlichen Kontexten, aber nicht zwangsläufig zusammen auftreten. Durch wiederholte Anwendung dieses Vorgehens werden Kookkurrenzprofile beliebiger Ordnung erstellt. Die Berechnung wird jeweils auf den N signifikantesten Kookkurrenten für jede Referenzwortform durchgeführt, wobei konkrete Signifikanzwerte irrelevant sind.

Die Unterscheidung zwischen Nachbarschafts- und Satzkookkurrenzen ist beim Übergang zu höheren Ordnungen hinfällig.

Definition

Mit Nachbarschaftskookkurrenzen (Satzkookkurrenzen) **höherer Ordnung** bezeichnet man diejenigen Profile, die durch mehrmaliges Iterieren aus Nachbarschaftskookkurrenzen (Satzkookkurrenzen) **erster Ordnung** hervorgegangen sind.

Während die **zweite Ordnung** dadurch motiviert ist, dass man an dieser Stelle vermutlich Wortformen mit ähnlichen (engeren oder weiteren) Kontexten erhält, soll nun betrachtet werden, was in den höheren Ordnungen passiert.

In den Daten bis zur 10. Ordnung ist beobachtbar, dass die resultierenden Profile semantisch homogen sind, auch wenn a priori nicht klar wird, auf welche Dimension sich diese Homogenität bezieht. Generell ist anzumerken, dass größere Kontexte und höhere Werte für N allgemeinere Beziehungen hervorbringen als engere Kontexte.

Doch bevor die genauen Abläufe in der Iteration beschrieben werden, sollen erst einige Beispiele betrachtet werden. In der Tab. 4.11-1 werden Beispiele für Kookkurrenzen verschiedener Ordnungen gezeigt. S steht für Satz-, N für Nachbarschaftskookkurrenzen.

Ordnung	Referenzwort	Top-10 Kookkurrenzen
N1	**IBM**	»Computerkonzern«, »Computerhersteller«, »Computerriesen«, »Börse«, »Global«, »Corp«, »Frankfurt Hewlett-Packard«, »Computerkonzerns«, »AS«
N1	**Compaq**	»Computer«, »PC-Hersteller«, »Computerhersteller«, »Börse«, »Grand Slam Cup«, »Dell«, »IBM«, »Hewlett-Packard«, »US-Computerhersteller«, »Computerherstellers«
N2	**IBM**	»Compaq«, »Microsoft«, »Hewlett-Packard«, »Apple«, »Dell«, »Intel«, »Acer«, »Fujitsu«, »digital«, »Equipment«, »Sun Microsystems«
N10	**IBM**	»Compaq«, »Sun Microsystems«, »Microsoft«, »NEC«, »Cicso«, »Sony«, »Hitachi«, »Motorola«, »Nokia«, »Toshiba«
N2	**Telefon**	»Tel«, »Handy«, »Telefon«, »Ständig«, »per«, »E-Mail«, »Ecke«, »Glöckchen«, »Bett«, »Internet«
N5	**Telefon**	»Backnang«, »Waiblingen«, »Esslingen«, »Göppingen«, »Böblingen«, »Leonberg«, »Ditzingen«, »Marbach«, »Eislingen«, »Ludwigsburg«
S5	**IBM**	»Server«, »Software«, »Microsoft«,» Windows NT«, »Apple«, »Lotus«, »Rechner«, »Betriebssystem«, »Computer«, »Version«

Tab. 4.11-1: Kookkurrenzen verschiedener Ordnungen.

Beispiel

Die Referenzwortformen »IBM« und »Compac« haben in der ersten Ordnung viele **Nachbarschaftskookkurrenten gemeinsam**, was bei Betrachtung von mehr als 10 Kookkurrenzen um so deutlicher wird. Also sollten diese starke Kookkurrenz in der zweiten Stufe aufweisen, was auch passiert.

Bei weiteren Iterationen verändert sich das Nachbarschaftskookkurrenzprofil von »IBM« nicht mehr wesentlich und produziert in der zehnten Iteration eine Menge von anderen »Computerherstellern«. Satzkookkurrenzen höherer Stufe von »IBM« enthalten eher Wortformen aus dem Sachgebiet »Computer« als andere Firmen.

Im Gegensatz dazu die Referenzwortform »Telefon«: Während sich in der zweiten Ordnung mehr oder weniger weitere Kommunikationsmedien finden, füllen sich die Kookkurenzen ab der 5. Iteration mit Kleinstädten nahe »Stuttgart«. Diese Menge bleibt beim weiteren Iterieren stabil – ein Beispiel, wo Referenzwortform und Kookkurrenten zwar semantisch nichts miteinander zu tun haben, die Kookkurrenzprofile an sich aber dennoch **semantisch homogen** sind.

Durch Betrachten der Daten sind folgende Hypothesen motiviert:

Auswertung der Iteration

- In vielen Fällen hört der sinnvolle Iterationsprozess für eine Referenzwortform auf, weil ab einer gewissen Ordnung nicht mehr genug Material vorhanden ist. Andernfalls gibt es in den meisten Fällen eine Iterationsstufe, ab der das Kookkurrenzprofil stabil bleibt (siehe »Telefon«).
- Im zweiten Fall enthält das Kookkurrenzprofil entweder Wortformen, die eine starke semantische Verknüpfung zur Referenzwortform aufweisen, oder aber solche, die gar nicht mit dieser in Zusammenhang gebracht werden können.
- Die häufigste Relation zwischen hoch signifikanten Nachbarschaftskookkurrenten höherer Ordnung ist die der Kohyponymie.
- Die hoch signifikanten Satzkookkurrenten höherer Ordnung gehören normalerweise zu demselben Sachgebiet und zu verschiedenen Wortarten.
- Falls es zu einer Referenzwortform sowohl viele Nachbarschafts- als auch Satzkookkurrenten höherer Ordnung gibt, sind erstere meist der Referenzwortform ähnlicher.
- Es gibt viele Referenzwortformen, für die es keine signifikanten Nachbarschaftskookkurrenzen höherer Stufe gibt, jedoch Satzkookkurrenzen höherer Stufe existieren.

Wirkungsweise der Iteration

Um die Wirkungsweise der Iteration zu verstehen, ignoriert man zunächst die Tatsache, dass man mit Sprache umgeht, und betrachtet die von Wortformen und Kookkurrenzbeziehungen aufgespannten **Grafen**. Die Iteration lässt sich als ein Verfahren beschreiben, das einen Grafen niedrigerer Ordnung durch den Iterationsschritt in einen Grafen höherer Ordnung transformiert (vergleiche /Biemann et al. 04c/).

Der als Ausgangspunkt genutzte **Kookkurrenz-Graf** enthält Wortformen als Knoten und die stärksten Kookkurrenzen als Kanten. Bei jedem Iterationsschritt werden nun zunächst alle Kanten gelöscht. Danach wird eine Kante zwischen zwei Knoten A und B neu eingezeichnet, wenn beide vorher viele gemeinsame benachbarte Knoten C_1, C_2, C_3 ... hatten. Im Falle der ersten Iteration entspricht dies der Verbindung von Wortformen, die deshalb ähnlich sind, weil sie viele gemeinsame Kookkurrenten haben.

Die Abb. 4.11-1 zeigt, wie die Knoten A und B aufgrund ihrer gemeinsamen Nachbarn C_1, C_2, ... C_5 miteinander verbunden werden, weil es viele Wege der Länge 2 von A nach B gibt.

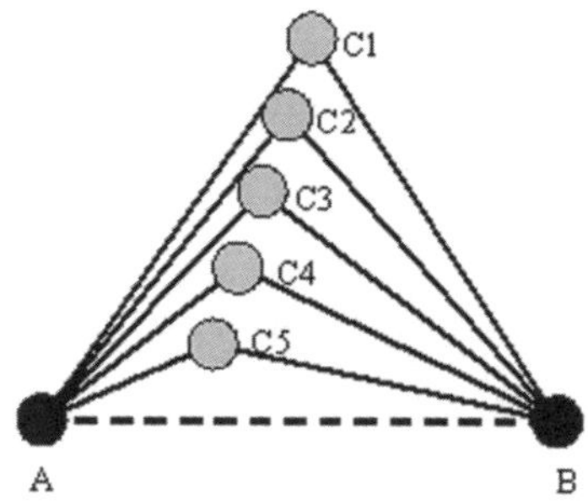

Abb. 4.11-1: A und B werden im nächsten Iterationsschritt durch eine Kante (gestrichelt) verbunden.

Der nächste Iterationsschritt arbeitet auf dieselbe Art und Weise. Wie die Kantenbildung des aktuellen Iterationsschrittes vom Grafen zwei Iterationsschritte vorher beeinflusst wird, ist in Abb. 4.11-2 dargestellt: Hier werden die beiden schwarzen Knoten deswegen verbunden, weil viele Wege der Länge 2^2 im Grafen vorvorheriger Ordnung existierten.

Im Allgemeinen werden im n-ten Iterationsschritt Knoten verbunden, die im Ausgangs-Grafen durch viele Pfade der Länge 2^n verbunden waren. Diese Länge ist jedoch lediglich als obere Grenze zu verstehen, da mehrere der auf dem Pfad liegenden Knoten zusammenfallen können, was in der Abb. 4.11-3 dargestellt ist. Das heißt, in Wirklichkeit werden mehrere Knoten aus der Abb. 4.11-3 auf einen Knoten abgebildet.

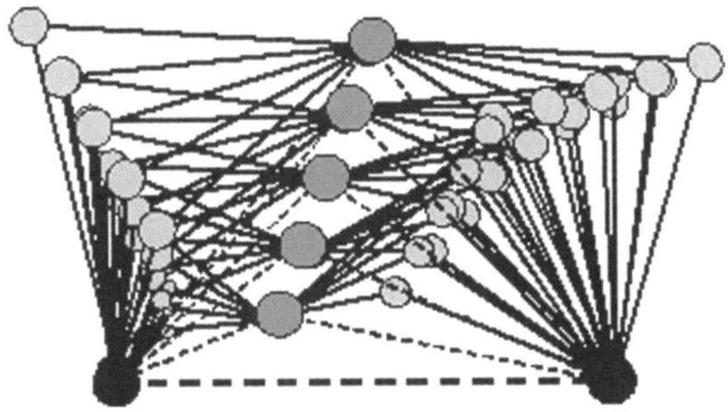

Abb. 4.11-2: Die schwarzen Knoten werden aufgrund vieler gemeinsamer Nachbarn (dunkelgraue Knoten) verbunden, welche wiederum mit den schwarzen Knoten einen Schritt vorher durch benachbarte hellgraue Knoten verbunden wurden.

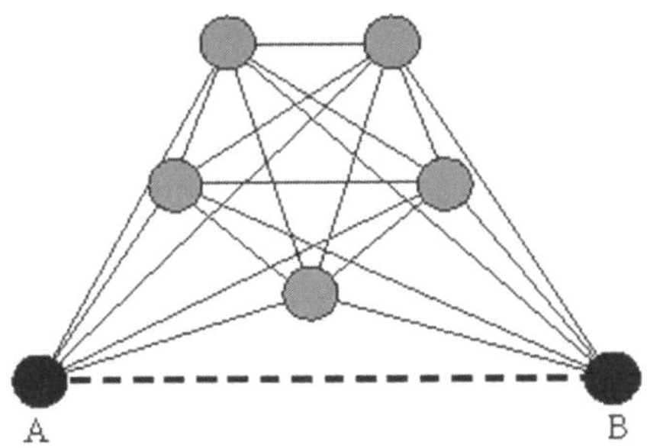

Abb. 4.11-3: Die Knoten A und B werden in jedem der Iterationsschritte neu verbunden.

In solch einer Konfiguration gibt es Verbindungspfade beliebiger Länge zwischen A und B, so dass diese Knoten (und auch alle anderen in der Abb. 4.11-3 gezeigten) in jedem der folgenden Iterationsschritte neu verbunden werden, was zu stabilen Kookkurrenzprofilen führt.

Anwendungen

Kookkurrenzen höherer Ordnung eignen sich an allen Stellen als Datenbasis, wo semantisch ähnliche Mengen von Wortformen zur Verbesserung beitragen.

Suchanfragen

Wie in /Ruge 97/ beschrieben, eignen sich Kookkurrenzen zweiter Ordnung für das automatische Erweitern von Suchanfragen: Hier werden auf diese Weise ermittelte Wortformen zur eigentlichen Suchanfrage hinzugenommen, um auch Dokumente zurückliefern zu können, die auf die Anfrage passen, obwohl die gesuchte Wortform selbst nicht vorkam. In diesem Falle werden Kookkurrenzen auf Basis von ***Head-Modifier*-Relationen** berechnet.

Wortnetze

Eine weitere Anwendung findet sich bei der Erstellung und Erweiterung **lexikalisch-semantischer Wortnetze** wie *Wordnet* /Miller 90/ oder *GermaNet* /Kunze 00/.

Derartige Wortnetze kodieren semantische Relationen zwischen lexikalischen Einheiten in einer Weise, dass eng verwandte Wortformen sich in kleiner Umgebung des durch Oberbegriff-Relationen gegebenen Hierarchiebaumes wiederfinden.

Kookkurrenzprofile eignen sich als Datenbasis für Verfahren, die versuchen, noch nicht enthaltene Wortformen im Wortnetz zu positionieren, und so bei der Erweiterung dieser Ressource hilfreich sind (vgl. /Biemann et al. 04d/).

4.12 Netze von Kookkurrenten *

Inhalte von Texten können auf der Grundlage von »signifikanten Kookkurrenzen« visualisiert werden. Mit Hilfe des Software-Werkzeugs *SemanticTalk* können Wortformen in einem Text gemäß ihrer semantischen Distanz angeordnet und die zwischen ihnen bestehenden semantischen Relationen verdeutlicht werden. Auf diese Weise wird von der linearen Struktur der Sprache abstrahiert und eine grafische, netzartige Darstellung von Inhalten erreicht, die einen schnellen Überblick über die Inhalte einer Dokumentenkollektion ermöglicht.

Visualisierung von Inhalten gemäß semantischer Distanz

Von Natur aus ist Sprache linear – eine Äußerung bzw. ein Text ist einer Folge von gesprochenen bzw. geschriebenen Wortformen und Sätzen. Die zugrundeliegenden inhaltlichen Strukturen, die Zusammenhänge zwischen den Wortformen und den Assoziationen, die sie in den Köpfen der

Sprecher und Hörer bewirken, können jedoch mathematisch als **Graf** dargestellt werden, der aus **Knoten (den Wortformen)** und **Kanten (den Assoziationen)** besteht.

Sowohl Wortformen als auch Assoziationen können einem bestimmten Typ zugeordnet sein:

- **Wortformen** können verschiedenen **semantischen Klassen** angehören und
- **Assoziationen** lassen sich in verschiedene **semantische Relationen** einteilen (vgl. Wissensbaustein »Semantische Relationen« (S. 30)).

Sprachinhalte von Texten können mit Hilfe des Softwarewerkzeugs *SemanticTalk* /Biemann et al. 04a/ auf der Grundlage von **signifikanten Kookkurrenzen** visualisiert werden. Die semantische Grafenstruktur von Texten bzw. Dokumentensammlungen wird auf einer zweidimensionalen Fläche dargestellt. Die dafür nötigen Assoziationen werden mit Hilfe von Analysewerkzeugen aus der Dokumentensammlung bzw. aus anderen großen Textdatenbanken berechnet /Biemann et al. 04b/. Die Typen der Wortformen und Assoziationen werden semi-automatisch ermittelt.

Semantische Distanz

Bei einer sinnvollen Visualisierung eines derartigen Grafen muss sichergestellt sein, dass die Wortformen gemäß ihrer **semantischen Distanz** angeordnet sind. Semantische Distanz ist nicht direkt messbar, sondern als Vergleichsgröße zu verstehen – zwei Wortformen haben eine kleinere semantische Distanz, je mehr sie »miteinander zu tun haben«, also je assoziierter sie im Sinne eines Grafen sind.

Für die Visualisierung des Grafen wird das Werkzeug TouchGraph (`http://prdownloads.sourceforge.net/touchgraph`) verwendet, welches den Grafen gemäß eines **Ladungs-Feder-Modelles**, ähnlich dem ***simulated annealing*** (vgl. Wissensbaustein »Visualisierung von signifikanten Kookkurrenzen« (S. 149)) in gewünschter Weise anordnet.

Präsentationsform *TouchGraph*

Auf diese Weise wird von der linearen Struktur der Sprache abstrahiert und eine grafische, **netzartige Darstellung** von Inhalten erreicht, bei der sich Schlagwörter aus der Dokumentenkollektion nach Themengebieten anordnen, die voneinander unterscheidbar sind. Ein Vorteil dieser Präsentationsform ist die kompakte Repräsentation eines Textes, die einen schnellen Überblick über die Inhalte einer Dokumentenkollektion ermöglicht.

Die Software *SemanticTalk*

SemanticTalk basiert auf einer Zweiteilung der Anzeige in ein Übersichtsfenster und einen lokalen Kontext. So ist eine Orientierung auf der gesamten Karte bei gleichzeitiger Detailgenauigkeit sichergestellt.

Um die Oberfläche gemäß der Benutzerwünsche flexibel zu gestalten, wurden folgende **Zoomregler** implementiert:

- **Konzeptioneller Zoom**: Regler, wie viele Wortformen in lexikalisierter Form angezeigt werden sollen. Alle anderen werden als Punkte repräsentiert
- **Granularität:** Regler, wie viele Wortformen mit deren Assoziationen angezeigt werden, alle anderen werden ausgeblendet
- **Skala:** Verhältnis der Ausschnittgröße des lokalen Kontextes zur Gesamtgröße der Wissenslandkarte.

Die Abb. 4.12-1 zeigt die *SemanticTalk*-Benutzungsoberfläche mit ihren Visualisierungs- und Kontrollbereichen.

Für eine Textkollektion wird mittels der Differenzanalyse (vgl. Wissensbaustein »Differenzanalyse« (S. 95)) eine Menge relevanter Wortformen bestimmt. Weniger relevante Wortformen können durch den konzeptionellen Zoom bzw. den Granularitätsregler ausgeblendet werden.

Für die Zuweisung von semantischen Typen für Wortformen und Assoziationen wurde eine Reihe von Werkzeugen entwickelt.

Die Abb. 4.12-2 zeigt exemplarisch ein **grafisches Annotationswerkzeug** mit dem globalen Kontext von »Lichtblitz«.

Sowohl Knoten als auch Kanten sind anklickbar. Es erscheinen Auswahlmenüs, in denen die Typen festgelegt werden können. Die Grafen geben jeweils den durch **signifikante Kookkurrenzen** berechneten globalen Kontext einer Wortform wieder. Durch diese Vorauswahl sind bei der Annotati-

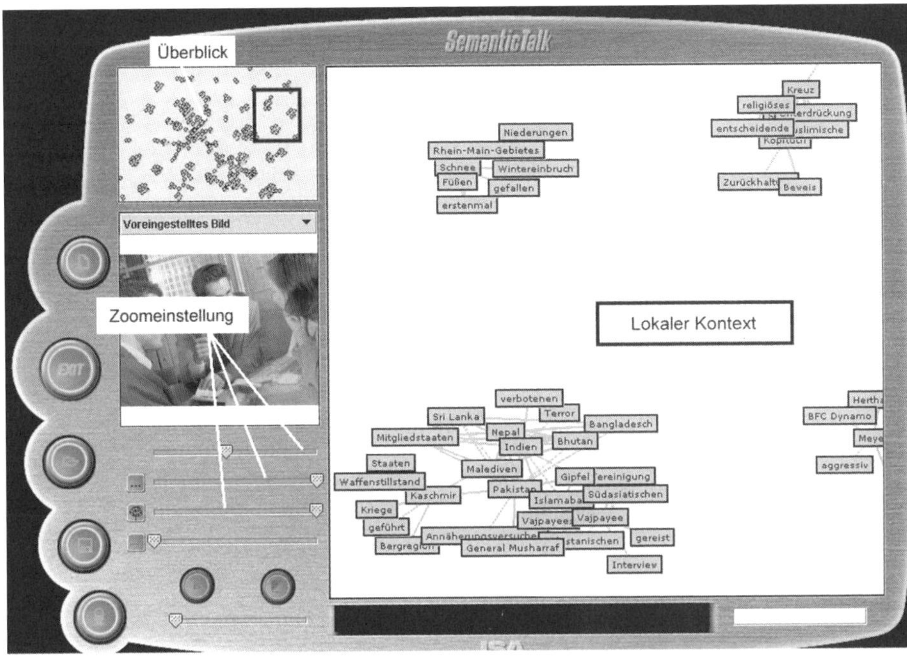

Abb. 4.12-1: Die SemanticTalk-Benutzungsoberfläche. Das lokale Kontext-Fenster stellt einen Ausschnitt des Überblicksfensters dar und kann mit Hilfe der drei Zoomregler verändert werden.

on hohe Geschwindigkeiten von über vier Einheiten pro Minute möglich.

Das Annotationswerkzeug unterstützt das Hinterlegen von Inhalten sowohl für Wortformen, als auch für Assoziationen. Die Inhalte können entweder innerhalb der Oberfläche oder in extra Fenstern geöffnet werden, so z.B. Homepages von Mitarbeitern oder Belegstellen von Assoziationen in Dokumenten. Auf diese Weise kann ***SemanticTalk*** als visueller Browser auf der Dokumentenkollektion eingesetzt werden. Ferner kann das Ausblenen von Knoten auch anhand ihrer Typen geschehen, so dass Sichten auf **Substrukturen** möglich sind, was z.B. das Generieren von **Ressourcenmodellen** oder **Personennetzwerken** ermöglicht (vgl. Wissensbaustein »Aufbau einer Wissenslandkarte« (S. 287)).

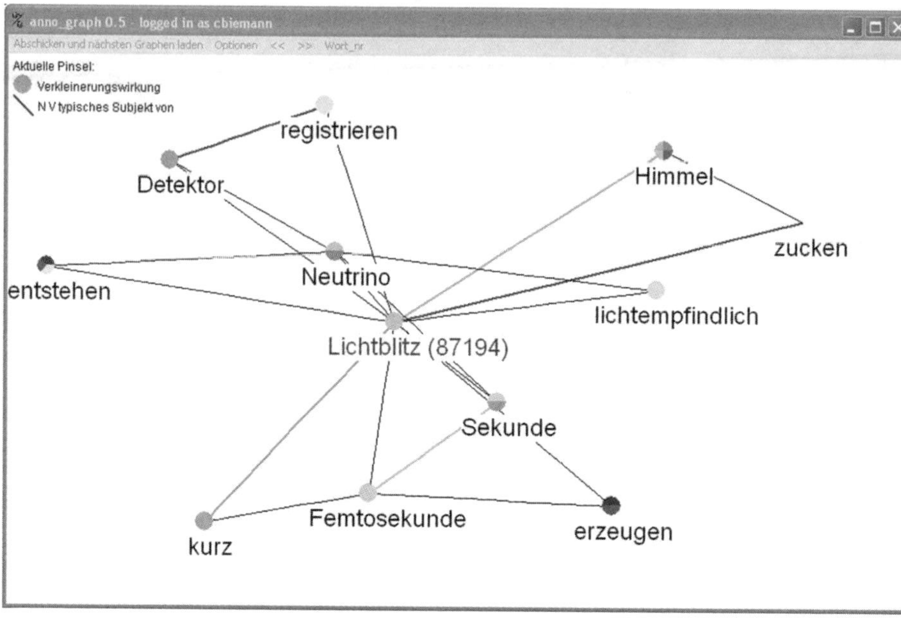

Abb. 4.12-2: Grafisches Annotationswerkzeug mit globalem Kontext von »Lichtblitz«. Verschiedene Typen sind durch verschiedene Farben gekennzeichnet, beispielsweise ist »Sekunde« ein Oberbegriff von »Femtosekunde« und »Neutrino« ist natürlich und konkret.

4.13 *Small Worlds* und skalenfreie Netze **

Wortnetze zeigen Eigenschaften, die auch bei anderen natürlich gewachsenen Netzen häufig zu beobachten sind: Es gibt Teile mit großer Kantendichte und sehr dünne Bereiche. Auffällig ist die dabei trotzdem kurze mittlere Weglänge. Der Vergleich mit anderen, ähnlich strukturierten Netzen erlaubt einen weiteren nicht-linguistischen Blick auf Sprache.

Bei der Untersuchung von Erscheinungen in Naturwissenschaft und Technik, aber auch in den Bio- und Sozialwissenschaften treten häufig Strukturen auf, welche formal durch Grafen (oder Netze) beschrieben werden können. Diese Art der Beschreibung lässt oft grundlegende Gemeinsamkeiten zutage treten. Im Ergebnis können Erkenntnisse aus einem

Basistext

Gebiet sehr fruchtbar auf andere Gebiete übertragen werden.

Betrachtet werden sollen Grafen, deren Knoten irgendwelche Objekte und deren Kanten Beziehungen und Zusammenhänge zwischen diesen Objekten beschreiben.

Beispiele

Einige typische Beispiele, wobei V die Menge der Knoten und E die Menge der Kanten bezeichne:

a V ist die Menge aller Einwohner einer Stadt. Wenn sich zwei Personen kennen, sind sie durch eine Kante verbunden. Da diese Relation symmetrisch ist, liegt hier ein ungerichteter Graf vor /Milgram 67/.

b V ist eine Menge von Filmschauspielern. Zwei Schauspieler bilden eine Kante, wenn sie gemeinsam in ein und demselben Film mitgewirkt haben. Diese Relation ist symmetrisch und der so definierte Kooperationsgraf also ungerichtet /Watts, Strogatz 98/.

c V ist die Menge von *Web-Sites* des Web. Sind A und B zwei *Web-Sites*, dann ist (A,B) genau dann im Bereich der Relation E enthalten, wenn A einen Link auf B enthält. Da eine Seite A durchaus einen Link auf eine andere Seite B enthalten kann, ohne dass auch B einen Link auf A enthält, ist diese Relation nicht symmetrisch. Der so beschriebene Webgraf ist also gerichtet (siehe »The small world project« (`http://smallworld.columbia.edu/index.html`) und /Barabasi 00/).

d V ist eine Teilmenge der in einem Textkorpus auftretenden Wortformen. Zwei Wortformen sind durch eine Kante verbunden, wenn sie statistisch auffällig gemeinsam in Sätzen auftreten. Der so definierte Graf ist ungerichtet /Steyvers, Tenenbaum 02/.

Alle in den obigen Beispielen betrachteten Strukturen sind das Ergebnis »natürlicher« Wachstums- oder Evolutionsprozesse. Ungeachtet dieser Gemeinsamkeit scheint es in Anbetracht der Verschiedenartigkeit der zugrunde liegenden Vorgänge zunächst sehr unwahrscheinlich zu sein, dass die betrachteten Grafen gemeinsame strukturelle Merkmale aufweisen. Umso überraschender ist es, dass neuere Untersuchungen nahe legen, dass solche gemeinsamen strukturellen Merkmale existieren (/Watts, Strogatz 98/).

Neben den oben genannten Vorteilen ist es klar, dass gesicherte Erkenntnisse über diese Effekte von großer theoretischer Bedeutung wären. Grundlage für derartige Erkenntnisgewinnung ist dabei die Konstruktion formaler Modelle zur Erklärung und Beschreibung der zugrunde liegenden Mechanismen. Neben theoretischen Erkenntnissen sind auch praktische Erkenntnisse zu erwarten, wie zum Beispiel die Entwicklung leistungsfähigerer Suchalgorithmen im Beispiel c) oder verbesserte Erwartungswerte für die Geschwindigkeit von Informationsverbreitungssystemen in Beispiel a).

Small Worlds

Beispiel

Der Begriff ***Small World*** geht auf eine empirische Studie des amerikanischen Soziologen Stanley Milgram /Milgram 67/ zurück. Milgram ging von der Hypothese aus, dass je zwei Bürger der USA durch eine kurze Kette von Bekanntschaften miteinander verbunden sind. Um diese Annahme experimentell zu überprüfen, beauftragte er einige hundert Probanden in den Bundesstaaten Nebraska und Kansas, ein Paket an jeweils einen von insgesamt zwei Adressaten in der Umgebung von Boston weiterzuleiten. Dabei waren den Probanden nur Name und berufliche Tätigkeit des Adressaten sowie eine grobe Beschreibung des Wohnortes, nicht aber die postalische Adresse bekannt. Um die Sendung zuzustellen, sollten die Probanden unter ihren persönlichen Bekannten einen solchen auswählen, von dem sie annahmen, dass er das Paket entweder direkt oder über einen seiner persönlichen Bekannten weiterleiten konnte. Dieser Bekannte sollte dann in der gleichen Weise verfahren, bis das Paket schließlich die Zielperson erreichte. Milgram zog aus den Ergebnissen seiner Experimente den Schluss, dass im Mittel je zwei Bürger der USA durch eine Kette von sechs Bekanntschaften miteinander verbunden seien *(six degrees of separation).*

Eine kritische Würdigung der Milgramschen Studie sowie weitere relevante Informationen finden sich in »The small world project« und /Kleinberg 00/.

Vergleich von Netzen

1998 veröffentlichten Steven H. Strogatz und Duncan J. Watts einen vielbeachteten Artikel in der Zeitschrift *Nature* /Watts, Strogatz 98/. Sie stießen damit eine breiter gefächerte Untersuchung von verschiedenen beobachtbaren und als Grafen abstrahierbaren Strukturen aufgrund einer zunächst unspezifisch als Gemeinsamkeit vermuteten Small-World-Eigenschaft an. In ihrer Arbeit betrachten sie eine Reihe von typischen aber scheinbar sehr unterschiedlichen Netzen wie dem Nervensystem des Wurms *C. elegans*, das Netz der Hochspannungsleitungen im Westen der USA (*power grid*) und Kooperationsgrafen von Filmschauspielern (siehe Beispiel (b)).

Watts und Strogatz untersuchten zwei Eigenschaften der diese Netze repräsentierenden ungerichteten Grafen G:

Die charakteristische Weglänge L(G) und den *Cluster*-Koeffizienten (*clustering coefficient*) C(G). Die **charakteristische Weglänge L(G)** eines zusammenhängenden ungerichteten Grafen G mit mindestens drei Knoten ist das arithmetische Mittel des grafentheoretischen Abstandes d(x,y) genommen über alle ungeordneten Paare von verschiedenen Knoten x,y von G.

Für die Definition des ***Cluster*-Koeffizienten** C(G) wird zunächst ein Knoten x des Grafen G betrachtet. Es sei N(x) die Menge aller Knoten von G, welche durch eine Kante mit x verbunden sind (Menge der Nachbarn von x) und deg(x) die Anzahl der ausgehenden Kanten. Die maximale Anzahl von Kanten, welche zwischen Knoten aus N(x) auftreten können, ist offenbar gleich deg(x)(deg(x)-1)/2. C(x,G) bezeichne den Quotienten der Anzahl der in G zwischen Knoten aus N(x) auftretenden Kanten und der maximal möglichen Anzahl deg(x)(deg(x)-1)/2 solcher Kanten. C(x,G) kann also als die Wahrscheinlichkeit dafür gedeutet werden, dass zwei zufällige Nachbarn von x selbst durch eine Kante in G verbunden sind. Der *Cluster*-Koeffizient C(G) ist das arithmetische Mittel von C(x,G) genommen über alle Knoten x von G.

Für jedes der drei oben genannten Beispiele verglichen Watts und Strogatz die sich ergebenden Werte für L(G) und C(G) mit den entsprechenden Erwartungswerten L_{random} und C_{random} eines zufälligen Grafen mit gleicher Knotenanzahl und gleichem Durchschnittsgrad. (Da der Kooperationsgraf nicht zusammenhängend ist, wurden L(G) und C(G) hier nur für die größte zusammenhängende Komponente dieses Grafen berechnet.) Obwohl dies in /Watts, Strogatz 98/ nicht ausdrücklich gesagt wird, kann davon ausgegangen werden, dass Watts und Strogatz für die zufälligen Grafen das **Erdös-Renyi-Modell** G(n,p) zu Grunde legen (siehe /Erdös, Renyi (a) 59/). Zusätzlich ist in der gleichen Übersicht der Graf der **signifikanten Kookkurrenzen** mit den genannten Eigenschaften abgebildet, wie er mit den im Wissensbaustein »Signifikante Kookkurrenzen« (S. 134) und im Wissensbaustein »Signifikante Kookkurrenzen – Beispiele und Anwend.« (S. 141) beschriebenen Verfahren entsteht.

	L(G)	L_{random}	C(G)	C_{random}
Kooperationsgraf	3,65	2,99	0,79	0,00027
Power grid	18,7	12,4	0,080	0,005
C. elegans	2,65	2,25	0,28	0,05
Kookkurrenzgraf	3,8	5	0,05	0,000001

Tab. 4.13-1: Vergleich mit dem Erdös-Renyi-Modell.

Die erhaltenen Ergebnisse zeigen, dass die charakteristische Weglänge aller Beispiele nicht wesentlich größer ist als die der entsprechenden zufälligen Grafen. Im Gegensatz dazu ist der *Cluster*-Koeffizient bei allen Beispielen um ein Vielfaches größer als bei den entsprechenden zufälligen Grafen. Dies zeigt insbesondere, dass das Erdös-Renyi-Modell zur Modellierung der genannten Grafen ungeeignet ist.

Angeregt durch die Untersuchungen von Watts und Strogatz wurden zunächst Grafen mit kleiner charakteristischer Weglänge und großem *Cluster*-Koeffizienten in der neueren Literatur als **Small-World-Grafen** bezeichnet.

Der Graf signifikanter Satzkookkurrenzen zum Beispiel hat einen verhältnismäßig hohen *Clustering*-Koeffizienten, selbst im Vergleich zum regelmäßigen Grafen. Darüber hinaus hat er kürzere Wege als der zufällige Graf. Weiterhin lässt sich beobachten, dass die häufigsten Wortformen auch mit den meisten anderen Wortformen verbunden sind, wobei seltenere Wortformen entsprechend dem **Zipfschen Gesetz** auch geringere *Clustering*-Koeffizienten besitzen, wie aus Abb. 4.13-1 ersichtlich ist.

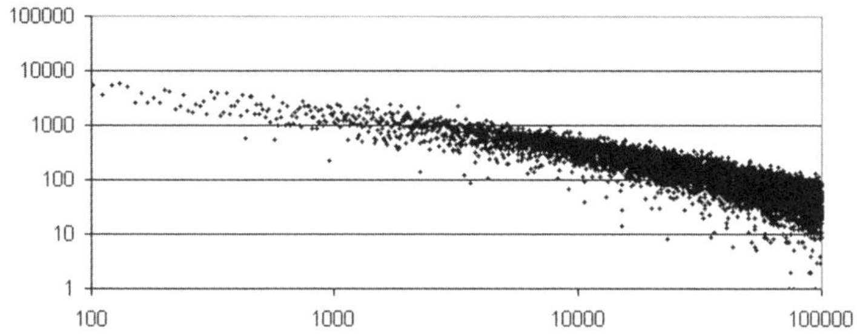

Abb. 4.13-1: Anzahl der Kookkurrenzen von Wortformen nach Häufigkeit sortiert.

Wie im Folgenden ersichtlich wird, zeigte es sich jedoch, dass die Small-World-Eigenschaft als solche damit noch nicht ausreichend beschrieben war.

Die Struktur des Webgrafen

In /Barabasi 00/, /Kleinberg et al.99/, /Kumar et al. 99 (a)/, /Kumar et al. (b) 99/ und /Broder et al. 00/ werden große Untergrafen des Webgrafen (Beispiel (c)) untersucht, insbesondere in Hinblick auf die reichhaltige aber bislang verhältnismäßig wenig genutzte Textressource, die das *Web* als solches darstellt. Dabei zeigt sich, dass zusätzlich zu den bisher betrachteten Kenngrößen der Weglänge und des *Cluster*-Koeffizienten die relativen Häufigkeiten $P_{out(k)}$ bzw. $P_{in(k)}$ von Knoten mit dem Ausgangs- bzw. Eingangsgrad k für einen großen Bereich von k weitgehend proportional zu einer geeigneten Potenz von k sind (*Power-law-Verteilung*), d.h.

$$P_{out}(k) \sim k^{\gamma_{out}}$$

$$P_{in}(k) \sim k^{\gamma_{in}}$$

Dabei ist

γ_{out} ungefähr 2,72 und

γ_{in} ungefähr 2,1

(Genauere Aussagen über den Bereich von k, für welchen P_{out} und P_{in} der *Power-law*-Verteilung folgen, findet der interessierte Leser in /Broder et al. 00, S. 315/).

Im Gegensatz zu der für den Webgrafen beobachteten *Power-law*-Verteilung ist der Grad deg(x) eines Knoten x im Erdös-Renyi-Modell G(n,p) binomial verteilt.

skalenfreies Netz

Da $P_{out}(k)$ und $P_{in}(k)$ für einen großen Bereich von k nicht von der Gesamtanzahl der Knoten des betrachteten Grafen abhängen, spricht man hier von einem **skalenfreien Netz**. Weiterhin zeigt diese Beobachtung, dass auch für sehr große Werte von k die Wahrscheinlichkeit, Knoten mit Eingangs- oder Ausgangsgrad > k zu finden, deutlich größer Null ist. Bezogen auf das WWW heißt dies, dass es »relativ viele« *Web-Sites* gibt, welche der Ausgangspunkt oder das Ziel »sehr vieler« Links sind.

Es sei an dieser Stelle erwähnt, dass *Power-law*-Verteilungen bereits wesentlich früher in anderen Disziplinen (Ökonomie, Soziologie, Linguistik, u.a.) beobachtet und untersucht wurden (vgl. /Broder et al. 00, S. 311/).

Semantische Netze

In einer psycholinguistischen Studie (/Steyvers, Tennebaum 02/) widmeten sich M. Steyvers und J. B. Tenenbaum der Frage nach der Struktur menschlichen lexikalischen Wissens: die meisten konventionellen Modelle für die Organisation lexikalischer Semantik gehen von einer hierarchischen (Baum-)Struktur aus, in der allgemeine Begriffe schrittweise in Unterbegriffe oder Teile zerlegt werden. Diese Annahme konnte von Steyvers und Tenenbaum weitgehend falsifiziert werden und dies stellt gleichzeitig ein erstes und wichtiges indirektes Resultat der Erforschung der **Small-World-Eigenschaft** dar.

semantische Netze

Die von Steyvers und Tenenbaum untersuchten Grafen (semantische Netze) wurden auf folgende Art und Weise gebildet:

- Eine Menge von über 5000 Wortformen bildete die Knotenmenge des Grafen
- Diese Wortformen wurden einer Gruppe von Versuchspersonen vorgelegt, welche zu jeder Wortform x diejenige Wortform y aufschreiben sollten, die ihnen als erstes dazu einfiel (z.B. »Hund«, wenn »Katze« vorgegeben war)
- Eine – gerichtete oder ungerichtete – Kante zwischen zwei Wortformen x und y wurde genau dann eingefügt, wenn mindestens zwei Versuchspersonen x und y miteinander assoziiert hatten (für den ungerichteten Fall unabhängig davon, welches der beiden das Stimuluswort war).

Es zeigte sich, dass der so erhaltene (ungerichtete) Graf zusammenhängend war, obwohl jede Wortform im Mittel nur mit 22 anderen verbunden war. Ähnlich wie bei den von Watts und Strogatz untersuchten Grafen wurde zudem deutlich, dass der semantische Netzgraf eine kurze charakteristische Weglänge und einen hohen Cluster-Koeffizienten aufweist: zwei Wortformen sind im Mittel über nur zwei (teilweise recht verblüffende) »Zwischenstationen« miteinander assoziiert und C(G) liegt um ein Vielfaches höher als in einem entsprechenden Zufallsgrafen. Schließlich wurde auch die Verteilung der Knotengrade des Assoziationsgrafen betrachtet und es stellte sich heraus, dass sie in einem sehr großen Bereich einem *Power-law* mit Exponent

$$\gamma \approx 3$$

folgt.

Werden die im Beispiel von Abschnitt 1 beschriebenen Wortgrafen genauer untersucht, so werden die gleichen Ergebnisse erreicht. Steyvers und Tenenbaum untersuchten auch zwei manuell erstellte lexikalische Ressourcen (WordNet und Roget's Thesaurus) und fanden dort ebenfalls sehr ähnliche Strukturen.

Organisation des Gedächtnisses

Diese Beobachtungen legen die Vermutung nahe, dass Wortformen im menschlichen Gedächtnis nicht in hierarchischen Strukturen organisiert sind, sondern vielmehr in *Clustern*, d.h. Untergrafen mit hoher Verbundenheit, in denen zwei Nachbarn eines Knotens mit hoher Wahrscheinlichkeit selbst wieder Nachbarn sind. Diese *Cluster* von (bedeutungsähnlichen) Wortformen sind jedoch über einzelne Kanten (z.B. durch mehrdeutige Wortformen) miteinander verbunden, so dass kurze Wege im Grafen entstehen.

Diese Art der Organisation scheint einen optimalen Kompromiss zwischen schneller Erreichbarkeit von Information und geringem Speicheraufwand (in Form von Anzahl der Kanten) darzustellen.

Schließlich deutet das *power-law* darauf hin, dass es einige Wortformen mit extrem hohem Knotengrad gibt: Steyvers und Tenenbaum stellen die Hypothese auf, dass es sich hierbei um diejenigen Wortformen handelt, die als erstes gelernt werden. Diese Wortformen sind gleichzeitig die häufigsten und »funktionalsten«, was unter anderem in ihrer Funktion als syntaktische Mittel (im Gegensatz zu inhaltstragenden Wortformen) für die Konstruktion von Sätzen begründet sein kann.

4.14 Disambiguierung *

Die Mehrdeutigkeit von Wortformen ist durch abgrenzbare Unterschiede im Gebrauch feststellbar. Für die Sprachverarbeitung werden zwei Komponenten benötigt: Ein Lexikon mit Unterscheidungen zwischen den Bedeutungen, sowie ein Algorithmus, welcher eine konkrete Verwendung einer Wortform der richtigen Lexikonbedeutung zuordnet. Um ein Lexikon mit Bedeutungsunterschieden automatisch zu erstellen, werden in Grafen für signifikante Kookkurrenzen unterscheidbare Strukturen genutzt. Die Mehrdeutigkeiten werden dann mit Hilfe von *Cluster*-Algorithmen automatisch extrahiert. Um einen Gebrauch einer mehrdeutigen Wortform in einem konkreten Fall der richtigen Bedeutung zuzuordnen, werden die restlichen Wortformen und ihre Definitionen im Lexikon genutzt.

Mehrdeutigkeit von Wörtern

Das Problem der **Ambiguität (Mehrdeutigkeit)** von Wortformen stellt sich auf fast jeder sprachlichen Ebene.

Wenn in einem Satz die Wortform »Ton« vorkommt, ist damit nun der Ton aus einer Tongrube gemeint oder doch eher ein Laut? Oder vielleicht gar Tonfall, in dem Menschen miteinander kommunizieren. Wenn nur die Wortform gegeben wäre, könnte selbst ein Mensch niemals entscheiden, welche Bedeutung gemeint ist, denn dazu braucht auch er stets einen Kontext in Form von mindestens einer Phrase (schon »hoher Ton« ist eindeutig!).

Der Prozess, diese Mehrdeutigkeit in einem gegebenen Kontext aufzulösen wird **Disambiguierung** genannt und lässt sich in zwei Stufen einteilen.

Zunächst einmal muss eine Art Nachschlagewerk vorhanden sein bzw. erstellt werden, welchem die verschiedenen möglichen Bedeutungen einer Wortform bekannt sind (*lexical word sense disambiguation*). Danach muss aufgrund des Kontextes entschieden werden, welche von den möglichen Bedeutungen momentan benutzt wird.

In der Computerlinguistik wird als Nachschlagewerk für das Englische meist WordNet (`http://www.cogsci.princeton.edu/~wn/`) und für das Deutsche GermaNet (`http://www.sfs.uni-tuebingen.de/lsd/`) genommen. Beide enthalten semantische Hierarchien gebildet aus Relationen wie etwa »ist-ein« (Hyperonymie) oder »ist-Teil-von« (Meronymie). WordNet enthält zusätzlich umfangreiche Bedeutungsdefinitionen.

Diese manuell erstellten Nachschlagewerke haben allerdings den Nachteil, dass sie Bedeutungsunterscheidungen nach Belieben des Autors beinhalten. Diese muss nicht unbedingt mit dem tatsächlichen Gebrauch der Wortformen übereinstimmen. Diese Unterteilungen sind als Werkzeuge für linguistische Aufgaben, wie semantisches *Parsen* von Texten oder Bedeutungs-Frequenzzählungen gut einsetzbar, im *Information Retrieval*-Bereich wegen der geringen Abdeckung allerdings selten von großer Bedeutung. Deshalb gibt es Ansätze, diese manuell erstellten Nachschlagewerke mit automatischen Mitteln zu erweitern, oder aber die verschiedenen Bedeutungen einer Wortform in einer Textkollektion komplett automatisch vorzuberechnen.

Basistext

Erkennen der Bedeutung einer Wortform in einem Satz

Wenn ein Nutzer einer Suchmaschine als Anfrage »hoher Ton« eingibt, dann sollte idealerweise diese Suchmaschine nur nach Dokumenten aus dem Bereich Musik, nicht aber Geologie suchen, da hiermit offenbar nur die eine Bedeutung der Wortform Ton gebraucht wurde. Dazu müsste aber jedes Vorkommen dieser Wortform in Dokumenten daraufhin markiert werden, welche Bedeutung konkret benutzt wird. Da ein Satz fast immer genügend kontextuelle Information liefert, um eine Wortform vollständig zu disambiguieren, lässt sich diese Aufgabe verallgemeinern als die Klassifizierung der Bedeutung einer Wortform in einem Satz. Diese Aufgabe wird in der Literatur *word sense disambiguation* genannt.

verschiedene Verfahren

Einer der ersten Versuche, diese Problematik zu lösen, wurde von Lesk /Lesk 86/ vorgestellt. Dabei wurde eine **Phrase als Eingabe** genommen, die für jede Wortform mit einer Markierung versehen wurde, welche Bedeutung in dieser Phrase gemeint war. Die Markierungen wurden aufgrund einer Zählung von übereinstimmenden Wortformen zwischen den Bedeutungsdefinitionen einer Wortform und den Bedeutungsdefinitionen der anderen Wortformen vergeben. Dabei werden alle Kombinationen unabhängig voneinander ausprobiert und die Kombination mit den meisten Treffern ausgewählt.

Evaluiert werden derartige Algorithmen zum Beispiel mit Senseval-2 (`http://www.itri.brighton.ac.uk/events/senseval/`), welches ein Korpus ist, bei welchem jede Wortform manuell mit ihrer gerade vorliegenden Bedeutung markiert ist. Zusätzlich sind jeweils einige **Kontextsätze** verfügbar. Die Effektivität des ursprünglichen Lesk-Algorithmus und kleinerer Modifikationen davon liegt zwischen 16 und 23 Prozent.

Verbesserungen, wie etwa von /Banarjee, Pedersen 02/ oder /Rosso et al. 03/ vorgeschlagen, versuchen hingegen auch weitere in **WordNet** vorhandene Informationen auszunutzen, wie etwa die **semantischen Hierarchien**. So wird eine gewisse Bedeutung auch dann ausgewählt, wenn zwar nicht genug Wortformen einer Definition direkt übereinstimmen, so doch aber von Definitionen über- oder untergeordneter

Wortformen. Damit lassen sich dann höhere Effektivitäten erreichen, wie etwa 32 Prozent bei /Banarjee, Pedersen 02/.

Problematisch für diesen Bereich ist allerdings, dass sämtliche Algorithmen schlechter oder zumindest nicht wesentlich besser sind als ein einfaches ***Baseline*-Verfahren**.

Dieses besteht darin, dass zu den verschiedenen Bedeutungsdefinitionen einer Wortform in **WordNet Häufigkeitsangaben** existieren, die angeben, wie häufig eine bestimmte Bedeutung einer Wortform im Vergleich zu den anderen ist. Wählt man immer die häufigste aus, erreicht dieser Mechanismus sehr gute Resultate.

Erstellen eines Nachschlagewerkes für Bedeutungsunterscheidungen

Eine gedruckte oder online verfügbare Ressource, in welcher die verschiedenen Bedeutungen einer Wortform nachgeschlagen werden können, wird hier kurz Nachschlagewerk genannt. Dieses kann manuell oder begrenzt auch automatisch erstellt werden.

Erkennen von Mehrdeutigkeiten

Ob die manuelle oder die automatische Erstellung eines Nachschlagewerkes zu bevorzugen ist, hängt vom Einzelfall ab. Durch den Einsatz von *Text Mining* können automatisch generierte Nachschlagewerke von Vorteil sein, da sie domänenspezifisch berechnet werden können. Zum Balancieren eines Korpus können Algorithmen zum automatischen Berechnen von derartigen Nachschlagewerken ebenfalls eingesetzt werden – die Disbalance in den berechneten Bedeutungen von einigen ausgewählten mehrdeutigen Wortformen liefert Hinweise darauf, welche thematischen Teile eines Korpus über- oder unterrepräsentiert sind. Schließlich kann es oft bereits von Nutzen sein, wenn überhaupt erkannt werden kann, dass eine Wortform mehrdeutig ist.

Manuelles Erstellen des Nachschlagewerkes

Beispiel

Wenn ein Nachschlagewerk für Bedeutungsunterscheidungen manuell oder semi-manuell erstellt wird, muss ein Mensch entscheiden, was zwei verschiedene Bedeutungen einer Wortform sind und was nicht. Für die Wortform

»*space*« finden sich in WordNet neun Definitionen, unter anderem die folgende:

»*... the unlimited 3-dimensional expanse in which everything is located;*«

Sie fasst damit in einer Bedeutung jeglichen dreidimensionalen Raum zusammen, also den »Weltraum,« den »Raum, der in einem Büro vermietet werden kann« und den »Luftraum« über einer Stadt.

Es stellt sich demnach die Frage, ob eine derartige Bedeutungsdifferenzierung überhaupt durchgeführt werden muss oder nicht. Dies ist insbesondere eine Frage des praktischen Nutzens.

Für manche Bereiche, wie etwa Journalistik, kann es durchaus sinnvoll sein, den dreidimensionalen Raum auch weiterhin zu unterteilen, für andere wiederum kann es sogar schädlich sein. Im Idealfall wird demnach stets eine domänenspezifische Sicht auf die Bedeutungen benötigt.

An dieser Stelle wird die begrenzte automatische Generierung des Wörterbuches bedeutsam, da sie mit wesentlich weniger Aufwand verbunden ist und für eine gegebene Dokumentensammlung auch eine für diese Dokumente spezifische Sicht auf die einzelnen Bedeutungen einer Wortform ermittelt.

Automatisches Erstellen eines Nachschlagewerkes

Analyse signifikanter Satzkookkurrenzen

Zum automatischen Erstellen eines Nachschlagewerkes wird mit statistischen Mitteln, wie etwa der **Analyse der signifikanten Satzkookkurenzen**, beobachtet, in welchen Zusammenhängen jede Wortform benutzt wird. Dabei wird zu jeder Wortform eine Menge von anderen Wortformen berechnet, die mit dieser auffällig oft zusammen in Sätzen erscheinen (vgl. Wissensbaustein »Signifikante Kookkurrenzen« (S. 134)).

Wenn nun jede Wortform als ein Knoten in einem Grafen betrachtet wird, so sind zwei Wortformen genau dann miteinander verbunden, wenn sie Kookkurrenten voneinander sind, d.h. dass sie oft genug gemeinsam in Sätzen auftraten.

Der entstehende Graf hat die ***Small World*-Eigenschaft** (vgl. Wissensbaustein »Small Worlds und skalenfreie Netze« (S. 172)), d.h. er besitzt abgrenzbare Gruppierungen von miteinander stark verbundenen Knoten. Dabei kann ein Knoten auch gleichzeitig Mitglied in mehreren ansonsten voneinander getrennten derartigen Gruppierungen sein, wie an dem Beispiel »Block« demonstriert werden kann (Abb. 4.14-1).

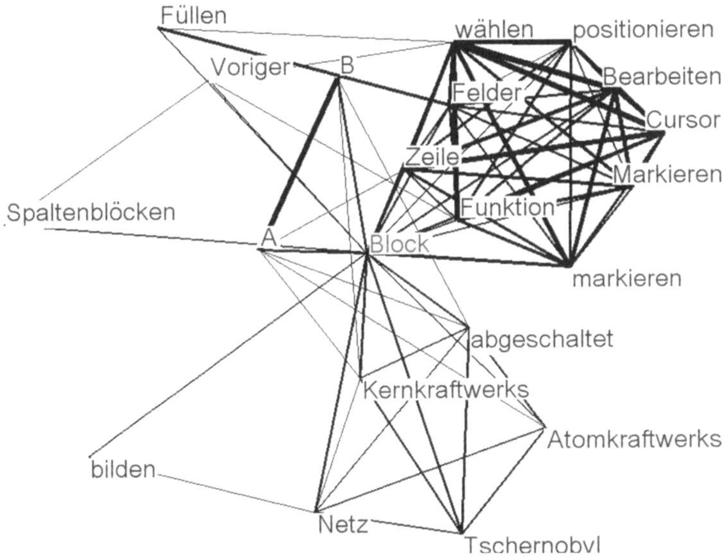

Abb. 4.14-1: Graf der signifikanten Kookkurrenten für »Block«.

Auswertung von Knotenmengen

Um einen Eintrag für das zu generierende Wörterbuch zu erhalten, reicht es nun, diese Gruppierungen, bei denen eine gegebene Wortform Mitglied ist, algorithmisch zu extrahieren, wie etwa in /Bordag 03/.

Dabei werden **Standard-*Cluster*-Verfahren** über Schnittmengen von signifikanten Kookkurrenten verwendet, wie sie in Wissensbaustein »Clustering-Verfahren« (S. 196) beschrieben werden.

Es werden dafür stets drei Wortformen genommen, die Schnittmenge ihrer signifikanten Kookkurrenten gebildet und davon ausgegangen, dass diese entweder leer ist (wenn die drei Wortformen inhaltlich nichts miteinander zu tun haben), oder umgekehrt eine inhaltlich einheitliche Wortgruppe enthalten, wenn die drei Wortformen zusammen ein einheitliches Thema beschreiben. Die drei Wortformen wiederum ergeben sich stets aus der Eingabewortform und zwei zufällig (oder anderweitig) gewählten Kookkurrenten.

Im Überblick lässt sich dieser Algorithmus folgendermaßen darstellen:

Algorithmus

1. Berechne alle signifikanten Kookkurrenten K der Eingabewortform w
2. Bilde Tripel aus w und jeweils zwei Elementen k_1 und k_2 aus K
3. Berechne alle signifikanten Kookkurrenten von k_1 und k_2
4. Bilde die Schnittmenge der signifikanten Kookkurrenten von w, k_1 und k_2
5. Gehe zu 2. bis alle möglichen Tripel behandelt wurden, behalte jeweils die Schnittmengen aus 4
6. Clustere Schnittmengen
7. Die entstandenen *Cluster* gib als Ergebnis aus

Die dabei erhaltenen *Cluster*, also die dadurch repräsentierten Wortmengen ergeben dann die Einträge des Nachschlagewerkes.

Beispiel Graf-Cluster für »Block«

- »Atomkraftwerks«, »Kernkraftwerks«, »Tschernobyl«, »Netz«, »A«, »B«, »abgeschaltet«, »bilden«, ...
- »Bearbeiten«, »Cursor«, »Felder«, »füllen«, »Funktion«, »Markieren«, »markieren«, »positionieren«, »Spaltenblöcken«, »voriger«, »wählen«, »Zelle«, ...

Die auf diese Art und Weise entstandenen Einträge sind keine natürlichsprachigen Bedeutungsdefinitionen. Statt dessen sind es Mengen von Wortformen, die für den jeweiligen Kontext relevant sind und auch in diesem benutzt werden. Aus diesem Grund können diese »Definitionen« direkt weiter verwendet werden, obwohl sie nicht ausformuliert wurden.

In der Tat werden in den meisten Algorithmen selbst natürlichsprachige Definitionen, wie sie etwa aus **WordNet** stammen, lediglich als Wortmengen betrachtet, nachdem Funktionswörter entfernt worden sind.

Allerdings haben derartige Verfahren den Nachteil, dass sie die Bedeutungsunterscheidungen, die sie generieren, nicht benennen können. Weiterhin sind die Ergebnisse teilweise recht unerwartet, es werden Bedeutungsunterscheidungen gefunden, die vorher nicht vermutet wurden, andererseits wiederum Bedeutungsunterscheidungen nicht gefunden, obwohl sie offensichtlich sind, denn im zu Grunde liegenden Textkorpus kam die entsprechende Bedeutung nicht oder nicht oft genug vor.

Beispiel

Ein typisches Beispiel ist die Wortform »Stich«. Während in jedem manuell erstellten Nachschlagewerk die Bedeutung »Kupferstich« von »Stich« nachgeschlagen werden kann, wird diese selten berechnet. Im Gegenzug wird stets die Bedeutung »Michael Stich« berechnet, welche dann allerdings im manuell erstellten Nachschlagewerk fehlt.

Schließlich können die Ergebnisse nur domänenspezifisch sein, d.h. wenn bestimmte Unterscheidungen gesucht werden, die in den zu Grunde liegenden Texten nicht enthalten sind, können sie auch nicht errechnet werden.

4.15 *Communities* **

Thematisch verwandte Webseiten werden unter dem Begriff »*Community*« zusammengefasst. So einfach dieser Begriff für Menschen fassbar ist, so schwierig gestaltet sich eine genaue Definition dieses Begriffs und seine praktische Nutzung. Allgemein gesprochen sind *Communities* Unterstrukturen von Grafen. Ein besonderes Merkmal von *Communities* ist, dass Autoren von Webseiten einer *Community* auf ihren Webseiten auffällig oft Links zu anderen Webseiten der gleichen *Community* angeben.

Mit *Community* wird im Internet eine Sammlung von ***Web-Sites*** bezeichnet, die Inhalte zu ein und demselben Thema bieten und sich auf einander beziehen. Zwischen Ihnen besteht eine charakteristische Linkstruktur, die mit grafentheoretischen Mitteln gemessen und berechnet werden kann /Gibson et al. 98/.

Motivation

Suchstrategien

Das Wissen über *Communities* stellt ein wichtiges Werkzeug zur Suche von Informationen im Web dar. So wird niemand zufällig Links ausprobieren, um zu einer *Web-Site* zu gelangen, die sein Informationsbedürfnis befriedigt. Vielmehr wird der Nutzer versuchen, zunächst mittels einer Suchmaschine eine *Web-Site* zu finden, die sich mit dem gesuchten Thema beschäftigt. Danach wird er auf dieser oder ähnlichen *Web-Sites* Links zu anderen, verwandten Seiten suchen. Dass diese Suchstrategie zu potentiell schnellerem Erfolg führt, als die der zufälligen Suche, liegt daran, dass Links auf einer *Web-Site* nicht zufällig gesetzt werden. Statt dessen stellt die Auswahl der Links geistige Arbeit des Autors dar, die darauf gerichtet ist, einem potentiellen Nutzer dieser *Web-Site* das Navigieren einfacher zu gestalten.

Dementsprechend wird von Suchmaschinen-Anbietern versucht, das Wissen um den Erfolg dieser Strategie explizit nutzbar zu machen. Um dies zu erreichen, sollten Algorithmen in der Lage sein, mit der aus dem Begriff abgeleiteten Struktur hinreichend gut umzugehen. Dazu wird stets eine Definition einer *Community* gegeben, zu der ein Algorithmus mit möglichst günstigem Laufzeitverhalten existiert, der diese konkrete Art von *Communities* finden kann.

Wie durch die Gruppierungen von Wortformen eines automatisch berechneten Wortgrafen in der Abb. 4.15-1 deutlich wird, scheint auch die Sprache sich in *Community*-ähnliche Strukturen zu organisieren. Erkenntnisse aus den *Webanalysen* zum Thema *Communities* könnten demnach von großem Nutzen für die Sprachtechnologie sein. Andererseits kann auch die Sprachtechnologie ihren Teil zum Erkennen von *Communities* im Web anhand von Sprachbesonderheiten leisten.

Grafentheoretische Ansätze

Definition Clique

Eine **Clique** stellt einen Subgrafen dar, bei welchem alle Knoten direkt miteinander verbunden sind.

Der einfachste Ansatz, eine *Community* grafentheoretisch zu erfassen, ist der, eine **Clique** in dem Grafen als mögliche *Community* zu betrachten.

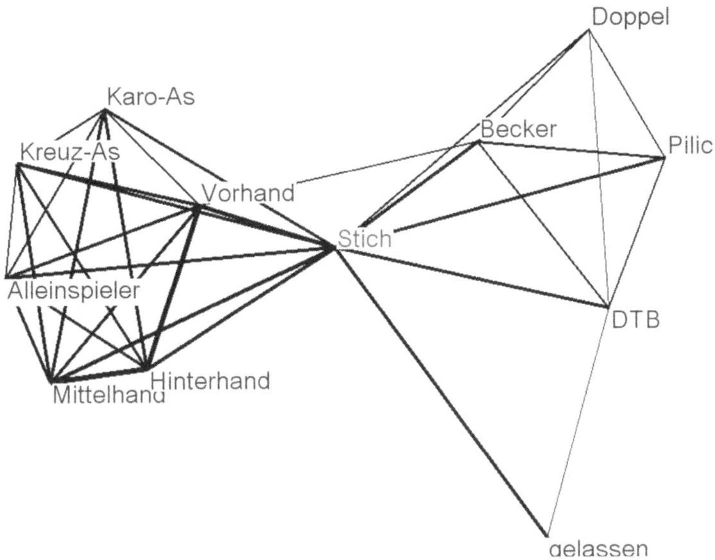

Abb. 4.15-1: Graf der signifikanten Kookkurrenten für »Stich«.

Dieser Ansatz hat allerdings zwei wesentliche Probleme:

Erstens ist das Suchen von Cliquen auf größeren Grafen nicht praktikabel, weil es zur Problemklasse der NP-vollständigen Algorithmen gehört /Garey 79/ und damit nicht effizient zu realisieren ist.

Zweitens ist die Bedingung, dass alle Knoten miteinander verbunden sein müssen, zu stark. Es ist zu unwahrscheinlich, dass wirklich jedes Mitglied einer *Community* jedes andere kennt bzw. jede *Web-Site* einer Web-*Community* alle anderen »kennt« und entsprechend verlinkt ist.

Authorities und *Hubs*

Ein erster Ansatz, diese Bedingungen – das Zusammenhängen der Mitglieder in nicht perfekten Cliquen – entsprechend einzukalkulieren, wurde in /Kleinberg 99/ formuliert und ist verwandt mit dem ***Page-Rank*-Algorithmus**, siehe /Page 97/, bzw. /Brin, Page 98/, der bei der bekannten Suchmaschine Google (`http://www.google.de`) verwendet wird.

Hier sollen zwei Eigenschaften von Knoten unterschieden werden, die der *hub nodes* (Verteilerknoten) und die der *au-*

thority nodes (autoritäre Knoten). Dabei gilt, dass ein Knoten umso wichtiger ist, je mehr andere auf ihn verlinken. Dagegen stehen Knoten, die deshalb wichtig sind, weil sie viele andere Knoten verlinken (Abb. 4.15-2).

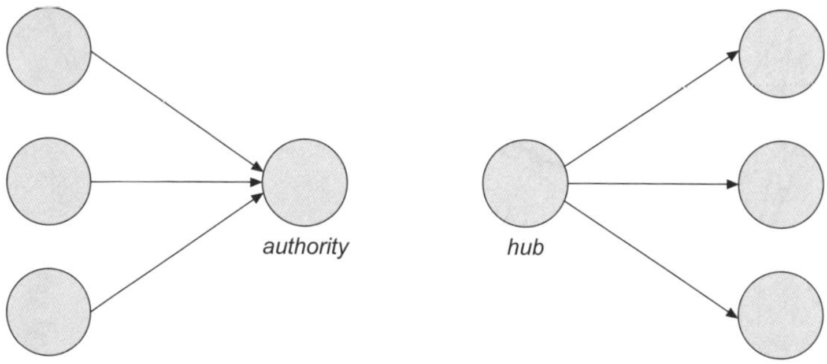

Abb. 4.15-2: Hubs und Authorities.

Jeder Knoten bekommt dabei schrittweise eine *Authority-* und eine *Hub-*Bewertung. Die Bewertungen ergeben sich dabei gegenseitig und es werden zuerst die *Authority-*Knotengewichte bestimmt, wonach sich die *Hub-*Knotengewichte aus den *Authority-*Gewichten ihrer Nachbarn ergeben. Dieser Algorithmus findet *Communities*, indem mittels einer Suchanfrage an eine herkömmliche Suchmaschine eine Menge von *Web-Sites*, Wurzelmenge genannt, nach *Authority-* und *Hub-*Gewicht sortiert ausgegeben wird. Die jeweils höchsten *Web-Sites* stellen dann den **Kern** der zu **der Suchanfrage** passenden *Community* dar.

Eine Erweiterung dieses Algorithmus ist der **HITS-Algorithmus**, im Weiteren **HITS** genannt. Dies wird in /Chakrabarti et al. 98/ vorgeschlagen. Es wird eine Kantengewichtung der Links eingeführt, die auf einem Ähnlichkeitsmaß zwischen den jeweiligen *Web-Sites* und der ursprünglichen Suchanfrage beruht. Dieser und die im Weiteren beschriebenen Algorithmen eignen sich dazu, für eine bestimmte Domäne *Communities* zu extrahieren, um zum Beispiel eine Sammlung von domänenspezifischen Texten anzulegen.

Erweiterungen von HITS

Eine weitere Eigenschaft des **HITS-Algorithmus** ist jedoch die, dass nur eine *Community* in Bezug auf eine Suchanfrage gesucht und gefunden werden kann. /Kumar et al. 99 (a)/ geben einen erweiterten Algorithmus an, welcher aus dem gesamten Web *Communities* unabhängig von einer Suchanfrage in linearer Zeitkomplexität findet. Ihr Begriff von *Community* ist eng mit dem Begriff der Ko-Zitierung verbunden. In der Bibliometrie ist es üblich, Veröffentlichungen im Hinblick darauf zu vergleichen, wie oft sie zusammen in einer anderen Veröffentlichung zitiert werden. Dementsprechend lässt sich eine *Community* als ein dichter gerichteter, in zwei Teile teilbarer Graf charakterisieren (Menge der autoritären Knoten, Menge der *Hubs*). In einer *Community* haben die meisten Teilnehmer (*Web-Sites*) Links zu einigen autoritären Quellen (die »Zentralen« der *Communities*).

Beispiel zu Communities

Ein gutes Beispiel sind **Fanseiten** zu einem beliebigen Thema. Es gibt meist eine offizielle Seite, sowie einige größere seriösere Fanseiten. Dazu gibt es eine große Menge kleiner privater *Web-Sites*, die sich jeweils mit einem Ausschnitt dieser *Community* aktiv beschäftigen, dennoch aber Links zu allen oder fast allen größeren Seiten, sowie der offiziellen Seite haben, selten oder in nicht wesentlichem Umfang aber untereinander (Abb. 4.15-3).

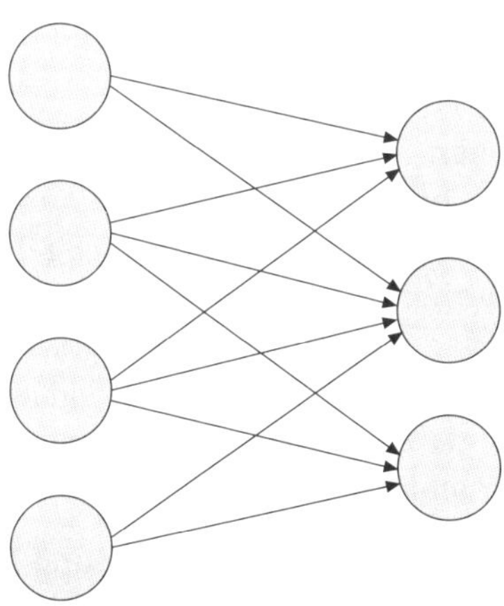

Abb. 4.15-3: Teilbarer Subgraf als Community.

Das *Spreading Activation*-Modell

Die bislang vorgestellten Begriffe von *Community* und die Algorithmen, die entsprechend dieser Definitionen *Communities* finden können, haben zwei wichtige Nachteile.

Erstens ist ein Knoten, der einmal einer *Community* zugeordnet ist, nicht mehr für andere *Communites* verfügbar, kann also nicht gleichzeitig in zwei *Communities* Mitglied sein.

Zweitens sind die bislang vorgestellten möglichen *Community*-Strukturen sehr zentralistisch veranlagt – »demokratischere« *Communities* ohne deutliche zentrale Punkte würden davon nicht erfasst werden. Selbst die naive Variante von Cliquen als *Communities* wird davon ausgeschlossen, was nicht problematisch ist, weil sie in der Praxis selten genug auftreten.

Neben den genannten Algorithmen stehen noch andere Ansätze wie der von /Piroli et al. 96/ zur Verfügung. Hierbei wird versucht, ein ***Spreading-Activation-Modell*** einzuführen, wobei eine Menge von wichtig erachteten Quellknoten (wieder etwa mit Hilfe einer Suchmaschine ermittelt) als Quelle der Aktivierung gilt. Von diesen Quellknoten wird dann »Energie« in das Netzwerk geschickt, die diese an ihre Nachbarknoten verteilen, wobei für die Berechnung der Verbindungen zwischen den Knoten des Netzwerkes die Linkstruktur der *Web-Sites*, Textähnlichkeit und Gebrauchsstatistiken verwendet wurden.

Communities sollen sich gegenseitig verstärken, da sie mehr untereinander verbunden sind, als nach außen hin, so dass sie zum Schluss über den Aktivierungspegel gefunden werden können. Hierbei gibt es aber einerseits das Problem, die Quellknoten festzulegen und andererseits das Problem, dass der Erfolg des *Spreading-Activation*-Modells sehr von der geschickten, datenabhängigen Parametereinstellung abhängt und die Ergebnisse somit nicht stabil sind.

Ein sehr grafentheoretisch motivierter und einleuchtender Versuch ist, einen *Min-cut* auf einem Grafen zu finden /Flake et al. 02/.

Zum Abschluss ist noch erwähnenswert, dass alle herkömmlichen *Cluster*-Algorithmen (vgl. Wissensbaustein »Clustering-Verfahren« (S. 196)) ebenfalls geeignet sind, *Communities* zu erkennen. Als Eigenschaften, aufgrund derer eine Clusterung vorgenommen werden kann, eignen sich vor allem die Liste der ein- und ausgehenden Links, sowie der Inhalt der Seite. Da es sich aber meist um Untersuchungen des Web handelt, sind sie nicht effizient anwendbar, da die Laufzeit eines *Cluster*-Algorithmus meist kubisch, mindestens aber quadratisch (*single pass*) ist.

Eigenschaften von Algorithmen zur Beschreibung von *Communities*

Die bislang genannten Möglichkeiten zur algorithmischen Beschreibungen von *Communities*, lassen sich in der folgenden Liste von Merkmalen zusammenstellen:

Eigenschaften

- **Strukturen:** Eine *Community* kann viele verschiedene Linkstrukturen haben, und sie alle sollten in etwa gleichberechtigt und auffindbar sein. Diese Strukturen sind vor allem selten in der prototypischen Form anzutreffen – eine Definition, die an dieser Stelle Unschärfe erlaubt, ist demnach besser. Zu möglichen Strukturen zählen unter anderem:
  - ☐ Zentralistische Strukturen (*Authority/Hubs*)
  - ☐ Webringe
  - ☐ »demokratische« Formen
- **Enthaltensein:** *Communities* können Bestandteil von anderen, größeren *Communities* sein und zwar genau dann, wenn alle Mitglieder einer *Community* auch gleichzeitig Mitglied einer anderen sind und die andere noch weitere Mitglieder zusätzlich besitzt.
- **Relationen:** *Communities* können untereinander in Beziehung stehen bzw. zwischen zwei *Communities* kann es im Vergleich zu anderen *Community*-Paaren spezielle Verbindungen geben. Welcher Art diese Relationen dabei sind, bleibt hier unspezifiziert.
- **Kardinalität:** Ein Knoten muss nicht Mitglied genau einer *Community* sein, kann also Mitglied keiner bis beliebig vieler *Communities* sein.

- **Natürlichkeit**: Schließlich sollte eine bestimmte Definition einer *Community* immer noch dem intuitiven Begriff von *Community* entsprechen.

Ein Algorithmus, der eine derartige *Community* finden können soll, muss ebenfalls einige Eigenschaften aufweisen:

- **Stabilität:** Der Algorithmus sollte nicht bei geringfügig veränderten Parametereinstellungen stark abweichende Ergebnisse liefern.
- **Laufzeit:** Das Laufzeitverhalten sollte zwischen dem linearen (wenn auch mit großer Konstante) und quadratischen Bereich liegen, da sonst bereits herkömmliche *Cluster*-Algorithmen genommen werden könnten, deren Komplexität meist zwischen quadratischem und kubischem Bereich liegt.

5 *Clustering* *

Eine Menge von Texten kann durch ***Clustering*-Verfahren** nach vorgegebenen Kriterien in Teilmengen eingeteilt werden. Alle Texte, die einer bestimmten Teilmenge, d.h. einem *Cluster*, zugeordnet werden, sollten sich einerseits im Hinblick auf die vorgegebenen Kriterien möglichst ähnlich sein. Andererseits sollten sie sich von den Texten, die einem anderen *Cluster* zugeordnet werden, möglichst stark unterscheiden.

Das *Clustern* von Texten ist ein grundlegendes Verfahren des ***Text Mining***. Im Unterschied zur automatischen Textklassifikation, bei der das Klassifikationsschema vorgegeben sein muss, werden beim *Clustern* von Texten die *Cluster* aus der inhaltlichen Struktur der zugrunde gelegten Textkollektion selbst abgeleitet.

Die Grundlagen des *Clustering* werden im Wissensbaustein »Clustering-Verfahren« (S. 196) erläutert. Für das *Text Mining* ergeben sich aus dem *Clustering* von Texten Anwendungen bei der Berechnung der Ähnlichkeit von Dokumenten und der Ähnlichkeit von Wörtern, wie sie im Wissensbaustein »Dokumentenähnlichkeit« (S. 201) und im Wissensbaustein »Clustern von Wortformen« (S. 209) beschrieben werden.

Von besonderer praktischer Bedeutung ist die Auswahl der Wortformen, die als Merkmale für das *Clustering* verwendet werden. Im Wissensbaustein »Merkmalsextraktion« (S. 220) werden grundlegende **Aspekte der Merkmalsextraktion** diskutiert. Insbesondere kann die Anzahl von Wortformen, die für das *Clustern* von Texten verwendet werden müssen, erheblich reduziert werden, wenn nur statistisch auffällige Wortformen gewählt werden, die nach dem Verfahren der **Differenzanalyse** (vgl. Wissensbaustein »Differenzanalyse« (S. 95)) ermittelt worden sind.

5.1 *Clustering*-Verfahren *

Im Zusammenhang mit Korpora werden *Clustering*-Verfahren genutzt, um semantisch ähnliche Wörter oder Dokumente zu ermitteln. Eine *Cluster*-Analyse teilt eine Menge von Elementen in homogene Teilmengen ein. Die zu bildenden Teilmengen werden aus den Eigenschaften der Elemente selbst abgeleitet. *Clustering*-Verfahren können hierarchisch oder nicht-hierarchisch arbeiten und die einzelnen Elemente hart oder soft den Teilmengen zuordnen.

Bei der ***Cluster-Analyse*** wird eine Menge von Elementen (Daten, Objekte) in *Cluster* (Teilmengen, Gruppen, Klassen, Kategorien) eingeteilt, die einen natürlichen Zusammenhang zwischen den Elementen widerspiegeln sollen. Die *Cluster* werden dabei – im Gegensatz zur Vorgehensweise bei der **Klassifikation** (vgl. /Sebastiani 02/) – aus der Struktur der zu analysierenden Datenmenge selbst abgeleitet.

Die Einteilung sollte folgenden Bedingungen genügen (vgl. /Höppner et al. 97/):

- Homogenität innerhalb der *Cluster*: Die Elemente eines *Clusters* sollten untereinander möglichst ähnlich sein.
- Heterogenität zwischen den *Clustern*: Elemente aus verschiedenen *Clustern* sollten zueinander möglichst unähnlich sein.

Je nach Fragestellung und zu analysierendem Datenbestand sind die passenden Merkmale/Eigenschaften der Elemente auszuwählen und ist ein adäquates **Ähnlichkeitsmaß** festzulegen.

ähnliche Dokumente

Soll etwa eine Menge von Dokumenten bzw. Texten bewertet werden, dann könnten Dokumente als ähnlich gelten, die

- die *gleiche Länge* besitzen. Zwei Dokumente sind um so unähnlicher, je mehr sich ihre Längen voneinander unterscheiden. Ein solches Kriterium ist zwar einfach zu realisieren, aber praktisch nicht sinnvoll.
- über *Sachverhalte aus dem gleichen Fachgebiet* berichten. Werden jeweils die wichtigen Begriffe in den Dokumen

ten identifiziert, dann sind zwei Dokumente um so unähnlicher, je geringer der gemeinsame Anteil an wichtigen Begriffen ist (vgl. Wissensbaustein »Dokumentenähnlichkeit« (S. 201)).

ähnliche Wortformen

Soll hingegen eine Menge von Wortformen analysiert werden, dann könnten Wortformen als ähnlich gelten, die

- das *gleiche Ende* besitzen. Zwei Wortformen sind dann um so unähnlicher, je mehr Buchstaben sich an ihrem Wortende unterscheiden.
- sich *semantisch nahe* und die bis zu einem gewissen Grad in Sätzen austauschbar sind. Zwei Wortformen sind dann um so unähnlicher, je öfter der Austausch der einen durch die andere Wortform zu einem semantisch nicht korrekten Satz führen würde (vgl. Wissensbaustein »Clustern von Wortformen« (S. 209)).

Beispiel

Das *Clustern* der Menge `{Eingebung, Essen, Nahrung, Pudding}` würde nach *Wortende* zu den Ergebnissen wie in Abb. 5.1-1 führen.

Abb. 5.1-1: Clustern nach Wortende.

Das *Clustern* der Wortformen nach *semantischer Nähe* erzielt die Ergebnisse wie in Abb. 5.1-2.

Das *Clustern* einer Menge von Wortformen nach semantischer Nähe ist – gegenüber dem *Clustern* nach Wortendung – im Allgemeinen die interessantere, aber algorithmisch schwierigere Fragestellung.

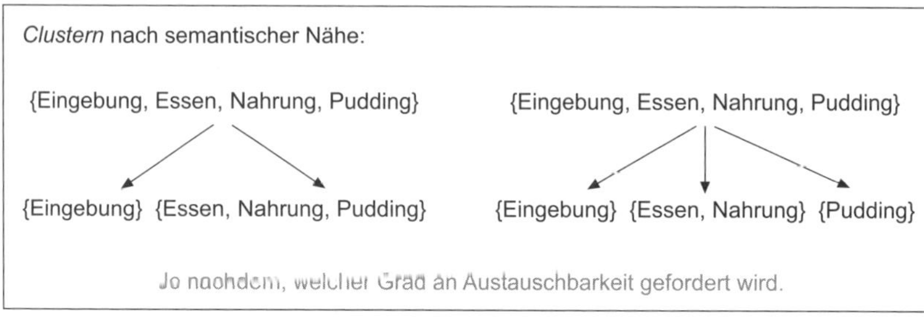

Abb. 5.1-2: Clustern nach semantischer Nähe.

Strategien

Clustering-Algorithmen lassen sich in hierarchische und nicht-hierarchische Verfahren einteilen. Außerdem kann die *Cluster*-Einteilung hart/disjunkt oder soft/überlappend geschehen:

- **hart**: Jedes Element wird genau einem *Cluster* zugeordnet.
- **soft**: Ein Element kann mehreren *Clustern* zugeordnet werden. Der Grad der Zugehörigkeit bzw. die **Wahrscheinlichkeit** der Mitgliedschaft lässt sich für jedes *Cluster* zusätzlich angeben.

Nicht-hierarchische Verfahren

Nicht-hierarchische *Clustering*-Verfahren arbeiten meist iterativ. Eine initiale Einteilung der Elemente in *Cluster* wird sukzessive verbessert:

1. Erzeugen einer initialen *Cluster*-Einteilung:
   Die Anzahl k der zu erzeugenden *Cluster* wird festgelegt und k initiale Repräsentanten für die *Cluster* – zufällig oder durch Vorberechnungen – werden bestimmt.
2. (Neu-) Zuordnung aller Elemente zu den *Clustern* anhand der *Cluster*-Repräsentanten.
3. Berechnung neuer *Cluster*-Repräsentanten anhand der einem *Cluster* zugeordneten Elemente.
4. Test einer Abbruchbedingung. Bei Nichterfüllung gehe zu 2.

Beispiele für nicht-hierarchische *Clustering*-Verfahren sind *k-means* (vgl. /MacQueen 67/) und *Expectation Maximizati-*

on (vgl. /Manning, Schütze 99/). In der Abb. 5.1-3 wird die *Cluster*-Einteilung mittels des ***k-means*-Algorithmus** dargestellt. Die Achsen der Diagramme stehen für die Merkmale, nach denen die Elemente gruppiert werden sollen.

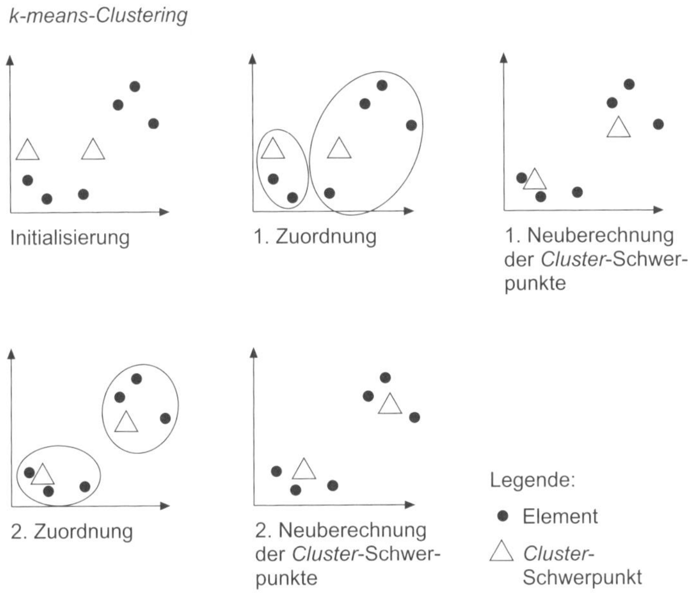

Abb. 5.1-3: k-means-Clustering.

Hierarchische Verfahren

Bei hierarchischen *Clustering*-Verfahren wird eine Hierarchie von *Clustern* gebildet. Ein *Cluster* auf einer höheren Ebene ist jeweils die Vereinigung von zwei *Clustern* der unmittelbar darunterliegenden Ebene. Die Algorithmen arbeiten entweder **agglomerativ** (*bottom up*) oder **divisiv** (*top down*):

- **agglomerativ**: Anfangs bilden die einzelnen Elemente jeweils ein eigenes *Cluster*. In jedem Schritt werden die beiden *Cluster* mit der größten Ähnlichkeit zueinander zu einem neuen *Cluster* verschmolzen. Der Verschmelzungsprozess endet mit dem *Cluster* der höchsten Hierarchieebene, das alle Elemente enthält.
- **divisiv**: Ausgehend von einem *Cluster*, das alle Elemente enthält, wird in jedem Schritt das *Cluster* mit der geringsten Kohärenz geteilt. Der Teilungsprozess endet, wenn al-

le einelementigen *Cluster* der untersten Hierarchieebene erzeugt worden sind.

Es muss dabei ein Kompromiss zwischen möglichst kleiner *Cluster*-Anzahl und möglichst großer Homogenität innerhalb der einzelnen *Cluster* gefunden werden. Interessant sind deshalb die mittleren Verarbeitungsschritte, in denen die geforderte Homogenität in den *Clustern* noch vorhanden ist, bei denen aber jede weitere Vereinigung von *Clustern* zu sehr inhomogenen *Clustern* führen würde.

In beiden Fällen ist

- ein **Ähnlichkeitsmaß** sim(x,y) zwischen Paaren von Elementen notwendig – etwa Euklidische Distanz, Korrelationskoeffizient oder Cosinus des Winkels zwischen Vektoren (vgl. /Manning, Schütze 99/) – sowie
- ein Verfahren, das die Ähnlichkeit von komplexen *Clustern* c_1 und c_2 bestimmt. Am gebräuchlichsten sind:
- ☐ ***single-link***: Die Ähnlichkeit zweier *Cluster* ergibt sich aus der Ähnlichkeit der beiden ähnlichsten Elemente:

  $$\text{sim}_{\text{single}}(c_1, c_2) = \max_{x \in c_1, y \in c_2} (\text{sim}(x, y))$$

  (Unter der Annahme, dass sim(x,y) große Werte für ähnliche Elemente und kleine Werte für unähnliche Elemente liefert.)
- ☐ ***complete-link***: Die Ähnlichkeit zweier *Cluster* ergibt sich aus der Ähnlichkeit der beiden unähnlichsten Elemente:

  $$\text{sim}_{\text{complete}}(c_1, c_2) = \min_{x \in c_1, y \in c_2} (\text{sim}(x, y))$$

- ☐ ***group-average***: Die Ähnlichkeit zweier *Cluster* ergibt sich aus der durchschnittlichen Ähnlichkeit der Elemente:

  $$\text{sim}_{\text{average}}(c_1, c_2) = \frac{1}{|c_1| \cdot |c_2|} \sum_{x \in c_1, y \in c_2} \text{sim}(x, y)$$

  mit $|c|$ = Anzahl der Elemente im Cluster c
- ☐ **schwerpunkt-/zentroidbasiert**: Die Ähnlichkeit zweier *Cluster* ergibt sich aus der Ähnlichkeit der Zentroide. Dabei repräsentiert der **Zentroid**

$\widehat{c}$

eines *Clusters* c ein über alle Elemente des *Clusters* gemitteltes **virtuelles Element**:

$sim_{average}(c_1, c_2) = sim(\widehat{c}_1, \widehat{c}_2)$

Die Abb. 5.1-4 zeigt die hierarchische *Cluster*-Einteilung nach dem *bottom-up/single-link*-Verfahren.

bottom up/single-link-Clustering

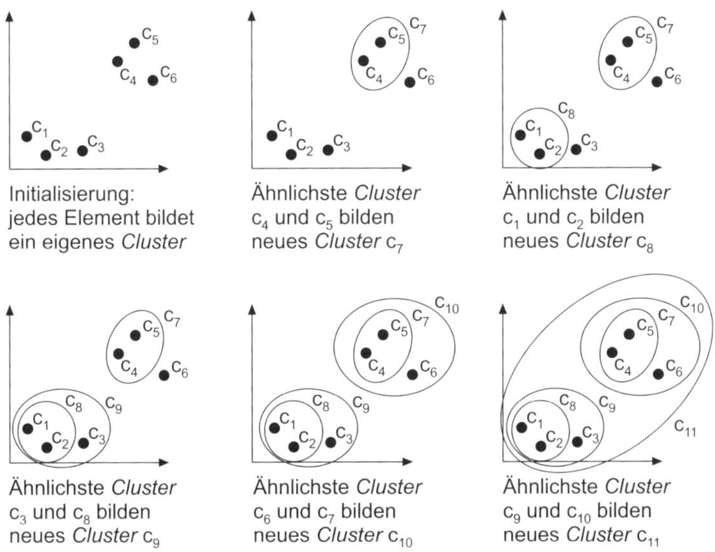

Abb. 5.1-4: bottom up-/single link-Clustering.

5.2 Dokumentenähnlichkeit *

Die Ähnlichkeit von Dokumenten wird über die zugeordneten Dokumentvektoren ermittelt. Die Dokumentvektoren werden in der Term-Dokument-Matrix gespeichert. Die Dokument-Dokument-Matrix enthält in ihren Elementen die paarweisen Ähnlichkeiten der Dokumente.

Soll eine Menge von Wortformen oder Dokumenten nach thematischer Ähnlichkeit gruppiert werden, bedient man sich der ***Cluster-Analyse***. Hierfür sind folgende Arbeitsschritte notwendig (vgl. /Haenelt 00/):

1 Identifikation der charakteristischen Merkmale/Eigenschaften (auch Indexterme genannt)
2 Erzeugen der Dokumentvektoren
3 Auswahl eines Ähnlichkeitsmaßes
4 Erzeugen der Ähnlichkeitsmatrix
5 *Cluster*-Analyse

Schritt 1: Identifikation der charakteristischen Merkmale

Bei der statistischen Korpusanalyse wird zur Ermittlung der charakteristischen Merkmale eines Dokumentes d auf die darin enthaltenen Wortformen/**Terme** t zurückgegriffen.

Sollen Dokumente thematisch gruppiert werden, dann genügt es, die bedeutungstragenden Wortformen aus den **offenen Wortklassen** zu untersuchen. Wortformen aus den **geschlossenen Wortklassen** kommen in der Regel in allen Dokumenten mit nahezu der gleichen Verteilung vor. Sie sind somit als diskriminierende Merkmale ungeeignet.

Beispiel 1a

Dokument 1: Ein Vertrag ist ein Vertrag ist ein Vertrag.

Dokument 2: Je riskanter der Weg, desto größer der Profit.

Dokument 3: Es führen viele Wege zum Profit.

Dokument 4: Die Rechtfertigung von Profit ist Profit.

In diesem Beispiel besteht das **Korpus** aus vier sehr kurzen Dokumenten (aus Star Trek: Erwerbsregeln der Ferengi). Die Wortformen »ein«, »sein«, »je«, »der«, »desto«, »es«, »viel«, »zum«, »die« und »von« bleiben als **Funktionswörter** unberücksichtigt. Als charakteristische Merkmale in Frage kommen somit nur die bedeutungstragenden Wortformen:

t_1 = »Vertrag«, t_2 = »riskant«, t_3 = »Weg«, t_4 = »groß«,
t_5 = »Profit«, t_6 = »führen«, t_7 = »Rechtfertigung«

Schritt 2: Erzeugen der Dokumentvektoren

Ausgangspunkt ist die Annahme, dass eine häufig in einem Dokument auftretende Wortform das Dokument thematisch besser beschreibt, als eine seltener auftretende.

Die **Termfrequenz** $f_{i,m}$ gibt die Anzahl der Vorkommen des Terms t_i im Dokument d_m an: Termfrequenz

$f_{i,m}$: Termfrequenz

$f_{1,1} = 3$, $f_{1,2} = 0$, $f_{5,2} = 1$, $f_{5,4} = 2$ Beispiel 1b

Bei der ***Cluster*-Analyse** sind oft Dokumente unterschiedlicher Länge miteinander zu vergleichen. Die Länge eines Dokumentes hat aber unmittelbaren Einfluss auf die Interpretation von $f_{i,m}$:

Kommt der Term t_i fünfmal im Dokument d_m vor, liefert t_i wahrscheinlich eine gute thematische Eingrenzung, wenn d_m ein sehr kurzes Dokument ist. Ist d_m allerdings ein sehr umfangreiches Dokument, wird t_i kaum zur Beschreibung von d_m geeignet sein. Deswegen ist die Termfrequenz zu normalisieren:

$nf_{i,m}$: normalisierte Termfrequenz

Die Normalisierung kann auf unterschiedliche Art und Weise vorgenommen werden, z.B.:

i) durch

$$nf_{i,m} = \frac{f_{i,m}}{\sum_{t_j \in d_m} f_{j,m}}$$

was der relativen Häufigkeit entspricht oder

ii) durch eine Normierung mittels der Frequenz des häufigsten Terms in d_m

$$nf_{i,m} = \frac{f_{i,m}}{\max_j f_{j,m}}$$

(vgl. /Baeza-Yates, Ribeiro-Neto 99/).

Beispiele

zu i) Beispielrechnung

$$nf_{1,1} = \frac{3}{3} = 1{,}000, \qquad nf_{1,2} = \frac{0}{4} = 0{,}000,$$

$$nf_{5,2} = \frac{1}{4} = 0{,}250, \qquad nf_{5,4} = \frac{2}{3} = 0{,}667,$$

$$nf_{7,4} = \frac{1}{3} = 0{,}333$$

zu ii) Beispielrechnung

$$nf_{1,1} = \frac{3}{3} = 1{,}000, \qquad nf_{1,2} = \frac{0}{1} = 0{,}000,$$

$$nf_{5,2} = \frac{1}{1} = 1{,}000, \qquad nf_{5,4} = \frac{2}{2} = 1{,}000,$$

$$nf_{7,4} = \frac{1}{2} = 0{,}500$$

Die alleinige Berücksichtigung der normalisierten Termfrequenz reicht jedoch nicht aus. Eine weitere Forderung an charakteristische Merkmale besteht darin, dass sie in wenigen Dokumenten besonders häufig, im Allgemeinen jedoch eher selten auftreten. Eine entsprechende Einteilung liefert die **inverse Dokumentfrequenz** idf (vgl. /Johnes 72/). Allgemeine Formel:

$$idf_i = \log \frac{|d|}{|d : t_i \in d|}$$

mit |d| = Anzahl der Dokumente

Beispiel 1

Beispielrechnung

$$idf_1 = \log \frac{4}{1} \approx 0{,}602$$

$$idf_5 = \log \frac{4}{3} \approx 0{,}125$$

Zusammen mit der **normalisierten Termfrequenz** lässt sich für jeden Term t_i ein Maß für seine Wichtigkeit für das Dokument d_m berechnen (vgl. /Baeza-Yates, Ribeiro-Neto 99/):

$$w_{i,m} = nf_{i,m} \cdot idf_i$$

Beispiel 2

Unter Verwendung der relativen Häufigkeit als **normalisierte Termfrequenz** ergibt sich:

$$w_{1,1} = nf_{1,1} \cdot idf_1 = 1{,}000 \cdot \log\frac{4}{1} \approx 0{,}602,$$

$$w_{1,2} = nf_{1,2} \cdot idf_1 = 0{,}000 \cdot \log\frac{4}{1} = 0{,}000,$$

$$w_{5,2} = nf_{5,2} \cdot idf_5 = 0{,}250 \cdot \log\frac{4}{3} \approx 0{,}031,$$

$$w_{5,4} = nf_{5,4} \cdot idf_5 = 0{,}667 \cdot \log\frac{4}{3} \approx 0{,}083$$

Zur Reduktion der Komplexität für die folgenden Berechnungen lässt sich ein Schwellwert festlegen, unter dem die Terme nicht mehr als wichtig für ein Dokument angesehen werden.

Die berechneten Gewichtungen $w_{i,m}$ werden im Allgemeinen in der **Term-Dokument-Matrix** abgespeichert (Tab. 5.2-1).

	t_1	t_2	t_3	t_4	t_5	...	t_n
$\mathbf{d_1}$	$w_{1,1}$	$w_{2,1}$	$w_{3,1}$	$w_{4,1}$	$w_{5,1}$	...	$w_{n,1}$
$\mathbf{d_2}$	$w_{1,2}$	$w_{2,2}$	$w_{3,2}$	$w_{4,2}$	$w_{5,2}$	...	$w_{n,2}$
$\mathbf{d_3}$	$w_{1,3}$	$w_{2,3}$	$w_{3,3}$	$w_{4,3}$	$w_{5,3}$	...	$w_{n,3}$
$\mathbf{d_4}$	$w_{1,4}$	$w_{2,4}$	$w_{3,4}$	$w_{4,4}$	$w_{5,4}$	...	$w_{n,4}$
...							
$\mathbf{d_k}$	$w_{1,k}$	$w_{2,k}$	$w_{3,k}$	$w_{4,k}$	$w_{5,k}$	...	$w_{n,k}$

Tab. 5.2-1: Term-Dokument-Matrix (allgemein).

	t_1	t_2	t_3	t_4	t_5	t_6	t_7
$\mathbf{d_1}$	0,602	0	0	0	0	0	0
$\mathbf{d_2}$	0	0,151	0,075	0,151	0,031	0	0
$\mathbf{d_3}$	0	0	0,1	0	0,042	0,201	0
$\mathbf{d_4}$	0	0	0	0	0,083	0	0,201

Tab. 5.2-2: Term-Dokument-Matrix zum obigen Beispiel.

In Bezug auf die Ähnlichkeit von Dokumenten lässt sich an der Term-Dokument-Matrix ablesen, welche Terme zwei Dokumente gemeinsam haben und wie wichtig diese Terme für das jeweilige Dokument sind.

Jedem Dokument d_m wird ein **Dokumentvektor**

$$\overrightarrow{d_m}$$

in einem n-dimensionalen Vektorraum zugeordnet. Die einzelnen Terme des Korpus stellen die Dimensionen des Raumes dar:

$$\overrightarrow{d_m} = (w_{1,m}, w_{2,m}, w_{3,m}, \ldots w_{n,m})$$

Beispiel

$$\overrightarrow{d_2} = (0.000, 0.151, 0.075, 0.151, 0.031, 0.000, 0.000)$$

Schritt 3: Auswahl eines Ähnlichkeitsmaßes

Zur Berechnung der Ähnlichkeit von Dokumenten werden verschiedene Maße (**Ähnlichkeitsmaße**) eingesetzt, wie z.B. die Euklidische Distanz der Dokumentvektoren, das Skalarprodukt der Dokumentvektoren oder auch der Cosinus des Winkels zwischen Dokumentvektoren (vgl. /Manning, Schütze 99/).

Euklidische Distanz

$$\mathrm{dist}_{Eukl}(\overrightarrow{d_i}, \overrightarrow{d_j}) = \sqrt{\sum_{k=1}^{n} (w_{k,i} - w_{k,j})^2}$$

Skalarprodukt (für normierte Vektoren geeignet)

$$\mathrm{sim}_{Skal}(\overrightarrow{d_i}, \overrightarrow{d_j}) = \sum_{k=1}^{n} (w_{k,i} \cdot w_{k,j})$$

Cosinus-Maß

$$\mathrm{sim}_{Cos}(\overrightarrow{d_i}, \overrightarrow{d_j}) = \frac{\sum_{k=1}^{n} (w_{k,i} \cdot w_{k,j})}{\sqrt{\sum_{k=1}^{n} (w_{k,i})^2} \cdot \sqrt{\sum_{k=1}^{n} (w_{k,j})^2}}$$

Im Gegensatz zu den **Ähnlichkeitsmaßen** stehen bei **Distanzmaßen** kleine Werte für große Ähnlichkeiten. Sie lassen sich jedoch in Ähnlichkeitsmaße überführen, etwa mittels

$$sim(\vec{d_i},\vec{d_j}) = \frac{1}{dist(\vec{d_i},\vec{d_j})+1}$$

Schritt 4: Erzeugen der Ähnlichkeitsmatrix

Die mittels **Ähnlichkeitsmaß** berechneten **Dokumentenähnlichkeiten**

$$sim(\vec{d_i},\vec{d_j})$$

werden in der **Dokument-Dokument-Matrix (allgemein)** abgespeichert (Tab. 5.2-3).

	d_1	d_2	d_3	...	d_k
$\mathbf{d_1}$	$sim(d_1,d_1)$	$sim(d_1,d_2)$	$sim(d_1,d_3)$		$sim(d_1,d_k)$
$\mathbf{d_2}$	$sim(d_2,d_1)$	$sim(d_2,d_2)$	$sim(d_2,d_3)$		$sim(d_2,d_k)$
$\mathbf{d_3}$	$sim(d_3,d_1)$	$sim(d_3,d_2)$	$sim(d_3,d_3)$		$sim(d_3,d_k)$
$\mathbf{d_4}$	$sim(d_4,d_1)$	$sim(d_4,d_2)$	$sim(d_4,d_3)$		$sim(d_4,d_k)$
...					
$\mathbf{d_k}$	$sim(d_k,d_1)$	$sim(d_k,d_2)$	$sim(d_k,d_3)$	**...**	$sim(d_k,d_k)$

Tab. 5.2-3: Dokument-Dokument-Matrix (allgemein).

Die Dokument-Dokument-Matrix enthält die paarweisen Ähnlichkeiten der Dokumente.

Beispiel zur Dokument-Dokument-Matrix

Unter Verwendung von

$$sim_{Cos}(\vec{d_i},\vec{d_j})$$

ergibt sich die **Dokument-Dokument-Matrix** für obiges Beispiel (Tab. 5.2-4).

Schritt 5: Cluster-Analyse

Die Dokument-Dokument-Matrix dient als Grundlage für die ***Cluster*-Analyse**. Dabei kommen die im Wissensbaustein »Clustering-Verfahren« (S. 196) vorgestellten Strategien zum Einsatz. Die paarweisen Ähnlichkeiten der Dokumente werden genutzt, um die Ähnlichkeit zwischen Mengen von Do-

	d_1	d_2	d_3	d_4
d_1	1	0	0	0
d_2	0	1	0,169	0,052
d_3	0	0,169	1	0,07
d_4	0	0,052	0,07	1

Tab. 5.2-4: Dokument-Dokument-Matrix zum Beispiel.

kumenten zu berechnen. Das Ergebnis ist eine Einteilung der Gesamtdokumentmenge in Teilmengen von thematisch ähnlichen Dokumenten.

Beispiel

Unter Verwendung von *bottom up/single-link-Clustering* ergibt sich die Abb. 5.2-1 bzw. als **Dendrogramm** wie in der Abb. 5.2-2 dargestellt.

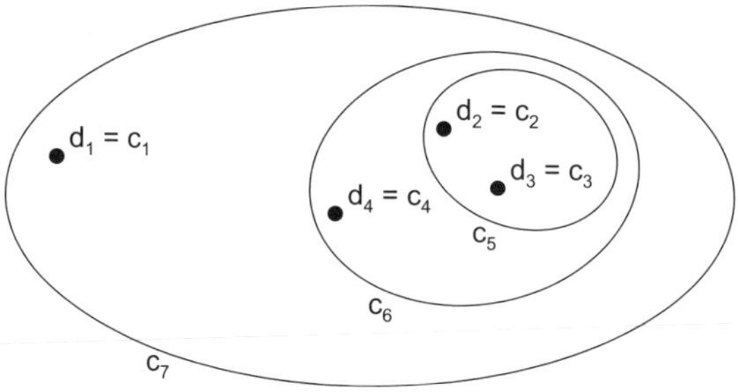

Abb. 5.2-1: Clustering von thematisch ähnlichen Dokumenten im Beispiel.

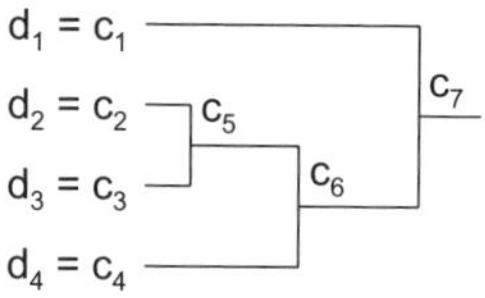

Abb. 5.2-2: Dendrogramm zu thematisch ähnlichen Dokumenten im Beispiel.

Schritte der Cluster-Analyse im Beispiel

- Zu Beginn der *Cluster*-Analyse bildet jedes Dokument d_i ein eigenes *Cluster* c_i.

- Die ähnlichsten beiden Dokumente sind d_2 und d_3 (vgl. **Dokument-Dokument-Matrix**), so dass die beiden *Cluster* c_2 und c_3 zusammen das neue *Cluster* c_5 ergeben.
- Die Ähnlichkeit der verbleibenden *Cluster* c_1, c_4 und c_5 wird mittels *single-link*-Verfahren geprüft. Die ähnlichsten beiden Dokumente aus verschiedenen *Clustern* sind d_3 und d_4, so dass die *Cluster* c_5 und c_4 zusammen das neue *Cluster* c_6 ergeben.
- Zum Schluss werden die letzten beiden *Cluster* c_1 und c_6 zum neuen *Cluster* c_7 vereinigt.

5.3 *Clustern* von Wortformen *

Die semantische Ähnlichkeit von Wortformen wird über die zugeordneten Termvektoren ermittelt. Die Termvektoren werden in der Term-Term-Matrix gespeichert. Die Term-Term-Matrix der Termähnlichkeiten enthält die paarweisen Ähnlichkeiten der Terme.

Die *Cluster*-Analyse kann herangezogen werden, um thematische Beziehungen zwischen Wortformen einer gegebenen Wortmenge aufzudecken. Die Grundlage bildet die Verteilung der Wortformen in Texten unter der Annahme, dass thematisch einander ähnliche Wortformen mit den gleichen anderen Wortformen im Text/Satz gebraucht werden. Die notwendigen Arbeitsschritte sind ähnlich zu denen bei der Analyse der Ähnlichkeit von Dokumenten (vgl. /Haenelt 00/). Sie unterscheiden sich jedoch zum Teil deutlich im Detail voneinander:

1. Identifikation der charakteristischen Merkmale/Eigenschaften (auch Indexterme genannt)
2. Erzeugen der Termvektoren
3. Auswahl eines Ähnlichkeitsmaßes
4. Erzeugen der Ähnlichkeitsmatrix
5. *Cluster*-Analyse

Schritt 1: Identifikation der charakteristischen Merkmale

Es genügt, die Verteilung der bedeutungstragenden Wortformen aus den **offenen Wortklassen** zu untersuchen. Wortformen aus den **geschlossenen Wortklassen** sind als diskriminierende Merkmale ungeeignet, da sie mit sämtlichen Wortformen kombiniert werden können und keinerlei thematische Eingrenzung liefern.

Beispiel 1

Als Beispielkorpus dienen folgende vier Sätze:
»Die Rechtfertigung von Profit ist Profit. Ein Vertrag ist ein Vertrag ist ein Vertrag. Es führen viele Wege zum Profit. Je riskanter der Weg, desto größer der Profit.« (aus Star Trek: Erwerbsregeln der Ferengi)

Die Wortformen »ein«, »sein«, »je«, »der«, »desto«, »es«, »viel«, »zum«, »die« und »von« bleiben als Funktionswörter unberücksichtigt. Als charakteristische Merkmale in Frage kommen somit nur die bedeutungstragenden Wortformen:

t_1 = »Rechtfertigung«, t_2 = »Profit«, t_3 = »Vertrag«,
t_4 = »führen«, t_5 = »Weg«, t_6 = »riskant«, t_7 = »groß«

Im Unterschied zur Berechnung der Ähnlichkeit von Dokumenten, wo die Verteilung der Wortformen im gesamten Dokument ermittelt wird, sind die relevanten Einheiten zur Berechnung der thematischen Ähnlichkeit von Wortformen wesentlich kleiner zu fassen. Zwischen den einzelnen Abschnitten eines Textes können sich die behandelten Themen mehr oder weniger stark voneinander unterscheiden. Soll das thematische Umfeld einer Wortform/eines Terms t_i beschrieben werden, sind somit die Wortformen aus anderen Textabschnitten in der Regel *nicht* dazu geeignet.

Meist wird deshalb der jeweils für eine Wortform t_i zu untersuchende Bereich eingeschränkt auf:

- den gleichen Textabschnitt, wo ein Themenwechsel eher unwahrscheinlich ist,
- den gleichen Satz, wo ein Themenwechsel nahezu ausgeschlossen werden kann, oder

- einen Bestandteil des Satzes, in dem t_i vorkommt, wie
  - ein fester Bereich von n Wortformen vor und nach t_i oder
  - durch linguistische Relationen wie die *Head/Modifier*-Relation determinierte Satzbestandteile (vgl. /Ruge 95/).

Im Folgenden wird der Satz als relevantes Textfenster (lokaler Kontext, vgl. Wissensbaustein »Syntagmatische Relationen« (S. 20)) angenommen. Die charakteristischen Merkmale einer Wortform t_i sind somit diejenigen Wortformen aus offenen Wortklassen t_j, die gemeinsam mit t_i in ein und demselben Satz des Korpus stehen.

Schritt 2: Erzeugen der Termvektoren

Zu jedem Term t_i wird ermittelt, in welchen Sätzen s_j des Korpus er vorkommt und das Ergebnis in einer **Term-Satz-Matrix** gespeichert.

$$v_{i,j} = \begin{cases} 0 & t_i \notin s_j \\ 1 & t_i \in s_j \end{cases}$$

	t_1	t_2	t_3	t_4	...	t_n
$\mathbf{s_1}$	$v_{1,1}$	$v_{2,1}$	$v_{3,1}$	$v_{4,1}$		$v_{n,1}$
$\mathbf{s_2}$	$v_{1,2}$	$v_{2,2}$	$v_{3,2}$	$v_{4,2}$		$v_{n,2}$
$\mathbf{s_3}$	$v_{1,3}$	$v_{2,3}$	$v_{3,3}$	$v_{4,3}$		$v_{n,3}$
$\mathbf{s_4}$	$v_{1,4}$	$v_{2,4}$	$v_{3,4}$	$v_{4,4}$		$v_{n,4}$
...						
$\mathbf{s_k}$	$v_{1,k}$	$v_{2,k}$	$v_{3,k}$	$v_{4,k}$		$v_{n,k}$

Tab. 5.3-1: Term-Satz-Matrix (allgemein).

Die Term-Satz-Matrix zum Beispiel 1 ist in der Tab. 5.3-2 wiedergegeben.

Anhand der **Term-Satz-Matrix** lässt sich ermitteln, wie oft zwei Terme gemeinsam in Sätzen des Korpus auftreten. Das gemeinsame Vorkommen von t_i und t_j im Satz als alleiniges Kriterium für charakteristische Merkmale ist jedoch noch zu unspezifisch:

- Terme, die auch mit sehr vielen anderen Termen gemeinsam in Sätzen vorkommen, liefern wahrscheinlich keine gute thematische Eingrenzung von t_i.

	Recht-fertigung	Profit	Vertrag	führen	Weg	riskant	groß
s_1	1	1	0	0	0	0	0
s_2	0	0	1	0	0	0	0
s_3	0	1	0	1	1	0	0
s_4	0	1	0	0	1	1	1

Tab. 5.3-2: Term-Satz-Matrix (zum Beispiel 1).

- Ebenso reicht häufiges gemeinsames Auftreten von t_i und t_j nicht aus.

Das im Text beobachtete muss vom statistisch erwarteten gemeinsamen Auftreten abweichen. Nur dann ist ein Merkmal t_j gut geeignet, t_i zu beschreiben. Über eine Gewichtungsfunktion $sig(t_i,t_j)$ (vgl. Wissensbaustein »Signifikante Kookkurrenzen« (S. 134)) lassen sich den Termen entsprechende Wertigkeiten zuordnen.

Das erforderliche Wissen für die Funktion $sig(t_i,t_j)$ besteht aus:
Anzahl der Sätze, die t_i enthalten

(1) $$k_i = \sum_{l=1}^{k} v_{i,l} = |s : t_i \in s|$$

Anzahl der Sätze, die t_j enthalten

(2) $$k_j = \sum_{l=1}^{k} v_{j,l} = |s : t_j \in s|$$

Anzahl der Sätze, die t_i und t_j enthalten

(3) $$k_{ij} = \sum_{l=1}^{k} (v_{i,l} \cdot v_{j,l}) = |s : t_i, t_j \in s|$$

Anzahl der Sätze insgesamt

(4) $$k = |s|$$

Zusammen mit (4) lässt sich über (1) und (2) bestimmen, wie oft die Terme t_i und t_j gemeinsam in einem Satz auftreten sollten, wenn sie voneinander unabhängig wären.

Die Gewichtungsfunktion stellt dies ins Verhältnis zum tatsächlichen gemeinsamen Auftreten (3).

Als **Gewichtungsfunktion** werden in der Praxis eine Reihe verschiedener Maße eingesetzt, z.B. **Tanimoto**- bzw. **Jaccard-Maß, Dice-Koeffizient** (vgl. /Manning, Schütze 99/), ***Mutual Information*** (vgl. /Church, Hanks 89/), ***Log-Likelihood*** (vgl. /Dunning 93/) oder **Poisson-Verteilung** (vgl. /Quasthoff, Wolff 02/):

Tanimoto-Maß

$$sig_{tanimoto}(t_i, t_j) = \frac{k_{ij}}{k_i + k_j - k_{ij}}$$

Dice-Koeffizient

$$sig_{dice}(t_i, t_j) = \frac{2 \cdot k_{ij}}{k_i + k_j}$$

Mutual Information

$$sig_{MI}(t_i, t_j) = \log \frac{k \cdot k_{ij}}{k_i \cdot k_j}$$

Log-Likelihood

$$\begin{aligned} & sig_{log\ likelihood}(t_i, t_j) = \\ & \quad k \cdot \log k - k_i \cdot \log k_i - k_j \cdot \log k_j + k_{ij} \cdot \log k_{ij} + \\ & \quad (k - k_i - k_j + k_{ij}) \cdot \log(k - k_i - k_j + k_{ij}) + \\ & \quad (k_i - k_{ij}) \cdot \log(k_i - k_{ij}) + (k_j - k_{ij}) \cdot \log(k_j - k_{ij}) - \\ & \quad (k - k_i) \cdot \log(k - k_i) - (k - k_j) \cdot \log(k - k_j) \end{aligned}$$

Poisson-Verteilung

$$sig_{poisson}(t_i, t_j) = \frac{\log(k_{ij}!) - k_{ij} \cdot \log\left(\frac{k_i \cdot k_j}{k}\right) + \frac{k_i \cdot k_j}{k}}{\log k}$$

Unter Verwendung des **Dice-Koeffizienten** als Gewichtungsfunktion ergibt sich für das Beispielkorpus:

Berechnungen zum Beispiel 1

$$sig(\text{Rechtfertigung, Profit}) = sig(t_1, t_2) = \frac{2 \cdot 1}{1+3} = 0{,}5$$

$$sig(\text{Rechtfertigung, Vertrag}) = sig(t_1, t_3) = \frac{2 \cdot 0}{1+1} = 0$$

$$sig(\text{Profit, Weg}) = sig(t_2, t_5) = \frac{2 \cdot 2}{3+2} = 0{,}8$$

Die Werte sig (t_i, t_j) werden in einer **Term-Term-Matrix**, wie in Tab. 5.3-3 eingetragen.

	t_1	t_2	t_3	...	t_n
t_1	$sig(t_1,t_1)$	$sig(t_1,t_2)$	$sig(t_1,t_3)$		$sig(t_1,t_n)$
t_2	$sig(t_2,t_1)$	$sig(t_2,t_2)$	$sig(t_2,t_3)$		$sig(t_2,t_n)$
t_3	$sig(t_3,t_1)$	$sig(t_3,t_2)$	$sig(t_3,t_3)$		$sig(t_3,t_n)$
t_4	$sig(t_4,t_1)$	$sig(t_4,t_2)$	$sig(t_4,t_3)$		$sig(t_4,t_n)$
...					
t_n	$sig(t_n,t_1)$	$sig(t_n,t_2)$	$sig(t_n,t_3)$		$sig(t_n,t_n)$

Tab. 5.3-3: Term-Term-Matrix der gewichteten gemeinsamen Auftreten (allgemein).

	Recht-fertigung	Profit	Vertrag	führen	Weg	riskant	groß
Recht-fertigung	1	0,5	0	0	0	0	0
Profit	0,5	1	0	0,5	0,8	0,5	0,5
Vertrag	0	0	1	0	0	0	0
führen	0	0,5	0	1	0,666	0	0
Weg	0	0,8	0	0,666	1	0,666	0,666
riskant	0	0,5	0	0	0,666	1	1
groß	0	0,5	0	0	0,666	1	1

Tab. 5.3-4: Term-Term-Matrix der gewichteten gemeinsamen Auftreten zum Beispiel 1.

Die Term-Term-Matrix der gewichteten gemeinsamen Auftreten gibt Auskunft darüber, wie auffällig das gemeinsame Auftreten mit einem Term t_j für den Term t_i ist.

Jedem Term t_i wird ein **Termvektor**

$$\vec{t_i}$$

in einem **n-dimensionalen Vektorraum** zugeordnet. Die Terme des Korpus stellen die Dimensionen dieses Raumes dar:

$$\vec{t_i} = (sig(t_i, t_1), sig(t_i, t_2), sig(t_i, t_3), \ldots, sig(t_i, t_n))$$

Schritt 3: Auswahl eines Ähnlichkeitsmaßes

Wie bei der Berechnung der thematischen Ähnlichkeit von Dokumenten (vgl. Wissensbaustein »Dokumentenähnlichkeit« (S. 201)) eignen sich zur Berechnung der Ähnlichkeit von Wortformen ebenfalls die Maße, die auf Vektoren operieren (vgl. /Manning, Schütze 99/):

Euklidische Distanz

$$sim_{Eukl}(\vec{t_i},\vec{t_j}) = \sqrt{\sum_{l=1}^{n}(sig(t_i,t_l) - sig(t_j,t_l))^2}$$

Skalarprodukt (für normierte Verktoren geeignet)

$$sim_{Skal}(\vec{t_i},\vec{t_j}) = \sum_{l=1}^{n}(sig(t_i,t_l) \cdot sig(t_j,t_l))$$

Cosinus des Winkels

$$sim_{Cos}(\vec{t_i},\vec{t_j}) = \frac{\sum_{l=1}^{n}(sig(t_i,t_l) \cdot sig(t_j,t_l))}{\sqrt{\sum_{l=1}^{n} sig(t_i,t_l)^2} \cdot \sqrt{\sum_{l=1}^{n} sig(t_j,t_l)^2}}$$

Distanzmaße lassen sich etwa mittels

$$sim(\vec{t_i},\vec{t_j}) = \frac{1}{dist(\vec{t_i},\vec{t_j}) + 1}$$

in Ähnlichkeitsmaße überführen.

Schritt 4: Erzeugen der Ähnlichkeitsmatrix

Die mittels Ähnlichkeitsmaß berechneten Termähnlichkeiten

$$sim(\vec{t_i},\vec{t_j})$$

werden in einer **Term-Term-Matrix** abgespeichert (siehe Tab. 5.3-5).

	t_1	t_2	t_3	t_4	...	t_n
t_1		$sim(t_1,t_2)$	$sim(t_1,t_3)$	$sim(t_1,t_4)$		$sim(t_1,t_n)$
t_2	$sim(t_2,t_1)$		$sim(t_2,t_3)$	$sim(t_2,t_4)$		$sim(t_2,t_n)$
t_3	$sim(t_3,t_1)$	$sim(t_3,t_2)$		$sim(t_3,t_4)$		$sim(t_3,t_n)$
t_4	$sim(t_4,t_1)$	$sim(t_4,t_2)$	$sim(t_4,t_3)$			$sim(t_4,t_n)$
...						
t_n	$sim(t_n,t_1)$	$sim(t_n,t_2)$	$sim(t_n,t_3)$	$sim(t_n,t_4)$	...	

Tab. 5.3-5: Term-Term-Matrix der Termähnlichkeiten (allgemein)

Die Term-Term-Matrix der Termähnlichkeiten enthält die paarweisen thematischen Ähnlichkeiten der Terme des Korpus. Unter Verwendung von

$$sim_{cos}(\vec{t_i}, \vec{t_j})$$

ergibt sich die Term-Term-Matrix der Termähnlichkeiten (Berechnungen zum Beispiel finden Sie in der Tab. 5.3-6).

	Rechtfertigung	Profit	Vertrag	führen	Weg	riskant	groß
Rechtfertigung		0,55	0	0,172	0,207	0,136	0,136
Profit	0,55		0	0,725	0,928	0,762	0,762
Vertrag	0	0		0	0	0	0
führen	0,172	0,725	0		0,772	0,325	0,325
Weg	0,207	0,928	0	0,772		0,848	0,848
riskant	0,136	0,762	0	0,325	0,848		1
groß	0,136	0,762	0	0,325	0,848	1	

Tab. 5.3-6: Term-Term-Matrix der Termähnlichkeiten zum Beispiel 1.

Schritt 5: Cluster-Analyse

Die Term-Term-Matrix der Termähnlichkeiten dient als Grundlage für die ***Cluster*-Analyse**. Dabei kommen die im Wissensbaustein »Clustering-Verfahren« (S. 196) vorgestellten Strategien zum Einsatz. Die paarweisen Ähnlichkeiten der Terme werden genutzt, um die Ähnlichkeit zwischen Mengen von Termen zu berechnen. Das Ergebnis ist eine thematische Gruppierung der zu untersuchenden Menge von Wortformen in Teilmengen.

Unter Verwendung von *bottom up/single-link-Clustering* ergibt sich durch die hierarchische agglomerative *Cluster*-Analyse das **Dendrogramm** zum obigen Beispiel (siehe Abb. 5.3-1).

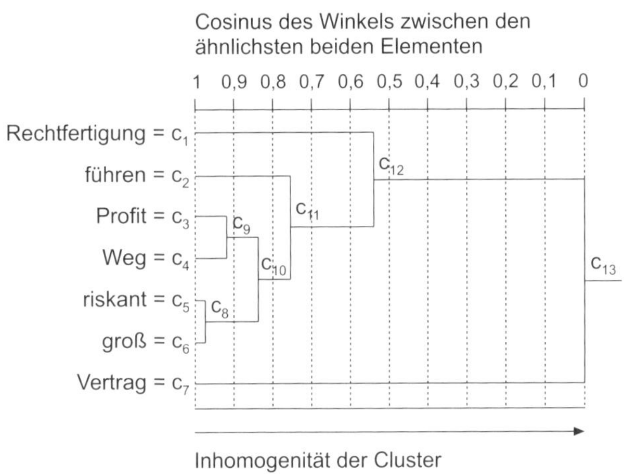

Abb. 5.3-1: Dendrogramm zum obigen Beispiel.

- Zu Beginn der *Cluster*-Analyse bildet jeder Term ein eigenes *Cluster* c_i.
- Die ähnlichsten beiden Terme sind »riskant« und »groß« (vgl. Term-Term-Matrix der Termähnlichkeiten), so dass die beiden *Cluster* c_5 und c_6 zusammen das neue *Cluster* c_8 ergeben.
- Ebenso bilden die beiden Terme »Profit« und »Weg« zunächst das neue *Cluster* c_9, bevor im nächsten Schritt die beiden komplexen *Cluster* c_8 und c_9 zum *Cluster* c_{10} zusammengefasst werden. Die Ähnlichkeit der beiden *Cluster* zueinander wurde dabei gemäß *single-link-Clustering* als Ähnlichkeit der beiden ähnlichsten Elemente ermittelt. Das sind in diesem Fall die Terme »Weg« aus c_9 und »riskant« bzw. »groß« (beide gleichwertig) aus c_8 (vgl. Term-Term-Matrix der Termähnlichkeiten).
- analog die weiteren Schritte.

Beispiel 2

Beispiel zum umfangreichen Korpus

{»Agassi«, »April«, »Brot«, »Butter«, »Eisen«, »Februar«, »Gold«, »Herz«, »Jahr«, »Januar«, »Kreuz«, »Kupfer«, »März«, »Milch«, »Monat«, »Pik«, »Stich«, »Tennis«, »Woche«, »Wurst«}

Die Abb. 5.3-2 stellt das Ergebnis der Cluster-Analyse der Wortmenge in einem Dendrogramm dar.

Die Analyse basiert auf dem Korpus des Projektes »Deutscher Wortschatz« (vgl. Wissensbaustein »Das Projekt »Deutscher Wortschatz«« (S. 331)). Als charakteristische Merkmale wurden die bedeutungstragenden Wortformen der offenen Wortklassen verwendet. Dabei kamen nur die Wortformen in Frage, die im gleichen Satz auftraten.

Anschließend wurden diese mit einer Gewichtungsfunktion nach der **Poisson-Verteilung** (vgl. Wissensbaustein »Signifikante Kookkurrenzen« (S. 134)) bewertet. Dabei musste der Gewichtungsfaktor $sig_{poisson}(t_i,t_j)$ einen bestimmten Schwellwert überschreiten, damit die Wortform t_j als charakteristisches Merkmal für die Wortform t_i galt.

Die ***Cluster*-Analyse** erfolgte **hierarchisch agglomerativ** unter der Verwendung von **Zentroiden** als Repräsentanten von komplexen Clustern (Abb. 5.3-2).

Das Dendrogramm zur hierarchischen agglomerativen *Cluster*-Analyse zum umfangreichen Beispiel wird in Abb. 5.3-2 dargestellt.

In der dargestellten Beispielanalyse ist zu erkennen, dass zuerst die Monatsnamen in eine gemeinsame Teilmenge eingeordnet werden.

Zu einem späteren Zeitpunkt wird diese Menge mit derjenigen Menge verschmolzen, die die anderen Begriffe aus dem Umfeld der Datumsangaben beinhaltet. Dabei ist bereits eine relativ große Unähnlichkeit der zu vereinigenden Teilmengen zu überwinden.

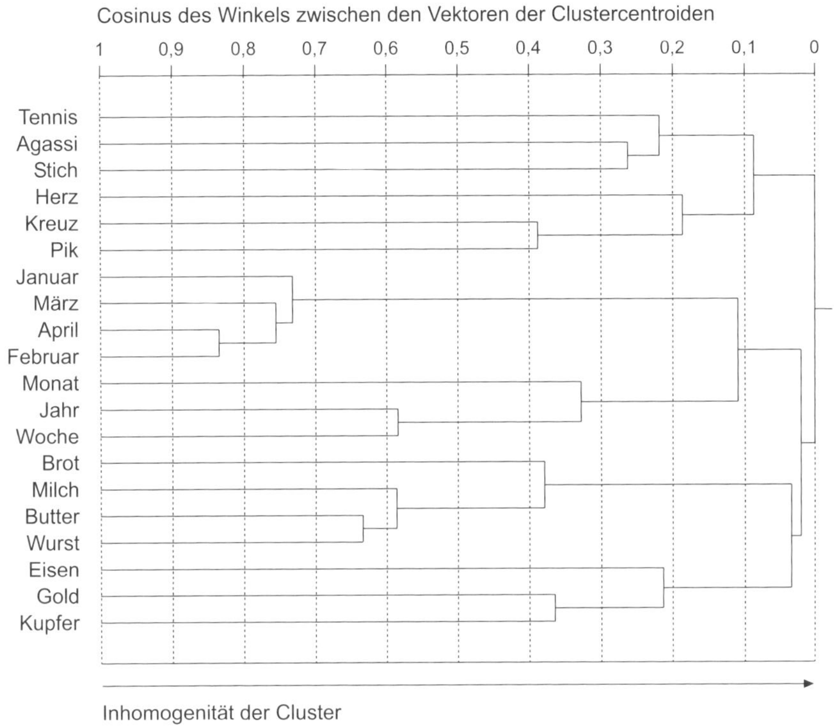

Abb. 5.3-2: Dendrogramm zur hierarchischen agglomerativen Cluster-Analyse zum umfangreichen Beispiel.

Beim letzten Verschmelzungsschritt dieser Beispielanalyse ist der Cosinus des Winkels zwischen den **Zentroid-Vektoren** der beiden vereinigten Teilmengen gleich Null. Das bedeutet, dass die Vektoren senkrecht zueinander stehen, sie also keine gemeinsamen Merkmale haben.

Falls bei einem Verschmelzungsschritt eine geringe Ähnlichkeit festgestellt wird, im Gegensatz dazu aber die Elemente jeweils in den beiden Teilmengen wesentlich näher beieinander liegen, ist das ein Anzeichen dafür, dass die Teilmengen jede für sich thematisch homogen sind und bei der entstehenden Gesamtmenge eine thematische Inhomogenität vorherrschen wird. Dies ist ein Indiz dafür, dass eine gute Einteilung in Teilmengen erreicht worden ist und der *Cluster*-Prozess abgebrochen werden sollte.

5.4 Merkmalsextraktion *

Dokumente werden an Hand von Merkmalen verglichen. Gewöhnlich werden die Wortformen der Dokumente als Merkmale verwendet. Diese extrem große Menge von Merkmalen kann auf vergleichsweise wenige wichtige und erkennbar korrekte Merkmale reduziert werden. Dabei werden nur statistisch auffällige Wortformen als Merkmale gewählt, zusätzlich wird über deren Häufigkeit auch die Bekanntheit gesichert, so dass die Auswahl für den menschlichen Nutzer nachvollziehbar korrekt ist.

Was sind Merkmale?

Sowohl die **Zusammengehörigkeit** als auch entgegengesetzt die **Verschiedenheit** von Begriffen oder Dokumenten werden mit einer großen Anzahl übereinstimmender bzw. verschiedener Eigenschaften erklärt.

Wie werden aber die Eigenschaften ausgewählt?

Als Mensch hat man dieses Problem eigentlich nicht. Um Gegenstände zu vergleichen, betrachtet man **Eigenschaften** wie »Größe«, »Form«, »Farbe«, aber auch »Zweck«, »Alter« und »Herkunft«. Dies sind abstrakte Eigenschaften, die sich nicht so einfach auf Wortformen oder Dokumente übertragen lassen.

Aber auch Dokumente lassen sich nach verschiedenen Kriterien sortieren. Beispielsweise lassen sich »Briefe« nach **inhaltlichen Kriterien**, also den »Anliegen« oder »Themen« sortieren, aber auch nach »Absender«, »Empfänger« oder »Datum«.

Sortierkriterien

All diese **Sortierkriterien** sind je nach dem speziellen Anliegen sinnvoll. Solange es nicht für den Nutzer die einzig richtige Sortierreihenfolge gibt, kann man natürlich auch nicht erwarten, dass es ein Sortierverfahren gibt, welches unabhängig von den Interessen des Nutzers automatisch die für die gegebene Situation richtige Sortierung erzeugt. Vielmehr wird es so sein, dass manche Sortierungen sich automatisch erzeugen lassen, aber möglicherweise eine solche

Sortierung bis zu einem gewissen Grade fehlerhaft im Sinne des Nutzerinteresses sein wird.

Im Wissensbaustein »Dokumentenähnlichkeit« (S. 201) wurde der einfache Ansatz verfolgt, alle in den Texten vorkommenden Wortformen als Merkmale zu verwenden (vgl. /Baeza-Yates, Ribeiro-Neto 99/). Möglicherweise werden die **Stoppwörter** weggelassen und die verbleibenden Wortformen mit einem Gewicht versehen. Dann werden diese alle zur Sortierung genutzt.

Das **Sortierverfahren** selbst ist einfach zu beschreiben und soll auch im weiteren Vorgehen beibehalten werden:

- Die zu vergleichenden Dokumente werden durch Dokumentvektoren beschrieben.
- Die Komponenten dieser Vektoren entsprechen Wortformen aus den Dokumenten.
- Möglicherweise werden diese Wortformen gewichtet und auch nicht alle Wortformen berücksichtigt.
- Durch Vergleich dieser Vektoren wird die Ähnlichkeit zweier Dokumente bestimmt.

Wie oben schon beschrieben, werden dabei verschiedene **Sorten von Ähnlichkeiten** vermischt. Folgende Kriterien haben Einfluss auf die Ähnlichkeit:

- Der **fachliche Inhalt** der Dokumente. Er macht sich im Dokumentvektor bemerkbar durch die verwendeten Fachbegriffe.
- Der **Sprachstil** der Dokumente von »vulgär« bis »gehoben«. Auch der Sprachstil lässt sich an der Verwendung bestimmter Wortformen erkennen.
- Der **Autor**. Die meisten Autoren haben Vorlieben für bestimmte Wortformen oder Wortgruppen, die sich in ihren verschiedenen Dokumenten wiederfinden.

Im übernächsten Abschnitt dieses Wissensbausteins sollen diese verschiedenen Kriterien weiter untersucht werden, um den Dokumentvektor entsprechend dem Interesse des Nutzers zu reduzieren.

Markante Eigenschaften

Es gibt aber auch noch eine zweite Sichtweise: Unabhängig von der speziellen Art der Eigenschaften sollen die gewählten Eigenschaften markant und aussagekräftig sein. Um solche hervorstechenden Eigenschaften zu ermitteln, kann wieder die Statistik benutzt werden.

Damit sieht das weitere Vorgehen folgendermaßen aus:

statistische Verfahren

Zunächst werden Kandidaten für Merkmale bestimmt und dann mit **statistischen Verfahren** die markanten Merkmale herausgesucht. Damit verbunden ist die Hoffnung, dass einerseits die große Menge von Wortformen als potenzielle Merkmale auf eine überschaubare Anzahl reduziert wird, und andererseits, dass die verbleibenden Merkmale auch für die Klassifikation ausreichend oder überhaupt geeignet sind.

Unter welchen Bedingungen sollen nun einzelne Wortformen als markante Eigenschaften verwendet werden?

Mehrere Kriterien bieten sich an:

- **Statistische Auffälligkeit:** Die als Merkmale verwendeten Wortformen sollen in den zu bearbeitenden Dokumenten häufiger auftreten als in durchschnittlichen Texten. Die Auswahl erfolgt mit Hilfe der so genannten Differenzanalyse (vgl. Wissensbaustein »Differenzanalyse« (S. 95)) mit einem großen allgemeinsprachigen Vergleichskorpus. Diese Regel sorgt u.a. dafür, dass Stoppwörter unberücksichtigt bleiben, da sie stets mit nahezu gleicher relativer Häufigkeit vorkommen.
- **Bekanntheit:** Die zur Klassifikation verwendeten Wortformen sollten eine gewisse Mindestfrequenz auch in dem allgemeinsprachigen Vergleichskorpus besitzen, weil von einer Mindesthäufigkeit ziemlich sicher auf Bekanntheit geschlossen werden kann. Bekanntheit wiederum erlaubt eine einfache Begutachtung durch den Nutzer, ob die automatische Auswahl sinnvoll war.
- **Mindesthäufigkeit** im zu analysierenden Korpus. Damit eine Wortform sinnvoll und produktiv zum Vergleich genutzt werden kann, muss sie selbst in den zu vergleichenden Dokumenten eine gewisse Mindestfrequenz haben.

Die nur einmal vorkommenden Wortformen können überhaupt nicht zum Dokumentenvergleich genommen werden, weil sie eben nur in einem Dokument vorkommen. Wortformen mit nur zwei Vorkommen kommen (höchstens) in zwei Dokumenten vor und können so nur eine Aussage über die Ähnlichkeit dieser beiden Dokumente machen usw.

- **Wortart:** Es ist sinnvoll, sich auf Nomina zu beschränken. Die zusätzliche Benutzung von Adjektiven und Verben verschlechtert in der Regel das Ergebnis, da Adjektive und Verben häufig in ganz verschiedenen Kontexten, d.h. in Texten verschiedener Sachgebiete auftauchen können. Damit wird die Klassifikation entsprechend dem fachlichen Inhalt in der Regel verschlechtert. Als praktische Regel für die deutsche Sprache hat sich bewährt, ausschließlich Wortformen mit Großschreibung zu berücksichtigen. Wegen der Großschreibung am Satzanfang sind dies zwar nicht nur Substantive, aber wegen des zusätzlichen Kriteriums der statistischen Auffälligkeit bleiben Wortformen anderer Wortarten praktisch unberücksichtigt.
- **Grundform:** Die bisherigen Kriterien sorgen dafür, dass hauptsächlich fachlich wichtige Substantive ausgewählt werden. Zwar treten diese in den Texten nicht nur in der Grundform (d.h. Nominativ Singular) auf, aber Fachautoren bemühen sich, diese Grundform häufiger zu verwenden als komplizierte flektierte Formen, um den Leser nicht mit zwei Dingen gleichzeitig zu überfordern: der Einführung neuer Fachtermini und ihrer Flexion. Deshalb treten in der Regel die wichtigen Wortformen ausreichend oft in der Grundform auf, so dass nur diese als Merkmale ausgewählt werden müssen.

Beispiel: »Wörter des Tages«

Die oben beschriebenen Auswahlverfahren werden nun an einem konkreten Beispiel gezeigt:

Im Rahmen des Projekts »Deutscher Wortschatz« (vgl. Wissensbaustein »Deutscher Wortschatz« (S. 331)) werden täglich **Zeitungstexte** aus frei zugänglichen Online-Ausgaben einiger Tageszeitungen ausgewertet, um die so genannten »Wörter des Tages« zu ermitteln (vgl. /Quasthoff, Richter 03/). Diese »Wörter des Tages« sind zunächst einmal typisch für die Zeitungstexte des aktuellen Tages. Es liegen auch genügend solche Wortformen als Merkmale vor, um Texte zu klassifizieren oder zu clustern.

Ein erster Blick auf die nach den obigen Kriterien erzeugten »Wörter des Tages« zeigt jedoch, dass nicht nur inhaltlich relevante Wortformen ermittelt werden.

Weitere Wortformen sind nämlich statistisch auffällig:

Dies betrifft beispielsweise den aktuellen Monatsnamen sowie die Namen des vorangegangenen und aktuellen Tages. Diese Wortformen erfüllen zwar alle obigen Kriterien und sind auch typisch für den aktuellen Tag, aber sie eignen sich nicht zur Differenzierung der Texte des aktuellen Tages. Deshalb ist eine zusätzliche Nachbearbeitung per Hand nötig, wenn ausschließlich die inhaltlich relevanten Wortformen ausgewählt werden sollen.

Die folgende Liste zeigt die so ermittelten Kandidaten an einem Tag im Juni 2002:

»Abschlussbericht, Abu, Arafat, Autonomiebehörde, Babcock, Barrichello, Bild am Sonntag, Bildungspolitik, Bin Laden, Bondy, Bulmahn, Bundespolitik, Bush, Butler, Coast, Coulthard, Daglfing, Djerba, Elfmeterschießen, Fifa, Foul, France Télécom, Frieden, Fritz Walter, Fußball-WM, Gläubigerbanken, Golden Goal, Großaktionäre, Guus Hiddink, Gymnasien, Hartz, Hebron, Hewitt, Hiddink, Ilhan, Israel, Insolvenz, Jassir Arafat, Kahn, Koreaner, Kroetz, Lifestyle, Lukaschenko, Manfred Stolpe, Matthias Platzeck, Medienberichten, Mobilcom, MobilCom, Montoya, Müntefering, Naturwissenschaften, Nürburgring, NZZ, Oliver Kahn, Palästinenser, Pisa, Plank, Platzeck, Platzecks, Ralf Schumacher, Rößler, Rubens, Rubens Barrichello, Rüge, Schill, Schmid, Schulsystem, Schuss, Senegal, Senegals, Sevilla, Skibbe, Stage, Stolpe, Stolpes, Strüver, Südkorea, Südkoreaner, Südkoreas, Talkline, Terror, Tokyo, Trienekens, US-Präsident George W. Bush, Völler, Walküre, Wienand, Wittenberge, WM-Halbfinale, Zeppelin, Zuwanderungsgesetz.«

Nutzt man ausschließlich diese als Merkmale des aktuellen Tages zur Beschreibung von Dokumenten, so wird ein Text über den »Nahen Osten« möglicherweise durch die Wortformen »Israel«, »Autonomiebehörde«, »Arafat«, »Hebron«, »Palästinenser«, »Terror«, »Bush«, »Frieden«, »Jassir Arafat«, »US-Präsident George W. Bush« charakterisiert.

Haben zwei Artikel nun mehrere solche Wortformen gemeinsam (beispielsweise »Israel«, »Arafat«, »Palästinenser«, »Terror«, »Bush«, »US-Präsident George W. Bush«), so ist sofort klar, dass sie dasselbe Thema behandeln. Für den menschlichen Betrachter ist weiter sofort klar, dass es sich dabei um Artikel über den »Nahen Osten« handelt.

Die Tab. 5.4-1 zeigt, wie stark bei dieser Reduktion die Anzahl der Merkmale verringert wird. Die Daten beziehen sich auf die typischerweise pro Tag ausgewerteten Daten im Umfang von ca. 20.000 Sätzen. Diese enthalten rund 50.000 verschiedene Wortformen, von denen allerdings nur die interessant sind, die mindestens doppelt vorkommen.

	Vor Reduktion	Nach Reduktion
Beschreibung der Merkmale	Alle Wortformen mit Anzahl > 1	Beschränkung auf die »Wörter des Tages«
Anzahl der Merkmale	ca. 20.000	ca. 200

Tab. 5.4-1: Verringerung der Anzahl der Merkmale bei Reduktion.

Basistext

6 Musteranalyse *

Für das ***Text Mining*** sind neben **statistischen Analyseverfahren** insbesondere auch **musterbasierte Verfahren** von Bedeutung. Mit Hilfe von regulären Ausdrücken kann in unstrukturierten oder annotierten **Texten** nach bestimmten Mustern gesucht werden.

Im Wissensbaustein »Reguläre Ausdrücke« (S. 227) werden die Bildungsprinzipien regulärer Ausdrücke erklärt und ihre Anwendung bei der Suche nach Mustern in unstrukturierten Texten erläutert.

Im Wissensbaustein »Syntaktische Muster« (S. 233) wird gezeigt, wie reguläre Ausdrücke für die Suche in syntaktisch annotierten Texten verwendet werden können. Bisher wenig erschlossen für das *Text Mining* ist die morphologische Struktur von **Wortformen** einer **Fachsprache** wie der Medizin oder Chemie.

Im Wissensbaustein »Morphemmuster« (S. 238) werden charakteristische Morphemmuster von **Fachbegriffen** beschrieben und es wird gezeigt, wie diese für eine automatische Extraktion und Analyse von Fachbegriffen genutzt werden können.

6.1 Reguläre Ausdrücke *

Reguläre Ausdrücke beschreiben eine eigene, vollständig definierte »Kunstsprache«, welche in vielen Varianten in praktisch jeder Programmiersprache, vielen Texteditoren, vor allem aber beim *Text Mining* oder allgemein in der automatischen Sprachverarbeitung zum Einsatz kommt. In der Praxis geht es in dieser Sprache darum, Ausdrücke zu formulieren bzw. Muster festzulegen, nach denen gesucht werden soll. Eventuell können auch andere Ausdrücke angegeben werden, mit denen Suchtreffer ersetzt werden sollen.

Historisch lassen sich die regulären Ausdrücke auf den Mathematiker Stephen Kleene (Theoretische Informatik) zurückverfolgen, der reguläre Ausdrücke entwickelte, um die »Algebra von regulären Mengen« zu beschreiben. Diese wurden dann später in frühe Versionen von Suchalgorithmen umgesetzt, von wo sie den Weg in die frühen Texteditoren auf der Unix-Plattform fanden.

Atome und Operatoren

Atome

Die Sprache der regulären Ausdrücke besteht aus **Atomen**, welche die Einheiten der Sprache sind (also einzelne Buchstaben oder ganze Wortformen) und **Operatoren**, welche die grammatischen Regeln dieser Sprache ausdrücken. Atome stellen genau ein gesuchtes Zeichen dar. Dabei ist es gleich, ob damit eine Zeichenklasse, wie alle Kleinbuchstaben (also `a - z`), eine Auswahl davon, wie Kleinbuchstaben von a bis k (`a - k`), oder ein konkretes Zeichen gemeint ist. Das Minus »-« gilt jedoch nur für logisch aufeinander folgende Bereiche von Zeichen. Soll eine spezifische Kombination von Zeichen gesucht werden, muss der Zeichenbereich explizit mit eckigen Klammern angegeben werden, wie z.B. für alle Vokale `[aeiouäöü]`.

Operatoren

Mit Hilfe von **Operatoren** können Atome verknüpft werden, wobei der einfachste Operator, die Konkatenation, nicht immer durch ein Zeichen repräsentiert wird. Auf der Buchstabenebene könnte also mit dem Ausdruck »ch« nach allen gleichzeitigen Vorkommen von »c« gefolgt von »h« gesucht werden. Werden zwei Atome mit dem Oder-Operator verknüpft, z.B. »c|h«, dann werden alle Vorkommen als Treffer gezählt, bei welchen entweder das eine oder das andere Atom vorkommt, in diesem Fall also entweder »c« oder »h«.

Soll hingegen nach mehreren verschiedenen komplexeren Mustern gleichzeitig gesucht werden, wie zum Beispiel auf der Wortebene nach allen Vorkommen von »Ich ging«, »Ich gehe«, »Ich werde gehen«, so können die einzelnen Ausdrücke gruppiert und mit dem Oder-Operator verknüpft werden: `(Ich ging)|(Ich gehe)|(Ich werde gehen)`. Eine Übersicht über die Operatoren zeigt die Tab. 6.1-1.

Operator	Bedeutung	Beispiel
()	Gruppierungsoperator	(ah) Die Zeichen »a« und »h« werden zusammengefasst
[]	Zeichenbereichsoperator	[ah] aus den Zeichen »a« und »h« wird genau ein Zeichen ausgewählt. Dieser Ausdruck steht also für entweder »a« oder »h« [a-h] aus dem Zeichenbereich von »a« bis »h« wird genau ein Zeichen ausgewählt. Dieser Ausdruck steht also für entweder »a«, »b«, »c«, »d«, »e«, »f«, »g« oder »h«.
{}	Iterationsoperator	a{3} steht für drei hintereinander vorkommende »a«, also »aaa« (ah){2,4} steht für zwei bis vier hintereinander vorkommende »ah«, also »ahah«, »ahahah« oder »ahahahah«.
|	Oder-Operator	(ah)|(de) steht entweder für »ah « oder »de«
^	Anfangs-Operator	^ah steht für »ah«, das sich am Anfang des Suchbereichs befindet
$	Ende-Operator	ah$ steht für »ah«, das sich am Ende des Suchbereichs befindet
[^]	Negationsoperator (nur in Kombination mit Zeichenbereichsoperator)	[^ah] steht für genau ein beliebiges Zeichen, außer »a« und »h«

Tab. 6.1-1: Übersicht über Operatoren.

Wildcards

Die eigentliche Mächtigkeit der regulären Ausdrücke verbirgt sich hinter dem Begriff ***Wildcards***, mit welchem **Sonderzeichen** gemeint sind. So lässt sich zum Beispiel mit der Kombination von Punkt und *Asterisk* ».*« in einem Text nach beliebig vielen beliebigen Zeichen suchen. Dabei steht der Punkt für genau ein beliebiges Zeichen. Der *Asterisk* hingegen bedeutet, dass der vorangegangene Ausdruck – in der Regel das davor stehende Zeichen, aber auch komplexe Ausdrücke sind möglich – beliebig oft vorkommen darf, wobei auch null-mal möglich ist. In Kombination mit anderen Atomen erlaubt dies nützliche Suchmasken, z.B. lassen sich alle Wortformen in einem Text, die mit »un« anfangen, mit dem Muster »un.*« finden. Allerdings werden hier auch alle anderen Wortformen gefunden, welche »un« irgendwo im Inneren enthalten. Deshalb soll zusätzlich ein Leerzeichen vor und hinter jeder Wortform gefordert werden: » un.* «.

Soll ausnahmsweise nach den Sonderzeichen selbst gesucht werden, wie zum Beispiel nach allen Vorkommen von *Asterisk*, so muss dieses Zeichen als Sonderzeichen entwertet werden mit der sog. *Escape*-Sequenz: »\«.

Der reguläre Ausdruck »*.+*« sucht also nach allen im Chatforenjargon gebräuchlichen Vorkommen von Worthervorhebungen, wie »*dieser*«. Soll hingegen lediglich nach einem oder keinen Zeichen gesucht werden, wie zum Beispiel wenn sowohl nach »gleich« als auch »gleiche« oder andere Formen von »gleich« mit nur einem weiteren Zeichen gesucht werden soll, so kann das Fragezeichen verwendet werden: »gleich?«. Die Tab. 6.1-2 zeigt eine Übersicht über »spezielle« Zeichen.

Zeichen	Bedeutung
.	genau ein beliebiges Zeichen
+	Der Ausdruck davor muss mindestens einmal vorkommen, darf aber beliebig oft wiederholt werden.
*	Der Ausdruck davor darf beliebig oft, auch null-mal vorkommen.
?	Der Ausdruck davor ist optional. Er kommt null- oder genau einmal vor.
\	(vorangestellt) Entwertung oder Aufwertung des nachfolgenden Zeichens

Tab. 6.1-2: Spezielle Zeichen.

Mit Hilfe des ***Escape*-Zeichens** »\« können einige gewöhnliche Zeichen zu besonderen Zeichen aufgewertet werden, wie Tab. 6.1-3 zeigt.

Zeichen	Bedeutung
\n	Zeilenvorschub (*newline*)
\r	Wagenrücklauf (*carriage-return*)
\d	Eine Ziffer
\D	Keine Ziffer
\w	Ein Buchstabe, eine Ziffer oder ein Unterstrich, äquivalent zu [a-zA-Z0-9_] (Es werden also keine deutschen Umlaute berücksichtigt)
\W	Gegenteil von \w
\t	Tabulator
\f	Seitenvorschub
\s	Leertaste, Tabulator oder andere Steuerzeichen, äquivalent zu [\r\n\t\f]
\S	Gegenteil von \s

Tab. 6.1-3: Übersicht zu »aufwertbaren« Sonderzeichen.

Anwendungen

Eine häufige Anwendung von regulären Ausdrücken auf Wortebene, ist die Suche nach Mustern innerhalb eines nach Wortarten annotierten Korpus. Suche nach Textmustern

Ein derartiges Korpus könnte zum Beispiel hinter jeder Wortform die Wortart als Annotation in eckigen Klammern beinhalten: Beispiel

```
Dies[ART] ist[VERB] ein[ART] Beispielsatz[NOMEN].
```

Ist diese Vorarbeit geleistet, ist es dann ein leichtes, zum Beispiel nach allen Artikel-Verbkonstruktionen am Anfang eines Satzes zu suchen. Hierfür würde der Zeilenanfangsoperator »^« benötigt werden, in Verbindung mit dem *Asterisk*-Sonderzeichen und der *Escape*-Sequenz:

```
^\w*\[ART\] \w*\[VERB\]
```

Nach Aufzählungen könnte hingegen zum Beispiel unter Ausnutzung des Gruppierungs- und Iterierungsoperators gesucht werden (also alle Aufzählungen von Nomen, durch Komma getrennt und mindestens zwei, maximal zehn Nomen):

```
(\w*\[Nomen\], ){2,10}
```

Praktischen Nutzen hat musterbasiertes Suchen vor allem auch beim Auffinden von Eigennamen wie Personen- oder Firmennamen, aber auch bei Informationsextraktion und *Text Mining*.

Beispiel

So lässt sich beispielsweise mit dem regulären Ausdruck

`[0-9]{2}[/\.][0-9]{2}[/\.][0-9]{4}`

in einem Text nach Datumsangaben der Form tt.mm.yyyy oder tt/mm/yyyy suchen. Mit diesem regulären Ausdruck werden zwar auch Zeichenketten wie »00.15.2804« oder »33.10/0001« gefunden, diese treten jedoch in der Regel in Texten nur selten auf und verunreinigen die Ergebnismenge nur in geringem Maße. Eine bessere Beschreibung von Datumsangaben liefert der reguläre Ausdruck

(0?[1-9]||[12][0-9]|3[01])[/\.](0?[1-9]|1[0-2])[/\.]([0-9]{2}){1,2},

der z.B. berücksichtigt, dass für Tage nur die Werte 1 bis 31 und für Monate nur die Werte 1 bis 12 möglich sind, dass einstellige Werte bei den Tagen bzw. Monaten eventuell um eine führende Null erweitert sind und dass Jahresangaben zwei- oder vierstellig sein können. Wenn der reguläre Ausdruck für Datumsangaben mit Firmenbezeichnungen wie »GmbH« oder »AG« kombiniert wird, lässt sich recht schnell ein Informationsextraktionsmechanismus konstruieren, der zu allen Firmen alle wichtigen Ereignisse aus einem unannotierten Zeitungskorpus extrahiert. Dabei wird ausgenutzt, dass Ankündigungen von wichtigen Ereignissen stets nach festen Regeln verlaufen, wie etwa:

»Am 3.4.2005 verkündete der Chef der X AG seinen Rücktritt.«

Eine der größten Ressourcen für die Computerlinguistik ist die so genannte Penn Treebank (`http://www.ldc.upenn.edu/ldc/online/treebank/`). In dieser Datenbank werden korrekte Syntaxbäume von einem Korpus von Sätzen gespeichert und zum öffentlichen Zugriff bereitgestellt. Die Hauptzugriffsmöglichkeit besteht aus einem Formular, in welchem ein regulärer Ausdruck mit einer an die Bedürfnisse dieser Datenbank angepassten Syntax eingegeben werden kann. Auf diese Art und Weise können sehr komplexe Bedingungen eingegeben und anschließend untersucht werden.

Beispiel

Mit dem Ausdruck

```
VP << /^think/
```

kann nach allen Vorkommen von Verbphrasen mit »think« als Hauptverb gesucht werden.

6.2 Syntaktische Muster *

In Textdatenbanken kann unter Verwendung von regulären Ausdrücken nach Eigennamen, Redewendungen, Definitionen und Erklärungen für Abkürzungen sowie Ober- und Unterbegriffen gesucht werden.

Suche: Muster auf Sätzen

Eine **musterbasierte Suche** wurde bereits bei der Suche mit regulären Ausdrücken (vgl. Wissensbaustein »Reguläre Ausdrücke« (S. 227)) verwendet. Hier sollen nun speziell Muster verwendet werden, die sich an der syntaktischen Struktur des Satzes orientieren. Spezielle Möglichkeiten stehen zur Verfügung, wenn zusätzlich zu jeder Wortform die **Wortartinformation** durch ein ***POS-Tag*** angegeben ist (***POS-Tagging***) weil diese es ermöglichen, ganz allgemein nach Wortformen einer bestimmten Wortart zu suchen.

Das folgende Beispiel zeigt Sätze mit *POS-Tags*, wie sie in den weiteren Beispielen benutzt werden sollen.

Beispiel

Seine[PPOSAT] Stelle[NN] in[APPR] Berlin[NE] hat[VAFIN] Jens[NE] Jessen[NE] eingenommen[VVPP].
Sie[PPER] will[VMFIN] keinen[PIAT] neuen[ADJA] Verteilungskampf[NN] vom[APPRART] Zaun[NN] brechen[VVINF] .[\$.]

Zur Suche sollen folgende Objekte oder Folgen solcher Objekte verwendet werden:

- einzelne Wortformen oder Teile davon
- einzelne *POS-Tags*
- Paare aus Wortform (oder Teile davon) und dem dazugehörigen *POS-Tag*

Muster für Suchanfragen

Dazu wird zunächst eine Sprache benötigt, in welcher die **Suchanfragen** formuliert werden können. Diese soll so einfach sein, dass man ähnlich wie bei einer Suchmaschine intuitiv Suchbegriffe eingeben kann und dann auch die gewünschten Ergebnisse erhält. Aber sie soll auch so mächtig sein, dass die vorhandenen speziellen Angaben wie *POS-Tags* verwendet werden können.

Deshalb kommen die folgenden Regeln zur Anwendung:

- Wird eine Wortform angegeben, so werden alle Sätze gesucht, die diese Wortform enthalten.
- Soll nach einer beliebigen Wortform einer bestimmten Wortart gesucht werden, so braucht nur das entsprechende *POS-Tag* angegeben werden.
- Soll eine Wortform nur in einer bestimmten Wortart gesucht werden, so können auch Wortform und *POS-Tag* angegeben werden.
- In jedem Fall kann eine Wortform durch die Verwendung von *Wildcards* abgekürzt werden. In diesem Falle können auch mehrere verschiedene Wortformen das Suchmuster erfüllen.
- Es können auch Suchmuster angegeben werden, welche mehrere solche Objekte (jeweils durch Leerzeichen getrennt) enthalten. In diesem Fall werden alle Sätze gesucht, die alle die den Objekten entsprechenden Wortformen in genau dieser Reihenfolge und unmittelbar aufeinanderfolgend enthalten.

Die folgenden Beispiele sollen dies verdeutlichen. Im Unterschied zur Verwendung von *Wildcards* in regulären Ausdrücken (vgl. Wissensbaustein »Reguläre Ausdrücke« (S. 227)) werden *Wildcards* hier so wie bei Anfragen an eine Datenbank oder bei der Suche von Dateien in einem Dateisystem verwendet.

Beispiele

- Die Suche nach »Polizist« findet alle Sätze, die genau diese Wortform enthalten.
- Die Suche nach »Polizist*« findet alle Sätze, die Wortformen enthalten, welche mit »Polizist« beginnen, also neben der Wortform selbst auch »Polizisten«, »Polizistin«, »Polizistenmörder« und viele andere.
- Die Suche nach »*polizist« findet alle Sätze, die Wortformen enthalten, welche mit »polizist« enden, beispielsweise »Verkehrspolizist«, »Hilfspolizist« oder »Weltpolizist«. Die Wortform »Polizist« selbst ist hier ausgeschlossen, weil sie mit dem Großbuchstaben P beginnt, anders als im Suchmuster angegeben.
- Werden Sätze mit **Eigennamen** gesucht, dann kann man nach [NE] (dem *POS-Tag* für Eigennamen) suchen. Dies hat dieselbe Wirkung wie der längere **Suchstring** *[NE].

Anwendungsbeispiele

Die folgenden Beispiele sollen demonstrieren, wie die angegebenen Muster zur Suche bei konkreten Fragestellungen benutzt werden können.

Wortformen und Wortzusammensetzungen

- Wird nach allen Wortzusammensetzungen mit »Polizist« gesucht, dann kann man nach »*olizist*« suchen. Bei diesem Suchmuster wird vorn immer ein p oder P ergänzt, da die Buchstabenfolge »olizist« ausschließlich in »Polizist« vorkommt.

Eigennamen

- Werden Sätze mit **Personennamen**, bestehend aus Vornamen und Nachnamen, gesucht, dann kann man nach *[NE] *[NE] suchen.
- Es gibt relativ häufige Wortformen wie »Rindfleisch« oder »Arzt«, die ganz selten auch als Nachname vorkommen. Hier kann z.B. nach »Rindfleisch[NE]« gesucht werden.

Wendungen

- Es gibt **Wendungen** wie »an allen Ecken und Enden« oder »Wort für Wort«, welche in Ihrer Fügung fest und unveränderlich sind und deshalb mit der Wendung als Suchstring auch einfach gefunden werden können.

- Speziell bei **Wendungen, die ein Verb enthalten**, wie z.B. »aus der Not eine Tugend machen«, kann häufig eine Wortform (hier ist es das Verb) in verschiedenen gebeugten Formen auftreten. In Texten findet man »aus der Not eine Tugend gemacht«, »machte aus der Not eine Tugend«, »aus der Not eine Tugend zu machen« usw. In diesem Fall hilft die Feststellung, dass all diese Formen die Wortfolge »aus der Not eine Tugend« enthalten und es offensichtlich reicht, danach zu suchen.
- Vom linguistischen Standpunkt aus gesehen noch schwieriger sind **Wendungen** wie »einen Streit vom Zaun brechen«. Hier kann wieder das Verb in verschiedenen gebeugten Formen stehen, aber zusätzlich kann das Substantiv »Streit« so durch andere ersetzt werden, dass man immer noch von der gleichen Wendung sprechen möchte. Beispielsweise findet man die Formulierungen »einen Krieg vom Zaun gebrochen« oder »brach einen Streik vom Zaun«. Allen gemeinsam ist nur die Wortfolge »vom Zaun«, die aber allein nicht ausreicht, da sie auch weitere ungewünschte Ergebnisse wie »vom Zaun gefallen« liefert. Da dies aber nicht allzu viele sind, kann man es eventuell in Kauf nehmen. Eine andere Möglichkeit besteht darin, das austauschbare Substantiv über das gemeinsame *POS-Tag* zu beschreiben, also nach »[ART] [NN] vom Zaun« zu suchen.

Ober- und Unterbegriffe

Um Ober- und Unterbegriffe zu finden, lassen sich die Formulierungen wie in den folgenden Beispielen verwenden:

Beispiele

In einigen »Studienrichtungen *wie* Medizin *und* Pharmazie« seien neue Prüfungsverordnungen in Kraft getreten.
In etwa elf Meter Tiefe unter dem Boden seien chlorierte Kohlenwasserstoffe sowie »Mineralölkohlenwasserstoffe *wie* Benzol, Xylol *und* Toluol« entdeckt worden, hieß es gestern bei der Umweltkripo.

Solche Muster lassen sich durch Suche nach `[NN] wie [NN] und [NN]` bzw. `[NN] wie [NN], [NN] und [NN]` finden.

Dabei ist jeweils die erste gefundene Wortform der **Oberbegriff**, die nachfolgende Aufzählung besteht aus **Unterbegriffen**. Die Muster können sowohl genutzt werden, um allgemein Paare von Ober- und Unterbegriffen zu finden, wie auch Unterbegriffe zu einem gegebenen Oberbegriff (z.B. in »Krankheiten wie [NN] und [NN]«).

Definitionen

Zunächst soll wieder nach typischen Formulierungen für Definitionen gesucht werden. Solche typischen Formulierungen sind:

Beispiele

Ein Recherchebericht *ist ein* Bericht zur interaktiven Auswertung von Daten.
Eine Sammelsuchhilfe *ist eine* Suchhilfe , die einen ...
Eine Subskriptionsliste *ist eine* offene, allgemeine Verteilerliste, die ...
Die Gesellschaftskonsolidierung *ist eine* mögliche Art von Konsolidierung, die ...
Der Budgetträger *ist ein* Element des Budgetstrukturplans.

Die dazugehörigen Muster sind hier: `[ART] [NN] ist [ART]`.

Abkürzungen

Abkürzungen von Eigennamen sind in der Regel **kurze Folgen von Großbuchstaben**, die sich aus den Anfangsbuchstaben einer Wortgruppe zusammensetzt. Speziell bei seltener verwendeten und deshalb weniger bekannten Abkürzungen werden häufig die Abkürzungen zusammen mit der Langform der Bezeichnung genannt, wobei häufig die Abkürzung in Klammern steht. Gelegentlich steht die Langform davor in Anführungszeichen, was die Zuordnung von Abkürzungen zu den Langformen erleichtert.

Beispiele

Mindestens 4000 Menschen starben 1993 bei politisch motivierten Unruhen, die auf den Machtkampf zwischen den Schwarzenbewegungen »Afrikanischer Nationalkongress (ANC)« und »Inkatha-Freiheitspartei (IFP)« zurückgeführt werden. Meciars »Bewegung für eine Demokratische Slowakei (HZDS)« verfügt zusammen mit ihrem Koalitionspartner, der »Slowakischen Nationalpartei (SNS)«, nur über eine knappe und unsichere Mehrheit im Parlament.

Für die Suchstrings wird hier die Eigenschaft benötigt, dass innerhalb der Klammern eine Buchstabenfolge ohne Leerzeichen steht.

Falls *POS-Tags* vorhanden sind, und eine Abkürzung als Eigenname mit [NE] markiert ist, so kann nach dem Muster [NE] gesucht werden. Verfügt man nicht über *POS-Tags*, hilft die Suche mit regulären Ausdrücken. Hier kann nach »\([A-ZÄÖÜ]*\)« gesucht werden (vgl. Wissensbaustein »Reguläre Ausdrücke« (S. 227)).

6.3 Morphemmuster **

Die »morphologische Struktur« von Wortformen einer Fachsprache wie Medizin oder Chemie bildet eine wichtige Grundlage für die Analyse von Wortbildungsmustern und kann für musterbasiertes *Text Mining* verwendet werden. Eine Anwendung ist die musterbasierte Erkennung charakteristischer Fachausdrücke einer Fachsprache. Eine weitere Anwendung ist die Aufdeckung semantischer Zusammenhänge zwischen Wortformen durch Grundformreduktion und Kompositazerlegung. Durch die Grundformreduktion werden Wortformen, die auf einem semantisch identischen Stamm basieren, zu einem Konzept zusammengefasst, durch die Kompositazerlegung lassen sich Hyponymie- und Kohyponymiebeziehungen zwischen Wortformen erkennen.

Charakteristische Wortbildungsmuster

Fachsprachen zeichnen sich neben einem fachspezifischen Vokabular und einer oft von der **Allgemeinsprache** abweichenden Syntax durch spezielle **Wortbildungsmuster** aus (vgl. Wissensbaustein »Fach- & Allgemeinsprache« (S. 45)). Für die inhaltliche Suche in Texten ist es daher oft nützlich, in den Texten charakteristische Formen der Wortbildung zu analysieren.

Das Fachgebiet der Medizin besitzt viele Fachausdrücke, die lateinische und griechische Wortstämme enthalten. Diese bilden die charakteristischen Muster, an denen man medizinische Fachausdrücke erkennen kann. So bezeichnet eine Wortform, die auf »-itis« endet, eine Entzündung und gehört mit großer Wahrscheinlichkeit zur medizinischen Fachterminologie.

Beispiel

Für die folgenden Abschnitte wird eine Kenntnis der theoretischen Hintergründe morphologischer Wortbildungsmuster vorausgesetzt (vgl. /Katamba 00/ und Wissensbaustein »Linguistische Grundlagen – Morphologie« (S. 327)).

Wortbildung

Allgemein lässt sich die Form einer deutschen **Wortform** durch den folgenden regulären Ausdruck beschreiben (vgl. Wissensbaustein »Reguläre Ausdrücke« (S. 227)):

```
(Präfix*(Stamm Suffix? Fugenelement?)+ Suffix*)+
```

Das heißt: Ein »Stamm« kann mit anderen Stämmen mittels Komposition zu einer neuen Wortform kombiniert werden, wobei optional ein »Fugenelement« zwischen die beiden Stämme tritt (z.B. ist »es« in »Freundeskreis« ein solches Fugenelement).

Ein Stamm bzw. ein Kompositum kann um »Affixe« (Präfixe bzw. Suffixe) erweitert werden, die funktional entweder *Derivative* oder *Flexive* sind. Bei der Bildung von Wortformen werden die Operationen **Flexion, Derivation** und **Komposition** verwendet (vgl. Wissensbaustein »Linguistische Grundlagen – Morphologie« (S. 327)).

In den meisten Sprachen gibt es sogenannte *Flexionsklassen* oder *Paradigmen*: Wortformen lassen sich in Klassen einteilen bezüglich der Art, wie die Vollformen aus den Grundformen gewonnen werden, das heißt die Einteilung erfolgt an Hand der Suffixe, die hier für verwendet werden.

Im Deutschen gehören beispielsweise die Wortformen »Schrank« und »Zug« derselben Deklinationsklasse an, da sämtliche Vollformen beider Wortformen auf die gleiche Art gewonnen werden (Plural mit Umlaut usw.).

Beispiel

Die beiden folgenden »Schott-Tabellen« geben einen Überblick über deutsche Substantive und ihre Flexionsklassen an (vgl. /Schott 78/). Der Nominativ Singular ist stets durch das Null-**Morphem** (0) charakterisiert. Bei den Pluralflexionstypen 1, 6, 7, 9 kann ein Umlaut (vgl. »Gärten«, »Äpfel«, »Drähte«, »Wälder«) auftreten.

Wort	(Dat) Dativ	(Akk) Akkusativ	(Gen) Genitiv	FTS (Flexionstyp Singular)
Ort	0	0	(E)S	1
Verhältnis	0	0	SES	2
Knabe	N	N	N	3
Mensch	EN	EN	EN	4
Zeitung	0	0	0	5
Buchstabe	N	N	NS	6
Interessante	N	0	N	7
Herz	EN	0	ENS	8
Ferien				0

Tab. 6.3-1: Flexionsklassen von Substantiven im Deutschen (nach Schott).

Wort	NAG (Nominativ / Genitiv / Akkusativ)	(Dat) Dativ	FTP (Flexionstyp Plural)
Garten	0	0	1
Auto	S	S	2
Muskel	N	N	3
Zeitung	EN	EN	4
Arbeiterin	NEN	NEN	5
Segel	0	N	6
Tag	E	EN	7
Verhältnis	SE	SEN	8
Leib	ER	ERN	9
Fossil	IEN	IEN	10

Tab. 6.3-2: Flexionsklassen im Deutschen (nach Schott).

Charakteristisch für eine Fachsprache ist oft das gehäufte Auftreten von Flektionsmustern eines bestimmten Typs, z.B. bei Fremdwörtern.

Auch die **Derivation** ist charakteristisch für bestimmte Fachsprachen. So ist im Deutschen vor allem in technischen Fachsprachen beispielsweise das Suffix »-er« sehr häufig anzutreffen, z.B. »Schweißer«, »Verstärker«, »Absorber« etc. Ein weiteres interessantes Phänomen, das der Derivation gleicht, ist die *Konversion*, d.h. die Überführung von Wortformen in eine andere Wortart *ohne* Anhängen von Derivativen.

Beispiele

Ein Beispiel hierfür ist die so genannte **Nominalisierung** »das Schmelzen« (abgeleitet von dem Verb »schmelzen«). Oft werden auch Namen konvertiert und dann als Einheiten benutzt, z.B. »Celsius«, »Hertz« etc.

Bei **Komposita** in der Fachterminologie gibt es stets einen so genannten *Kopf*, der die Wortart des Ganzen bestimmt und dessen Bedeutung (fast immer) durch die Bedeutung der anderen Teile – den so genannten *Modifikatoren* – eingeschränkt wird, sofern das Kompositum nicht metaphorisch verwendet wird. Auf diese Weise entstehen Begriffshierarchien, da der Kopf eines Kompositums meist ein **Oberbegriff** (Hyperonym) des Ganzen ist.

Beispiel

Ein »Schweröl« ist ein »Öl«, eine »Ansauglufttemperatur« ist eine »Temperatur« usw. Ausnahmen bilden z.B. die aus der Polygraphie bekannten metaphorisch verwendeten Begriffe »Schusterjunge« und »Hurensohn«.

Anwendungen morphembasierter Musteranalyse

Grundformreduktion

Soll eine automatische Textanalyse über die Analyse von Vollformen hinausgehen, so ist eine **Grundformreduktion** der Wortformen erforderlich, d.h. eine Neutralisierung der Flexion. Diese ist oft erwünscht, da verschiedene Vollformen derselben Grundform als semantisch gleichwertig angesehen werden.

Beispiel

Für den Benutzer einer Suchmaschine ist es meist nicht von Bedeutung, ob in einem Text von »Haus« oder »Häuser« die Rede ist. Beides hat fast denselben semantischen Gehalt bzw. der Benutzer der Suchmaschine möchte auch »Häuser« finden, wenn er nach »Haus« sucht.

Die Aufgabe der Grundformreduktion ist in verschiedenen Sprachen unterschiedlich schwer:

Im Englischen, das nur sehr wenige **Flexive** besitzt (z.B. »-s«, »-ed« und »-ing«) lässt sie sich recht einfach realisieren. Im Deutschen hingegen hat man Probleme mit der großen Anzahl verschiedener Flexive und häufig auftretender **Allomorphie**, d.h. Um- und Ablauten.

Eine automatische Grundformreduktion, die ohne ein umfangreiches Lexikon auskommen soll, wird in fast jedem Fall auf dem Abschneiden von »Derivationssuffixen« basieren. Zusätzlich wird es ein Regelwerk für Ausnahmen geben, dessen Komplexität von der morphologischen Komplexität der jeweiligen Sprache abhängt. Bei der Erstellung der Regeln ist das Wissen über Flexionsklassen hilfreich. Ein gutes – weil einfaches – Beispiel ist das Englische.

Beispiel

Will man im Englischen die durch Pluralbildung entstandenen Formen neutralisieren, so wird einfach bei allen Wortformen, die auf »s« enden, dieses letzte »s« abgeschnitten. Es reicht, drei Ausnahmen zu beachten:

- Wortformen, die im Singular auf »s« enden, wie z.B. »gas«, werden in einer Ausnahmeliste erfasst. Bei diesen Wortformen darf das letzte »s« nicht abgeschnitten werden, es sei denn, diese stehen im Plural. In diesem Fall, z.B. »gases«, muss neben dem Plural-s auch das Fugenelement »e« entfernt werden.
- Endet die Wortform auf »ss«, so soll das letzte »s« nicht abgeschnitten werden (Beispiel: »kiss«), es sei denn, sie steht im Plural. In diesem Fall, z.B. »kisses«, muss neben dem Plural-s auch das Fugenelement »e« entfernt werden.

- Endet die Wortform auf »ies«, so sollen diese drei Buchstaben im Ganzen abgeschnitten und durch »y« ersetzt werden (Beispiel: »ponies« → »pony«).

Ein oft verwendetes Verfahren für die Grundformreduktion im Englischen ist der so genannte **Porter-Algorithmus** (vgl. /Porter 80/). Dieser neutralisiert allerdings nicht nur Flexion, sondern auch die Derivation. Vergleichbare Verfahren für das Deutsche existieren, sind aber notgedrungen komplexer und weniger genau (vgl. /Schott 78/).

Bei der Untersuchung von Fachsprachen ist es oft interessant, mit Hilfe der **Terminologieextraktion** das domänenspezifische Vokabular eines Fachgebietes anhand von Fachtexten aufzufinden. Die Kenntnis von Derivativen oder allgemein Suffixen, die für ein Fachgebiet typisch sind, kann hierbei von großem Nutzen sein (vgl. Wissensbaustein »Erkennung von Fachterminologie« (S. 272) und Wissensbaustein »Beispielanalysen von zwei Textsammlungen« (S. 278)).

So kann man in Naturwissenschaften wie Chemie, Biologie oder in der Medizin ein gehäuftes Auftreten domänenspezifischer lateinischer oder griechischer Suffixe beobachten, wie z.B. »-itis« in der Medizin oder »-ase« in der Chemie.

Diese treten in der Gemeinsprache selten oder so gut wie nicht auf und können daher über einen Frequenzvergleich mit einem gemeinsprachigen Referenzkorpus leicht herausgefiltert werden (vgl. Wissensbaustein »Differenzanalyse« (S. 95)). Wenn man nun in einem medizinischen Text alle Wortformen heraussucht, die auf »-itis« enden (itis = Entzündung), so werden diese mit sehr hoher Wahrscheinlichkeit Fachausdrücke sein.

In der Tab. 6.3-3 findet sich eine Liste von medizinspezifischen Suffixen, deren Frequenz in einem englischen Text über **Onkologie** wesentlich höher ist, als in einem allgemeinsprachigen Korpus (Q sagt aus wie viel mal häufiger das Suffix ist, F wie viele Wortformen mit diesem Suffix im Text vorkommen).

Suffix	Q	F	Beispiele
cyte	48.8	4	t-lymphocyte, antithymocyte, lymphocyte
athy	40.7	5	pneumopathy, retinopathy, endocrinopathy
itis	35.9	13	myocarditis, meningitis, nephritis
roid	29.6	3	corticosteroid, steroid, thyroid
dose	27.9	3	high-dose, ablative-dose, low-dose
rapy	26.1	3	chemotherapy, radiotherapy, therapy
mia	23.5	5	hyperbilirubinemia, leukemia, anemia
osis	20.3	8	diagnosis, cirrhosis, kyphosis

Tab. 6.3-3: Liste mit medizinspezifischen Suffixen.

Vom *theoretischen Standpunkt* aus ist die Unterscheidung zwischen Derivation und Komposition bei neoklassischen Wortbildungen manchmal problematisch: die Wortform »Leukämie« besteht aus griechisch »leukos« (weiß) und »aima« (Blut), also aus zwei Primärstämmen. Da es viele medizinische Fachausdrücke gibt, die auf »-ämie« enden, könnte man versucht sein, von einem Derivationssuffix zu sprechen, obwohl es sich hier eigentlich um eine Komposition handelt (vgl. /Ananiadou 94/).

Vom *pragmatischen Standpunkt* aus betrachtet ist jedoch nicht erheblich, ob es sich bei einem Suffix wirklich um ein Derivativ handelt oder ob es einmal eine eigenständige Wortform war, sofern sich mit seiner Hilfe wichtige Fachausdrücke einer Domäne auffinden lassen.

Komposita in Fachtexten

Oft ist es auch interessant, **Komposita** eines Fachtextes zu zerlegen. Komposita werden einerseits gute Kandidaten für Fachausdrücke sein, andererseits lassen sich leicht Termini finden, wenn man eine Liste domänenspezifischer Basismorpheme hat und nach Komposita sucht, die diese enthalten.

Um domänenspezifische Basismorpheme zu finden, kann man z.B. alle Wortformen eines Textes einem Programm zur Kompositazerlegung übergeben: Dieses identifiziert Komposita und ihre Teile, d.h. es identifiziert diejenigen Basismorpheme, aus denen sich das Kompositum zusammensetzt. Morpheme, die dabei im gesamten Text sehr häufig auftreten, können dann als domänenspezifisch angesehen werden (vgl. /Heid 98/).

Eine weitere Anwendung der Zerlegung von Komposita kann darin bestehen, Begriffshierarchien aufzubauen oder deren Aufbau zu unterstützen. Wie oben erwähnt, ist in den meisten Fällen der Kopf eines Kompositums ein Oberbegriff des Ganzen. So können verschiedene Komposita unter einem gemeinsamen Oberbegriff – ihrem Kopf – zusammengefasst werden.

Beispiel

Die folgenden Komposita sind Bezeichnungen für »Minister«: »Außenminister«, »Verkehrsminister«, »Verteidigungsminister«, »Umweltminister« etc.

Sie sind allesamt Ausprägungen (Hyponyme) desselben Oberbegriffs – eben »Minister«.

Viele semantische Begriffsnetze bauen auf Hierarchien auf (im Sinne von Oberbegriffen, die immer weiter in ihre Unterbegriffe untergliedert werden, vgl. Wissensbaustein »Logische Relationen« (S. 39)). Die Zerlegung von Komposita ist ein erster und sehr einfacher Schritt in diese Richtung.

Basistext

7 Hybride Verfahren *

Man spricht von **hybriden Verfahren** für das *Text Mining*, wenn für das *Text Mining* zwei oder mehrere Verfahren und Wissensquellen aus verschiedenen Bereichen kombiniert werden. Zur Auswahl stehen sowohl **statistische** als auch **musterbasierte Analyseverfahren**, verschiedene linguistische und lexikalische Wissensquellen sowie **Lernverfahren für den sukzessiven Aufbau** von Wissensquellen.

In den folgenden Wissensbausteinen werden exemplarisch einige Ansätze für hybride Verfahren im *Text Mining* aufgezeigt.

Im Wissensbaustein »Lexikalische Filter« (S. 248) werden verschiedene Möglichkeiten erläutert, wie die Extraktion und Analyse von Konzepten einer Fachdomäne durch den Einsatz von **lexikalischen Filtern** verbessert werden kann.

Der Einsatz verschiedener linguistischer und lexikalischer Wissensquellen wird am Beipiel einer automatischen Extraktion von Personennamen im Wissensbaustein »Kombination verschiedener Wissensquellen« (S. 254) erläutert.

Ein Verfahren für den iterativen Aufbau von Wissensquellen findet sich im Wissensbaustein »Bootstrapping« (S. 260).

In diesem Wissensbaustein wird beschrieben, wie durch die iterierte Verwendung von schon bekannter **Information**, die schrittweise erweitert wird, neue Informationen gefunden werden können.

7.1 Lexikalische Filter *

Aus dem globalen Kontext einer Wortform können durch den Einsatz von lexikalischen Filtern bestimmte Wortformen herausgefiltert werden, zu denen die Wortform in paradigmatischer Relation steht. In der Praxis sind dabei syntaktische Filter und Kookkurrenzfilter von besonderer Bedeutung. Mit einem syntaktischen Filter werden nur Wortformen einer bestimmten syntaktischen Kategorie, z. B. Nomina, Verben oder Eigennamen, betrachtet. Mit einem Kookkurrenzfilter werden nur Wortformen betrachtet, die auch in Bezug auf eine gegebene andere Wortform signifikante Kookkurrenten sind.

Die Menge von Wortformen, die den globalen Kontext einer gegebenen Wortform bilden, enthalten als Teilmenge die Menge von Wortformen, die zu der gegebenen Wortform in einer paradigmatischen Relation stehen (vgl. Wissensbaustein »Paradigmatische Relationen« (S. 25)). Der globale Kontext einer Wortform kann mit sprachstatistischen Verfahren errechnet werden (vgl. Wissensbaustein »Signifikante Kookkurrenzen« (S. 134)).

Die weitere Verarbeitung des globalen Kontextes einer Wortform, insbesondere die Berechnung **paradigmatischer Relationen**, erfordert den Einsatz von **Filtern** als zusätzlichen Wissensquellen.

Die durch die statistischen Verfahren ermittelten **Mengen signifikanter Kookkurrenten** lassen sich zwar auch unmittelbar nutzen, um z. B. im Rahmen einer Suchmaschine zusätzliche Rechercheterme zu liefern oder – in Form der Visualisierung – ein für den Leser interpretierbares Begriffsnetz zu zeigen (vgl. Wissensbaustein »Netze von Kookkurrenten« (S. 168)).

Es ergeben sich aber Probleme qualitativer wie quantitativer Natur:

- Zum einen steigt die Anzahl signifikanter Kookkurrenten mit der absoluten Häufigkeit des Begriffs, was eine weitere Filterung sinnvoll erscheinen lässt.

- Zum anderen sagt das statistische Maß nichts über den Typ der Beziehung zwischen zwei Begriffen, die ein **Kookkurrenzpaar** bilden, aus.

Auch dies ist ein starkes Indiz für den Einsatz zusätzlichen Wissens, um umfangreiche Mengen **signifikanter Kookkurrenzen** nach verschiedenen Kriterien filtern zu können. Die Mengen signifikanter Kookkurrenten von Wortformen lassen sich insbesondere durch lexikalische Filter optimieren (vgl. /Heyer et al. 01(a)/).

Der Ansatz einer *lexikalischen Filterung* baut darauf auf, dass für das ***Text Mining*** linguistische oder *lexikalische* Informationen als zusätzliche Wissensquellen zur Verfügung stehen:

Dies kann zum einen in Form von **maschinenlesbaren Lexika** geschehen.

Zum anderen können Ergebnisse von bereits durchgeführten Textanalyse-Prozessen lexikalisiert werden.

So lassen sich durch die Annotation von Texten hinsichtlich bestimmter linguistischer oder informationeller Kategorien (z.B. **Eigennamen**) oder der Speicherung von Mengen signifikanter Kookkurrenten einer Wortform einfache lexikalische Wissensquellen generieren, die für die Zwecke des *Text Mining wiederverwendet* werden können.
Die Generierung von Wissensquellen durch *Text Mining* und deren iterative Verwendung beim *Text Mining* erlaubt es, die Qualität der Wissensquellen und des *Text Mining* selber kontinuierlich zu verbessern.

Im Folgenden werden exemplarisch drei Filterungsverfahren behandelt:

- *Kategorienfilter*, bei denen aus Mengen signifikanter Kookkurrenten diejenigen Teilmengen extrahiert werden, deren Elemente jeweils einer bestimmten grammatikalischen Kategorie angehören,
- Filterung durch *Eigennamen* bzw. bekannte semantische Attribute, und

- *Kookkurrenzfilter*, bei denen als Filter die Mengen signifikanter Kookkurrenten nicht nur eines, sondern mehrerer Begriffe verwendet werden.

Kategorienfilter

Definition

Unter einem **Kategorienfilter** ist die *Auswahl* derjenigen Mitglieder einer Menge signifikanter Kookkurrenten zu verstehen, die derselben grammatikalischen Kategorie angehören. Voraussetzung ist dabei, dass entsprechende syntaktische Informationen für eine hinreichend große Menge von Wortformen zur Verfügung stehen.

Im Projekt »Deutscher Wortschatz« existieren Abfrage-Schnittstellen für

- die Ermittlung von *Adjektiven* als in der Menge signifikanter Kookkurrenten enthaltene linke Nachbarn zu einem *Substantiv*,
- die Ermittlung von *Verben* (Verbformen) als signifikante rechte Nachbarn zu einem *Substantiv* und die
- Ermittlung von *Substantiven*, die überhaupt zusammen mit einem gegebenen *Adjektiv* auftreten.

Beispiel

Die folgenden Listen geben die so ermittelten Adjektive und Verben zum Nomen »Politiker« sowie die zusammen mit dem Adjektiv (Adverb) »offensichtlich« gebrauchten Nomen wieder:

Adjektive als signifikante linke Nachbarn zu »Politiker« (Top 30):

verantwortlichen (428), führende (404), Bonner (399), konservative (283), führenden (240), deutsche (217), deutscher (198), beide (177), prominente (157), führender (153), hochrangige (146), viele (138), westliche (114), prominenter (98), liberale (91), korrupte (87), westlicher (85), grüne (78), westlichen (76), sozialdemokratische (73), vieler (68), populärste (64), amerikanischer (60), britischer (60), sozialistische (59), ostdeutsche (55), italienischer (55), meisten (54), zahlreiche (53), französischer (52)

Verben als signifikante rechte Nachbarn zu »Politiker« (Top 30):

sollten (75), fordern (66), hätten (58), müssten (38), forderten (37), reagierten (32), sprachen (27), antworten (23), reden (21), streiten (20), glauben (20), denken (15), scheinen (15), warnten (15), appellierten (15), betonten (14), mögen (14), äußerten (14), befürchten (14), warfen (13), wollten (13), sprechen (13), verwickelt (13), fürchten (12), widersprachen (11), kritisierten (11), mahnen (11), appelliert (11), plädieren (11), kritisieren (11)

Nomen als signifikante rechte Nachbarn zu »offensichtlich*«:

Benachteiligung (28), Widerspruch (23), Fehlern (21), Fehler (20), Gründen (20), Unfähigkeit (18), Unrecht (17), Probleme (13), Verstoß (13), Demokratiedefizit (12), Fehlentscheidungen (12), Schwäche (12), Zahlungsunfähigkeit (12), Diskrepanz (11), Ignoranz (11), Missachtung (11), Missbrauchs (11), Missstände (11), Desinteresse (10), Diskriminierung (10), Vorteile (10), Widersprüche (10), Angst (9), Bemühens (9), Versuch (9), Wirkungslosigkeit (9), Fehlentscheidung (8), Schwachstelle (8), Torchance (8), Uneinigkeit (8), Ungerechtigkeiten (8)

Interpretiert man die so gewonnenen Teilmengen, so drücken die gefundenen Beziehungen im Sinne *semantischer Relationen* (vgl. Wissensbaustein »Semantische Relationen« (S. 30)) eine **Modifizierung** bzw. eine **Veränderung** aus. Adjektive lassen sich als typische Eigenschaften und Verben als typische Tätigkeiten zu Begriffen bzw. Konzepten auffassen. Die semantische Homogenität der Beziehungen lässt sich erhöhen, wenn als Grundlage der Analyse ein fachspezifischer Text verwendet wird. Auf diese Weise kann z. B. die Analyse einer umfangreichen Software-Dokumention als Grundlage eines Software-Reengineerings dienen, da für den zu modellierenden Gegenstandsbereich automatisch Verben (*Methoden* im Sinne der Objektorientierung) und Adjektive (*Eigenschaften* im Sinne der Objektorientierung) ermittelt werden können.

Filterung mit Hilfe von Eigennamen und semantischen Relationen

Grammatikalische Kategorien eignen sich für die Filterung, da sie *nicht* an bestimmte Domänen gebunden sind und diese Art der Information in ausreichendem Maße zur Verfügung steht. Diese kann in Form einer externen Wissensquelle zur Verfügung stehen (z.B. in Form einer tabellarischen Zuordnung von Begriffen zu Sachgebieten in einer **Ontologie**), oder aus einem Text selbst ermittelt werden (z.B. durch automatische Erkennung von **Eigennamen**). Für das Deutsche lassen sich typische Eigennamen auf der Basis von Vor- und Nachnamenslisten (teilautomatisch) ermitteln (vgl. Wissensbaustein »Bootstrapping« (S. 260)). Mit Hilfe dieser Information lassen sich dann Beispiele der semantischen Relation **Kategorie** oder **Funktion** (vgl. Wissensbaustein »Semantische Relationen« (S. 30)) extrahieren.

Beispiel 1

Für die Funktionsbezeichnung *Beruf (Klasse) – Vertreter des Berufs (Instanz)* zeigt dies das folgende Beispiel zu »Liedermacher«:

Eigennamen als signifikante rechte Nachbarn zu »Liedermacher«

Konstantin Wecker (235), Wolf Biermann (188), Hans Söllner (40), Gerhard Schöne (35), Hannes Wader (28), Clemens Bittlinger (27), Stephan Krawczyk (27), Reinhold Andert (23), Ludwig Hirsch (21), Stephan Krawcyk (17), Sergio Vesely (16), Piet Atten (12), Reinhard Lakomy (12), Oliver Ziegler (11), Georg Danzer (11), Siggi Liersch (11), Herbert Stettner (11), Alexander Dolsky (11), Klaus Neuhaus (11), Franz Josef Degenhardt (11).

Kookkurrenzfilter

Eine dritte Filterungsmöglichkeit besteht in der Auswertung von **Mengen signifikanter Kookkurrenten** zu mehreren Begriffen. Durch Bildung der Schnittmenge der Mengen signifikanter Kookkurrenten zu zwei Begriffen lassen sich Begriffe extrahieren, die zu beiden Ausgangsbegriffen in einer signifikanten Beziehung stehen (**gemeinsamer Begriff**, vgl. Wissensbaustein »Syntagmatische Relationen« (S. 20)).

Diese Vorgehensweise lässt sich auch als Ermittlung eines Platzhalters in einem zweistelligen Prädikat auffassen (*Prädikat(Argument1, Argument2)*), bei dem wahlweise das Prädikat selbst oder eines der beiden Argumente als Platzhalter aus den Mengen signifikanter Kookkurrenten ermittelt werden soll.

Beispiel 2a

Oberbürgermeister(Name, Stadt): Es ergeben sich drei Anfragevarianten, deren Ergebnisse (als Schnittmengen signifikanter Kookkurrenten zur Bestimmung von Platzhaltern in semantischen Relationen) in der Tab. 7.1-1 gezeigt werden:

X(Christian Ude, München)	Oberbürgermeister(X, München)	Oberbürgermeister(Christian Ude, X)
Oberbürgermeister (3496), OB (2139), Bayern (1185), bayerische (534), Oberbayern (489), Landeshauptstadt (476), CSU (449), Stadt (446), Bayerns (376), bei (373)	in (8345), Christian Ude (3496), Frankfurt (1075), nach (1024), Stuttgart (853), Bayerischen (832), am (820), bayerischen (744), Köln (732), Stadt (552)	OB (2139), SPD (887), Stadt (552), Peter Menacher (263), Rathaus (240), CSU (206), Münchens (200), hat (175), Münchner (173), Stadtrat (157)

Tab. 7.1-1: Schnittmengen signifikanter Kookkurrenten zur Bestimmung von Platzhaltern.

Die Ergebnismengen umfassen jeweils mehrere, nach Signifikanz geordnete Einträge. Anders als bei einer deklarativen Wissensbasis und einem über ihr operierenden Inferenzmechanismus besteht jedoch keine Gewähr, dass in allen Fällen ein korrektes Ergebnis geliefert wird. Allerdings wird die »korrekte Antwort« in der Regel auch die höchste Signifikanz aufweisen oder wenigstens bei Einschränkung auf eine bestimmte Kategorie einen vorderen Listenplatz einnehmen.

Das Beispiel zeigt zudem, dass eine wiederholte Anwendung von Filtern sinnvoll sein kann: Ist etwa bekannt, welcher Kategorie der Platzhalter angehören muss, so würde etwa in der mittleren Spalte der Eigenname nach vorne rücken. In der letzten Spalte erhält man indirekt auch eine Antwort auf die Frage nach der Parteizugehörigkeit.

Dasselbe Verfahren – Schnittmengenbildung von Mengen signifikanter Kookkurrenten – kann auch angewandt werden, um bei mehrdeutigen Begriffen die Menge signifikanter Kookkurrenten hinsichtlich der verschiedenen *Bedeutungsvarianten* zu segmentieren. Voraussetzung ist dann allerdings, dass innerhalb der Menge der signifikanten Kookkurrenten des Ausgangsbegriffs je ein Begriff bestimmt werden kann, der repräsentativ für eine Bedeutungsvariante ist (vgl. auch Wissensbaustein »Disambiguierung« (S. 180)).

Beispiel

Die Menge signifikanter Kookkurrenten zu »Zylinder« umfasst (u.a.) signifikante Kookkurrenten aus den Bedeutungsvarianten *Kopfbedeckung* und *Teil eines Verbrennungsmotors*, die beiden stärksten signifikanten Kookkurrenten sind »Frack« und »Kolben«.

Bildet man jeweils die Schnittmengen signifikanter Kookkurrenten zu »Zylinder« und »Frack« bzw. »Zylinder« und »Kolben«, so lässt sich die Gesamtmenge der signifikanten Kookkurrenten zu »Zylinder« in bedeutungsbezogene Teilmengen separieren (Tab. 7.1-2).

Schnittmenge signifikanter Kookkurrenten »Zylinder« und »Frack«	Schnittmenge signifikanter Kookkurrenten »Zylinder« und »Kolben«
im (97), und (74), mit (61), Herren (46), schwarzen (31), Damen (31), ein (27), schwarzem (25), Vorzeigereiter (25), trägt (24), tragen (23), Bühne (20), in (19), bewegt (17), Hose (15), Cut (13), Herr (13), Augenglas (11), schwarzer (10), roter (10)	und (72), mit (61), Ventile (58), einem (54), Motor (43), Dampf (35), aus (27), ein (27), Luft (27), Frischgase (26), Auslasskanal (23), Schwungrad (22), einen (22), Ventil (22), bewegt (22), Kugel (20), den (19), Zylinders (18), strömt (17), Maschine (16)

Tab. 7.1-2: Schnittmengen der signifikanten Kookkurrenten zur Separierung von Bedeutungsvarianten (jeweils top 20).

7.2 Kombination verschiedener Wissensquellen *

Für bestimmte Fragestellungen existieren möglicherweise mehrere Verfahren zum Finden einer Antwort. Um mehrere solche Antworten zu kombinieren, kön-

Basistext

nen Abstimmungsverfahren eingesetzt werden, die in möglichst vielen Fällen die korrekte Antwort ermitteln.

Unsicheres Wissen

Im täglichen Leben begegnet man oft Fragen, die sich nicht einfach mit »ja« oder »nein« beantworten lassen. Dies betrifft nicht nur Vorhersagen, wie die Frage, ob es morgen an einem bestimmten Ort regnen wird oder nicht. Auch auf Fragen, bei denen man zum gegenwärtigen Zeitpunkt genügend Wissen zur Verfügung hat, sind offensichtlich entgegengesetzte Antworten möglich. Dies beispielsweise bei der Frage, ob ein Land wie die Türkei demnächst in die EU aufgenommen werden kann.

Anhörung von Experten

Das Vorgehen bei solchen unsicheren Fragen ist nun so, dass verschiedene Experten angehört werden. Nach einer Bewertung der möglicherweise unterschiedlichen Meinungen wird durch eine Art Abstimmung eine endgültige Entscheidung ermittelt. Leider stellt sich gelegentlich trotz aller Bemühungen die gefällte Entscheidung später als falsch heraus.

Dieses Vorgehen beim Umgang mit unsicheren Wissen soll nun nachgebildet werden:

Gegeben sind mehrere Wissensquellen, die Aussagen zu einem Sachverhalt machen. Leider sind diese Aussagen zu einem gewissen Grade fehlerhaft.

Gesucht ist ein Verfahren, welches es erlaubt, eine sinnvolle Kombination dieser Einzelaussagen zu treffen.

Kombination von Aussagen zum gleichen Sachverhalt

Zunächst soll der einfache Fall betrachtet werden, dass man über mehrere Verfahren verfügt, die zur Lösung des gleichen Problems dienen, also für gleiche Eingabedaten die gleiche Fragestellung bearbeiten. Allerdings kann man sich nicht darauf verlassen, dass die Ergebnisse der verschiedenen Verfahren immer korrekt sind.

Vom Typ her sind diese Verfahren als Klassifikationsverfahren zu betrachten, die ihre Entscheidung auf Grund eines Eingabeobjekts fällen, dieses also klassifizieren.

Precision und *Recall*

Die Verfahren sollen die Möglichkeit haben, bei Unsicherheit gar kein Ergebnis zurück zu liefern und sich dabei auch ähnlich wie menschliche Experten zu verhalten, die bei Unsicherheit lieber keinen eindeutigen Rat geben. Diese Eigenschaft lässt sich mit Hilfe der Begriffe ***Precision*** und ***Recall*** ausdrücken:

Hohe *Precision* bedeutet, dass in dem Fall, in dem eine Entscheidung getroffen wird, diese Entscheidung in den meisten Fällen korrekt ist.

Recall bezeichnet den Anteil der Fälle, für die überhaupt ein Ergebnis zurückgeliefert wird.

So bedeuten 50 Prozent *Recall* und eine *Precision* von 80 Prozent, dass im Durchschnitt von 100 Objekten zwar nur 50 klassifiziert werden, aber davon nur 10 falsch (nämlich 20 Prozent dieser 50). Diese Fehlerrate von 10 Prozent soll nun durch Kombination mehrerer Verfahren weiter gesenkt werden. Gleichzeitig wird der *Recall* erhöht.

Damit befindet man sich in folgender Situation:

- Gegeben sind mehrere Klassifikationsverfahren.
- Jedes einzelne Klassifikationsverfahren hat hohe *Precision* und mittleren *Recall*.
- Es ist im Allgemeinen nicht bekannt, ob die verschiedenen Verfahren unabhängig voneinander sind. In der Regel werden Abhängigkeiten vorliegen.

Im nächsten Schritt werden die Ergebnisse der verschiedenen Verfahren kombiniert. Es ist zunächst nicht klar, bei welchen Kombinationen man eine Entscheidung treffen kann.

Beispiel

Für deutsche Vornamen soll entschieden werden, ob sie zu Trägern männlichen oder weiblichen Geschlechts gehören. Dazu seien drei Verfahren gegeben, die jeweils das Ergebnis »m«, »w« oder »?« liefern.

Dabei steht das Fragezeichen für den Fall, dass das Verfahren keine Entscheidung trifft. Für einen bestimmten Vornamen treffen die drei Verfahren nun drei Entscheidungen wie `mmm`, `w?m` oder `???`.

Es ist klar, dass das Ergebnis der Kombination im ersten Fall `m` und in den beiden restlichen Fällen `?` sein muss. Aber was tun bei Fällen wie `mm?`, `w??` oder `mmw?`

Insgesamt sind 3^3=27 Kombinationen von drei Ergebnissen bei jeweils drei Werten möglich. Wenn man die Reihenfolge und die Symmetrie bezüglich `m` und `w` berücksichtigt, bleiben die folgenden sechs Möglichkeiten, die zu drei Gruppen zusammengefasst werden:

A **klar gefällte Entscheidungen** (mind. 2 Stimmen, keine Gegenstimme): `mmm`, `mm?`

B **schwache Entscheidungen** (1 Stimme, keine Gegenstimme): `m??`

C **widersprüchliche** und **völlig unklare Entscheidungen**: `mmw`, `m?w`, `???`

Wie oben schon bemerkt, wäre das natürliche Abstimmungsergebnis im Falle A natürlich `m`, im Falle C kann *keine* begründete Entscheidung getroffen werden, also `?`. Bleibt der Fall B.

Man hat hier eine gewisse Entscheidungsfreiheit, wie reagiert werden soll, wenn ein Experte einen Rat erteilt, zwei weitere Experten sich jedoch *nicht* entscheiden können. Wenn man hier von einer großen *Precision* des ersten Verfahrens (d.h. Experten) ausgehen kann, was man ja stets annimmt, so sollte man der Entscheidung des ersten Verfahrens vertrauen, sich im Falle von `m??` also für `m` entscheiden.

Die unten beschriebenen Experimente zeigen, dass durch diese Wahl der *Recall* insgesamt verhältnismäßig stark ansteigt, ohne die *Precision* wesentlich zu beeinträchtigen.

Beispiel

Geschlecht zu deutschen Vornamen:

Verfahren

Die Aufgabe besteht darin, zu Vornamen das Geschlecht zu bestimmen. Dazu wurden die in Deutschland häufigsten 1000 männlichen und 1000 weiblichen Vornamen ausgewählt (Vornamen mit unspezifischen Geschlecht wie »Chris« waren vorher entfernt worden). Mit den jeweils ersten 750 Vornamen wurden die Verfahren trainiert, d.h.

die Verfahren bekamen zum Vornamen das korrekte Geschlecht und konnten lernen. Die verbleibenden 500 Vornamen wurden als Test genutzt: Die einzelnen Verfahren sowie ihre Kombination mussten das diesmal unbekannte Geschlecht erraten.

Die drei Verfahren versuchen, die Vornamen auf Grund von Namensteilen zu klassifizieren. Und zwar benutzt das

- erste Verfahren ausschließlich die **Namensanfänge**,
- zweite Verfahren ausschließlich die **Namensenden** und
- dritte Verfahren aussagekräftige **Mittelstücke**.

Welche Namensteile sich hier als nützlich erweisen, wird jeweils automatisch aus den ersten 750 Namen bestimmt. So entstehen Regeln der Art, dass alle Vornamen der Form »Hild*« weiblich und alle der Form »*gott« männlich sind. Diese drei Verfahren sind bestimmt nicht unabhängig voneinander, da sich z.B. Mittelstücke mit Anfangsstücken überschneiden können.

Die Tab. 7.2-1 zeigt die Ergebnisse für die einzelnen Verfahren und ihre Kombination. Es zeigt sich, dass das kombinierte Verfahren mehr Einträge korrekt klassifiziert als jedes einzelne Verfahren, auch ist die *Precision* mit 94 Prozent höher als bei jedem der einzelnen Verfahren. Insgesamt hat das kombinierte Verfahren mit *Precision* und *Recall* um die 95 Prozent durchaus beachtliche Werte.

Klassifikation	durch Namensteile vorn	durch Namensteile mitte	durch Namensteile hinten	Kombiniertes Verfahren
Precision	0,66	0,83	0,93	0,94
Recall	0,58	0,99	0,76	0,97

Tab. 7.2-1: Drei Verfahren und ihre Kombinationen.

Kombination mit unterstützenden Aussagen

Es kann der Fall eintreten, dass man zwar nicht über mehrere Verfahren verfügt, die das gleiche Problem lösen, aber wenigstens über zusätzliche Verfahren, die unterstützende Aussagen machen.

Solche unterstützenden Verfahren lassen möglicherweise nicht direkt auf eine bestimmte Eigenschaft schließen, sondern nur in Zusammenhang mit anderen Hinweisen.

Beispiele hierfür sind wieder **signifikante Satzkookkurrenzen**: Signifikante Satzkookkurrenten von Substantiven sind häufig andere Substantive, die aus gemeinsamen Aufzählungen stammen (vgl. auch Wissensbaustein »Signifikante Kookkurrenzen« (S. 134) und Wissensbaustein »Signifikante Kookkurrenzen – Beispiele und Anwend.« (S. 141)).

Beispiel

Das lässt sich sehr schön an Personennamen demonstrieren:

Ist etwa bekannt, dass »Boris Becker« früher Tennis spielte und wird weiterhin vermutet, dass »Michael Stich« ein Tennisspieler aus der gleichen Zeit ist, so wird diese Vermutung dadurch gestützt, dass »Boris Becker« und »Michael Stich« signifikante Kookkurrenten sind.

Umgekehrt können signifikante Kookkurrenzen auch genutzt werden, um falsche Schlüsse zu vermeiden.

Beispiel

Angenommen, es ist bekannt, dass »Schwanz« Teil von »Pferd« ist. Weiter wird vermutet , dass signifikante Kookkurrenten von »Pferd« ähnliche Objekte beschreiben, die dann ebenfalls einen »Schwanz« als Teil besitzen.

Deshalb werden jetzt die Wörter »Kuh«, »Hund« und »Reiter« betrachtet, die sämtlich signifikante Kookkurrenten zu »Pferd« sind. Die (nicht ganz korrekte) Vermutung, dass es sich hierbei auch in jedem Falle um »Tiere mit Schwanz« handelt, soll durch die Aussage unterstützt werden, dass »Schwanz« signifikanter Kookkurrent zu den jeweiligen Wörtern ist.

Dies ist aber nur für »Kuh« und »Hund« der Fall, nicht für »Reiter«. Deshalb wird nur für »Kuh« und »Hund« geschlossen, dass diese einen »Schwanz« als Teil enthalten.

7.3 *Bootstrapping* **

Mit *Bootstrapping* wird ein maschinelles Lernverfahren bezeichnet, das unter Zuhilfenahme einer kleinen »Startmenge« und Regeln diese Menge iterativ erweitert und gelernte Informationen aus früheren Schritten dazu benutzt, um weitere Informationen zu finden.

Allgemein bezeichnet *Bootstrapping* einen Prozess, der unter Zuhilfenahme einer kleinen Anfangskonfiguration eine größere, umfassendere Konfiguration erzeugt. Der Begriff ***Bootstrapping*** ist eine Zusammensetzung aus *Boot* und *Strap* und bedeutet zu Deutsch »Schuhlöffel«. Im Bereich Betriebssysteme hat sich *Bootstrapping* als Begriff für das »Urladen« des Betriebssystems eingebürgert – ein kleines Startprogramm fungiert als der Schuhlöffel, der es ermöglicht, den ganzen Schuh, nämlich das Betriebssystem, anzuziehen bzw. zu laden. Hier jedoch wird *Bootstrapping* als maschinelles Lernverfahren behandelt.

Grundlagen

Für das Lernen durch *Bootstrapping* sind zwei Dinge nötig:

- eine **Startmenge** an Information und
- eine **Regelmenge**, wie durch die schon bekannte Information neue Information gefunden werden kann.

Generell lässt sich ein *Bootstrapping*-Verfahren folgendermaßen beschreiben:

allgemeines *Bootstrapping*-Verfahren

```
Gesamtwissen = 0;
Neu = Startmenge;
Solange Neu > 0
        Gesamtwissen = Gesamtwissen+Neu;
        Neu = 0;
        Neu = Finde neue Informationen aufgrund
                   Gesamtwissen und Regelmenge;
```

Das Verfahren geht also zunächst von der Startmenge aus und versucht aufgrund der Regeln neue Information zu finden, die in allen weiteren Iterationen zum Finden von noch mehr Information benutzt wird. Das Verfahren bricht ab, wenn nichts Neues mehr gefunden werden kann.

Das Anwenden der Regeln zum Erhalten neuer Informationen ist eine Art von **Klassifikation**. Da sich das Finden von neuer Information bei fortschreitenden Iterationen maßgeblich auf Informationen stützt, die selbst vom Verfahren gefunden wurden, ist hierbei eine sehr hohe Präzision notwendig. Andernfalls führen zunächst **kleine Verunreinigungen** des Gesamtwissens (fehlerhaft klassifizierte Information) durch **Fehlerfortpflanzung** schnell zu dessen qualitativem Verderben – die Menge fehlerhafter Informationen wird anteilig immer größer.

Bei erfolgreichem Verlauf eines *Bootstrapping*-Experimentes wird die Anzahl der neu gelernten Informationen pro Iterationsschritt dem logistischen Wachstum folgen. Das logistische Wachstum beschreibt beschränktes Wachstum von zunächst exponentieller Natur und wird durch folgende Differentialgleichung beschrieben:

$f(0) = a$
$f'(t) = k \cdot f(t) \cdot (S - f(t))$

Hier steht
$f(t)$ für die Größe des Gesamtwissens zum Zeitpunkt t,
a ist die Größe der Startmenge,
S ist die Gesamtmenge der zu findenden Information,
k ist eine Konstante größer Null.

Die Abb. 7.3-1 zeigt den Verlauf von der Größe des Gesamtwissens und der Größe des pro Iterationsschritt neu gelernten Wissens in der Zeit. Man sieht den Verlauf der Menge gelernter Informationseinheiten bei erfolgreichem Verlauf gemäß logistischem Wachstum (oben: Gesamtanzahl, unten: Wachstumsgeschwindigkeit, d.h. neue Informationseinheiten pro Schritt)

Das Verhalten entsprechend der logistischen Gleichung wird nun kurz begründet:

Als Vereinfachung soll angenommen werden, dass jede Information pro Iterationsschritt **N** neue Informationen finden kann. Pro Information in der Startmenge werden im **ersten Iterationsschritt N** neue Informationen gefunden, die wiederum je **N** neue Informationen finden, also $\mathbf{N^2}$ im **zweiten**

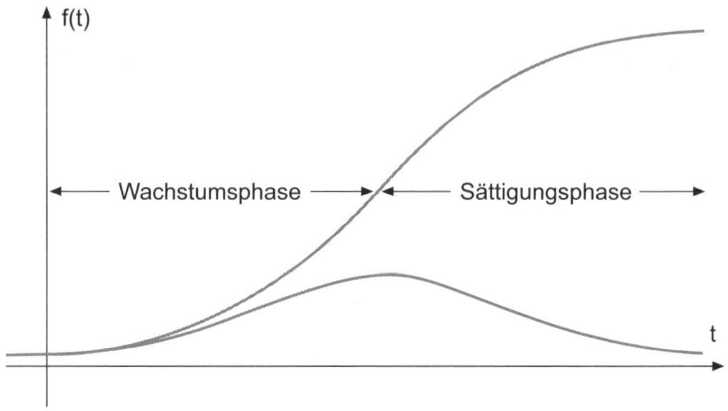

Abb. 7.3-1: Verlauf von Größe des Gesamtwissens und Größe des pro Iterationsschritt neu gelernten Wissens in der Zeit.

Schritt, N^3 im **dritten Schritt** und so weiter – das Wachstum verläuft exponentiell.

Da jedoch die Gesamtzahl der zu findenden Informationen beschränkt ist, werden früher oder später immer weniger neue Informationen gefunden. Es kann zwischen **Wachstums**- und **Sättigungsphase** unterschieden werden (siehe Abb. 7.3-1).

Beispiel

Eine in der automatischen Sprachverarbeitung verbreitete Aufgabe ist die **Extraktion von Personennamen**, also Vor- und Nachnamen (vgl. /Collins, Singer 99/). Diese Aufgabe stellt einen Teilbereich der klassischen Informationsextraktion dar. Da die Menge der Personennamen eine offene Wortklasse ist, reicht es nicht, sich mit einer (möglichst großen) Liste aller bekannten Namen zu begnügen – auch bis dato unbekannte Personennamen sollen als solche gekennzeichnet werden.

Für die Lösung dieser Aufgabe mit *Bootstrapping* bietet sich als Startmenge eine Liste von Vornamen und Nachnamen an. Die Regelmenge soll in diesem Beispiel zwei Regeln enthalten:

Regel 1: Eine Wortform vor einem Nachnamen ist ein Vorname.
Regel 2: Eine Wortform nach einem Vornamen ist ein Nachname.

Das Auffinden vormals unbekannter Namen geht folgendermaßen vonstatten: Für einen bekannten Namen werden Belegstellen im Text gesucht und die Regeln werden angewendet.

Beispieltext zur Namenserkennung:

Peter Müller und seine Freunde Markus Mayer, Markus Schulze und Peter Schulze fahren in den Urlaub.

Anwendung der Regeln

Als *Startmenge* nimmt man an, dass »Peter« als Vorname bekannt ist. Im *ersten Iterationsschritt* liefert Regel 2 die Nachnamen »Müller« und »Schulze«. Im *zweiten Iterationsschritt* liefert der Nachname »Schulze« in Verbindung mit Regel 1 den Vornamen »Markus«, der im *dritten Iterationsschritt* schließlich den Nachnamen »Mayer«, das Verfahren terminiert.

Es ist jedoch leicht, Texte anzugeben, bei denen diese **Anfangskonfiguration** versagt. Zum einen können »Peter« und seine Freunde alle verschiedene Vor- und Nachnamen haben, was den *Recall* (Menge der durch das Verfahren gefundenen Namen gegenüber allen im Text enthaltenen Namen) verschlechtert. Dieses Problem lässt sich durch große Textmengen lösen, wodurch sichergestellt wird, dass viele Namen mehrmals vorkommen.

Viel schlimmer jedoch sind fehlerhafte Klassifikationen, z.B. in Texten wie
»Peter geht dort in den Wald. Dort geht der Wind.«.

Hier findet die verwendetet Anfangskonfiguration die Nachnamen »geht« und »in«, sowie den Vornamen »dort«.

Um Fehlklassifikationen abzuhelfen, ist es möglich, die Regeln genauer zu formulieren, z.B. Großschreibung für Namen zu fordern. Dies führt jedoch entweder zu einem höheren Aufwand bei der Regelerstellung, oder die notwendigerweise spezifischeren Regeln treffen nicht mehr so häufig zu, was den *Recall* verringert.

Im folgenden Abschnitt wird der sogenannte **Pendel-Algorithmus** skizziert, ein Verfahren, das die **Regelunschärfe** durch eine Verifikationsschritt ausgleicht und somit hohen *Recall* bei hoher *Precision* sichert.

Pendel-Algorithmus: Suche und Verifikation

Der **Pendel-Algorithmus** bildet eine Spezialisierung des allgemeinen *Bootstrapping*-Verfahrens. Weiterhin wird eine Start- und Regelmenge vorausgesetzt. Um neue Informationen zu finden, sind nun zwei Schritte nötig, ein **Suchschritt** und ein **Verifikationsschritt**.

Im Folgenden eine Skizze des Pendel-Algorithmus:

Pendel-Algorithmus: *Bootstrapping* mit Suche und Verifikation

```
Neu = Startmenge;
Solange Neu > 0:
  Gesamtwissen = Gesamtwissen + Neu;
  Alt = Neu;
  Neu = 0;
  Für alle Elemente n aus Alt
    Kandidaten = Finde Text mit n und wende
                 Regelmenge an (Suchschritt);
    Für alle Elemente k aus Kandidaten (Verifikationsschritt)
       Finde Text mit k, wende Regelmenge an;
       Falls k oft genug genauso klassifiziert wird
       wie im Suchschritt:
          Neu = Neu + k;
```

Im Suchschritt klassifizieren die Regeln aufgrund des Gesamtwissens eine **Kandidatenmenge**. Diese Kandidaten werden anschließend verifiziert. Dazu werden die Regeln auf Belegstellen der Kandidaten angewendet, und geprüft, wie oft ein Kandidat auch in anderen Kontexten genauso wie im Suchschritt klassifiziert wird. Ab einem gewissen Schwellwert wird der Kandidat übernommen.

Zu beachten ist, dass **dieselbe Regelmenge** für das **Suchen und das Verifizieren** verwendet wird, also der Aufwand bei der Erstellung der Anfangskonfiguration durch Benutzung des Pendel-Algorithmus *nicht* erhöht wird.

Durch den Verifikationsschritt wird erreicht, dass Kandidaten, die beim Suchschritt von den Regeln fälschlicherweise klassifiziert werden, nicht in das Gesamtwissen übernommen werden. Durch das **Betrachten mehrerer Belegstellen** wird erreicht, dass die hauptsächliche Verwendung von Kandidaten betrachtet wird und nicht nur der Einzelfall.

Theoretische Betrachtungen mit generiertem Text (vgl. /Biemann 03/) ergaben, dass Regeln mit 75 Prozent Genauigkeit bei dieser Methode ausreichen, um Fehlklassifikationen weitgehend zu vermeiden.

Eine höhere Stabilität wird hier durch Effektivitätseinbußen erkauft. Um eine neue Information zu lernen, muss eine beachtliche Menge an Belegstellen analysiert werden.

Mutual Bootstrapping

Eine andere Erweiterung des allgemeinen *Bootstrapping*-Verfahrens stellt das sogenannte ***Mutual Bootstrapping*** dar. In den bisher beschriebenen Ansätzen wurde eine **statische Regelmenge** dazu verwendet, eine Menge von Informationen dynamisch zu erweitern. Nun wird die Regelmenge selbst nur als Startmenge angesehen und durch *Bootstrapping* erweitert. Simultan erfolgt weiterhin die Erweiterung der Informationsmenge. Werden durch ein *Bootstrapping*-Verfahren mehrere Startmengen unter **gegenseitiger Benutzung** erweitert, spricht man von *Mutual Bootstrapping*.

Ein ***Mutual Bootstrapping*-Verfahren** für zwei Mengen skizziert sich folgendermaßen:

Mutual Bootstrapping: Mehrere Mengen werden simultan erweitert

```
NeuInfo = StartmengeInfo;
NeuRegeln = StartmengeRegeln;
Solange (NeuInfo > 0 oder NeuRegeln > 0)
 GesamtInfo = Gesamtinfo + NeuInfo;
 NeuInfo = Finde neue Informationen aufgrund
        GesamtInfo unter Benutzung von GesamtRegeln;
 GesamtRegeln = GesamtRegeln + NeuRegeln;
 NeuRegeln = Finde neue Regeln aufgrund GesamtInfo;
```

Während bei den bisher beschriebenen Ansätzen die Wahl einer zu kleinen Regelmenge die Abdeckung begrenzte, gilt beim *Mutual Bootstrapping* diese Einschränkung nicht, da sinnvolle Regeln gleichermaßen gelernt werden wie neue Informationen.

Je mehr Mengen in einem *Bootstrapping*-Experiment simultan erweitert werden, desto schlimmer wirkt sich eine Verunreinigung einer Menge auf die Fehlerfortpflanzung aus.

In /Riloff, Jones 99/ wird beschrieben, wie ein *Mutual Bootstrapping*-Prozess durch das Einführen einer **Meta-Ebene** dieses Problem umgeht: Nur die sichersten der neu gelernten Informationen werden in den folgenden Schritten zur Klassifikation eingesetzt.

8 Beispielanwendungen *

Die **Hauptanwendungen des *Text Mining*** bestehen darin, die für eine Anwendungsdomäne relevanten und spezifischen **Fachterme** zu identifizieren, **semantische Relationen** zwischen einzelnen Termen zu berechnen und damit inhaltliche Strukturen in Texten offenzulegen, Ähnlichkeiten zwischen Begriffen zu finden, ähnliche Dokumente zu identifizieren sowie Definitionen, Erläuterungen und Referenzen in Texten aufzufinden.

Im Folgenden wird an zwei Beispielen gezeigt, wie die bisher erläuterten grundlegenden Verfahren des *Text Mining* angewendet werden können: Die automatische Extraktion von Fachterminologie und die terminologische Analyse eines Fachsprachentextes zum einen und der automatische Aufbau einer Wissenslandkarte zum anderen.

Im Wissensbaustein »Fachterminologie« (S. 268) werden die Grundbegriffe und Grundlagen der terminologischen Analyse von Fachtexten behandelt. Unter Verwendung von Verfahren des *Text Mining* wird im Wissensbaustein »Erkennung von Fachterminologie« (S. 272) ein Verfahren für die automatische Extraktion von Fachterminologie beschrieben, das dann im Wissensbaustein »Beispielanalysen von zwei Textsammlungen« (S. 278) bei der *Text-Mining*-Analyse eines Fachtextes eingesetzt wird.

Im Wissensbaustein »Aufbau einer Wissenslandkarte« (S. 287) wird gezeigt, wie durch den Einsatz von *Text Mining*-Verfahren aus den eingereichten Beiträgen für eine wissenschaftliche Tagung automatisch eine **Wissenslandkarte** der **Tagungsbeiträge** generiert werden kann, bei der die inhaltliche Vernetzung der Beiträge auf verschiedene Weisen sichtbar gemacht wird.

Gruppierung

8.1 Fachterminologie *

Die Fachterminologie eines Fachgebietes umfasst alle Fachausdrücke, deren Verwendung allgemein üblich ist. In der Praxis bildet sich eine Fachterminologie meist durch Normung heraus. Fachausdrücke weisen eine charakteristische linguistische Struktur auf, die für die automatische Extraktion einer Fachterminologie aus Texten verwendet werden kann.

Fachterminologie und Terminologie-Extraktion

Die Beschreibung einer Technik oder eines Produkts erfordert oft eine besondere Begrifflichkeit, die **Fachterminologie**. In Anlehnung an Eugen Wüster, den Begründer der modernen Terminologielehre, lässt sich Fachterminologie wie folgt definieren:

Definition Fachterminologie

Die **Fachterminologie** »ist das Begriffs- und Benennungssystem eines Fachgebietes, das alle Fachausdrücke umfasst, die allgemein üblich sind« (vgl. /Wuester 91/).In der Fachterminologie eines Wissensgebietes finden sich wesentliche Aspekte der Strukturierung des domänenspezifischen Fachwissens.

In der Praxis bildet sich die Fachterminologie eines Fachgebietes meist durch *Sprachnormierung* heraus. Nationale und internationale Standardisierungsorganisationen wie das DIN-Institut (Deutsche Industrie-Norm) oder die ISO (*International Standards Organisation*) unterstützen diese Bemühungen.

Das Verständnis einer Fachterminologie ist oft der Schlüssel zu einem Verständnis der Anwendung selbst. Die Kenntnis der Fachterminologie eines Fachgebietes ist daher für das Wissensmanagement von zentraler Bedeutung (vgl. /Holsapple, Joshi 02/ und /Maedche, Staab 01/).

Teminologielehre

Die Beschreibung der Gesetzmäßigkeiten von Fachterminologien und die Erarbeitung der Fachterminologie von Fachsprachen sind Gegenstand der **Terminologielehre**. Fachausdrücke werden von Terminologen gesammelt, systematisiert und in gedruckten oder elektronischen Wörterbüchern veröffentlicht.

Linguistische Merkmale von Fachausdrücken

Bei konkreten Fachausdrücken handelt es sich meist um Nomina, in geringerem Maße auch um Verben, selten um Adjektive und Adverbien (vgl. /Wright 71/).

Beispiele

Fachausdrücke können einzelne Worte sein, wie z.B. »Maschine« (de), »*machine*« (en), aber auch zusammengesetzte Wörter oder Mehrwortbegriffe, wie z.B. »Nähmaschine« (de), »*sewing machine*« (en) oder »*machine à coudre*« (fr).

Die Schreibweise eines Terms als Kompositum oder Mehrwortbegriff hängt stark von sprachlichen Konventionen ab, auf die hier nicht weiter eingegangen werden soll.

Phrasen

Darüber hinaus finden sich Fachausdrücke in Form von Phrasen, wie z. B. »Tag und Nacht« (de), »night and day« (en), die für bestimmte Fachsprachen, etwa die *juristische Fachsprache*, stark standardisiert sein können, z.B. »bevollmächtigen« (de) = »nominate, constitute, and appoint as attorney-in-fact« (en).

Phrasen umfassen im weiteren Sinne auch typische Kombinationen von Nomina und Verben, wie z. B. »ein Patent erlangen« (de), »file a patent« (en).

Oft finden sich Fachausdrücke auch in Form von Abkürzungen, z.B. »TCP/IP«.

Die Tab. 8.1-1 illustriert einige sprachliche Strukturen von Fachausdrücken im Deutschen.

Im Englischen existieren teilweise ähnliche Strukturen: Allerdings gibt es dort nur sehr wenige Komposita, die nur aus einem Wort bestehen.

Beispiele für Strukturen im Englischen

Am folgenden Textausschnitt (aus einem »Tutorial on the Basics of Bolted Joints«, also über »Schraubenverbindungen«) sind einige der wichtigen *Strukturen für das Englische* zu erkennen:

»The **bolt** now is inserted through a hole in a **support plate** and a bracket attached to the special **fastener** by securing a nut to the threaded shank. If the nut is now rotated

Struktur	Beispiel Fachbegriff
Substantiv	»Restseitenbandübertragung ,« »Schwefelfarbstoffe«
Substantiv mit Präpositionalphrase	»Sammelstelle für Sondermüll«
Substantiv mit Genitivphrase	»Gesetz der großen Zahlen«
Adjektiv + Substantiv	»Gefleckter Schierling,« »hydraulischer Stoßdämpfer«
Adjektiv + Adjektiv + Substantiv	»langzeitige linksseitige Herzinsuffizienz«
Substantiv + Substantiv	»Microsoft Word«

Tab. 8.1-1: Beispiele für sprachliche Struktur von Fachbegriffen.

so that the head of the bolt is pulled down, the spring will be compressed. If the nut is rotated so that 2 **units of force** are indicated on the casing, the **compressive force** acting on the spring will be 2 and the **tensile force** in the **bolt shank** will also be 2.

[...]

If the joint experiences a **compressive external force**, this has the effect of increasing the **clamp force** acting on the joint and decreasing the tension in the bolt. «

Die Tab. 8.1-2 zeigt wie die markierten Fachausdrücke sich den obigen Strukturen zuordnen lassen.

Struktur	Beispiel Fachbegriff
Substantiv	»fastener bolt«
Substantiv mit Präpositionalphrase	»unit of force«
Adjektiv + Substantiv	»compressive force, « »tensile force«
Adjektiv + Adjektiv + Substantiv	»compressive external force«
Substantiv + Substantiv	»support plate«, »bolt shank«, »clamp force«

Tab. 8.1-2: Struktur von Fachausdrücken aus dem Beispieltext »Bolted Joints«.

Fallstudie

Wie können Fachausdrücke erkannt werden?

Aus der linguistischen Struktur von Fachausdrücken leiten sich eine Reihe von Heuristiken für eine computergestützte Erkennung von Fachterminologien ab. Dies soll abschließend unter Verwendung von Fachausdrücken aus den oben aufgeführten Beispielen verdeutlicht werden.

Beispiele: Zerlegung von Komposita

- »Schwefelfarbstoff«: **Kompositazerlegung** liefert die Komponente »Schwefel«-. Dies kann eine typische Komponente für einen Fachbegriff sein.
- »Restseitenbandübertragung«: Die Zerlegung ist problematisch, da die Komposita »Seitenbandübertragung, Bandübertragung« nicht existieren. Aber »Restseitenband« ist ein (seltener) technischer **Fachausdruck**, außerdem gibt es noch »Breitbandübertragung«, was für das Vorliegen eines Fachausdrucks spricht.
- »hydraulischer Stoßdämpfer«: Dieser **Mehrwortbegriff** setzt sich aus einem fachsprachigen Adjektiv und einem fachsprachigen Substantiv zusammen, also kann auf eine terminologisch relevante Mehrwortgruppe geschlossen werden.
- »langzeitige linksseitige Herzinsuffizienz:« Zusammengesetzt aus dem medizinischen Fachbegriff »Herzinsuffizienz« und dem fachsprachigen Adjektiv »linksseitig«. Das Adjektiv »langzeitig« ist zwar für sich genommen unspezifisch, im konkreten sprachlichen Kontext als Hinweis auf eine terminologisch relevante Mehrwortgruppe aber akzeptabel.
  Ähnlich gelagert ist der Fall bei »compressive external force«: »compressive« ist ein fachsprachiges Adjektiv, »external«und »force« sind beide auch in unspezifischen Bedeutungen in der Gemeinsprache zu finden, hier aber ein Hinweis auf Fachsprachigkeit.
- »Gefleckter Schierling«: Zusammengesetzt aus dem Pflanzennamen »Schierling« und dem großgeschriebenen, aber ansonsten unspezifischen Adjektiv »Gefleckt«. Wegen der Großschreibung kann das Adjektiv als Teil eines Eigennamens akzeptiert werden.
- »tensile force«: Das Adjektiv »tensile« kann als fachsprachig angesehen werden, »force« hingegen ist eine eher

gemeinsprachige Wortform, die aber (wie oben schon gesehen) im Kontext der »bolted joints« eine fachsprachige Bedeutung hat. Es tritt in dem erwähnten Text auch so auffällig häufig auf, dass es über eine Differenzanalyse gefunden werden kann (vgl: Wissensbaustein »Differenzanalyse« (S. 95)).

- »Gesetz der großen Zahlen«: Dieser mathematische Fachbegriff enthält keine Wortformen, aus denen allein auf seine Fachlichkeit geschlossen werden kann. Hier kann nur durch wiederholtes Auftreten erkannt werden, dass es sich offensichtlich um eine feste Fügung handelt, die wahrscheinlich einen Fachbegriff bildet.

In der **automatischen Terminologieextraktion** werden unter Berücksichtigung dieser Heuristiken linguistische Verfahren und *Text Mining*-Verfahren eingesetzt (vgl. Wissensbaustein »Erkennung von Fachterminologie« (S. 272)).

8.2 Erkennung von Fachterminologie *

Bezogen auf eine vorgegebene Menge von Fachtexten kann durch statistische und musterbasierte *Text Mining*-Verfahren die Extraktion der verwendeten relevanten Fachterminologie unterstützt werden. Vor der computergestützten Extraktion ist eine textuelle und linguistische Vorverarbeitung durchzuführen. Für die Extraktion werden typischerweise die Differenzanalyse, die morphembasierte Mustersuche und das *Bootstrapping* angewendet. Die Extraktion liefert eine Termkandidatenliste, die überprüft und ggf. manuell oder maschinell weiter bearbeitet werden muss.

Verfahren für die Terminologieextraktion

Die Kenntnis der **Fachterminologie** eines Faches oder einer Anwendung ist oft der Schlüssel für ein Verständnis des Faches oder der Anwendung selber. Die computergestützte Erkennung der Fachausdrücke eines Faches ist daher eine

Fallstudie

wichtige Anwendung des *Text Mining*. Eine ausführliche und aktuelle Einführung in die Grundlagen der automatischen Terminologieextraktion findet sich in /Witschel 04/.

Arbeitsablauf der automatischen Terminologieextraktion

Am Anfang einer Terminologieextraktion steht die Auswahl der Analysetexte, aus denen Terminologie extrahiert werden soll. Voraussetzung für die Extraktion relevanter Begriffe aus Texten ist das Vorliegen geeigneter Textdokumente, z.B. umfangreiche Produktdokumentationen, Softwarespezifikationen, Verträge, Ausführungsvorschriften, Korrespondenz usw. (vgl. Wissensbaustein »Aufbau & Struktur von Text« (S. 7)).

Bei statistischen Verfahren, die textvergleichende Methoden einsetzen, ist zusätzlich ein geeignetes Referenz- oder Vergleichskorpus bereitzustellen, von dem sich die auszuwählende Fachterminologie abheben soll (Extraktion durch Vergleich relativer Häufigkeiten, vgl. Wissensbaustein »Differenzanalyse« (S. 95)).

Vor dem Einsatz der eigentlichen Extraktionsverfahren ist eine textuelle Vorverarbeitung erforderlich, um Dokumente in ein geeignetes Format zu konvertieren oder eine Vorverarbeitung des Textes (z.B. Auflösung von Abkürzungen) vorzunehmen. Die Extraktion liefert dann eine (ggf. gewichtete) *Termkandidatenliste* sowie Zusatzinformation zu den Kandidaten. Diese ist von einem Terminologen durchzusehen und – je nach Anwendungsgebiet – in weiterverarbeitende Systeme zu integrieren.

Die Abb. 8.2-1 zeigt einen schematischen Ablauf der automatischen Terminologieextraktion.

Für die Extraktion von Fachausdrücken aus Texten werden typischerweise die folgenden Verfahren angewendet:

- **Linguistische Vorverarbeitung,**
- **statistische** und
- **musterbasierte *Text Mining*-Verfahren**.

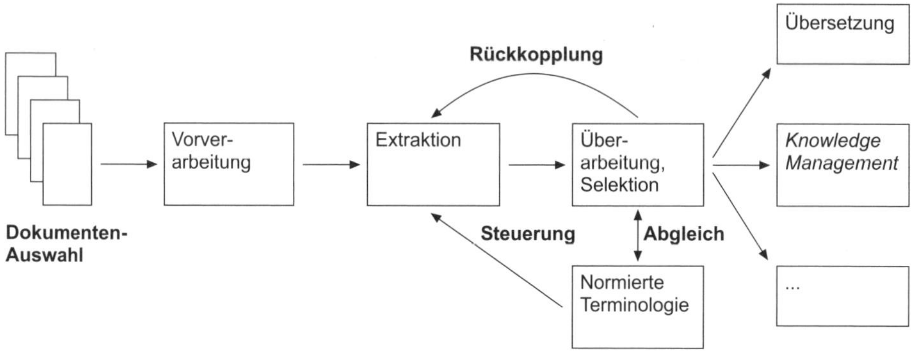

Abb. 8.2-1: Schematischer Ablauf einer automatischen Terminologieextraktion.

In der **linguistischen Vorverarbeitung** werden Wortformen durch eine **Grundformreduktion** in ihre Grundformen überführt, da im Text die Wortformen meist in gebeugter Form auftreten (vgl. Wissensbaustein »Morphemmuster« (S. 238)).

Beispiel

In einem Text finden sich die Wortformen »hydraulischer« und »Schwefelfarbstoffe«. Durch **Grundformreduktion** müssen diese in die Wortformen »Schwefelfarbstoff« und »hydraulisch« überführt werden.

Bei den Fachausdrücken in einem Text kann es sich um zusammengesetzte Substantive, so genannte **Komposita**, handeln (z.B. »Schwefelfarbstoff«: »Schwefel« + »Farbstoff«). Terminologische Mehrwortbegriffe können durch **Kompositazerlegung** in ihre Bestandteile zerlegt werden. Falls das elektronische Wörterbuch keine Informationen über die zusammengesetzte Wortform enthält, kann man so nach Informationen über die Teile suchen (vgl. Wissensbaustein »Morphemmuster« (S. 238)).

Die statistischen und musterbasierten Verfahren umfassen insbesondere

- die **Differenzanalyse**,
- die (morphembasierte) **Mustersuche** und
- das ***Bootstrapping***.

Häufigkeitsvergleich (Differenzanalyse)

Vergleicht man die **relativen Häufigkeiten sämtlicher Wortformen eines Fachtextes** mit denen in einem **großen allgemeinsprachlichen Vergleichskorpus**, so werden diejenigen Wortformen, deren relative Häufigkeit im Fachtext signifikant größer ist als im **Referenzkorpus**, mit hoher Wahrscheinlichkeit Fachterminologie sein (vgl. hierzu auch Wissensbaustein »Differenzanalyse« (S. 95)). Dasselbe gilt für Wortformen, die im Fachtext auftreten, nicht aber im Vergleichskorpus (hier sollte man eine Mindesthäufigkeit festlegen, um Tippfehler und seltene Eigennamen auszuschließen).

Mustersuche

Die Fachausdrücke bestimmter Fachgebiete haben meist eine **morphologisch** und **syntaktisch charakteristische Form**, welche sich für ihre Identifikation ausnutzen lässt:

- Einerseits sind fast alle Fachausdrücke Nominalphrasen (d.h. sie bestehen entweder aus einem einzelnen Substantiv oder einem Substantiv mit Modifikatoren). Um solche Strukturen zu finden, kann man eine syntaktische Analyse des betreffenden Fachtextes vornehmen und dann bestimmte Nominalphrasen isolieren. Einfacher noch ist die Suche nach so genannten **POS-Mustern** (d.h. nach Abfolgen von Wortformen mit bestimmter Wortart, vgl. Wissensbaustein »Tagging – als Anwendung der HMMs« (S. 126)). Mit Abkürzungen NN für Nomen und ADJA für Adjektive erhält man die folgenden nützlichen Muster:
  ```
  NN
  ADJA NN
  NN NN...
  ```
  Dies ist zwar ein (theoretisch) zu einfacher Ansatz, da z.B. zwei benachbarte Nomina keine Nominalphrase bilden müssen (z.B. »Er unterrichtet in Leipzig Informatik«), liefert aber in der Praxis sehr gute Ergebnisse und lässt sich unter Berücksichtigung der Kookkurrenzbeziehung zwischen zwei Wortformen (**linker** bzw. **rechter Nachbar**) effizient implementieren.

- Einwortbegriffe haben andererseits oft auch eine interne morphologische Struktur, die in bestimmten Fachdomänen gewissen Mustern folgt. Im Gebiet der Medizin beispielsweise werden sehr viele lateinische und griechische **Morpheme** verwendet, wie z.B. »itis« oder »ämie«. Eine **Differenzanalyse** für **Suffixe** oder **Buchstabentrigramme** innerhalb von Wortformen kann diese Gesetzmäßigkeiten aufdecken und ausnutzen, um Fachausdrücke aufzufinden (vgl. hierzu auch Wissensbaustein »Morphemmuster« (S. 238)). Zudem kann eine Zerlegung von **Komposita** nützlich sein, falls Teile dieser Komposita bereits als **domänenspezifisch** erkannt worden sind: der Fachterminologie-Status überträgt sich dann vom Teil des Kompositums aufs Ganze.

Bootstrapping

Defintion *Bootstrapping*

Der Begriff *Bootstrapping* bezeichnet ein maschinelles Lernverfahren, das unter Zuhilfenahme von einer kleinen Startmenge und Regeln diese Menge iterativ erweitert und gelernte Informationen aus früheren Schritten dazu benutzt, um weitere Infomationen zu finden (vgl. Wissensbaustein »Bootstrapping« (S. 260)).

Im Falle der Fachterminologie lassen sich (z.B. mittels **Differenzanalyse**) bereits gefundene Fachausdrücke als Startmenge verwenden. Eine Regel zur Identifikation neuer Fachausdrücke kann lauten:

Wähle solche Nominalphrasen oder Komposita als Kandidaten für neue Fachausdrücke, die mindestens einen Fachausdruck der Startmenge enthalten.

Die so generierten Fachausdrücke können unter bestimmten Bedingungen der Startmenge hinzugefügt und das Verfahren zur Identifikation neuer Fachausdrücke iteriert werden.

Allgemein ist es nützlich, dem Anwender einer Extraktionssoftware Gelegenheit zu einem *Feedback* zu geben, bevor man beispielsweise das Ergebnis einer Differenzanalyse als Startmenge verwendet. Nur was vom Benutzer als Fachterminus anerkannt wird, sollte Eingang in die Startmenge finden. Diese Überprüfung sollte nach jedem Iterationsschritt wiederholt werden. Eine exemplarische Implementierung dieses Vorgehens findet sich unter http://asv.informatik.uni-leipzig.de →ASV-Verfahren → Terminologie-Extraktion (F. Witschel).

Die Praxis zeigt, dass nur die Verzahnung verschiedener Verfahren (u.a. linguistische Vorverarbeitung, Häufigkeitsvergleiche, Heuristiken) bei der automatischen Erkennung von Fachausdrücken ein hochqualitatives Ergebnis liefert. Auch führen nicht alle Verfahren bei jeder Sorte von Text zu gleich guten Ergebnissen. Angesichts der vielfältigen **aufgaben-, domänen- und organisationsspezifischen Parameter** sowie der sprachlichen Probleme bei der Terminologieextraktion findet sich kein System, das eine »perfekte« **Terminologieliste** extrahiert. Meist kann mit der automatischen Terminologieextraktion ein qualitativ hochwertiges terminologisches Ausgangsmaterial erzeugt werden, das einer weiteren Nachbearbeitung zugeführt werden kann.

Software für die Terminologie-Extraktion

Software zur Terminologieextraktion wird zum einen als integriertes Modul für die Terminologie-Verwaltungssysteme großer Sprachtechnologieanbieter bereitgestellt (z.B. *Xerox XTS Terminology Suite*, *Trados Term Extract* als Teil der Terminologie-Verwaltungssoftware *Trados MultiTerm*). Daneben finden sich zum anderen zahlreiche kleinere Sprachtechnologiefirmen oder Forschungsinstitute, die Software für die automatische Terminologieextraktion entwickelt haben.

Übersichten zu aktuell verfügbarer Software finden sich auf dem »Deutschen Terminologieportal« an der FH Köln (http://www.iim.fh-koeln.de/dtp/werkzeuge.html) und – zusammen mit vielen anderen Werkzeugen der Sprachtechnologie – in der *Natural Language Software Registry* und der *Language Technology World* am Deutschen Forschungszentrum für Künstliche Intelligenz (DFKI, http://registry.dfki.de/, http://www.lt-world.org/ie_index.html).

Fallstudie

8.3 Beispielanalysen einer medizinischen und einer betriebswirtschaftlichen Textsammlung *

***Text Mining*-Verfahren werden für das Identifizieren von Schlüsselbegriffen, die Analyse semantischer Relationen und das Auffinden von Definitionen und Erläuterungen in einer Sammlung fachspezifischer Texte angewendet.**

Ziele des *Text Mining*

Die *Text Mining*-Analyse eines Textes bzw. einer zweckdienlichen Sammlung von Texten dient hauptsächlich dazu,

- die für eine Anwendungsdomäne relevanten und spezifischen Fachausdrücke zu identifizieren,
- semantische Relationen zwischen einzelnen **Fachausdrücken** zu berechnen und damit inhaltliche Strukturen in Texten offenzulegen,
- Ähnlichkeiten zwischen Begriffen zu finden,
- ähnliche Dokumente zu identifizieren, sowie
- Definitionen, Erläuterungen und Referenzen in Texten aufzufinden (vgl. Wissensbaustein »Text Mining« (S. 1)).

Hierfür werden statistische, clusterbasierte und musterbasierte Verfahren eingesetzt. Im Folgenden werden am Beispiel einer englischsprachigen medizinischen Textsammlung zum Thema »Asthma« sowie einer deutschsprachigen Textsammlung zu »SAP/R3« die Anwendung einzelner *Text Mining*-Verfahren verdeutlicht und der Nutzen, der durch deren gemeinsame Anwendung entsteht, aufgezeigt.

Im Vordergrund der Betrachtung steht der funktionale Nutzen, den die Anwendung eines oder mehrerer *Text Mining*-Verfahren für das **Wissensmanagement** haben.

Identifikation von Schlüsselbegriffen

Die Grundlage der Identifikation von Schlüsselbegriffen ist die **Differenzanalyse** (vgl. Wissensbaustein »Differenzanalyse« (S. 95)). Durch den Vergleich von Fachtexten bzw. einer

Fallstudie

Sammlung von Fachtexten mit einem allgemeinsprachigen Textkorpus lassen sich die Auftretenshäufigkeiten einzelner **Morpheme** oder Buchstabenfolgen bzw. einzelner Wortformen oder Wortformenkombinationen für die beiden Textkorpora berechnen und zueinander in Beziehung setzen.

Die Analyse lässt sich deutlich verbessern, wenn auf den statistisch ermittelten Rohdaten **Filteroperationen** aufsetzen, die weiter selektieren und als Fachausdrücke z.B. nur Nomen zulassen. Solche Filterverfahren setzen zusätzliches Wissen (z.B. über **Sprachkategorien**) oder die Anwendung zusätzlicher statistischer Analyseverfahren voraus (vgl. Wissensbaustein »Lexikalische Filter« (S. 248)).

Differenzanalysen müssen sich nicht auf Wortformen beschränken. In manchen Fachgebieten kann es zusätzlich sinnvoll sein, analog mit einem Häufigkeitsvergleich nach domänenspezifischen **Buchstabenfolgen** zu suchen. Dabei kann man sich z.B. auf **typische Suffixe** konzentrieren oder **Buchstabentrigramme** an beliebigen Wortpositionen betrachten (vgl. Wissensbaustein »Morphemmuster« (S. 238)).

Zum Auffinden von Fachterminologie werden dann zunächst diejenigen Wortformen eines Textes betrachtet, welche **fachspezifische Buchstabenfolgen** enthalten. Ein derartiges Verfahren lohnt sich besonders in Fachgebieten, die sehr viel lateinische oder griechische Morphologie verwenden, wie z.B. Medizin oder Chemie. Als Illustration soll zunächst eine (englischsprachige) medizinische Artikelsammlung zum Thema »Asthma« auf domänenspezifische **Trigramme** untersucht werden.

Dabei verfährt man vollkommen analog zur Differenzanalyse bei Wortformen. Die Tab. 8.3-1 enthält die 10 häufigsten Trigramme des englischen Allgemeinwortschatzes (aus der Datenbank des Projekts »Deutscher Wortschatz«) mit jeweils fünf typischen Beipielen. Im Vergleich dazu enthält die Tab. 8.3-2 die 10 häufigsten Trigramme aus einer medizinischen Textsammlung zum Thema »Asthma« mit entsprechenden Beispielen:

Fallstudie

Trigramme	Beispiele
ion:	*application, information, national, operation, international.*
ent:	*government, president, percent, cent, management.*
tio:	*application, information, national, operation, international.*
ter:	*after, computer, interest, international, quarter.*
ati:	*application, information, national, operation, international.*
the:	*the, they, other, their, there.*
ate:	*state, rate, operate, create, estimate.*
pro:	*program, product, provide, problem, process.*
com:	*come, become, comment, company, computer.*
tha:	*that, than, thank, thatcher, thailand.*

Tab. 8.3-1: Häufigste Trigramme im englischen Allgemeinwortschatz.

Trigramme	Beispiele
ent:	*environmental, independently, central, establishment, persistent.*
ion:	*national, regional, hyperinflation, emotion, dysfunction.*
ati:	*national, resuscitative, relative, quantitative, hyperinflation.*
tio:	*national, hyperinflation, emotion, dysfunction, pollution.*
ast:	*gastrointestinal, breast, asthmainduce, gastroesophageal, asthma.*
ter:	*mycobacteria, utero, hilterman, interactively, posterior.*
thm:	*asthmainduce, asthma, semilogarithmic, tachyarrythmia, anti-asthmatic.*
sth:	*asthmainduce, asthma, anti-asthmatic, anesthesia, anesthetics.*
con:	*conclude, placebo-control, continuously, conference, consult.*
ate:	*estimate, demonstrate, ige-mediate, moderate-dose, non-life-threaten.*

Tab. 8.3-2: Häufigste Trigramme aus einer englischen Textsammlung zum Thema »Asthma«.

Offenkundig sind nur vier der Trigramme aus der Tab. 8.3-2 in der Tab. 8.3-1 nicht enthalten, nämlich: »ast«, »thm«, »sth« und »con«. Dabei ist »con« bei den häufigsten Trigrammen des Allgemeinwortschatzes an 11. Stelle (d.h. oben gerade nicht mehr aufgeführt). »ast«, »thm« und »sth« sind zwar domänenspezifisch, haben als Belege aber hauptsächlich Wortformen, die die Wortform »Asthma« enthalten, also das Wissen über die Domäne »Asthma« nicht wesentlich erweitern.

Fallstudie

Eine größere Ausbeute an fachspezifischer Terminologie ergibt sich durch eine **Differenzanalyse**. Die Tab. 8.3-3 enthält eine Liste von 10 Trigrammen, die im »Asthma-Korpus« mindestens um den Faktor 25 häufiger auftreten als im Allgemeinwortschatz, sortiert nach diesem Faktor, wieder mit jeweils fünf Beispielen (falls vorhanden).

Trigramme	Beispiele
sth:	*asthmainduce, asthma, anti-asthmatic, anesthesia, anesthetics.*
uco:	*glaucoma, glucocorticosteroid-resistant, glucocorticosteroid, mucosa, glucocortitileukotriene.*
thm:	*asthma, semilogarithmic, tachyarrythmia, dysrhythmia, perasthma.*
apy:	*therapy, immunotherapy, pharmacotherapy.*
uko:	*antileukotriene, leukotriene-receptor, leukotriene, leukopenia, glucocortitileukotriene.*
inh:	*inhalant, inhibitor, inhaler, bronchial-inhalation, inhalable.*
roi:	*gastrointestinal, nonsteroidal, corticosteroid, glucocorticosteroid, glucocorticosteroid-insensitive.*
dos:	*moderate-dose, dosage, dose, dosimeter, multidose.*
coc:	*cochrane, cryptococcosis, glucocorticosteroid, cockroach, cockroach-infest.*
hyl:	*theophylline, prophylactic, aminophylline, tachyphylaxis, chemoprophylaxis.*

Tab. 8.3-3: Typische Trigramme im »Asthma-Korpus« nach Differenzanalyse.

Tatsächlich gehören nunmehr alle der aufgeführten Beispiele zur medizinischen Fachterminologie. Zwar treten manche Begriffe in der Artikelsammlung nur einmal auf (sind also vielleicht nicht repräsentativ für die dort besprochenen Themen), je nach Anwendung können aber auch diese Wortformen – sozusagen als medizinisches Hintergrundwissen – von hoher Relevanz sein.

Eine Anwendung der Differenzanalyse häufiger Wortformen findet sich in der folgenden Differenzliste aus einer Textsammlung zu »SAP/R3«:

Differenzliste signifikanter Fachwortschatzterme »SAP/Deutscher Wortschatz« Mindesthäufigkeitsklasse 8, Faktor 16:

Beispiel

Fallstudie

Differenzliste zu »SAP/R3«

etc (314) , TCP (164), INDX (28), dsn (25), Nachfolgeposition (24), SHIFT (24), TRANSLATE (24), entreprise (24), Abrechnungskostenart (23), Alternativmengeneinheit (23), Anordnungsbeziehung (23), Anwendungssicht (23), Bandstation (23), Banf-Position (23), Berichtsspalte (23), Berichtszeile (23), CO-PC (23), DBSTATC (23), DSplit (23), Datumsart (23), ELSE (23), ENDDO (23), Entries (23), Freigabecodes (23), Hauptkondition (23), Leiterplanstelle (23), Merkmalswertekombination (23), Nachfolgematerial (23), Nettoberechnung (23)...

Auch hier können durch den Häufigkeitsvergleich von Wortformen der Fachsprache »SAP/R3« mit der **Allgemeinsprache** zahlreiche relevante Fachausdrücke des Wissensgebietes identifiziert werden, um als Grundlage einer weiteren *Text Mining*-Analyse zu dienen.

Für das Auffinden wichtiger Schlüsselbegriffe einer Anwendung ist es oft auch ausreichend, nach so genannten **POS-Mustern** zu suchen (vgl. Wissensbaustein »Syntaktische Muster« (S. 233)).

Definition POS-Muster

POS-Muster beschreiben Folgen von Wortformen, die bestimmten Wortarten angehören (POS steht für *part-of-speech*, also Wortart).

Besonders im Englischen ist die Suche nach POS-Mustern vielversprechend, da dort Komposita, die im Deutschen in einer Wortform ausgedrückt werden, meist durch zwei- oder mehrgliedrige Nominalphrasen übersetzt werden. Die Form dieser Nominalphrasen beschränkt sich auf wenige typische **Bildungsmuster**:

```
NN NN
ADJ NN
NN NN NN
ADJ NN NN
```

und ein paar andere, die aber weniger ergiebig sind (NN steht hierbei für Nomen, ADJ für Adjektiv).

Als Beispiel seien die höchstfrequenten Phrasen aus einem Teil der englischen Übersetzung der »SAP R/3-Dokumentation« aufgeführt, welche auf die Muster NN NN NN und NN NN passen. In Klammern ist dabei jeweils die Häufigkeit der Phrase angegeben:

N N N:

Beispiele zur SAP R/3-Übersetzung

memory management system (62), dialog work process (24), personnel calculation rule (14), book inventory balance (14), system profile parameter (13), data segment size (11), work center category (10), NT file cache (9), swap space requirement (8), memory management concept (8), page fault rate (8), swap space usage (7), swap file size (6)

N N:

work process (143), Windows NT (112), management system (68), application server (61), wage type (49), host system (44), default value (26), company code (25), standard settings (22), memory pool (22), master data (19), NT configuration (19), report tree (18), production server (18), background process (12), master record (11), background job (11), heap memory (10), address space (10)

Obwohl dieser Untersuchung keine Differenzanalyse zugrunde liegt, sondern nur die Häufigkeit der POS-Muster bewertet wurde, sind die meisten Phrasen recht fachspezifisch. Man findet also auch auf diese Weise mit großer Zuverlässigkeit **Schlüsselbegriffe** einer Anwendung.

Semantische Relationen

Bei der Ermittlung von **signifikanten Kookkurrenzen** wird untersucht, welche Wortformen signifikant häufig gemeinsam in einem Text auftreten. Die Analyse von signifikanten Kookkurrenzen lässt erkennen, in welchen semantischen Relationen eine Wortform zu anderen Wortformen (in einer bestimmten Fachdomäne) steht.

Im nachfolgenden Beispiel sind alle signifikanten Kookkurrenten zum Fachausdruck »Auftrag« aus der Textsammlung zu »SAP/R3« wiedergegeben (Die Zahlen in Klammern hinter jeder Wortform bezeichnen die **Signifikanz**, angegeben mit mindestens Signifikanz 6):

Beispiele

Signifikante Kookkurrenten zur Wortform »Auftrag« im Fachwortschatz »SAP/R3«:

einen (93), Kostenstelle (81), PSP-Element (56), Kosten (45), Istkosten (38), abgerechnet (37), Projekt (30), einem (30), Ware (27), Wareneingang (25), Lieferung (23), Status (23), entlastet (22), kontiert (21), Meldung (20), statistischen (17), ICH-Meldung (16), Plankosten (15), Vorgänge (15), freigegeben (15), Ist (14), Menüeinträge (14), Plan (14), belastet (14), erteilt (14), Bezug (13), Vorgang (13), Warenausgang (13), CAP (12), Lager (12), automatisch (12), statistisch (12), technisch (12), wurde (12), Reservierung (11), abrechnen (11), endgeliefert (11), fortgeschrieben (11), Fertigungsauftrag (10), Investitionsmaßnahme (10), Kostenart (10), Material (10), Vorkalkulation (10), abgeschlossen (10), pro (10), übergeordneten (10), Arbeit (9), Kopfdatenbild (9), Objektliste (9), aufnehmen (9), erhält (9), gesammelten (9), übernommen (9), Auftrages (8), Bestellung (8), Ein (8), Kundenauftrag (8), abschließen (8), angefallenen (8), gebucht (8), Auftragskopf (7), Entlastung (7), Entlastungsobjekt (7), Faktura (7), Importqueue (7), Produkt (7), Prozessauftrag (7), Unteraufträge (7), endrückgemeldet (7), ermittelt (7), freigeben (7), historischen (7), planintegriert (7), Abweichungsermittlung (6), Auftrags (6), Auftragsnetz (6), Auftragsnummer (6), CO-Kontierung (6), Genehmigungen (6), Messeauftrag (6)

Unter den signifikanten Kookkurrenten sind die linken und rechten Nachbarn des Ausgangswortes als Kandidaten für Mehrwort-Terme von besonderem Interesse.

Für das Ausgangswort »Auftrag« zählen dazu die **linken Nachbarn**:

»statistischen«, »übergeordneten«, »führender« und »freigegebenen«

sowie die **rechten Nachbarn:**

»übernommen«, »anlegen«, »gebucht«, »zugeordnet«, »fortgeschrieben«, »freigeben«, »freigegeben«, »aufnehmen«, »erteilt«, »abrechnen«, »angefallenen«, »kontiert«,

»umgesetzt«, »angefallen«, »erfasst«, »ermittelt«, »gesammelten« und »planintegriert«.

Die Menge der signifikanten Kookkurrenten einer Wortform kann für die Berechnung der Ähnlichkeit von Dokumenten (vgl. Wissensbaustein »Dokumentenähnlichkeit« (S. 201)) bzw. von Wortformen (vgl. Wissensbaustein »Clustern von Wortformen« (S. 209)) verwendet werden.

In der Menge der signifikanten **Kookkurrenten** eines Ausdrucks kann berechnet werden, welche Paare von Wortformen davon selbst signifikante Kookkurrenten sind. Diese Menge kann unter Beschränkung auf die signifikantesten Kookkurrenzen visualisiert werden (vgl. Wissensbaustein »Visualisierung von signifikanten Kookkurrenzen« (S. 149)).

Hat ein Begriff innerhalb einer Textsammlung deutlich erkennbare Bedeutungsvarianten, so lassen sich diese in vielen Fällen durch eine Visualisierung der wichtigsten signifikanten Kookkurrenten des Begriffs verdeutlichen.

Für den Ausdruck »Auftrag« erhält man die Darstellung in der Abb. 8.3-1. Deutlich erkennbar sind die unterschiedlichen Bedeutungsbereiche im Hinblick auf einen Komplex »Gutachten«, »Studie«, »Untersuchung«, einen Komplex mit »Firma« und »Lieferung« und einen, der mit »Kostenstelle« und »PSP-Element« umrissen werden kann.

Im **Graf** sind zudem einfache **semantische Relationen** enthalten (vgl. Wissensbaustein »Semantische Relationen« (S. 30)): Ein »Auftrag« ist mit einem »Gutachten« oder einer »Studie« verbunden (Kategorie), der Auftrag beinhaltet eine »Lieferung« durch eine »Firma« (Veränderung), durch die »Warenlieferung« entsteht eine »Kostenstelle« (Veränderung, Modifizierung), der Auftrag wird »vergeben«, »erteilt«, man kann ihn »erfüllen«, ...

In Verbindung mit den aufgeführten **linken und rechten Nachbarn** lassen sich für die Anwendungswelt im Sinne der objektorientierten Programmierung leicht charakteristische *Objekte*, *Attribute* und *Operationen* identifizieren, die als Grundlage einer weiteren Modellierung bis hin zum Aufbau einer **Ontologie** dienen können.

Fallstudie

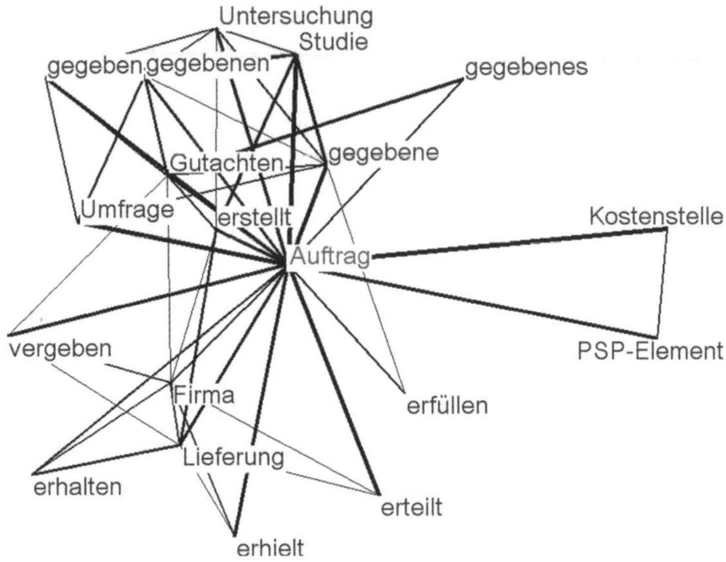

Abb. 8.3-1: Visualisierung der signifikanten Kookkurrenzen für »Auftrag«.

Finden von Definitionen, Erläuterungen und Referenzen

Schließlich kann in den zugeordneten Beispielsätzen der Textsammlung mit Hilfe von **regulären Ausdrücken** nach passenden *Definitionen* gesucht werden.

Für das Suchmuster »*Auftrag ist*«, (also irgendeine Zeichenkette, die das Muster » ....Auftrag ist... « wie z.B. in dem Satzanfang »Ein Auftrag ist ..«. enthält, vgl. Wissensbaustein »Reguläre Ausdrücke« (S. 227)) erhält man in den Beispieltexten »SAP/R3« u.a. folgende Ergebnisse:

- Der **Auftrag ist** ein Langzeit-Kostensammler.
- Der **Auftrag ist** ein Kurzzeit-Kostensammler.
- Der Kunden**auftrag ist** die vertragliche Vereinbarung zwischen einer Verkaufsorganisation und einem Auftraggeber über die Lieferung von Materialien oder die Erbringung von Dienstleistungen zu definierten Preisen, Mengen und Zeitpunkten.

Fallstudie

- Ein statistischer **Auftrag ist** dadurch charakterisiert, dass er nicht kostenwirksam belastet wird, sondern nur statistisch, und damit auch nicht abgerechnet werden kann.
- Ein Gemeinkosten**auftrag ist** ein Innenauftrag zur zeitlich begrenzten Überwachung von Gemeinkosten, die bei der Durchführung einer Maßnahme anfallen, oder zur dauernden Überwachung von Teilen der Gemeinkosten.

8.4 Aufbau einer Wissenslandkarte *

Eine »Wissenslandkarte« ist ein semantisch strukturiertes Wortnnetz, mit dem die wesentlichen Schlüsselbegriffe einer Textkollektion und deren inhaltliche Vernetzung in Form eines Grafen verdeutlicht werden. Für die Berechnung einer Wissenslandkarte sind neben der Anwendung von *Text Mining*-Verfahren wie Differenz- und Kookkurrenzanalyse umfangreiche textuelle Vorbereitungsschritte wie Konvertierung, Satzsegmentierung, Grundformreduktion und Kompositazerlegung erforderlich.

Die Idee einer Wissenslandkarte

Soll für ein Anwendungsgebiet zunächst unter *automatischer* Auswertung von Texten eine Übersicht der Schlüsselbegriffe und deren semantischer Vernetzung (**Wissen**) erstellt werden, so bietet sich als Form der Darstellung eine **Wissenslandkarte** an.

Während /Bergmann, Dachs 03/ ebenfalls Dokumente auf Karten unter Ausnutzung gemeinsamer Stichworte extrahieren, sind letztere jedoch manuell erstellt und eher konzeptionell als am **Text** selbst orientiert.

Andere Ansätze für die Visualisierung semantischer Zusammenhänge, wie /Mertens et al. 03/, /Paier 03/ oder /Hees, Backhaus 04/, welche die Organisations- und Kompetenzstrukturen sichtbar machen, nehmen als Voraussetzung wohldefinierte Ontologien bzw. Datenbanken an. Dagegen wird in dem hier vorgestellten Ansatz die Datenbasis durch die Anwendung von ***Text Mining*** auf bereitgestellten Textressourcen selbst geschaffen.

Die Wissenslandkarte einer wissenschaftlichen Fachtagung

Fachtagungen und Messen sind traditionell eine wesentliche Form des Wissensaustauschs. Im Folgenden wird am Beispiel der Beiträge der »KnowTech 2004«, einer Tagung mit dem Themenschwerpunkt **Wissensmanagement**, eine Wissenslandkarte generiert. Unter Verwendung von *Text Mining*-Verfahren werden die wesentlichen Themenschwerpunkte und deren Schlüsselbegriffe, die Zuordnung von Autoren zu Themenschwerpunkten, die Zuordnung von Autoren zu Firmen sowie die Vernetzung von Themen, Autoren und Firmen in Form eines semantisch strukturierten Themennetzes verdeutlicht /Biemann et al. 04e/.

Vorverarbeitung von Text

Für die Berechnung der Wissenslandkarte müssen die Beiträge zunächst textuell vorverarbeitet werden, damit eine Textanalyse stattfinden kann (vgl. Wissensbaustein »Erkennung von Fachterminologie« (S. 272)).

Die Vorverarbeitung umfasst die Konvertierung der Texte in ein **ASCII**-Format, die Extraktion von Titel, Autoren und deren Organisationen für jeden Beitrag und die anschließende Segmentierung der Texte in Sätze und Wortformen (vgl. Wissensbaustein »Segmentierung von Text« (S. 62)). Darüber hinaus werden Wortformen auf ihre Grundform reduziert (vgl. Wissensbaustein »Linguistische Grundlagen – Morphologie« (S. 327)).

Ein wichtiger erster Schritt für die Erstellung eines Grafen ist die Beschlagwortung jedes Beitrags: Diese dient einerseits zur Charakterisierung eines individuellen Beitrags, andererseits dazu, inhaltlich verwandte Beiträge miteinander in Zusammenhang zu setzen.

Die **Beschlagwortung** erfolgt mit Hilfe der **Differenzanalyse**: Wortformen, deren relative Häufigkeit im Beitrag wesentlich höher ist als in einem gemeinsprachigen Referenzkorpus, werden als Schlagwörter extrahiert (vgl. Wissensbaustein »Differenzanalyse« (S. 95)). Als Referenzkorpus wird der »Deutsche Wortschatz« verwendet (vgl. Wissensbaustein »Das Projekt »Deutscher Wortschatz«« (S. 331)).

Zusätzlich wird für deutschsprachige Texte eine **Zerlegung von Komposita** vorgenommen. Für die Teile dieser Komposita werden Häufigkeiten gezählt und Komposita mit hochfrequenten Teilen werden ebenfalls als Schlagwörter extrahiert. Dieses Verfahren beruht auf der Erkenntnis, dass Komposita in der deutschen Sprache sehr oft wichtige **Fachausdrücke** darstellen (vgl. Wissensbaustein »Morphemmuster« (S. 238)).

Darstellung als Graf

Schließlich wird ein **Graf** erstellt, indem jeder Beitrag mit seinen Autoren und seinen Schlagwörtern verbunden wird, Autoren wiederum mit ihren Organisationen und Co-Autoren. Das Ergebnis ist ein Graf, in dem jedem Beitrag einige charakteristische Schlagwörter zugeordnet sind, des weiteren sind für jeden Beitrag Autoren und deren Organisationen enthalten.

Erfahrungsgemäß sind Grafen von Konferenzbeiträgen, bei denen es um ein zentrales Thema geht, sehr dicht und unübersichtlich. Dies liegt daran, dass einige Schlagwörter in fast allen Beiträgen extrahiert wurden, so dass starke Assoziationen zwischen fast allen Beiträgen existieren. Diese häufigen Schlagwörter, im Folgenden in Anlehnung an die Theorie der *Small-World*-Grafen *Hubs* genannt (vgl. Wissensbaustein »Small Worlds und skalenfreie Netze« (S. 172)), bilden eine generelle Beschreibung des Themengebietes und werden aus dem Grafen gelöscht, da sie keinerlei Strukturierungswert besitzen. Im Allgemeinen reicht es, die fünf größten *Hubs* zu entfernen.

Die fünf größten *Hubs* für die »Knowtech 2004,« absteigend geordnet nach Verbindungsstärke, sind:

- Wissensmanagement
- *Knowledge*
- *Communities*
- Daten
- Benutzer

Man erfährt also an dieser Stelle über die verwendete Kollektion, dass es in erster Linie um **Wissensmanagement** geht, was von dem Themenschwerpunkt der Tagung intuitiv auch zu erwarten war.

Weitere *Hubs*, die aber im Grafen belassen wurden, sind *wissensintensiv, Suche, semantisch, Geschäftsprozess* und *Informationsraum.*

In einem letzten Schritt werden Assoziationen zwischen Schlagwörtern hinzugenommen, um die Schlagwörter gemäß ihrer semantischen Distanz anordnen zu können. Zwei Schlagwörter erhalten dann eine assoziative Verbindung im Grafen, wenn sie gemeinsame Schlagwörter eines Beitrages sind und signifikant häufig miteinander in Sätzen der Kollektion vorkommen.

Bei dieser Wissenslandkarte werden folgende Typen von Knoten unterschieden:

- Beitragstitel
- Person
- Organisation
- Schlagwort

Zwischen diesen gibt es folgende Typen von Relationen:

- Schlagwort-von
- Autor-von
- Arbeitet-für
- Co-Autor
- Ungetypte Assoziation

Der gesamte Graf wird in »SemanticTalk« geladen und automatisch positioniert (vgl. Wissensbaustein »Netze von Kookkurrenten« (S. 168)).

Ansichten einer Wissenslandkarte

In diesem Abschnitt soll das Ergebnis – die Wissenslandkarte der »KnowTech« – mit Hilfe einiger Beispiele illustriert werden. Die Abb. 8.4-1 zeigt die Gesamtübersicht des Grafen mit einigen markierten Ausschnitten. In der Abbildung sind sternförmige Gebilde zu erkennen, deren Mitten die Titel der Beiträge ausmachen. In der Mitte befinden sich Beiträge, die gemeinsame Schlagwörter mit vielen anderen Beiträgen aufweisen, also zentraler verortet sind.

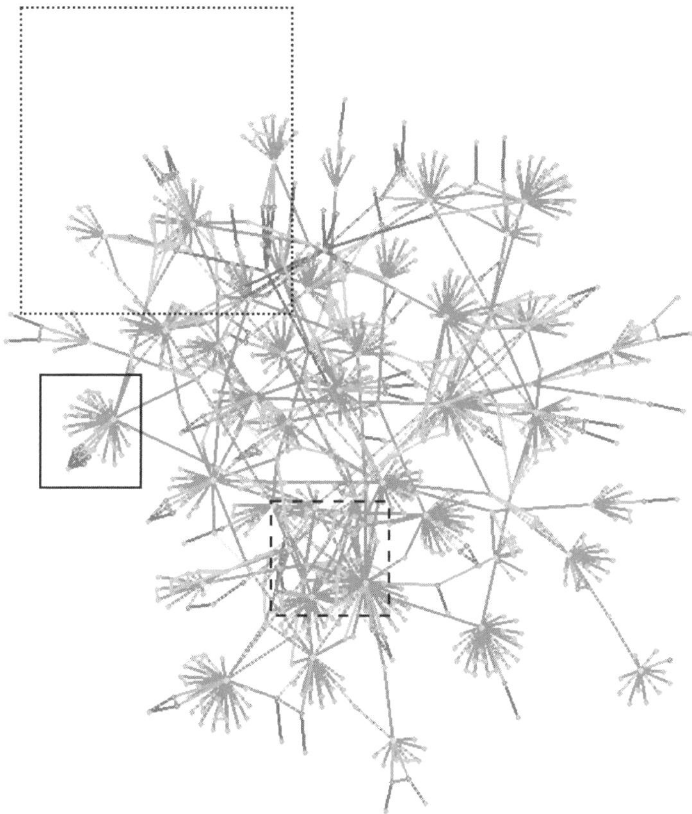

Abb. 8.4-1: Gesamtüberblick über die Wissenslandkarte.

In der Abb. 8.4-2 ist die Visualisierung des Einzelbeitrages »Fit für den Wissenswettbewerb« /Edvinsson et al. 04/ zu sehen. Die Abb. 8.4-2 zeigt einen Ausschnitt aus der Wissenslandkarte. Das durchgezogene Viereck in Abb. 8.4-1 gibt den Ausschnitt in Abb. 8.4-2 an, das gestrichelte Viereck bezeichnet die Bereiche von Abb. 8.4-3 und Abb. 8.4-4, das gepunktete den Ausschnitt in Abb. 8.4-5.

In der Abb. 8.4-2 wird deutlich, wie sich die Schlagwörter eines einzelnen Beitrages bezüglich der Anordnung verhalten: Autoren gruppieren sich in einer Ecke, verbunden mit

Abb. 8.4-2: Ausschnitt aus der Wissenslandkarte.

ihrer Organisation und dem zentral stehenden Beitragstitel, um den sich die Schlagwörter verteilen.

Assoziierte Schlagwörter stehen zusammen, beispielsweise die Gruppe *Prozessqualität, abhängig, Geschäftsbeziehung.*

Beiträge, die ähnliche Themen behandeln, sind auch im Grafen nah beieinander angeordnet. Ein Forschungsprojekt, das mehrere Beiträge auf dieser »Knowtech« verorten konnte, ist das »PreBIS«-Projekt (siehe /Böhm, Härtwig 04/, /Engelbach, Delp 04/ und /Zagos, Radhakrishnan 04/.

Die Abb. 8.4-3 und die Abb. 8.4-4 zeigen das Umfeld des Schlagwortes »PreBIS«.

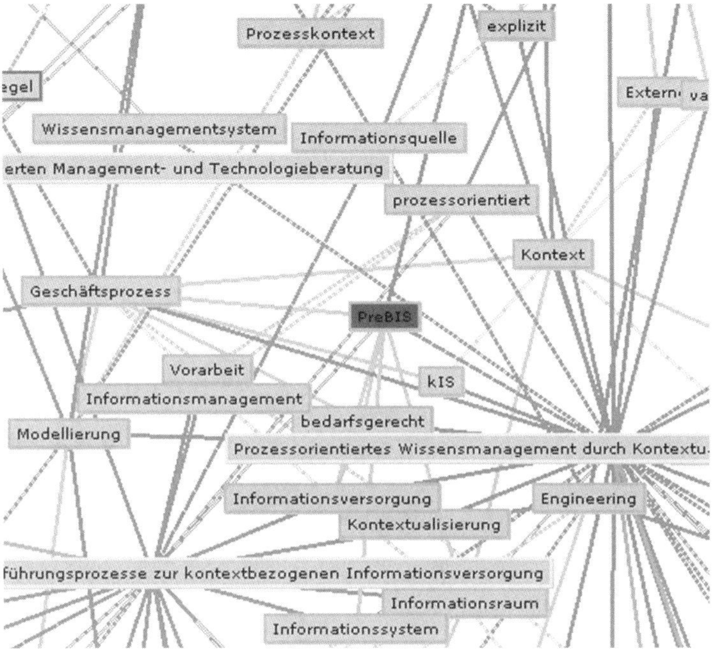

Abb. 8.4-3: Umfeld des Wortes »PreBIS« mit allen Stichwörtern.

In Abb. 8.4-3 werden im Umfeld der Wortform »PreBIS« alle Schlagwörter angezeigt, in Abb. 8.4-4 nur die Beitragstitel, Autoren und Organisationen.

Aus Abb. 8.4-3 ist ersichtlich, dass sich das »PreBIS«-Projekt mit der kontextabhängigen und prozessorientierten Modellierung von Informationsräumen befasst.

In der Abb. 8.4-4 sind drei der »PreBIS«-Projektpartner nahe am Schlagwort zu finden: das *Fraunhofer IAO*, die *InTraCom GmbH* und die *Universität Leipzig*. Dies liegt daran, dass »PreBIS« in allen drei Texten korrekt als Schlagwort extrahiert wurde und dass diese ansonsten noch viele weitere Schlagwörter gemeinsam haben, wie z.B. *Kontextualisierung* und *Informationsversorgung*.

Existieren zwischen einzelnen Knoten lediglich schwache Zusammenhänge, so führt dies nicht zu einer nahen Positionierung im Grafen, was aus der Abb. 8.4-5 ersichtlich ist.

Basistext

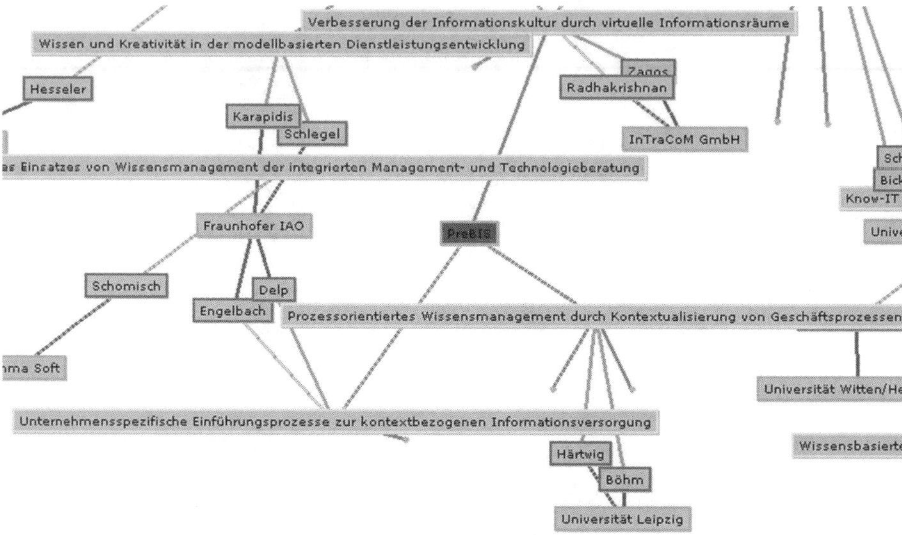

Abb. 8.4-4: Umfeld des Stichwortes »PreBIS« nur mit Beitragstiteln, Autoren und Organisationen.

Die Abb. 8.4-5 zeigt Personen und ihre Organisationen im Umfeld der Siemens AG. Die mit Kreisen bezeichneten Knoten sind Beiträge, die von Mitarbeitern der Siemens AG geschrieben wurden. Für die Ansicht wurde ein Filter angewandt, der nur Personen und Organisationen lexikalisiert anzeigt, sowie Beitragstitel als Punkte.

Aufgrund der thematischen Breite werden trotz eines Zusammenhangs über die Siemens AG die Beiträge weit voneinander positioniert, da sie laut Analyse nicht viel miteinander zu tun haben. Das Thema Wissensmanagement kann offenbar auf sehr vielfältige Weise behandelt werden.

Ähnliche Beiträge

Die Wissenslandkarte der »Knowtech« kann dazu benutzt werden, ähnliche Beiträge herauszufinden. Die Anwendung ist folgende:

Ein Konferenzteilnehmer interessiert sich insbesondere für Beiträge, die aus seinem eigenen Teilbereich stammen. Diese werden unter Annahme der Wahrung der semantischen Distanz in der Wissenslandkarte näher am eigenen Beitrag

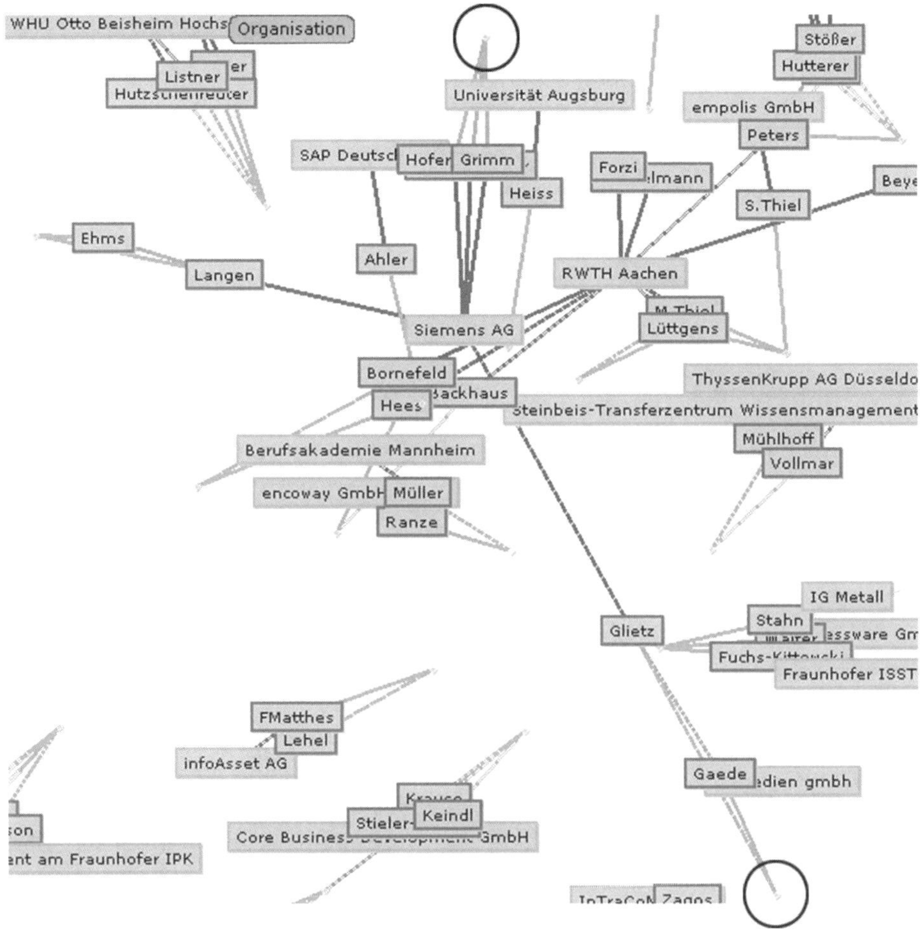

Abb. 8.4-5: Personen und ihre Organisationen im Umfeld der »Siemens AG«.

angezeigt als andere. Unter Ausnutzung dieser Eigenschaft können die Beiträge in eine subjektive Wichtigkeitsordnung gebracht werden, was die Auswahl der zu besuchenden Sitzungen erleichtert.

Aber auch Besucher können von der Wissenslandkarte profitieren, indem sie die Beiträge nach örtlicher Distanz zu einem oder mehreren Schlagwörtern ordnen.

Die Beispiele in der Tab. 8.4-1 zeigen die fünf nächsten Beiträge zu /Böhm, Härtwig 04/ an, zusammen mit ihren gemeinsamen Schlagwörtern.

Beitrag	Gemeinsame Schlagwörter
/Engelbach, Delp 04/	»prozessorientiert«, »PreBIS«, »Informationsversorgung«, »Informationsraum«, »Informationssystem«
/Zagos, Radhakrishnan 04/	»Modellierung«, »PreBIS«, »Kontext«
/Schomisch 04/	-
/Schlegel, Karapidis 04/	»Modellierung«, »Geschäftsprozess«, »explizit«
/Bick, Schubring 04/	»Vordergrund«

Tab. 8.4-1: Ähnliche Beiträge zu /Böhm, Härtwig 04/ und ihre gemeinsamen Schlagwörter.

Dabei bedeutet Nähe in der Wissenslandkarte nicht unbedingt viele gemeinsame Schlagwörter, wie es bei /Schomisch 04/ der Fall ist. Dieser Beitrag rückt in die Nähe von /Böhm, Härtwig 04/, da dieser über viele Schlagworte mit anderen Beiträgen in der Nähe verbunden ist.

Mögliche Anwendungen

Einsatzmöglichkeiten

Das Konzept der Wissenslandkarte bietet vielfältige Einsatzmöglichkeiten. Auch wenn es das eigentliche Lesen von Texten nicht ersetzen kann und soll, ist es doch bei der Orientierung innerhalb von Dokumentenkollektionen hilfreich. Durch die Unterstützung verschiedener Sichten und durch selektives Einblenden von Entitäten bestimmter Eigenschaften werden in Texten verborgene Strukturen übersichtlich und intuitiv erfassbar dargestellt.

Mögliche Anwendungen beschränken sich aber nicht auf Artikelsammlungen, sondern sind immer da gegeben, wo mittelgroße Netzwerkstrukturen vorhanden und extrahierbar sind.

Verwandt zu der hier vorgestellten Anwendung wäre beispielsweise der Einsatz in *Content Management*-Systemen zur Orientierungsunterstützung und zum Browsen oder die Analyse des innerbetrieblichen E-Mail-Verkehrs zum Aufdecken von Kommunikationsförderern und -hemmern.

Weitere Einsatzgebiete wären beispielsweise die Erstellung von Branchenkarten mit der Darstellung von Partner- und Geschäftsbeziehungen zwischen Firmen oder die semiautomatische Erstellung von Prozess- und Ressourcenmodellen über die Analyse von Produktbeschreibungen und der Verarbeitung von vorhandenen betriebsspezifischen Taxonomien.

Glossar

Ähnlichkeitsmaß *(similarity measure)* Ein *Ähnlichkeitsmaß* ist im Informtion Retrieval ein Maß für die Ähnlichkeit von Termen oder Texten (als einer Kollektion von Termen). Einem Paar von Textobjekten wird eine reelle Zahl S (0<=S<=1) zugeordnet, die um so größer ist, je ähnlicher die Textobjekte sind. In der Praxis häufig verwendete Maße sind das Cosinus-Maß, der Jaccard-Koeffezient und der Dice-Koeffizient.

Allgemeinsprache *(general language)* Unter der *Allgemeinsprache* versteht man die Sprache in ihrer allgemeinen und alltäglichen Verwendung. (Antonym: Fachsprache).

Alphabet *(alphabet)* Ein *Alphabet* ist ein endlicher geordneter Zeichenvorrat.

Analysekorpus *(corpus for analysis)* Das *Analysekorpus* ist der zu untersuchende Text bzw. die zu untersuchende Textmenge.

ASCII (*ASCII*; American Standard Code of Information Interchange) Genormter 7-Bit-Zeichensatz (128 Positionen) zur Darstellung von Ziffern, Buchstaben, Sonderzeichen und Steuerzeichen (siehe auch Latin und Unicode).

Asset *(Asset)* Ein *Asset* (Wert) ist ein sinnhaltiges Datenobjekt als Wirtschaftsgut. Syn.: Wert

Baseline (unterer Leistungswert) *(Baseline)* Die *Baseline* ist eine untere Schranke der Leistung eines Algorithmus. Wenn ein komplexer Algorithmus entwickelt wird, wird oft ein einfacher Algorithmus (*Baseline*-Verfahren) dagegengestellt. Der komplexe Algorithmus muss dann bessere Ergebnisse erzielen als der einfache Algorithmus.

Begriff *(notion)* Ein *Begriff* ist die Bedeutung eines Ausdruckes. Der Begriffsumfang wird als Extension, der Begriffsinhalt als Intension bezeichnet

Bigramm *(bi-gram)* Ein *Bi-Gramm* ist ein spezieller Typ von n-Grammen, das aus zwei aufeinander folgenden Wortformen oder Buchstaben besteht.

Bit (*bit*; binary digit) Binärzeichen, das nur jeweils einen von zwei Zuständen darstellen bzw. speichern kann, z.B. Null oder Eins. Acht Bits fasst man zu einem Byte zusammen.

Bootstrapping *(Bootstrapping)* *Bootstrapping* ist die allgemeine Bezeichnung für einen Prozess, bei dem unter Zuhilfenahme einer kleinen Anfangskonfiguration eine größere, umfassendere Konfiguration erzeugt wird. Im engeren Sinne ist es eine Bezeichnung für ein maschinelles Lernverfahren, bei dem neue Information generiert wird aus einer Startmenge an Information und einer Regelmenge, wie durch die schon bekannte Information neue Information gefunden werden kann.

Byte *(byte)* Maßeinheit für die Speicherkapazität. In einem Byte kann ein Zeichen gespeichert werden; siehe auch Bit.

Cluster-Analyse *(cluster analysis, clustering)* Bei der *Cluster-Analyse* wird eine Menge von Elementen (Daten, Objekte) durch Gruppierung zusammen gehöriger Elemente in homogene Teilmengen – die *Cluster* (Gruppen, Kategorien, Klassen) – unterteilt. Im Gegensatz zur Vorgehensweise bei der Klassifikation werden die *Cluster* aus der Struktur der zu analysierenden Datenmenge selbst abgeleitet.

Clustering *(Clustering (cluster analysis))* Beim *Clustering* (Cluster-Analyse) wird eine Menge von Elementen (Daten, Objekte) durch Gruppierung zusammen gehöriger Elemente in homogene Teilmengen

– die Cluster (Gruppen, Kategorien, Klassen) – unterteilt. Im Gegensatz zur Vorgehensweise bei der Klassifikation werden die Cluster aus der Struktur der zu analysierenden Datenmenge selbst abgeleitet.

Content *(content) Content (Inhaltsobjekt)* enthält Informationen als sinnhaltige Datenobjekte. Syn.: Inhaltsobjekt

Cosinus-Maß *(cosine measure)* Das *Cosinus-Maß* ist ein Maß für die Ähnlichkeit von Vektoren im Information Retrieval. Berechnet wird dabei der Cosinus des Winkels zwischen den beiden Vektoren. Sind diese normiert, ist der Wert gleich dem Skalarprodukt der beiden Vektoren. Da die Komponenten der Vektoren sämtlich nichtnegativ sind, ist der Winkel zwischen den Vektoren höchstens 90° und das *Cosinus-Maß* liegt zwischen 0 (maximal unähnlich) und 1 (identisch).

Data Mining *(data mining)* Erkennen unbekannter Zusammenhänge, Nutzen bekannter Zusammenhänge für Zukunftsprognosen, Automatisierung von Analysen und Klassifizierungen im Rahmen von Data Warehouses.

Data Warehouse Kopie operativer Daten, speziell für Anfragen und Analysen strukturiert. Die Datenorganisation erfolgt in Hyperwürfeln.

Daten *(data) Daten* im Sinne der Informatik und Datenverarbeitung (EDV) sind (maschinen-) lesbare und bearbeitbare Repräsentationen von Information. Die Information wird dazu in Zeichenketten kodiert, deren Aufbau strengen Regeln folgt, der so genannten Syntax. Daten werden zu Information, wenn sie unter Bezug auf einen Interpretationsschlüssel interpretiert werden.

DAWG *(directed acyclic word graph)* Ein DAWG *directed acyclic word graph* ist eine Datenstruktur zum Speichern von Wortformen. Das Funktionsprinzip ist ähnlich dem eines Trie, aber zusätzlich werden gleiche Wortenden zusammengeführt und damit komprimiert gespeichert.

Dendrogramm *(dendrogram)* Ein *Dendrogramm* dient der schematischen Darstellung einer *Cluster-Analyse.* In ihm werden die ermittelten Teilmengenbeziehungen dargestellt. Je höher im Baum der Verschmelzungspunkt zweier Mengen liegt, um so größer ist die Distanz zwischen ihnen im Vektorraum und um so kleiner ist die Ähnlichkeit zueinander.

Differenzanalyse *(differential analysis)* Die *Differenzanalyse* ist ein Verfahren für die Ermittlung von diskriminierenden Termen, in dem die unterschiedliche Verteilung von Wortformen bzw. Wortformkombinationen in Texten ausgewertet werden.

Disambiguierung *(disambiguation) Disambiguierung* beschreibt die Auflösung der Mehrdeutigkeit von Ausdrücken.

Dokumentenähnlichkeit *(document similarity)* Als *Dokumentenähnlichkeit* bezeichnet man die Gruppierung von Wortformen oder Texten nach inhaltlichen Kriterien z.B. als Ergebnis einer *Cluster-Analyse.*

Eigenname *(proper names) Eigennamen* sind referenzierende Bezeichner von Objekten verschiedener Kategorie (z. B. Personen, Firmen und Institutionen, Produkte und Orte). Morphologisch sind *Eigennamen* nicht produktiv. Syntaktisch treten sie meist ohne Artikel auf und sind im Satz ersetzbar durch Pro-Formen wie »er«/»sie«/»es «oder »dieser«.

Expertensystem *(expert system)* Ein *Expertensystem* ist ein Computersystem, das auf einem speziellen Wissensgebiet die Kompetenz von menschlichen Experten besitzt und als Beratungs- und Problemlösungssystem eingesetzt werden kann.

Fachausdruck *(expression in language for special purposes)* Ein *Fachausdruck* (auch *Fachbegriff*) ist ein Wort bzw. eine Phrase, das nach einem vorgegebenen Kriterium für ein Fachgebiet charakteristisch ist. Syn.: Fachbegriff

Fachsprache *(language for spezial purposes)* Eine *Fachsprache* ist eine Untermenge der von einem Sprachsystem erzeugbaren Strukturen, wie sie insbesondere in Fachtexten verwendet wird. *Fachsprachen* unterscheiden sich von der Allgemeinsprache durch messbare linguistische Abweichungen im Hinblick auf das Lexikon, die Syntax und die Semantik.

Fachterminologie *(terminology)* Die *Fachterminologie* ist das Begriffs- und Benennungssystem eines Fachgebietes, das alle Fachausdrücke umfasst, die allgemein üblich sind.

Filter (Filteroperation) *(filter)* Eine *Filteroperation* blendet für den Zweck der Auswertung nicht relevante Informationen aus. Nur diejenigen Daten, die einem bestimmten Kriterium – dem *Filter* – genügen, werden für nachfolgende Verarbeitungsschritte verwendet.

Funktionswort *(function word)* Ein *Funktionswort* ist ein Wort, das einer geschlossenen Wortklasse angehört.

Gewichtungsfaktor *(weight function)* Ein *Gewichtungsfaktor* regelt den Einfluss, den ein Term als Bestandteil einer Formel auf das Gesamtergebnis hat. Die Bedeutung einzelner Terme kann damit hervorgehoben, die Bedeutung von anderen hingegen abgewertet werden.

Grammatik, formale *(formal grammar)* Eine *Grammatik (formale)* G definiert die Sätze einer Sprache. Sie wird gegeben durch ein Tupel G=(N,T,P,S). Hierbei ist N=Menge der nichtterminalen Symbole (syntaktische Kategorien), T=Menge der terminalen Symbole (Wortformen der Sprache), S=Startsymbol und P=Menge der Produktionsregeln, die festlegt, wie sich vom Startsymbol über die syntaktischen Zwischenkategorien die Sätze der Sprache als Folge von Wortformen ableiten lassen.

Häufigkeit, absolute *(absolute frequenzy)* Die *absolute Häufigkeit* einer Wortform w ist gleich der Anzahl der Vorkommen von w im Text.

Häufigkeit, relative *(relative frequency)* Die *relative Häufigkeit* einer Wortform in einem Text ist gleich dem Quotienten aus der (absoluten) Häufigkeit dieser Wortform und der Gesamtzahl der Wortformen im Text. Damit ist sie unabhängig von der Länge des Textes und sollte für unterschiedliche Texte (der gleichen Sprache und ggf. aus dem gleichen Sachgebiet) ähnliche Werte annehmen.

Häufigkeitsklasse *(frequency class)* Eine *Häufigkeitsklasse* ist eine Einteilung der Wortformen in Gruppen nach ihrer Frequenz im Korpus. Wortformen der gleichen *Häufigkeitsklasse* treten im Korpus etwa gleich häufig auf. Oft werden die Klassen nach der Häufigkeit der darin enthaltenen Wortformen geordnet und nummeriert, so dass die Nummer der Klasse eine Aussage über die Häufigkeit der zugeordneten Wortformen zulässt.

HTML (*HTML*; hypertext markup language) Dokumentenauszeichnungssprache, die es mit Hilfe von HTML-Befehlen erlaubt, inhaltliche Kategorien von HTML-Dokumenten, z.B. Überschriften und Absätze, zu kennzeichnen. So ausgezeichnete Dokumente werden von Web-Browsern interpretiert und dargestellt. Die Dateiendung einer HTML-Datei lautet `.html` bzw. `.htm`.

Information *(information)* Bei Information handelt es sich um Daten, die in einem Kontext interpretiert werden und somit eine Bedeutung für den Besitzer oder Empfänger dieser Daten haben. Häufig liegen Informationen in wenig strukturierter Form als Textdokumente, Zeichnungen etc. vor, weshalb sie sich schwer automatisch verarbeiten lassen.

Kategorie, syntaktische *(syntactic category)* Eine *syntaktische Kategorie* ist das Potential einer Wortform, mit anderen Wortformen derselben Sprache syntaktisch wohlgeformte Kombinationen (Phrasen) zu bilden. Zu den *syntaktischen Kategorien* gehören traditionell: Nomen, Verb, Adjektiv, Artikel, Präposition und Konjunktion. Empirisch bilden Wortformen derselben Kategorie paradigmatische Distributionsklassen.

Klassifikation *(classification)* Die *Klassifikation* ist das Versehen von sprachlichen Objekten (Wörter, Sätze, Absätze, Texte) mit Markierungen aus einer definierten Menge von Symbolen.

Kontext, globaler *(global context)* Der *globale Kontext* ist die Menge aller signifikanten Kookkurrenten einer Wortform. Der *globale Kontext* einer Wortform w_i enthält alle Wortformen, die mit w_i statistisch signifikant häufig gemeinsam auftreten (bezogen auf ein Signifikanzmaß und einen Schwellenwert). Syn.: Kookkurrenzprofil

Kontext, lokaler *(local context)* Der *lokale Kontext* einer Wortform w_i ist die Menge der Wortformen, mit denen w_i zusammen in einem Satz auftritt.

Kookkurrent *(co-occurrent wordform)* Ein *Kookkurrent* ist eine Wortform, die gemeinsam mit einer vorgegebenen Wortform in einem Satz oder Textfenster auftritt (bezogen auf ein Signifikanzmaß und einen Schwellenwert).

Kookkurrenz *(co-occurrence)* Als *Kookkurrenz* bezeichnet man das gemeinsame Auftreten zweier Wortformen in einem Satz oder Textfenster.

Kookkurrenz, signifikante *(significant co-occurrence)* Als *signifikante Kookkurrenz* bezeichnet man das statistisch auffällige gemeinsame Auftreten zweier Wortformen in einem Satz oder Textfenster (bezogen auf ein Signifikanzmaß und einen Schwellenwert).

Korpus *(text corpus)* Ein *Korpus* ist eine Sammlung von Texten.

Künstliche Intelligenz *(artificial intelligence (AI))* Die *Künstliche Intelligenz* (KI) ist eine Forschungsdisziplin der Informatik. In der KI wird untersucht, wie man intelligentes Verhalten von Computern erfassen und nachvollziehen kann oder wie man allgemein mit Hilfe von Computern Probleme löst, die Intelligenzleistungen voraussetzen.

Markov-Modell (MM) *(Markov model)* Ein diskretes *Markov-Modell* erster Ordnung beschreibt eine Folge von Zuständen (hier: Wortformen) so, dass ein bestimmter Zustand nur von dem Zustand unmittelbar davor abhängt, nicht aber von weiter zurückliegenden Zuständen. Markov-Modelle höherer Ordnung berücksichtigen entsprechend mehr Zustände aus der Vergangenheit. Markov-Modelle lassen sich auch durch endliche Automaten mit Übergangswahrscheinlichkeiten beschreiben. ist ein endlicher Automat, dessen Zustandsübergänge mit Wahrscheinlichkeiten versehen sind. *Markov-Modelle* dienen zur Beschreibung einer Sequenz von Zufallsvariablen, die nicht unabhängig voneinander sind und deren Werte von den Werten der vorher in der Sequenz aufgetretenen Werten abhängig sind.

Markup *(markup) Markup* ist eine Auszeichnung, eine Markierung, die an bestimmten Stellen in einem Dokument eingefügt wird, um die Form der Darstellung oder die Struktur der Dokumente zu beschreiben. Die einzelnen von einander getrennten *Markup*-Elemente nennt man *Tags*.

Mismatch Ein *Mismatch* ist eine Nicht-Übereinstimmung von Zeichenketten. Die Stelle des ersten *Mismatch* zwischen zwei Wortformen ist die Position desjenigen Zeichens, vom Wortanfang aus betrachtet, in dem sich die beiden Wortformen das erste Mal voneinander unterscheiden.

Morphem *(morpheme)* Ein *Morphem* ist in einer natürlichen Sprache die kleinste bedeutungs*tragende* Einheit von Zeichenketten

n-Gramm *(n-gram)* Ein *n-Gramm* besteht aus n aufeinanderfolgenden Wortformen bzw. Buchstaben. Die Kombinierbarkeit von Wortformen lässt sich durch das Auftreten aller wortformbezogenen *n-Gramme* eines Korpus voraussagen.

Nachbarschaftskookkurrenz *(co-occurrence of adjacent)* Die *Nachbarschaftskookkurrenz* ist das statistisch auffällige gemeinsame Auftreten zweier Wortformen als Nachbarn. Besteht zwischen zwei Wortformen eine Nachbarschaftskookkurrenz, wird die vorangehende (erste) Wortform als linker Nachbar, die nachfolgende (zweite) Wortform als rechter Nachbar bezeichnet.

Nachricht *(message)* Eine *Nachricht* ist eine nach vorher festgelegten Regeln zusammengestellte, endliche Folge von Zeichen und Zuständen, die eine Information vermittelt.

Ontologie *(ontology)* Eine *Ontologie* ist eine explizite, meist axiomatische und standardisierte Formalisierung eines gemeinsamen Verständnisses von Schlüsselbegriffen eines Faches oder einer Anwendung.

Part Of Speech (POS) Wortarten wie Substantiv, Verb, Pronomen, Präposition, Adverb, Konjunktion, Partizip und Artikel (vgl. /Jurafsky & Martin 00/)

Part Of Speech Tagging *(Part Of Speech Tagging)* Als *Part Of Speech Tagging* (POS) bezeichnet man das Zuordnen syntaktischer Kategorien zu Wortformen. Jede (erkannte) Wortform in einem Text wird um die Angabe über die Wortart ergänzt, in der die Wortform im gegebenen lokalen Kontext verwendet wird.

Phrase *(phrase)* Als *Phrase* bezeichnet man die in einer natürlichen Sprache nach syntaktischen Regeln aneinandergefügten Wortformen (z.B. »hoch über den Wolken«).

Precision *(Precision)* *Precision* (Genauigkeitsgrad) ist im Information Retrieval ein Effektivitätsmaß zur Bewertung von Suchmaschinen. *Precision* ergibt sich aus der Division der Anzahl der gefundenen relevanten Dokumente durch die Anzahl der gefundenen Dokumente. *Precision* wird stets gemeinsam mit Recall benutzt. Syn.: Genauigkeitsgrad

Rang *(rank)* Der *Rang* einer Wortform w in der häufigkeitssortierten Wortformenliste ist die Listenposition von w.

Recall *(Recall)* Der *Recall* (Erschöpfungsgrad) ist im Information Retrieval ein Effektivitätsmaß zur Bewertung von Suchmaschinen. Der *Recall* ergibt sich aus der Division der Anzahl der gefundenen relevanten Dokumente durch die Anzahl der relevanten Dokumente. *Recall* wird stets gemeinsam mit Precision (Genauigkeitsgrad) benutzt. Syn.: Erschöpfungsgrad

Referenzkorpus *(reference corpus)* Das *Referenzkorpus* besteht in der Regel aus einer Anzahl von Texten, die den allgemeinen Sprachgebrauch wiedergeben. Zum allgemeinen Sprachgebrauch können ebenfalls einige, allgemein bekannte Fachausdrücke aus den verschiedenen Fachsprachen gehören. Diese Fachausdrücke treten jedoch im *Referenzkorpus* relativ selten auf – verglichen mit einem Korpus der entsprechenden Fachsprache. Syn.: Vergleichskorpus

Relation, logische *(logical relation) Logische Relationen* sind semantische Relationen, die logische Folgerungen unterstützen. Hierzu zählen insbesondere die Oberbegriffs- und Unterbegriffsbeziehung, Synonyme, Gegensätze, Antonyme, Komplementärbegriffe und Konverse. Der Begriff der *logischen Relationen* kann mengentheoretisch präzisiert werden.

Relation, paradigmatische *(paradigmatic relation) Paradigmatische Relation* ist in der Tradition des linguistischen Strukturalismus die Bezeichnung für das Auftreten zweier Wortformen in ähnlichen Kontexten.

Relation, semantische *(semantic relation) Semantische Relationen* sind Mengen von Paaren von Wortformen einer Sprache. Zwischen zwei Wortformen einer Sprache besteht eine *semantische Relation* nur dann, wenn sie in einer paradigmatischen oder syntagmatischen Relation stehen. Zu den *semantischen Relationen* benachbarter Wortformen gehören insbesondere die Kategorie- oder Funktionsangabe, die Maßeinheit oder Qualifizierung, die Modifizierung und die Veränderung.

Relation, syntagmatische *(syntagmatic relation) Syntagmatische Relation* ist in der Tradition des linguistischen Strukturalismus die Bezeichnung für das gemeinsame Auftreten zweier Wortformen in einem Satz oder Textfenster.

Satzkookkurrenz *(co-occurrence of wordforms in a sentence)* Als *Satzkookkurrenz* bezeichnet man das statistisch auffällige gemeinsame Auftreten zweier Wortformen in einem Satz.

Semantisches Web *(Semantic Web)* Das *semantische Web* ist eine Erweiterung des Web (WWW) um maschinenlesbare Daten (Markups), welche die Semantik der Inhalte formal festlegen. Informationen sollen zusätzlich zu der für Menschen lesbaren Form auch formal, in einer für Maschinen verarbeitbaren Form repräsentiert werden, damit Programme darauf operieren können. Das Konzept beruht auf einem Vorschlag von Web-Erfinder Tim Berners-Lee.

Signal *(signal)* Ein *Signal* ist eine physikalische Realisierung eines Zeichens für den Austausch von Nachrichten zwischen einem Sender und Empfänger.

Signifikanzmaß *(measure of significance)* Das *Signifikanzmaß* ist ein Maß für den Nachweis statistisch verlässlicher (signifikanter) Unterschiede in empirischen Untersuchungen.

Sprachmodell *(language model) Sprachmodell* ist in der statistischen Sprachverarbeitung die Bezeichnung für die Gesamtheit der konkreten Wahrscheinlichkeiten sprachlicher Ereignisse.

Sprachstatistik *(statistics of language) Sprachstatistik* ist die Bezeichnung für empirisch validierte statistische Gesetzmäßigkeiten natürlicher Sprache. Hierzu zählen u.a. die »Zipfschen Gesetze« und die *Small-Worlds*-Eigenschaft semantischer Netze.

Spreading-Activation-Modell *(Spreading-Activation-Model)* Bei dem *Spreading-Activation-Modell* wird angenommen, dass es Knoten (z.B. Neuronen, Wörter, Konzepte etc.) gibt, die über Kanten (z.B. Assoziationen, semantische Relationen usw.) miteinander verbunden sind. Einige Knoten gelten als *Input*-Knoten, in die »Energie« geleitet wird. Diese Energie breitet sich über die Kanten auf andere Knoten aus. Anschließend werden die neuen Energiemengen in den Knoten sowie die Energieverteilung im Netz ausgewertet.

Stoppwort *(stop word)* Ein *Stoppwort* ist ein Wort, das von der Analyse ausgeschlossen werden soll. Dazu gehören im Allgemeinen Wörter bzw. Wortformen aus den geschlossenen Wortklassen wie Artikel, Konjunktion und Präposition.

Tanimoto-Ähnlichkeit Die *Tanimoto-Ähnlichkeit* ist ein Maß für die Ähnlichkeit von Vektoren mit Einträgen 0 oder 1. Berechnet wird der Quotient aus der Anzahl der übereinstimmenden 1-Werte und der Anzahl der Positionen, die in mindestens einem der Vektoren den Wert 1 haben.

Term *(term)* Ein *Term* ist im *Information Retrieval* eine Wortform in einem Text bzw. einer Kollektion von Texten.

Term, diskriminierender *(discriminating term)* Ein *diskriminierender Term* ist eine Wortform, die nach einem vorgegebenen Kriterium für einen Text bzw. eine Kollektion von Texten charakteristisch ist. Ein *diskriminierender Term* ist ein Wort bzw. eine Wortform, die gut zur Unterscheidung von Texten eingesetzt werden kann. Bei der Differenzanalyse sind diskriminierende Terme diejenigen Wortformen, die im Fachtext wesentlich häufiger auftreten als in einem allgemeinsprachlichen Referenzkorpus.

Text *(text)* Ein *Text* ist strukturiert und besteht aus Sätzen, die nach Art und Zweck des Textes zu größeren Einheiten zusammengefasst werden (Absätze, Abschnitte, Kapitel). Ein *Text* besteht aus Wortformen, die ihrerseits aus den Buchstaben eines Alphabets bestehen. Text repräsentiert Wissen und stellt insofern eine wesentliche Grundlage der Wissensverarbeitung dar.

Text Mining *(Text Mining) Text Mining* umfasst Verfahren für die semantische Analyse von Texten, welche die automatische bzw. semi-automatische Strukturierung von Texten unterstützen.

Trainingskorpus *(training corpus)* Ein *Trainingskorpus* ist eine Textmenge, die analysiert und ausgewertet wird, um die für einen Algorithmus notwendigen Daten und Parameter zu ermitteln.

Trie *(Trie)* Ein *Trie* (digitaler Mehrwegebaum) ist eine m-Wege-Baum, wobei m die Anzahl der Zeichen des Alphabets ist. Jeder Knoten im Baum repräsentiert einen Buchstaben. Die Buchstaben auf dem Weg von der Wurzel zu einem Knoten stehen für den Anfang eines Wortes. Die Nachfolgerknoten stehen für die entsprechenden Fortsetzungsmöglichkeiten. Syn.: digitaler Mehrwegebaum

Trigramm *(tri-gram)* Ein *Tri-Gramm* ist ein spezieller Typ von n-Grammen, das aus drei aufeinander folgenden Wortformen besteht.

Unigramm *(uni-gram)* Ein *Unigramm* ist ein spezieller Typ von n-Grammen, das aus einer Wortform oder einem Buchstaben besteht.

Vokabular *(vocabulary)* Das *Vokabular* eines Textes besteht aus allen *verschiedenen* Wortformen, die im Text auftreten. Tritt eine Wortform mehrfach im Text auf, fließt sie trotzdem nur einmal in das Vokabular ein. Der *Umfang des Vokabulars* entspricht also der Anzahl der verschiedenen Wortformen eines Textes.

Vokabular, Umfang *(size of vocabulary)* Der *Umfang des Vokabulars* ist gleich der Anzahl der *verschiedenen* Wortformen eines Textes.

Wahrscheinlichkeit *(probability)* Die *Wahrscheinlichkeit* eines Ereignisses ist die relativen Häufigkeit, mit der es in einer großen Anzahl gleicher, wiederholter Experimente auftritt. Die relative Häufigkeit eines Wortes in einem Text ist damit gleich dem Quotienten aus der (absoluten) Häufigkeit diese Wortes und der Gesamtzahl der Wörter im Text. Betrachtet man immer längere, gleichartige Texte, so nähert sich diese relative Häufigkeit einem konstanten Wert, der Wahrscheinlichkeit diese Wortes.

Wahrscheinlichkeit, bedingte *(conditional probability)* Die *bedingte Wahrscheinlichkeit* P(A|B) gibt die Wahrscheinlichkeit des Ereignisses A an, unter der Voraussetzung, dass das Ereignis B bereits eingetreten ist.

Web (*web*; World Wide Web) Informationssystem im Internet, das auf der Hypertext-Technik basiert; ermöglicht außerdem den Zugriff auf die anderen Internet-Dienste. Der Zugang zum Web erfolgt über Web-Browser. Syn.: W3, WWW

Wissen *(knowledge) Wissen* ist die meist auf Erfahrung beruhende und objektiv nachprüfbare Kenntnis von Fakten und Zusammenhängen eines Weltausschnitts, die Personen zur Lösung von Problemen einsetzen. Wissen ermöglicht die Vernetzung von Informationen.

Wissensmanagement *(knowledge management) Wissensmanagement* ist eine Organisationsform, die das Wissen der in einem Unternehmen beschäftigten Personen, das für einen Erfolg des Unternehmens relevant ist, erfasst, strukturiert und zum Nutzen des Unternehmens einsetzt.

Wortform *(wordform)* Eine *Wortform* ergibt sich in einer natürlichen Sprache aus den nach morphologischen Regeln aneinander gefügten Morphemen (z.B. sprich+st).

Wortklasse, geschlossene *(closed wordclass)* Eine *geschlossene Wortklasse* ist eine Klasse von Wörtern, die nur in sehr begrenztem Maße Veränderungen unterliegt. Bei Wörtern aus *geschlossenen Wortklassen* steht ihre grammatische Bedeutung im Vordergrund. Sie werden auch als Funktionswörter bezeichnet. *Geschlossene Wortklassen*: Artikel, Hilfsverb, Interjektion, Konjunktion, Numeral, Präposition, Pronomen.

Wortklasse, offene *(open class of words)* Eine *offenen Wortklasse* ist eine Klasse von Wortformen, die Veränderungen durch die morphologischen Prozesse Flexion, Derivation und Komposition unterliegt. *Offene Wortklassen*: Adjektiv, Nomen, Verb.

Wortnetz *(wordnet)* Ein *Wortnetz* ist ein Graf mit Wortformen als Knoten. Die Kanten beschreiben Beziehungen zwischen den entsprechenden Wortformen und können manuell oder automatisch erzeugt worden sein. Im Falle von signifikanten Kookkurrenzen beschreiben die Kanten häufig syntagmatische und paradigmatisch Zusammenhänge.

XML (Extensible Markup Language) Sprache, mit der sich Auszeichnungssprachen definieren lassen. XML ist eine verkürzte Version der *Standard Generalized Markup Language* (SGML). Die Version 1.0 von XML wurde im November 1998 vom WWW Consortium (W3C) verabschiedet.

Zeichen *(character)* Ein *Zeichen* ist ein Element eines endlichen geordneten Zeichenvorrats.

Zeichenkette *(string of character)* Eine *Zeichenkette* entsteht durch die Aneinanderfügung (Konkatenation) von Zeichen.

Literatur

/Abello, Pardalos 02/
Abello, J.; Pardalos, P. M.; *Handbook of Massive Data Sets (Massive Computing)*, Hrsg. Resende, M. G., Amsterdam, Kluwer Academic Publishers, 2002.

/Ananiadou 94/
Ananiadou, S.; *A Methodology for Automatic Term Recognition*, 1994. in: Proceedings of Coling 94, S. 1034-1038.

/Baader et al. 03/
The Description Logic Handbook: Theory, Implementation and Application, Hrsg. Baader, F. et. al., Cambridge, Cambridge University Press, 2003.

/Baeza-Yates, Ribeiro-Neto 99/
Baeza-Yates, R.; Rebeiro-Neto, B.; *Modern Information Retrieval*, Essex, Addison Wesley Longman Limited, 1999.

/Banarjee, Pedersen 02/
Banarjee, S.; Pedersen, T.; *An adapted Lesk Algorithm for Word Sense Disambiguation Using WordNet*, Mexico, Springer, 2002.
in: Proceedings of the third International Conference on Intelligenz Text Processing and Computational Linguistic (CICLing-2002), Springer LNCS 2588.

/Barabasi 00/
Barabasi, A. L. et. al.; *Scale-free characteristics of random networks: the topology of the World Wide Web*, 2000.
in: Physica A, (281), S. 70-77.

/Bauer, Goos 91/
Bauer, F.; Goos, G.; Goos, Gerhard; *Informatik 1 und 2 - Eine einführende Übersicht*, 4. verbesserte Auflage, Heidelberg, Springer, 1991.
4. verbesserte Auflage.

/Bergmann, Dachs 03/
Bergmann, J.; Dachs, B.; *Mapping Innovation in Services. A Bibliometric Analysis.*, Graz, Austria, 2003.
in: Proceedings of the International Conference on Knowledge Management (I-KNOW).

/Berners-Lee et al. 01/
Berners-Lee, T.; Hender, J.; Lassila, O.; *The Semantic Web. A new form of Web content that is meaningful to computers will unleash a revolution of new possibilities*, 2001.
in: Scientific American, May, S. 34-43.

/Berry 03/
Berry, Michael M.; *Survey of Text Mining*, Springer, 2003.

/Biber et al. 98/
Biber, D.; Conrad, S.; Reppen, R.; *Corpus Linguistics*, Cambridge, Cambridge University Press, 1998.

/Bick, Schubring 04/
Bick, M.; Schubring, O.; *Wissensmanagement in der öffentlichen Verwaltung am Beispiel des Baustellenmanagements der Stadt Essen - Nachhaltige Einführung mit Hilfe des ESCiO-Tools.*, München, 2004.
in: Beiträge zur Knowtech.

/Biemann 03/
Biemann, C.; *Extraktion von semantischen Relationen aus natürlichsprachlichen Text mit Hilfe von maschinellem Lernen*, Hrsg. Seewald-Heeg, U., Sankt Augustin, gardez! Verlag Sankt Augustin, 2003.
in: Sprachtechnologie für die multilinguale Kommunikation, Beiträge zur GLDV-Frühjahrstagung.

/Biemann et al. 04a/
Biemann, C.; Böhm,C.; Heyer, G.; Melz, R.; *Automatically Building Concept Structures and Displaying Concept Trails for the Use in Brainstroming Sessions and Content Management Systems*, Springer LNCS, 2004.
in: Proceedings of the I2CS, Guadalajara, Mexiko.

/Biemann et al. 04b/
Biemann, C.; Bordag, S.; Heyer, G:; Quasthoff, U.; *Language-independent Methods for Compiling Monolingual Lexical Data*, Berlin, Heidelberg, Springer-Verlag, 2004.
LNCS, 2945, S. 215-228 and Proceedings of the CicLING 2004, Seoul, Korea.

/Biemann et al. 04c/
Biemann, C.; Bordag, S.; Quasthoff, U.; *Automatic Aquisition of Paradigmatic Relations using Iterated Co-occurrences*, Lissabon, Portugal, 2004.
in: Proceedings of the LREC2004.

/Biemann et al. 04d/
Biemann, C.; Shin, S.-I.; Choi, K.-S.; *Semiautomatic Extension of CoreNet using a Bootstrapping Mechanism on Corpus-based Co-occurrences*, Genf, Schweiz, 2004.
in: Proc. of the 20th International Conference on Computational Linguistics (COLING04).

/Biemann et al. 04e/
Biemann, Chr.; Heyer, G.; Schmidt, F.; Witschel, H. F.; *Eine Wissenslandkarte der KnowTech*, München, 2004.
Beiträge zur KnowTech 2004.

/Biemann, Teresniak 05/
Biemann, Chr.; Teresniak, S.; *Disentangling from babylonian confusion - unsupervized language identification.*, Mexico City, Springer, 2005.
In: Proceedings of CICLing-2005, Computational Linguistics and Intelligent Text Processing, LNCS 3406, Seiten 762-773,.

/Bodendorf 03/
Bodendorf, F.; *Daten- und Wissensmanagement*, Berlin, Heidelberg, New York, 2003.

/Böhm, Härtwig 04/
Böhm, K.; Härtwig, J.; *Prozessorientiertes Wissensmanagement durch Kontextualisierung von Geschäftsprozessen bedarfsgerechte Informationsversorgung durch Kopplung an den wissensintensive Geschäftsprozesse.*, München, 2004.
in: Beiträge zur Knowtech, München.

/Bordag 03/
Bordag, S.; *Sentence Co-occurrences as Small-World Graphs: A solution to Automatic Lexical Disambuguation*, Hrsg. Gelbukh, A., Berlin, Heidelberg, Springer-Verlag and Mexico, 2003.
in: Proceedings of the CICLing02, Mexico City and Springer LNCS 2588, S. 329-332.

/Brill 02/
Brill, E.; *A Simple Rule-Based Part Of Speech Tagger*, Trento, Italien, 2002.
in: Proceedings of the Third Conference on Applied Computational Linguistics (ACL).

/Brin, Page 98/
Brin, S., Page, L.; *The anatomy of a large scale hypertextual web search engine*, Brisbane, Australia, 1998.
in: Proceedings of the WWW7.

/Broder et al. 00/
Broder, A.; Kumar, R.; Maghoul, F.; Raghvan, P.; Rajagopalan, R.; Stata, R.; Tomkins, A..; Wiener, J.; *Graph structure in the web*, in: In Proc. of the 9th international World Wide Web conference on Computer networks: The International journal of computer and telecommunications networking,, 2000, S. 309-320.
Online: http://www9.org/w9cdrom/160/160.html.

/Buchanan, Shortliffe 84/
Buchanan, B. G.; Shortliffe, E. H.; *Rule-Based Expert Systems, The MYCIN Experiments of the Stanford Heuristic Programming Project*, Addison-Wesley, 1984.
in: Reading (MA).

/Bullinger et al. 00/
Bullinger, H.-J.; Wagner, K.; Ohlhausen, P.; *Intellektuelles Kapital als wesentlicher Bestandteil des Wissensmanagement*, Hrsg. Krallmann, H., Stuttgart, Schäffer-Poeschel, 2000.
in: Wettbewerbsvorteile durch Wissensmanagement: Methodik und Anwendungen des Knowledge Management.

/Chakrabarti et al. 98/
Chakrabarti, S.; Dom, B.;Gibson, D.; Kumar, R.; Raghavan, P.; Tomkins, A.; *Spectral filtering for resource discovery*, 1998.
in: ACM SIGIR Workshop on Hypertext Information Retrieval on the Web.

/Charniak 94/
Charniak, E. (Hrsg.); *Statistical Language Learning*, Cambridge, Massachusetts, USA, MIT Press, 1994.

/Church, Hanks 89/
Church, K.; Hanks, P.; *Word association norms, mutual information, and lexicography*, Vancouver, 1989.
in Proceedings of the 27th annual meeting of the Association for Computional Linguistics (ACL), S. 76-83.

/Collins, Singer 99/
Collins, M.; Singer, Y.; *Unsupervised Models for Named Entity Classification*, 1999.
in: Proc. of the Joint SIGDAT Conference on Empitial Methods in Natural Language Processing and very Large Corpora.

/Curran 03/
Curran, J. R.; *From Distributional to Semantic Similarity*, Edinburgh, University of Edinburgh, 2003.
Dissertation, School of Informatics.

/Davies et al. 02/
Davies, N. J.; Fensel, D.; von Harmelen, F.; *Ontology based Knowledge Management: Exploiting the Semantic WEB*, Wiley, 2002.

/Dean et al. 02/
Dean, M.; Connoly, D.; van Harmelen, F. Hendler, J.; Horrocks, I.; McGuiness, D.; Patel-Schneider, P. und Stein, L. A.; *Web Ontology Language (OWL)*, 2002.
Reference Version 1.0.

/Doerre et al. 01/
Dörre, J.; Gerstl, P.; Seiffert, R.; *Volltextsuche und Text*, Hrsg. Carstensen, K.-U., Heidelberg, Berlin, 2001.
in: Computerlinguistik und Sprachtechnologie: Eine Einführung.

/Dreyfus 79/
Dreyfus, H.; *What Computers Can't do*, New York, Harper & Row, 1979.

/Dunning 93/
Dunning, T.; *Accurate methods for the statistics of surprise and coincidence*, 1993.
in: Computational Linguistics 19 (1993), Nr. 1, S. 61-74.

/Edvinsson et al. 04/
Edvinsson, L.; Mertins, K.; Heis, P.; Alwert, K.; Kiwikas, M.; Bornemann, M.; *Fit für den Wissenswettbewerb*, München, 2004.
in: Beiträge zur Knowtech.

/Engelbach, Delp 04/
Engelbach, W.; Delp, M.; *Unternehmensspezifische Einführungsprozesse zur kontextbezogenen Informationsversorgung - Eine Methode aus dem WissensMedia-Projekt PreBIS*, München, 2004.
in: Beiträge zur Knowtech.

/Erdös, Renyi (a) 59/
Erdös, P.; Renyi, A.; *On random graphs I*, Publ. Math. Debrecen 6, 1959.
Seiten 290-297.

/Evert, Krenn 01/
Evert, S.; Krenn, B.; *Methods for the qualitative evaluation of lexical association measures*, Toulouse / France, 2001.
in: Proceedings of the 39th Annual Meeting of the Association for Computational Linguistics (ACL) , S. 188 - 195.

/Flake et al. 02/
Flake, G.,W.; Lawrence, S.; Gilles, C. L.; Coetze, F. M.; *Self-organization and identification of web communities*, 2002.
in: IEEE Computer, S. 66-71.

/Foata, Fuchs 99/
Foata, D.; Fuchs, A.; *Wahrscheinlichkeitsrechnung*, Birkhäuser, 1999.

/Franke et al. 03/
Franke, J.; Nakhaeizadeh, G.; Renz, I.; *Text Mining: Theoretical Aspects and Applications*, Heidelberg, New York, Physica-Verlag/Springer, 2003.

/Garey 79/
Garey, M. R.; Johnson, D. S.; *Computers and Intractability*, W. H. Freeman and Company, 1979.

/Gibson et al. 98/
Gibson, D.; Kleinberg, J. M.; Raghavan, P.; *Inferring Web Communities from Link Topology*, Pittsburgh, Pennsylvania, 1998.
in: Proceedings of the 9th ACM Conference on Hypertext and Hypermedia, S. 225-234.

/Godfrey, Zampolli 97/
Godfrey; Zampolli, A.; *Language Ressources*, Cambridge University Press and Giardini, 1997.
In: Marini, Cole, R. A. J.; Uszkoreit, H.; Varile, G.; Zaenen, A.; Zue, V.; Zampolli, A. (Eds.): Survey of the State of the Art in Human Language Technology.

/Good 53/
Good, I. J.; *The Population Frequencies of Species and the Estimation of Population Parameters*, 1953.
in: Biometrika, Vol. 40, S. 237-264.

/Gruber 93/
Gruber, T. R.; *Towards Principles for the Design of Ontologies Used for Knowledge Sharing*, Hrsg. Guarino, N.; Poli, R., Deventer, Kluwer Academic Press, 1993.
In: Formal Ontology in Conceptual Analysis and Knowledge Representation.

/Haenelt 00/
Haenelt, K.; *Datenanalyse im Information Retrieval-Clustering*, Fraunhofer Institut, 2000.
Kursskript http://kontex.fraunhofer.de/haenelt.

/Harris 68/
Harris, Z. S.; *Mathematical Structure of Language*, New York, Wiley, 1968.

/Hees, Backhaus 04/
Hees, F.; Backhaus, W.; *Wissensmanagement und Kompetenzentwicklung im Netzwerk SENEKA - Vernetzung von Wissenstransfer und Personalentwicklung*, München, 2004.
in: Beiträge zur Knowtech.

/Heid 98/
Heid, U.; *A linguistic bootstrapping approach to the extraction of term candidates from German text*, Amsterdam, John Benjamins, 1998.
in: Terminology, 5:2, S. 161-181.

/Helbig 01/
Helbig, H.; *Die semantische Struktur natürlicher Sprache*, Berlin, Heidelberg, Springer, 2001.

/Heyer et al. 94/
Heyer, G.; Katchadourian, H.; Modiano, N.; Waldhör, K.; *Use and Importance of Standard in Electronic Dictionaries: The Compilation Approach for Lexical Resources*, Oxford, Oxford University Press, 1994.
in: LITERARY AND LINGUISTIC COMPUTING, Vol. 9, Nr. 1.

/Heyer et al. 01(a)/
Heyer, G.; Läuter, M.; Quasthoff, U.; Wolff, C.; *Wissensextraktion durch linguistisches Postprocessing bei der Corpusanalyse*, Hrsg. Lobin,, Berlin, Heidelberg, NY, Springer, 2001.
GLDV-Jahrestagung 2001, in Lecture Notes on Computer Science.

/Heyer et al. 02/
Heyer, G.; Quasthoff, U.; Wolff, C.; *Information Extraction from Text Corpora: Using Filters on Collocation Sets*, Las Palmas, 2002.
in: Proceedings of the LREC 2002, Third Int. Conf. On Language Resources And Evaluation.

/Holsapple, Joshi 02/
Holsapple, C. W.; Joshi, K. D.; *A Collaborative Approach to Ontology Design*, 2002.
in: CACM, 45, 2 , S. 42-47.

/Höppner et al. 97/
Höppner, F.; Klawonn, F.; Kruse, R.; *Fuzzy-Clusteranalyse. Verfahren für die Bilderkennung, Klassifikation und Datenanalyse*, Braunschweig, Wiesbaden, Vieweg, 1997.

/Jelinek, Mercer 85/
Jelinek, F.; Mercer, R. L.; *Probability distribution estimation from sparse data*, 1985.
in: IBM Technical Disclose Bulletin, Vol. 28, S. 2591-2594.

/Johnes 72/
Johnes, K. S.; *A statistical interpretation of term specifity and its application in retrieval*, 1972.
in: Journal of Documentation, 28, S. 11-21.

/Jurafsky, Martin 00/
Jurafsky, D.; Martin, J. H.; *SPEECH AND LANGUAGE PROCESSING- An Introduction to Natural Language Processing*, Prentice Hall, 2000.
in: Computational Linguistics and Speech Recognitation, S. 200.

/Katamba 00/
Katamba, F.; *Morphology*, Basingstoke, England, Macmillan, 2000.

/Kleinberg 99/
Kleinberg, J. M.; *Authoritative sources in a hyperlinked environment*, 1999.
in: Journal of the ACM, vol. 46, no. 5, S. 604-632.

/Kleinberg et al.99/
Kleinberg, J. M.; Kumar, R.; Raghavan, P.; Rjagopalan, S.; Tomkins, A.S.; *The web as a graph : Measurements, models and methods*, 1999.
in: Lecture Notes in Computer Science, vol. 1627, S. 1-18.

/Kleinberg 00/
Kleinberg, J.; *The small-world phenomenon: An algorithmic perspective*, 2000.
in: Proceedings of 32nd ACM Symposium on Theory of Computing.

/Krause 91/
Krause, J.; Hitzenberger, L. (Hrsg.); *Computer Talk*, Hildesheim, Zürich, New York, Olms, 1991.

/Krogh, Venzin 95/
Von Krogh, G.; Venzin, M.; *Anhaltende Wettbewerbsvorteile durch Wissensmanagement*, 1995.
in: Die Unternehmung, 29 (1995), S. 417-436.

/Kumar et al. (b) 99/
Kumar, S. R.; Raphavan, S.; Rajagopalan, S.; Tomkins, A.; *Extracting large-scale knowledge bases from the web*, Edinburgh, Scotland, 1999.
in: Proceedings of the 25th VLDB Conference, September 7 - 10.

/Kumar et al. 99 (a)/
Kumar,R.; Raghavan, P.; Rajagopalan, S.; Tomkins, A.; *Trawling the Web for emerging cyber communities*, Amsterdam, Niederlande, 1999.
in: Proceedings of the 8. World Wide Web Conference, May 15 - 19 und Computer Networks, vol. 31, no. 11-16 (1999), S. 1481-1493.

/Kunze 00/
Kunze, C.; *Extension and Use of GermaNet, a Lexical-Semantic Database*, Athen, Griechenland, 2000.
in: Proceedings of the 2nd Conerence on Language Resources an Evaluation, vol. 11, S. 999-1002.

/Lesk 86/
Lesk, M. E.; *Automatic sense disambiguation using machine readable dictionaries: how to tell a pine cone from an ice cream cone.*, Toronto, Canada, 1986.
in: Proc. of Special Interest Group for Documentation Conference, S. 24-26.

/Lin 98/
Lin, D.; *Automatic retrieval and clustering of similar words*, Montreal / Canada, 1998.
in: Proceedings of COLING / ACL, S. 768-774.

/Lin et al. 03/
Lin, D.; Zhao, S.; Qin, L.; Zhou, M.; *Identifying synonyms among distributionally similar words*, 2003.
in: Proceedings of IJCAL.

/Lissmann 01/
Lissmann, Urban; *Inhaltsanalyse von Texten: Ein Lehrbuch zur computerunterstützten und konventionellen Inhaltsanalyse*, 2. aktual. und erweiterterte, Landau, 2001.
2.aktualisierte und erweiterte Auflage von Forschung, Statistik & Methoden, Band 2.

/Lyons 77/
Lyons, J.; *Semantics 1 and 2*, Cambridge, Cambridge University Press, 1977.

/MacQueen 67/
MacQueen, J. B.; *Some methods for classifikation and analysis of multivariate observations*, Hrsg. Cam, L. M. K.; Neyman, J., Berkeley, Los Angeles, CA, University of California Press, 1967.
in: Proceedings of the 5th Berkeley Symposium on mathematical statistics and probability, Vol. 1, S. 281-297.

/Maedche, Staab 01/
Maedche, A.; Staab, St.; *Ontology Learning for the Semantic Web*, 2001.
in: IEEE Intelligent Systems, 16, 2, S. 72-79.

/Mandelbrot 53/
Mandelbrot, Benoit B.; *An information theory of the statistical structure of language*, Hrsg. Jackson, W., New York, Academic Press, 1953.
in: Communication Theory, S. 503-512.

/Manning, Schütze 99/
Manning, C.; Schütze, H.; *Foundations of Statistical Natural Language Processing*, Cambridge, Massachusetts, MIT Press, 1999.

/Mehler, Wolff 05/
Mehler, A.; Wolff, C.; *Perspektiven und Positionen des Text Mining*, Hrsg. Mehler, A; Wolff, C., 2005.
in: Text Mining, LDV Forum Themenheft, Zeitschrift für Computerlinguistik und Sprachtechnologie, Band 20, Heft 1.

/Meier, Beckh 00/
Meier, M.; Beckh, M.; *Text Mining*, Wiesbaden, 2000.
in: Wirtschaftsinformatik, Jhg. 42, Heft 2, April.

/Melby et al. 93/
Melby, A.; Budin, G.; Wright, S.E.; *The terminology interchange format (TIF) - a tutorial*, TermNet, 1993.
in: TermNet News, (40): 9, S. 9-65.

/Melcuk 88/
Melcuk, I. A.; *Dependency Syntax: Theory and Practice*, State University of New York, Albany, 1988.

/Mertens et al. 03/
Mertens, K.; Heisig, P.; Alwert, K.; *Process-oriented Knowledge Structuring.*, Graz, Austria, 2003.
in: Journal of Universal Computer Science JUCS) and in Proceedings of International Conference on Knowledge Management (I-KNOW 2003), Vol. 9, Number 6, S. 542-551, Juni.

/Milgram 67/
Milgram, S.; *The small world problem*, 1967.
in: Psychology Today, 2, S. 60-67.

/Miller 90/
Miller, G. A.; *Wordnet - an on-line lexical database*, 1990.
in: Int. Journal of Lexicography, 3 (4), S. 235-312.

/Page 97/
Page, L.; *PageRank: Bringing order to the Web*, Stanford, 1997.
in: Stanford Digital Libraries working paper.

/Paier 03/
Paier, D.; *Network Analysis: A tool for Analysing and Monitoring Knowledge Processes,*, Graz, Austria, 2003.
in: Proceedings of International Conference on Knowledge Management , (I-KNOW).

/Pedersen 05/
Pedersen, T.; *Language Independent Methods of Clustering Similar Contexts (with applications)*, Minnesota Duluth, 2005.
EuroLAN 2005 Summer School.

/Piroli et al. 96/
Piroli, P.; Pitkow, J.; Rao, R.; *Silk from a sow's ear: Extracting usable structures from the web*, ACM Pess, 1996.
in: Proceedings of ACM Conference Human Factors in Computing Systems, CHI.

/Porter 80/
Porter, M. F.; *An algorithm for suffix stripping*, 1980.
in: Program, 14 (3), S. 130-137.

/Quasthoff, Richter 03/
Quasthoff, U.: Richter, M; Wolff, Chr.; *Medienanalyse und Visualisierung: Auswertung von Online-Pressetexten durch Text Mining*, Hrsg. Uta Seewald-Heeg, Sankt Augustin, Gardez!-Verlag, 2003.
in: Sprachtechnologie für die multilinguale Kommunikation, Proceedings of GLDV-Frühjahrstagung.

/Quasthoff, Wolff 00/
Quasthoff, U.; Wolff, Chr.; *A Flexible Infrastructure for Large Monolingual Corpora*, Athen, Griechenland, 2000.
in: Proceedings of the International Conference on Language Resources & Evaluation (LREC-2000), S. 241-245.

/Quasthoff, Wolff 02/
Quasthoff, U.; Wolff, C.; *The Poisson collocations measure and its application*, Wien, Austria, 2002.
in: Workshop on Computational Approaches to Collocations.

/Rapp 02/
Rapp, R.; *The Computation of Word Associations: Comparing Syntagmatic and Paradigmatic Approaches*, Taipei, Taiwan, 2002.
in: Proceedings of the 19th Conference on Computer Linguistics, COLING-02.

/Riloff, Jones 99/
Riloff, J.; Jones, R.; *Learning Dictionaries for Information Extraction by Multi-Level Bootsstrapping*, Orlando, Florida, 1999.
in: Proceedings of the sixteenth National Conference on Artifical Intelligence (AAAI-99).

/Rosso et al. 03/
Rosso, P.; Masuli, F.; Buscalde, D.; Pla, F.; Molina, A.; *Automatic Noun Sense Disambuguation*, Hrsg. Gelbukh, A., Berlin, Heidelberg, Springer-Verlag, 2003.
in: Proceedings of CICLing-2003 and Springer LNCS 2588, S. 271-276.

/Ruge 95/
Ruge, G.; *Wortbedeutung und Termassoziation: Methoden zur automatischen semantischen Klassifikation*, Hildesheim, Zürich, New York, Olms, 1995.

/Ruge 97/
Ruge, G.; *Automatic detection of Thesaurus Relations for Information Retrieval Applications*, Vol. 1377, Springer, 1997.
Springer Lecture Notes on Computer Science (LNCS), Vol. 1377.

/Sager et al. 80/
Sager, J.; Dungworth, D.; McDonald, P.; *English Special Languages*, Wiesbaden, Brandstetter, 1980.

/Salton 89/
Salton, G.; *Automatic Text Processing. The Transformation, Analysis and Retrival of Information by Computer*, New York, Addison-Wesley, 1989.

/Saussure 66/
Saussure, F. de; *Grundlagen der allgemeinen Sprachwissenschaft*, Berlin, de Gruyter, 1966.

/Schlegel, Karapidis 04/
Schlegel, T.; Karapidis, A.; *Wissen und Kreativität in der modellbasierten Dienstleistungsentwicklung - Fragestellungen und Ergebnisse aus dem Vorhaben LIKE*, München, 2004.
in: Beiträge zur Knowtech.

/Schomisch 04/
Schomisch, M.; *Effekte des Einsatzes von Wissensmanagement der integrierten Management- und Technologieberatung*, München, 2004.
in: Beiträge zur Knowtech.

/Schott 78/
Schott, G.; *Automatische Deflexion unter Verwendung eines Minimalwörterbuchs*, 1978.
in: Sprache und Datenverarbeitung, 2, S. 62-77.

/Sebastiani 02/
Sebastiani, F.; *Machine learning in automated text categorization*, 2002.
in: ACM Computing Surveys, 34 (1).

/Sedgewick 92/
Sedgewick, R.; *Algorithmen in C*, Bonn, München, Paris, Addison Wesley, 1992.

/Shannon 48/
Shannon, C. E.; *A mathematical theory of communication*, 1948.
in: Bell System Technical Journal, Vol. 27, S. 379-423 und 623-656.

/Shannon, Weaver 49/
Shannon, C.; Weaver,W.; *The mathematical theory of communication*, Urbana, University of Illinois Press, 1949.

/Shapiro 87/
Encyclopedia of Artificial Intelligence, Hrsg. Shapiro, S. C., Wiley, 1987.
Band 1 und 2.

/Shortliffe 76/
Shortliffe, E. H.; *Computer-Based Medical Consultation*, North Holland, New York, 1976.
in: MYCIN, American Elsevier.

/Steele 90/
Meaning-text theory: linguistic, lexicography, and implications, Hrsg. Steele, J., Ottawa / Kanada, University of Ottawa Press, 1990.

/Steyvers, Tenenbaum 02/
Steyvers, M.; Tenenbaum, J. B.:; *The large-scale structure of semantic networks: statistical analyses and a model of semantic growth*, 2002.
Cognive Science.

/Trier 34/
Trier, J.; *Das sprachliche Feld. Eine Auseinandersetzung*, Neue Jahrbücher für Wissenschaft und Jugendbildung, 1934.
Nr. 10, S. 428-429.

/Vendler 67/
Vendler, Z.; *Linguistics in Philosophy*, New York, Cornell University Press, Ithaca, 1967.

/Walker et al. 95/
Automating the Lexicon: Research and Practice in a Multilingual Environment., Hrsg. Walker, D.; Zampolli, A.; Calzolari, N., Oxford, Oxford University Press, 1995.

/Watts, Strogatz 98/
Watts, D. J.; Strogatz, S. H.; *Collective dynamics of small worlds networks*, 1998.
in: Nature, 393, S. 440-442.

/Wendemuth 04/
Wendemuth, A.; *Grundlagen der stochastischen Sprachverarbeitung*, München, Wien, Oldenburg Verlag, 2004.

/Witschel 04/
Witschel, H. F.; *Grundlagen der automatischen Terminologieextraktion*, Würzburg, Ergon Verlag, 2004.

/Witten et al. 99/
Witten, I.; Moffat, A.; Bell, T.; *Managing Gigabytes*, San Diego, London, Academic Press, 1999.

/Witten, Eibe 01/
Witten, I.; Eibe, F.; *Data Mining: Praktische Werkzeuge und Techniken für das maschinelle Lernen*, Wien, 2001.

/Wright 71/
Wright, S. E.; *Term Selection: The initial phase of terminology management*, Vol. 1,, Hrsg. Wright, S. E.; Budin, G., Amsterdam, John Benjamins, 1971.
in: Handbook of Terminology Management,Vol. 1, S. 13-24.

/Wuester 91/
Wüster, E.; *Einführung in die allgemeine Terminologielehre und terminologische Lexikographie*, Bonn, Romanistischer Verlag, 1991.

/Wynne 05/
Developing Linguistic Corpora, Hrsg. Wynne, M., Oxford, Oxbow, 2005.

/Zagos, Radhakrishnan 04/
Zagos, A.; Radhakrishnan, M.; *Verbesserung der Informationskultur durch virtuelle Informationsräume - Ein Anwendungsbeispiel aus der Praxis*, München, 2004.
in: Beiträge zur Knowtech.

/Zipf 35/
Zipf, G. K.; *The Psycho-Biology of Language. An Introduction to Dynamic Philology*, Boston, Houghton-Mifflin, 1935.

/Zipf 41/
Zipf, G. K.; *The national unity and disunity: The nation as a bio-social organism*, Bloomington / Ind., Princeton Press, 1941.

A Linguistische Grundlagen – Linguistische Ebenen *

Die linguistische Analyse eines Textes basiert auf einer Untergliederung von Texten in verschiedene **hierarchische Ebenen**, die sogenannten linguistischen Ebenen (vgl. die Boxen Wissensbaustein »Linguistische Ebenen« (S. 323), Wissensbaustein »Zerlegung eines Satzes« (S. 324) und Wissensbaustein »Formale Rekonstruktion linguist. Ebenen« (S. 325)).

Laute, Signale, Zeichen

Die Grundbausteine aller lautsprachlichen Äußerungen sind **Laute**. Laute sind die mit den Sprechwerkzeugen geformten **Signale**. Sie dienen als Grundlage des sprachlichen Nachrichtenaustauschs. Laute sind die elementaren sprachlichen **Zeichen**, die zwischen einem Sprecher und einem Hörer ausgetauscht werden.

Phoneme

Jede natürliche Sprache verwendet ein konkretes Lautsystem. Dabei werden bestimmte Laute zu Lautgruppen, den sogenannten **Phonemen**, zusammengefasst. Im Zusammenhang des Lautsystems einer natürlichen Sprache ist ein Phonem die kleinste *bedeutungsunterscheidende* Einheit und kann durch die Gegenüberstellung von zwei Lautfolgen, die sich nur in einem Laut unterscheiden, identifiziert werden.

Beispiel

Die Lautfolge »KINDER« unterscheidet sich von der Lautfolge »FINDER« dadurch, dass die erste Lautfolge mit dem Explosivlaut »K«, die zweite Lautfolge aber mit dem Labiodental »F« beginnt. Da beide Lautfolgen im Deutschen unterschiedliche Bedeutung haben, sind der Laut »K« und der Laut »F« Phoneme im Deutschen.

Zur Beschreibung der Phoneme wird die Umschrift der International Phonetics Association(IPA) (`http://www2.arts.gla.ac.uk/IPA/ipa.html`) verwendet. Eine computergerechte Umschrift findet sich in der *Computer Phonetics Association (CPA)*.

Die Phoneme in einer natürlichen Sprache sind nicht notwendigerweise auch Phoneme in einer anderen natürlichen Sprache. So ist z.B. in der englischen Lautsprache der Unterschied zwischen starkem und schwachem »TH« bedeutungsunterscheidend, nicht aber im Deutschen, wo der Laut »TH« praktisch nicht verwendet wird.

Graphem

Die Verschriftlichung eines Phonems für die Schriftsprache wird als **Graphem** bezeichnet. Durch die historische Entwicklung der Sprachen ist die Umsetzung von Phonemen in Grapheme meist nicht eindeutig.

Zeichenvorrat
Alphabet

Grapheme bilden den **Zeichenvorrat** einer Schriftsprache und sind die elementaren Bausteine von Texten. Sie bilden ein **Alphabet**.

Beispiele

Alphabete sind z.B. das Alphabet der *großen lateinischen Buchstaben*, das Alphabet der *kleinen griechischen Buchstaben*, das Alphabet der *kyrillischen Buchstaben* oder das Alphabet der *japanischen Katakana-Schrift*.

Für die Textverarbeitung werden Alphabete in 7-, 8- oder 16-Bit-Codierungen codiert. Die Alphabete der westeuropäischen Sprachen werden meist entsprechend dem Standard ISO-Westeuropa mit 8-Bit codiert. Um eine Textverarbeitung in allen Schriftsprachen der Welt zu ermöglichen, wird die Codierung *unicode* verwendet.

Zeichenketten

Einzelne Grapheme werden zu **Zeichenketten** verschiedener Länge zusammengesetzt. Dabei werden die einzelnen Grapheme unterschiedlich oft verwendet. Auffällig ist, dass bestimmte Buchstabenkombinationen im Deutschen sehr häufig, andere eher selten und manche überhaupt nicht vorkommen. Die **Häufigkeitsverteilungen** von Buchstabentupeln können bei der Berechnung der **Entropie** und **Redundanz** einer Schriftsprache verwendet werden.

Werden entsprechend den Häufigkeitsverteilungen der Buchstabentupel (einschließlich des Leerzeichens) Zeichenketten aus beliebigen Tupeln gebildet, so ergibt sich mit wachsender Länge der statistisch zu berücksichtigenden Buchstabentupel eine immer bessere Annäherung an eine morphologisch korrekte, aber semantisch sinnlose Sprache.

Beispiel

Einzelbuchstaben
EME GKNEET ERS TITBL BTZENFNDGBGD EAI E LASZ BETEA-TR IASMIRCH EGEOM

Bigramme
AUSZ KEINU WONDINGLIN DUFRN ISAR STEISBERER ITEHM ANORER

Trigramme
PLANZEUNDGES PHIN INE UNDEN ÜBBEICHT GES AUF ES SO UNG GAN DICH WANDERSO

Quadrupel
ICH FOLGEMÄSZIG BIS STEHEN DISPONIN SEELE NAMEN

(In Anlehnung an Küpfmüller 1974)

Grapheme können zu größeren Einheiten kombiniert werden.

Morpheme

In der Linguistik heißen die kleinsten *bedeutungstragenden* Buchstabenkombinationen **Morpheme**. Man unterscheidet zwischen *freien* Morphemen als den Grundformen lexikalisierter Bedeutungen, wie z.B. »Haus«», schön«, oder »les«, und *gebundenen* Morphemen als Funktionsformen in der morphologischen *Flexion*, *Komposition* und *Derivation*, wie z.B. das Präfix »vor« oder die Flexionsendungen »en« und »st« (vgl. Wissensbaustein »Linguistische Grundlagen – Morphologie« (S. 327)).

Allomorphe

Freie Morpheme, die in ihrer Gestalt verschieden, aber semantisch identisch sind, werden als **Allomorphe** bezeichnet.

Beispiel

Die Morpheme »les« und »lies« sind im Deutschen als die verschiedenen Stämme des deutschen Verbs »lesen« Allomorphe.

Silben

Silben sind die *kleinsten lautlichen Einheiten* einer Sprache, die Träger eines Akzents, einer Tonhöhe (wie in den asiatischen Tonsprachen) oder Länge sein können. Da bei dem Begriff der Silbe der Aspekt der Aussprache mit eingeht, bezeichnen die Begriffe Silbe und Morphem nicht immer dieselben Buchstabenkombinationen.

Die zulässigen Morpheme einer Sprache können in einem Morphemlexikon aufgelistet werden. Analog dazu kann auch ein Lexikon der zulässigen **Trigramme** oder zulässigen Silben erstellt werden. (Trigramm- bzw. Silbenlexika werden insbesondere bei Programmen zur Rechtschreibprüfung und Silbentrennung eingesetzt.)

Wortform

Die Kombination von freien und gebundenen Morphemen (entsprechend den Regeln der Morphologie) ergibt eine **Wortform**.

Beispiel

Die Kombination des Morphems »les« mit der Flexionsendung für die erste Person Singular Präsens »e« ergibt die Wortform »lese«, und die Kombination des Morphems »lies« mit der Flexionsendung für die dritte Person Singular Präsens »t« ergibt die Wortform »liest«; die Kombination des Morphems »les« mit dem Präfix »Vor« und dem Suffix »ung« für die Nominalisierung ergibt die Wortform »Vorlesung«.

Wort

Die **Äquivalenzklasse** semantisch zusammengehöriger Wortformen wird als **Wort** bezeichnet. Ein Wort ist die **Abstraktion** aus allen semantisch zusammengehörigen Wortformen. Es wird mit der Grundform bezeichnet, d.h. dem Nominativ Singular für Nomina bzw. dem Infinitiv Präsenz für Verben.

Beispiele

»Maus ~ {Maus, Mäuse, Mäusen}«
»Bank1 ~ {Bank, Bänke, Bänken}«
»Bank2 ~ {Bank, Banken}«

Phrase

Eine **Phrase** ist eine morpho-syntaktische Kombination von Wortformen, die eine Konstituente darstellen.

Konstituenten

Konstituenten sind die elementaren **Gliederungseinheiten** eines Satzes. Geht man von einem gegebenen Satz aus und zerlegt den Satz nach bestimmten Kriterien in die längsten Folgen, in die man den Satz sinnvoll zerlegen kann, so erhält man als Ergebnis die *unmittelbaren* **Konstituenten**.

Satz

Die grammatikalisch korrekte Kombination von Konstituenten ergibt einen wohlgeformten **Satz**. Im Unterschied zu Phrasen ist ein Satz *wahrheitsfähig*.

Aussage

Ein Satz als eine wohlgeformte Einheit von Phrasen wird verwendet, um eine **Aussage** zu machen, die auf ihre Wahrheit hin überprüft werden kann.

Die identifizierten sprachlichen Ebenen – Laut, Phonem, Morphem, Wortform, Wort, Phrase, Satz und Aussage – werden in der Linguistik auch zur Unterscheidung der linguistischen Teildisziplinen **Phonetik, Phonologie, Morphologie, Syntax** und **Semantik** herangezogen.

Die linguistischen Ebenen lassen sich durch das Bildungsprinzip der Aneinanderfügung (Konkatenation) und der Abstraktion durch Äquivalenzklassenbildung beschreiben. Mit Hilfe dieser Bildungsprinzipien lassen sich die sprachlichen Ebenen formal konstruieren.

B Linguistische Ebenen **

In der Tab. B.1 werden die Objekte der einzelnen linguistischen Ebenen und die ihnen zugeordneten linguistischen Teildisziplinen gegenübergestellt.

Sprachliche Ebene	Linguistische Teildisziplin
Laute *(tokens)*	Phonetik
Äquivalenzklassen von Lauten Phonem: kleinste bedeutungsunterscheidende Einheit	Phonologie
Konkatenationsgruppen von Graphemen Silbe: kleinste aussprachebezogene Einheit Morphem: kleinste bedeutungstragende Einheit **Allomorph: Äquivalenzklasse bedeutungsäquivalenter Morpheme** Beispiel: sprech = {sprech, sprich, sprach, ...}	Morphologie
Konkatenationsgruppen von Morphemen Wortform: nach morphologischen Regeln aneinandergefügte Morpheme Wort: Äquivalenzklasse von Wortformen	Morphologie
Konkatenationsgruppen von Wörtern Phrasen: nach syntaktischen Regeln aneinandergefügte Wörter Sätze: nach syntaktischen Regeln aneinandergefügte Phrasen	Syntax
Äquivalenzklassen von Sätzen Aussagen: wahrheitsfähige Sätze Sprechakte: zustandsverändernde Sätze und Phrasen	Semantik/Pragmatik

Tab. B.1: Linguistische Ebenen und ihre Teildisziplinen.

C Zerlegung eines Satzes *

Der Satz »Über dem Atlantik befand sich ein barometrisches Minimum«" besteht aus:

1 **einer Konkatenation von Buchstaben:**
Ü-b-e-r-d-e-m-A-t-l-a-n-t-i-k-b-e-f-a-n-d-s-i-c-h-e-i-n-b-a-r-o-m-e-t-r-i-s-c-h-e-s-M-i-n-i-m-u-m

2 **einer Konkatenation von Morphemen:**
Über-dem-Atlant-ik-be-fand-sich-ein-bar-o-metr-isch-es-Minim-um

3 **einer Konkatenation von Wortformen:**
Über-dem-Atlantik-befand-sich-ein-barometrisches-Minimum

4 **einer Konkatenation von Phrasen:**
Über dem Atlantik – befand sich – ein barometrisches Minimum

D Formale Rekonstruktion linguistischer Ebenen **

Alphabet

Sei NL eine natürliche Sprache und sei A eine Menge von Zeichen, $A=\{l_1, l_2, \ldots, l_k\}$. Wir nennen A ein Alphabet von NL der Größe k.

Das Alphabet der kleinen Buchstaben im Englischen Beispiel
$A_E = \{a, b, \ldots, z\}$ mit $k_E = 26$

Zeichenkette

Seien $l_1, l_2, \ldots, l_n$ Buchstaben aus A.
Das Tupel t mit $t=\langle l_1, l_2, \ldots, l_n\rangle$ wird Zeichenkette genannt und n ist die Länge von t.

Menge von Zeichenketten

Sei A^n das n-fache kartesische Produkt des Alphabets A. A^n wird Menge von Zeichenketten der Länge n genannt.

$A^3=\{\langle a,a,a\rangle, \langle a,a,b\rangle, \ldots, \langle a,a,z\rangle,$ Beispiel
$\langle b,a,a,\rangle, \langle b,a,b\rangle, \ldots, \langle b,a,z\rangle,$
...
$\langle z,z,z\rangle\}$

Morphemlexikon einer Sprache

Sei NL eine natürliche Sprache und M eine spezielle Teilmenge von A^+, $M \subseteq A^+$

$$A^+ = \cup_{n>0} A^n$$

$M \subseteq A^+$ wird Morphemlexikon von NL genannt.

Morphem, Menge von Morphemen der Länge n

Jedes Element T des Lexikons M wird Morphem genannt. T^n ist die Schnittmenge von A^n mit M und wird Menge von Morphemen der Länge n genannt.

Morphemkombinationen der Länge r

Sei T ein Tupel von Morphemen, $T= \langle T_1, T_2, \ldots, T_r\rangle$ mit $T_i \in M$. T heißt eine Morphemkombination der Länge r.

Menge von Morphemkombinationen
Sei M^r das kartesische Produkt von M. M^+ wird Menge von Morphemkombinationen der Länge r genannt.

$$M^+ = \cup_{r>0} M^r$$

Menge von Wortformen
MORPH sei eine Menge von morphologischen Restriktionen. Die Menge W, mit $W \subseteq M^+$, die MORPH folgen, wird Menge von Wortformen genannt. Die Menge der Wortformen W einer Sprache ist eine Teilmenge von A^+

$$A^+ = \cup_{n>0} A^n$$

$W \subseteq A^+$ wird auch das Vollformenlexikon von NL genannt.

Menge von Wortformen der Länge n
Jedes Element w des Vollformenlexikons W wird Wortform genannt. W^n ist die Schnittmenge von A^n mit W und wird Menge von Wortformen der Länge n genannt.

Menge von Wortformkombinationen
Sei W^r das kartesische Produkt von W. W^+ wird Menge von Wortformkombinationen der Länge r genannt.

$$W^+ = \cup_{r>0} W^r$$

Menge von Phrasen
UKONST sei eine Menge von morpho-syntaktischen Restriktionen. Die Menge K, mit $K \subseteq W^+$, die UKONST folgen, wird Menge von Konstituenten genannt.

Menge von Phrasenkombinationen
Sei K^r das kartesische Produkt von K. K^+ wird Menge von Phrasenkombinationen der Länge r genannt.

$$K^+ = \cup_{r>0} K^r$$

Menge von Sätzen
SYN sei eine Menge von syntaktischen Restriktionen. Die Menge S, mit $S \subseteq K^+$, die SYN folgen, wird Menge von grammatikalisch wohlgeformten Sätzen genannt.

E Linguistische Grundlagen – Morphologie *

Die Morphologie ist dasjenige Gebiet der Linguistik, das sich mit den Gesetzmäßigkeiten der Wortbildung beschäftigt. Definintion Morphologie

Gegenstand der Morphologie ist das **Morphem** - das **kleinste bedeutungstragende Element** der Sprache – und die Art und Weise, wie Morpheme zu Wortformen kombiniert werden (vgl. Wissensbaustein »Linguistische Ebenen« (S. 323)). Eine gute Einführung in die Morphologie findet sich in /Katamba 00/. Morphem

Morpheme können unter Berücksichtigung ihrer semantischen Funktion in folgende Gruppen aufgeteilt werden:

- **Lexikalische** oder **Basismorpheme** sind solche, die Sachverhalte der außersprachlichen Welt bezeichnen. Zu ihnen gehören Nomina wie »Kind« und »Mantel«, aber auch Verbstämme wie »seh«. Basismorpheme
- **Grammatische Morpheme** oder **Flexive** tragen nur grammatische Bedeutung. Sie werden an Wortstämme angefügt (affigiert) und haben z.B. die Form »t« in »geh-t« oder »er« in »Kind-er«. Flexive
- **Derivationsaffixe** oder **Derivative** werden ebenfalls an Wortstämme affigiert (man unterscheidet zwischen Primär- und Sekundärstamm, je nachdem, wieviele Affixe dem Stamm schon hinzugefügt wurden). Derivative sind z.B. »bar« in »lös-bar« oder »un« in »un-lösbar«. Derivate

Eine weitere Unterscheidung von Morphemen erfolgt danach, ob sie **alleine vorkommen** können oder nicht:

- **Freie Morpheme** wie z.B. »Wort« oder »rot« können **ohne Affixe** im Text auftreten,
- **gebundene Morpheme** hingegen nicht. Zu den gebundenen Morphemen zählen alle grammatischen Morpheme und Derivative, aber auch einige Basismorpheme, z.B. Verbstämme wie »seh«.

Morpheme als kleinste bedeutungstragende Elemente einer Sprache können in verschiedenen lautlichen Formen auftreten.

Allomorphie

Die **verschiedenen Aussprachevarianten** eines Morphems werden als **Allomorphe** bezeichnet.

Beispiel »sprech«

Der **Verbstamm** »sprech« taucht in den **Varianten** »sprich«, »sprach«, »spräch« und »sproch« auf.

Allomorphie stellt ein ernsthaftes Problem dar, wenn man eine Wortform durch das Abschneiden einer Endung auf ihre Grundform reduzieren möchte, da die Veränderung des Wortstammes mit berücksichtigt werden muss.

Beispiel

Bei der deutschen Wortform »sprichst« kann die Grundform »sprech« nicht allein durch Abschneiden des Endungsflexivs »st« abgeleitet werden.

Bei der Bildung von Wortformen werden drei Operationen verwendet:

- **Flexion,**
- **Derivation** und
- **Komposition**.

Flexion

- **Flexion** dient der Ableitung grammatischer Vollformen aus einer Grundform und schafft somit syntaktische Oberflächenvarianten ein und desselben Wortstammes. Im Deutschen geschieht dies meist durch Anhängen von **Flexionssuffixen**, wie z.B. »er« in »Kind-er«. Zusätzlich treten aber auch Um- und Ablaute auf (vgl. »Haus – Häuser« oder »singen – sang«), die zur Entstehung von **Allomorphen** führen (hier: »Haus« und »Häus« bzw. »sing« und »sang«). **Deutsche Nomina** und **Adjektive** flektieren nach *Numerus* und *Kasus* (**Deklination**), **deutsche Verben** nach *Person, Numerus, Tempus, Modus* und *Genus verbi* (**Konjugation**), **deutsche Adjektive** können noch gesteigert werden (**Komparation**).

- **Derivation** schafft neue Wortformen durch Anfügung (*Affigierung*) von Derivativen an Wortstämme. Die meisten Derivative haben dabei eine charakteristische Bedeutung, die sie dem Stamm hinzufügen. **Derivationssuffixe** ändern zudem meist die Wortart des Stamms.

Derivation

Im Deutschen entsteht aus einem Verb durch Suffigieren von »bar« an den Verbstamm »lös« ein Adjektiv:
»lös«(Verbstamm) → »lös-bar« (Adjektiv)
»verkauf« (Verbstamm) → »verkauf-bar« (Adjektiv)

Beispiel

- **Komposition** schafft ebenfalls Neubildungen von Wortformen, bei denen diesmal aber zwei Stämme (bzw. zwei freie Morpheme) aneinandergefügt werden. Wie bereits erwähnt, treten im Deutschen oft Fugenelemente zwischen beide Teile, die aber keinerlei bedeutungstragende Funktion haben (und somit keine Morpheme sind).

Die Vorgänge der Wortbildung werden zusammenfassend an dem Beispiel »Lösbarkeitsprobleme« (siehe Abb. E.1) erläutert :

Hierbei handelt es sich um den **Plural eines Kompositums**, welches aus dem **Primärstamm** »Problem« und dem **Sekundärstamm** »Lösbarkeit« zusammengesetzt wurde. Zwischen beiden befindet sich das **Fugenelement** »s«.

Beispiel für Komposita

Der **Sekundärstamm** »Lösbarkeit« wurde durch *zweimalige Derivation* mit Hilfe der **Derivative** »bar« und »keit« aus dem **Verbstamm** »lös« gewonnen, das letzte (»keit«) bestimmt die **Wortart** des **Nomen** »Lös-bar-keit«.

Der **Kopf** des Kompositums ist »Problem«. Er ist ein **Oberbegriff** des Ganzen und bestimmt dessen Wortart (Nomen) und Genus (Neutrum).

Häufig werden die Wortbildungsvorgänge mit Hilfe von **Strukturbäumen** veranschaulicht. Der Strukturbaum für die Wortform »Lösbarkeitsprobleme« hat die in der Abb. E.1 gezeigte Gestalt.

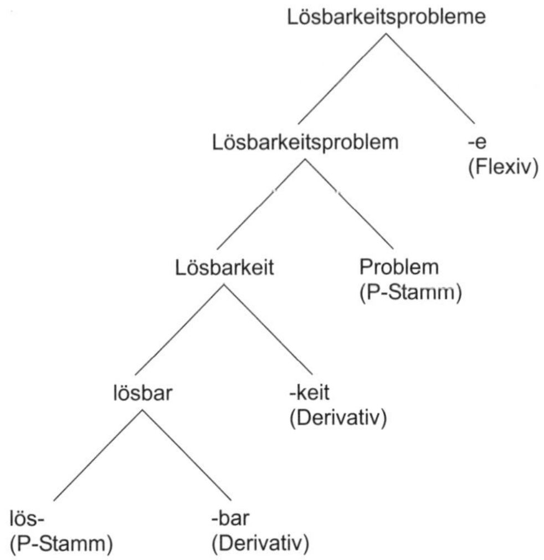

Abb. E.1: Strukturbaum zu »Lösbarkeitsprobleme«.

Basistext

F Das Projekt »Deutscher Wortschatz« *

Zielstellung

Das Projekt »Deutscher Wortschatz« hat sich seit mehr als zehn Jahren zum Ziel gestellt, aus Texten Informationen zu extrahieren. Seit März 1998 sind die **Daten** des Projekts Deutscher Wortschatz (`http://wortschatz.informatik.uni-leipzig.de`) auch im Internet verfügbar.

Die vorhandenen Daten gliedern sich in zwei Teile, das

- **Wortschatz-Korpus** und das
- **Wortschatz-Lexikon**.

Diese **Datensammlungen** entstanden an der Abteilung Automatische Sprachverarbeitung am Institut für Informatik der Universität Leipzig zunächst aus dem Grund, dass Mitte der Neunziger Jahre praktisch keine frei verfügbaren elektronischen Wörterbücher für die deutsche Sprache existierten. Dabei war es nicht primär das Ziel, ein elektronisches Wörterbuch zu schaffen, welches mit den gedruckten Wörterbüchern in Konkurrenz tritt.

Vielmehr verlangten verschiedene Fragestellungen aus dem Komplex **Automatisches Textverstehen** nach sehr viel mehr Informationen über Wortformen und Wortgruppen als zur Verfügung standen.

Diese Fragestellungen betreffen **Sachgebietszuordnungen** für Wortformen und Texte, Erkennen von **Fachausdrücken** und **Eigennamen** sowie das **Erkennen von Zusammenhängen** zwischen verschiedenen Wortformen.

Spezielles Interesse gilt seltenen (d.h. **niederfrequenten**) **Wortformen**, da diese in der Regel in sehr speziellen Situationen (z.B. einem speziellen fachsprachlichen Kontext) gebraucht werden und somit einen **großen Informationsgehalt** besitzen. Um solche niederfrequenten Wortformen zu finden, wurden sehr viele Texte gesammelt.

Viele der entwickelten **Verfahren** erwiesen sich als **einzelsprachenunabhängig**, so dass analoge Sammlungen auch für andere Sprachen in Angriff genommen wurden.

Korpora anderer Sprachen

Mittlerweile liegen **Korpora vergleichbarer Größe** (d.h. mehr als 10 Millionen Sätze) auch für die Sprachen Englisch, Französisch, Spanisch und Italienisch vor.

Kleinere Korpora (mehr als 1 Million Sätze) gibt es für **viele weitere Sprachen** wie Dänisch, Estnisch, Finnisch, Holländisch, Isländisch, Koreanisch, Norwegisch, Schwedisch, Tschechisch, Türkisch, Ungarisch u.a.

Kontakt:
Projekt »Deutscher Wortschatz «
Abteilung Automatische Sprachverarbeitung
Institut für Informatik der Universität Leipzig
Augustusplatz 10-11
04109 Leipzig
Projekt Deutscher Wortschatz
(http://wortschatz.informatik.uni-leipzig.de)

G Kurzeinführung Statistik *

Zufallsexperiment, Ereignis, Elementarereignis

Ereignisse sind Ergebnisse/Ausgänge von Zufallsexperimenten. Die einzelnen Werte, die als Ergebnis eines Zufallsexperimentes auftreten können, werden Elementarereignisse genannt. Jedes komplexe Ereignis kann durch eine Kombination von Elementarereignissen beschrieben werden.

Beispiel: Würfeln

- Die Menge A_1 der Elementarereignisse besteht aus allen möglichen Werten, die gewürfelt werden können:
  $A_1 = \{1,2,3,4,5,6\}$
- Das Ereignis E_1, dass eine gerade Zahl gewürfelt wurde, lässt sich durch die Kombination von 3 Elementarereignissen beschreiben: Es wurde eine 2 oder eine 4 oder eine 6 gewürfelt:
  $E_1=\{2,4,6\}$.

Beispiel: Text

Untersucht werden soll, welche Wortformen in einem Korpus z.B. an der dritten Stelle im Satz stehen.

- Die Menge A_2 der Elementarereignisse besteht aus allen Wortformen des Korpus:
  $A_2=\{an,am,im,Haus,Tisch,Stuhl,...\}$
- Das Ereignis E_2, dass eine Bezeichnung für ein Möbelstück an der dritten Stelle im Satz steht, lässt sich durch die Kombination von mehreren Elementarereignissen beschreiben: An der dritten Stelle steht »Tisch« oder »Stuhl« oder »Schrank« oder ... :
  $E_2=\{x|x\in \text{Möbelstückbezeichner}\}$.

Absolute und relative Häufigkeit

Definition

Die **absolute Häufigkeit** h(E) eines Ereignisses E gibt an, wie oft das Ereignis E innerhalb einer Reihe von Versuchen/Stichproben aufgetreten ist:
$h(E)=n_E w$

Beispiel: Würfeln

○ Bei insgesamt 1000 Würfelversuchen wurde 490 mal eine 2 oder eine 4 oder eine 6 gewürfelt:

$h(E_1)=h(\{2,4,6\})=n_{E1}=490$

Beispiel: Würfeln

○ Bei insgesamt 1000 Sätzen eines Korpus wurde 2 mal eine Bezeichnung für ein Möbelstück an der dritten Stelle im Satz beobachtet:

$h(E_2)=n_{E2}=2$

Definition

Bei der **relativen Häufigkeit** $h_{rel}(E)$ eines Ereignisses E wird die absolute Häufigkeit h(E) über die Anzahl n der Versuche/Stichproben normiert:

$$h_{rel}(E) = \frac{h(E)}{n} = \frac{n_E}{n}$$

Beispiel: Würfeln

○ Bei insgesamt 1000 Würfelversuchen wurde 490 mal eine 2 oder eine 4 oder eine 6 gewürfelt.

$$h_{rel}(E_1) = \frac{490}{1000} = 0,49$$

Beispiel: Text

○ Bei insgesamt 1000 Sätzen eines Korpus wurde 2 mal eine Bezeichnung für ein Möbelstück an der dritten Stelle im Satz beobachtet.

$$h_{rel}(E_2) = \frac{2}{1000} = 0,002$$

Wahrscheinlichkeit

Die **Wahrscheinlichkeit** p(E) eines Ereignisses E wird bestimmt durch den Quotienten aus der Anzahl der günstigen Ausgänge eines Zufallsexperimentes und der Anzahl aller nur möglichen Ausgänge dieses Zufallsexperimentes.

Beispiel: Würfeln

○ Günstige Ausgänge für das Ereignis E_1, dass eine gerade Zahl gewürfelt wurde, sind beim Würfeln die Werte 2, 4 und 6 – also 3 günstige Möglichkeiten. Insgesamt gibt es 6 mögliche Ausgänge beim Würfeln:

$$p(E_1) = \frac{n_{günstig}}{n_{gesamt}} = \frac{3}{6} = 0,5$$

Für Wortformen in Texten ist eine analoge Berechnung der Wahrscheinlichkeit schwierig, da sich die Anzahl der günstigen und die Anzahl aller Möglichkeiten nicht bestimmen lässt.

Abhilfe schafft folgende Betrachtung:

Für große Anzahlen n nähert sich die relative Häufigkeit $h_{rel}(E)$ eines Ereignisses E der Wahrscheinlichkeit p(E) an.

$$p(E) = \lim_{n \to \infty} \frac{n_E}{n}$$

Bedingte Wahrscheinlichkeit, abhängige und unabhängige Ereignisse

Die **bedingte Wahrscheinlichkeit** $p(E_i|E_j)$ ist die Wahrscheinlichkeit für das Eintreten des Ereignisses E_i unter der Bedingung, dass das Ereignis E_j ebenfalls eingetreten ist. Definition

Bezeichne

$$p(E_i \cap E_j)$$

die Wahrscheinlichkeit des gemeinsamen Eintretens der Ereignisse E_i und E_j, dann ist die bedingte Wahrscheinlichkeit definiert als:

$$p(E_i \mid E_j) = \frac{p(E_i \cap E_j)}{p(E_j)}$$

Beispiel: Würfeln

○ Sei E_3 das Ereignis, dass beim Würfeln mit 2 Würfeln ein 6er Pasch (2 mal die 6) gewürfelt wurde, und sei E_4 das Ereignis, dass der Würfel 1 eine 6 gewürfelt hat. Die Wahrscheinlichkeit eines 6er Paschs unter der Voraussetzung, dass der Würfel 1 eine 6 gewürfelt hat, ergibt sich dann durch

$$p(E_3 \mid E_4) = \frac{p(E_3 \cap E_4)}{p(E_4)} = \frac{\frac{1}{36}}{\frac{1}{6}} = \frac{1}{6}$$

Denn für

$P(E_3 \cap E_4)$

gilt, dass es 36 verschiedene Ausgänge des Würfelns mit 2 Würfeln gibt und nur einer davon ist günstig, so dass E_3 und E_4 gleichzeitig eingetreten sind, und für $p(E_4)$ gilt, dass es 6 verschiedene Möglichkeiten für den Würfel 1 gibt und nur eine davon ist günstig.

Beispiel: Text

○ Ein Text habe die Länge von 10.000 Sätzen. In 35 Sätzen komme die Wortform »Sonne«, in 10 Sätzen die Wortform »scheint« vor. Darin enthalten sind 7 Sätze, in denen sowohl »Sonne« als auch »scheint« auftritt. Sei E_5 das Ereignis, dass in einem Satz des Textes »scheint« vorkommt, und E_6 das Ereignis, dass in einem Satz des Textes »Sonne« auftritt. Dann beträgt die Wahrscheinlichkeit für E_5 lediglich:

$$p(E_5) = \frac{10}{10.000} = 0{,}001$$

Hat man jedoch bereits in einem Satz die Wortform »Sonne« vorgefunden, dann ist die Wahrscheinlichkeit dafür, dass auch die Wortform »scheint« auftritt, viel größer:

$$p(E_5 \mid E_6) = \frac{\frac{7}{10.000}}{\frac{35}{10.000}} = 0{,}2$$

Durch Umstellen der Formel für die bedingte Wahrscheinlichkeit ergibt sich für die Wahrscheinlichkeit des gemeinsamen Auftretens zweier Ereignisse:

$$p(E_i \cap E_j) = p(E_i \mid E_j) \cdot p(E_j)$$

Zwei Ereignisse E_i und E_j heißen voneinander unabhängig, wenn gilt:

$$p(E_i \cap E_j) = p(E_i) \cdot p(E_j)$$

Offensichtlich gilt für unabhängige Ereignisse E_i und E_j

$p(E_i|E_j)=p(E_i)$.

Das gleichzeitige Auftreten des Ereignisses E_j hat keinen Einfluss auf die Wahrscheinlichkeit des Auftretens von E_i.

Beispiel: Würfeln

○ Sei E_4 das Ereignis, dass der Würfel 1 eine 6 gewürfelt hat, und E_7 das Ereignis, dass der Würfel 2 eine 6 gewürfelt hat. Diese beiden Ereignisse sind völlig unabhängig voneinander, so dass die Wahrscheinlichkeit von

$$E_3 = E_4 \cap E_7 \text{(6er Pasch)}$$

folgendermaßen berechnet werden kann:

$$p(E_3) = p(E_4 \cap E_7) = p(E_4) \cdot p(E_7) = \frac{1}{6} \cdot \frac{1}{6} = \frac{1}{36}$$

Bayes'sche Formel

Die **Bayes'sche Formel** gibt an, wie man die *bedingte* Wahrscheinlichkeit für das Eintreten eines Ereignisses E_i unter der Voraussetzung, dass das Ereignis E_j bereits eingetreten ist, berechnet aus den Wahrscheinlichkeiten für E_i, E_j und der bedingten Wahrscheinlichkeit für das Eintreten des Ereignisses E_j unter der Voraussetzung, dass das Ereignis E_i bereits eingetreten ist.

$$p(E_i \mid E_j) = \frac{p(E_j \mid E_i) \cdot p(E_i)}{p(E_j)}$$

Relevant ist das z.B., wenn aus beobachteten Symptomen auf die hervorrufenden Ursachen zurück geschlossen werden soll, aber nur Daten vorliegen, welche Ursachen zu welchen Symptomen führen.

$$p(\text{Ursache} \mid \text{Symptom}) = \frac{p(\text{Symptom} \mid \text{Ursache}) \cdot p(\text{Ursache})}{p(\text{Symptom})}$$

H Poisson-Verteilung und Signifikanz-Maß **

In Folgenden wird mittels der Poisson-Verteilung das **Signifikanzmaß** für **Kookkurrenzen** hergeleitet.

Hintergrund der **Poisson-Verteilung** ist die Wiederholung eines einfachen Experiments.

Beispiel

Wahrscheinlichkeitsrechnung bei einem Münzwurf:

»Wie hoch ist die Wahrscheinlichkeit, dass bei 1000-maligem Werfen einer idealen Münze mehr als 600mal Wappen fällt?«

Allgemeiner formuliert lautet die Fragestellung:

Ein vorgegebenes Experiment hat zwei mögliche Ausgänge X und Y, die mit den Wahrscheinlichkeiten p bzw. (1-p) eintreten. Das Experiment wird (unter identischen Bedingungen) n-fach wiederholt:

»Wie groß ist die Wahrscheinlichkeit dafür, dass dabei insgesamt mindestens k-mal das Ereignis X eintritt?«

Diese Fragestellung lässt sich folgendermaßen auf das gemeinsame Auftreten von **Wortformen** A und B in Sätzen übertragen: Das Experiment besteht darin, für einen gegebenen Satz zu entscheiden, ob er beide Wortformen A und B enthält. Die Wiederholung des Experiments wird dadurch erreicht, dass es für jeden Satz des **Korpus** ausgeführt wird. Ist n die Anzahl der Sätze des Korpus, so wird das Experiment also genau n-mal ausgeführt. Dabei beobachtet man k-mal den positiven Ausgang, also das **gemeinsame Auftreten der Wortformen A und B** in verschiedenen Sätzen.

Um die Fragestellung von oben übertragen zu können, benötigt man noch die **Wahrscheinlichkeit** p für den **positiven Ausgang** eines einmaligen Experiments.

Um hierfür einen Zahlenwert zu erhalten, macht man die Annahme, dass das Auftreten der Wortformen A und B statistisch unabhängig sei. Da gerade das häufige, auffällige gemeinsame Auftreten der Wortformen A und B interessiert, ist diese Annahme völlig unberechtigt.

Andererseits liefert die **Unabhängigkeitsannahme** eine extrem geringe Wahrscheinlichkeit, die Wortformen A und B so oft zusammen zu finden, wie dies tatsächlich der Fall ist. Damit lässt sich die so berechnete Wahrscheinlichkeit des **gemeinsamen Auftretens** nach einer Skalierung als **Signifikanzmaß** benutzen.

Bevor dies jedoch durchgeführt wird, soll zur Theorie der Poisson-Verteilung zurückgekehrt werden.

Betrachtet werden soll ein Experiment, bei dem jeweils zwei Ereignisse beobachtet werden können.

Besitzen die zwei Ereignisse Wahrscheinlichkeiten p_a und p_b, so beträgt im Falle ihrer Unabhängigkeit die Wahrscheinlichkeit ihres gemeinsamen Auftretens gerade $p_a p_b$.

Jetzt wird das Experiment n-mal wiederholt. Gesucht ist die Wahrscheinlichkeit dafür, dass mindestens k-mal beide Ereignisse gleichzeitig auftreten.

Als Parameter wird

$$\lambda = n \cdot p_a \cdot p_b$$

benutzt.

Als Wahrscheinlichkeit für das genau k-fache Eintreten erhält man:

$$p_k = \frac{1}{k!} \cdot \lambda^k \cdot e^{-\lambda}$$

(vgl. /Foata, Fuchs 99/) Daraus ergibt sich für ein mindestens k-faches Eintreten die Wahrscheinlichkeit:

$$\sum_{i=k}^{\infty} \frac{1}{i!} \cdot \lambda^i \cdot e^{-\lambda} = 1 - e^{-\lambda} \sum_{i=0}^{k-1} \frac{1}{i!} \cdot \lambda^i$$

Der Logarithmus dieser Wahrscheinlichkeit wird zusätzlich durch log n dividiert, um eine Unabhängigkeit von der Korpusgröße zu erreichen. Der so erhaltene Wert wird als Signifikanzwert benutzt.

Definition Signifikanz

Die Signifikanz wird definiert als

$$\operatorname{sig}(A,B) = \frac{-\log\left(1 - e^{-\lambda} \sum_{i=0}^{k-1} \frac{1}{i!} \cdot \lambda^i\right)}{\log n}$$

Dieser Wert lässt sich in vielen Fällen nur schwer exakt berechnen, da bei der Summe möglicherweise sehr viele sehr kleine Zahlen addiert werden müssen. Diese Berechnung ist aufwändig und als fehleranfällig bekannt. Deshalb werden (falls es die jeweiligen Zahlenwerte zulassen) die folgenden Vereinfachungen vorgenommen:

- Da die Summanden in der Summe oben schnell fallen, wird nur der erste Summand berücksichtigt.
- Der Wert für i! wird mit der **Stirlingschen Formel** berechnet.

Damit ergeben sich die folgenden Formeln:

Falls

$$\frac{(k+1)}{\lambda} > 2.5$$

(dies ist typischerweise der Fall), so gilt:

$$\operatorname{sig}(A,B) \approx \frac{\lambda - k \cdot \log\lambda + \log k!}{\log n}$$

Ist außerdem noch k>10 dann berechnet sich die Signifikanz mittels:

$$\operatorname{sig}(A,B) \approx \frac{k \cdot (\log k - \log\lambda - 1)}{\log n}$$

I Eine Einführung in Grafen *

Terminologie

Es wird ein Überblick über die verwendete grafentheoretische Terminologie gegeben. Es werden gerichtete und ungerichtete, aber stets schleifenfreie Grafen betrachtet.

Ungerichtete Grafen werden als Paare (V,E) von Mengen V und E definiert. Dabei ist $V=\{v_1,v_2, \ldots ,v_n\}$ eine endliche, nichtleere Menge, während $E=\{\{v_i,v_j\}\}$ eine endliche Menge von 2-elementigen Teilmengen von V ist. Die Elemente von V heißen **Knoten** und die Elemente von E werden **Kanten** (oder Verbindungen, Relationen) genannt.

Es wird zwischen gerichteten und ungerichteten Grafen unterschieden. Bei gerichteten Grafen ist im Unterschied zu ungerichteten Grafen die Menge der Kanten E eine (endliche) Menge von geordneten Paaren (v_i,v_j), deren Elemente jeweils Knoten sind. Die Kanten von gerichteten Grafen werden hier als gerichtete Kanten bezeichnet.

Ist $e=(v_i,v_j)$ eine gerichtete Kante, so heißt v_i der **Start**- und v_j der **Zielknoten** von e.

Ein Graf H=(V',E') ist ein **Untergraf** eines Grafen G=(V,E), falls V' eine Teilmenge von V und E' eine Teilmenge von E ist, welche nur Knoten aus V´enthält.

Der **Grad** deg(x) eines Knotens x eines ungerichteten Grafen G ist die Anzahl aller Kanten von G, an denen der Knoten x beteiligt ist. Im Fall eines gerichteten Grafen ist der Ausgangsgrad outdeg(x) eines Knotens x die Anzahl der gerichteten Kanten von G, deren Startknoten x ist. Entsprechend ist der Eingangsgrad indeg(x) eines Knotens x die Anzahl derjenigen Kanten von G, welche x als Zielknoten haben.

Wenn |X| die Anzahl der Elemente der Menge X bezeichnet, dann wird das arithmetische Mittel |E|/(2*|V|) der Grad der Knoten eines ungerichteten Grafen G der Durchschnittsgrad von G genannt.

Ein **ungerichteter Weg** in einem ungerichteten Grafen G ist eine Folge $x_1, x_2, \ldots , x_n$ von paarweise verschiedenen Knoten dieses Grafen mit der Eigenschaft, dass zu je zwei aufeinander folgenden Knoten x_i, x_{i+1} eine Kante $e=\{x_i,x_{i+1}\}$ existiert. In diesem Fall kann gesagt werden, dass x_1 und x_n durch einen Weg in G verbunden sind.

Ein **gerichteter Weg** in einem gerichteten Grafen G ist entsprechend eine Folge $x_1, x_2, \ldots, x_n$ von paarweise verschiedenen Knoten mit der Eigenschaft, dass zu je zwei aufeinander folgenden Knoten x_i,x_{i+1} eine Kante $e=(x_i,x_{i+1})$ existiert.

Die **Länge eines Weges** P ist die Anzahl der in P auftretenden Kanten. Demzufolge hat ein Weg mit n Knoten die Länge n-1.

Ein ungerichteter Graf G ist **zusammenhängend**, wenn zwei seiner Knoten durch einen Weg verbunden sind. Ein gerichteter Graf ist stark zusammenhängend, falls zu je zwei Knoten x und y ein gerichteter Weg mit dem Startknoten x und dem Zielknoten y existiert und schwach zusammenhängend, wenn nur ein ungerichteter Weg mit dieser Strecke existiert. Ein stark zusammenhängender Untergraf eines Grafen G heißt eine **Komponente** bzw. starke Komponente von G.

Es seien G ein gerichteter bzw. ungerichteter Graf und x, y zwei Knoten von G. Falls es in G einen gerichteten bzw. ungerichteten Weg von x nach y gibt, definiert man den grafentheoretischen **Abstand** d(x,y) zwischen x und y als die Länge eines kürzesten Weges zwischen x und y.

Sachindex